Nelles Verlag

Foto: Huy Thoai (Shutterstock.com)

Vietnam

Autoren:
Jürgen Bergmann,
Annaliese Wulf

NANNING
GUANGXI ZHUANGZU ZIZHIQU
BEIHAI
ZHANJIANG
HAIKOU
HAINAN
SANYA
C H I N A
Gulf of Tonkin
SOUTH
V I E T N A M
HÀ NỘI (HANOI)
HẢI PHÒNG
NAM ĐỊNH
THANH HÓA
VINH
Đồng Hới
HUẾ
ĐÀ NẴNG
L A O S
VIANGCHAN (VIENTIANE)
Louangphrabang (Luang Prabang)
Xam Nua (Sam Neua)
Savannakhét
XIANGKHOUANG PLATEAU
T H A I L A N D
UDON THANI
KHON KAEN
PHITSANULOK
Chiang Rai
MYANMAR
YUNNAN
Jinghong
Pu'er (Simao)
GEJIU
Mengzi
HEKOU
Wenshan
Điện Biên Phủ
HOANG LIEN
PHU DEN DIN
ANNAM HIGHLANDS
LOUANG PHRABANG RANGE
KHORAT
Mekong
Red River
120
90
80
126
138
144
149
165

KARTENVERZEICHNIS

IMPRESSUM / KARTENLEGENDE

Liebe Leserin, lieber Leser,

AKTUALITÄT wird in der Nelles-Reihe groß geschrieben. Unsere Korrespondenten dokumentieren laufend die Veränderungen der weltweiten Reiseszene, und unsere Kartografen berichtigen ständig die auf den Text abgestimmten Karten.
Wir freuen uns über jeden Korrekturhinweis! Unsere Adresse: Nelles Verlag, Machtlfinger Str. 26 Rgb., D-81379 München, Tel. +49 (0)89 3571940, Fax +49 (0)89 35719430, E-Mail: Info@Nelles.com, Internet: www.Nelles.com
Haftungsbeschränkung: Trotz sorgfältiger Bearbeitung können fehlerhafte Angaben nicht ausgeschlossen werden, der Verlag lehnt jegliche Produkthaftung ab. Alle Angaben ohne Gewähr. Firmen, Produkte und Objekte sind subjektiv ausgewählt und bewertet.

LEGENDE

- ★★ Top-Attraktion *(in Text und Karte)*
- ★ sehr sehenswert *(in Text und Karte)*
- 8 Orientierungsnummer in Text und Karte
- 8 Orientierungsnummer in Text und Stadtplan
- 8 Orientierungsnummer in Text und Detailplan
- Öffentliches bzw. bedeutendes Gebäude
- Hotel / Restaurant
- Hospital / Postamt
- Markt / Einkaufszentrum
- Botschaft / Denkmal

- VINH *(Ort)* *My Son* *(Sehenswürdigkeit)* in Karte gelb Unterlegtes wird im Text erwähnt
- internationaler Flughafen / nationaler Flughafen
- Fan Si Pan 3143 Berggipfel (Höhe in Metern)
- UNESCO Welterbe
- Nationalpark
- Strand / Quelle
- Tauchplatz / Leuchtturm
- Kirche / Friedhof / Moschee
- Buddhistischer Tempel / Hinduistischer Tempel
- Höhle / Aussichtspunkt
- Golfplatz / Antike Stätte
- Touristeninformation

- Staatsgrenze
- Provinzgrenze
- Autobahn
- Schnellstraße
- Fernverkehrstraße
- Hauptstraße
- Nebenstraße (teilweise befestigt)
- Nebenstraße, Fahrweg
- Eisenbahn
- Fußgängerzone
- Fähre
- 18 Entfernung in Kilometer
- 32 Straßennummer
- Busbahnhof / Parkplatz

IMPRESSUM

VIETNAM

Druck: Bayerlein, Germany
Einband durch DBGM geschützt

 - F2423 -

1 FEATURES

2 GESCHICHTE UND KULTUR

3 HANOI

4 BAC BO (TONGKIN) – NORD-VIETNAM

5 TRUNG BO (ANNAM) – ZENTRAL-VIETNAM

6 SAIGON (HO CHI MINH-STADT)

7 NAM BO (COCHINCHINA) – SÜD-VIETNAM

8 REISEINFORMATIONEN

Martin H. Petrich

Schwimmender Markt in Cai Rang (Mekong-Delta)

HÖHEPUNKTE

Hanoi

★★**Altstadt** (S. 66): Das umtriebige Zentrum mit Tunnel- oder Röhrenhäusern und 36 Handwerksgassen.

★★**Hoan Kiem-See** (S. 69): Spaziergang um den See mit Jadeberg-Tempel und Wasserpuppentheater.

★**Französisches Viertel** (S. 72): Einstiger Mittelpunkt der Kolonie *Union Indochinoise* mit Boulevards, Oper und Historischem Museum.

★★**Literaturtempel** (S. 75): Wichtigster Konfuzius-Tempel Vietnams.

★★**Ho Chi-Minh-Mausoleum** (S. 78): Letzte Ruhestätte von „Onkel Ho" auf dem riesigen Ba Dinh-Platz.

★★**Museum der Völkerkunde Vietnams** (S. 83): Mustergültig präsentierte Kollektion mit angeschlossenem Freilichtmuseum.

Delta des Roten Flusses und Nördliches Hochland

★★**Dinh Bang** (S. 89): Die schönste Versammlungshalle Vietnams.

★★**Thay-Pagode** (S. 97): Eine der reizvollsten Sakralbauten Vietnams mit einem Wasserpuppenspieler-Pavillon.

★★**Parfümpagode** (**Chua Huong**) (S. 99): Bedeutender Wallfahrtsort mit Höhlentempeln, die man nach einer Ruderbootfahrt und Wanderung auf steilen Waldwegen erreicht.

★★**But Thap-Pagode** (S. 101): Einer der schönsten Tempel im Delta mit der berühmten Quan Am-Statue.

★★**Ha Long-Bucht und Cat Ba-Nationalpark** (S. 107): Eine ein- oder mehrtägige Bootsrundfahrt durch die berühmteste Bucht Asiens mit 2000 Eilanden – verbunden mit Höhlenbegehungen – zählt zu den Highlights jedes Vietnam-Urlaubs.

★★**„Trockene Ha Long-Bucht"** (S. 111): Der Inbegriff des westlichen Vietnam-Bildes; mit Karsttürmen, Reisfeldern und schöner Bootsfahrt auf dem Ngo Dong-Fluss nach Tam Coc.

★★**Cuc Phuong-Nationalpark** (S. 116): Ältester Nationalpark Vietnams mit Trekkingmöglichkeiten und dem *Endangered Primate Rescue Center.*

★★**Kathedrale in Phat Diem** (S. 117): Zentrum der vietnamesischen Christen mit interessantem Stilmix.

★★**Trekking bei Mai Chau** (S. 121): Abwechslungsreiche Touren zu Dörfern der Hmong, Thai und Muong.

★★**Sa Pa** (S. 124): Am Fuß des 3143 m hohen Fan Si Pan gelegener Marktort, Ausgangspunkt für Trekking-Touren zu Bergvölkerdörfern.

★★**Ban Gioc-Wasserfall** (S. 130): Mächtige Kaskaden inmitten einer bezaubernden Landschaft.

Annam (Zentral-Vietnam) und Südliches Hochland

★★**Phong Nha-Höhle** (S. 141): Stimmungsvolle Bootsfahrt im größten Karstsystem des Landes, auf dem unterirdischen Son-Fluss.

★★**Hue** (S. 145): Die am Parfümfluss gelegene letzte Königsresidenz Vietnams mit Zitadellen- und Verbotener Purpurner Stadt, dem Hue-Museum der Königlichen Schönen Künste im Long An-Palast und den sehenswerten parkähnlichen Königsgräbern.

★★**Museum der Cham-Plastik in Da Nang** (S. 165): Weltweit bedeutendste Sammlung zur Kunst des Königreichs Champa.

★★**Hoi An** (S. 168): Die malerischste Stadt Vietnams mit Markt, chinesischen Versammlungshallen, zahllosen Kunsthandwerk-Shops und dem nahegelegenen Cua Dai-Strand.

★★**My Son** (S. 174): Die bedeutendste Tempelstadt der Cham, mit reliefgeschmückten Sakralbauten.

★**Nha Trang** (S. 181): Populäres Seebad mit attraktiver Uferpromenade, der Pagode des Drachenberges und dem Cham-Heiligtum Po Nagar.

Rechts: Die japanische Brücke in Hoi An.

Foto: Volkmar E. Janicke

★★**Po Klong Garai** (S. 185): Exzellent erhaltenes Cham-Heiligtum mit wohlproportioniertem Haupt- und Nebentempel und Bibliothek.

★★**Mui Ne** (S. 187): Kilometerlanger Sandstrand, Fischrestaurants, traditionelle runde Korbboote, rote Sanddünen in der näheren Umgebung.

★★**Rong-Häuser** (S. 189): Imposante, bis zu 20 m hohe Pfahlbauten in den Dörfern der Bahnar (Ba Na) auf dem Hochplateau von Kon Tum.

★★**Da Lat** (S. 193): Einstige Sommerfrische der Franzosen mit frühlingshaftem Klima sowie nahegelegenen Seen und Wasserfällen.

Saigon (Ho Chi Minh-Stadt)

★★**Dong Khoi-Viertel** (S. 206): Pulsierendes Zentrum mit Uferpromenade, Oper, Nobelhotels, Kathedrale, Hôtel de Ville und Gourmet-Tempeln.

★★**Kriegsreste-Museum** (S. 211): Das vielbesuchte Museum veranschaulicht die Schrecken des Vietnamkriegs.

★★**Museum der Vietnamesischen Geschichte** (S. 212): Das wichtigste Kunstmuseum Saigons.

★★**Pagode des Jadekaisers** (S. 212): Schönster daoistischer Sakralbau der Stadt, mit Holzschnitzereien.

★★**Giac Lam-Pagode** (S. 214): Für seine Statuen bekannter Tempel.

★★**Cholon** (S. 215): Mittelpunkt des geschäftigen alten Chinesen-Viertels ist die Thien Hau-Pagode.

Mekong-Delta

★★**Cu Chi** (S. 226): Im Vietnamkrieg ausgebautes raffiniertes Tunnelsystem, das in kurzen Abschnitten für Touristen zugänglich ist.

★★**Cao Dai-Tempel** (S. 226): Das spirituelle Zentrum der in Vietnam entstandenen synkretistischen Religion.

★★**Schwimmende Märkte** (S. 231): Die absolute quirlige Hauptattraktion des Mekong-Deltas mit dutzenden Händlern in Holzbooten.

★★**Phu Quoc** (S. 234): Trauminsel im Süden Vietnams mit exzellenten Stränden und tropischem Regenwald.

Chinesische Fremdherrschaft und frühe Herrscherdynastien

5.-1. Jh. v. Chr. Dong Son-Kultur im Norden.
3. Jh. v. Chr. Zur Abwehr der Chinesen schließen sich mehrere Fürstentümer im Delta des Roten Flusses zum Reich Au Lac zusammen.
111 v. Chr. Chinesen erobern das Delta des Roten Flusses und gliedern es als Provinz Giao Chi in ihr Reich ein; in der Folgezeit konsequente Sinisierung Vietnams.
930 Heftiger Widerstand der Viet gegen die chinesische Herrschaft.
931 und **938** General Ngo Quyen erringt mit Siegen auf dem Bach Dang-Fluss die Unabhängigkeit. Als er 944 stirbt, brechen Konflikte zwischen Generälen und Fürsten aus.
968 Der Fürst von Hoa Lu ruft sich zum König aus, gründet das Reich Dai Co Viet und verlegt die Residenz nach Hoa Lu; nach seiner Ermordung zerfällt das Reich.
979 Begründung der Le-Dynastie, die jedoch den Staatsverband nicht festigen kann.
1009 Ly Thai To gründet die erste stabile Dynastie und verlegt die Hauptstadt nach Thang Long (Hanoi). Der Staat orientiert sich am Konfuzianismus, das Volk am Buddhismus.
1225 Die Tran-Dynastie löst die Ly-Dynastie ab.
13.-15. Jh. Die Viet dehnen ihren Machtbereich auf Kosten der Cham nach Süden aus.
1377 Die Cham vernichten die Hauptstadt Thang Long (Hanoi) und leiten damit den Sturz der Tran-Dynastie ein.
1390 Nach dem Tod des Cham-Herrschers ist das Reich Champa dem Untergang geweiht. 1471 fällt die letzte Stadt, das Reich zerfällt.
1407-1427 Kurze chinesische Herrschaft der Ming-Dynastie.
1428 In Nordvietnam ergreift nach einer Rebellion der Großgrundbesitzer Le Loi die Macht und gründet die Späte Le-Dynastie.
1527 Der Provinzgouverneur Mac Gang Dung reißt die Macht an sich, doch ist seine Dynastie nur von kurzer Dauer.
1533 Die einflussreichen Geschlechter Trinh und Nguyen installieren einen Abkömmling der Le-Sippe als Gegenkönig.
1592 Die Mac werden endgültig in das Grenzgebiet zu China vertrieben. Die Le herrschen nur nominell, de facto teilen sich die Nguyen und die Trinh das Land.
16.-17. Jh. Erste Vorstöße von Europäern (darunter Missionare), die Handelsstützpunkte gründen.
1694 Die Vietnamesen erobern die Region des heutigen Saigon und das gesamte Mekong-Delta.
1771-1801 Im Tay Son-Aufstand werden drei Brüder zu Anführern vieler Unzufriedener, schließlich zu regionalen Herrschern. Sie setzen sich im Gebiet von Quy Nhon fest, führen Feldzüge gegen die Nguyen (im Süden) und ab 1786 gegen die Trinh (im Norden). Während die Tay Son ihre Macht in Hanoi etablieren, erobert Nguyen Anh das Land vom Mekong-Delta her zurück.

Foto: Gerd Reiber (Fotolia)

Der Cham-Tempel Po Klaung Garai bei Phan Rang (Eingang zum Haupttempel).

1802 Nguyen Anh macht nach der Eroberung seine Heimatstadt Phu Xuan (Hue) zur Residenz, ruft sich zum König Gia Long aus und etabliert die Nguyen-Dynastie; die Macht der Tay Son zerfällt schnell.

Französische Kolonialzeit

1858 Französische Truppen erobern Tourane (Da Nang) und bald den gesamten Süden.
1863-1899 Die Franzosen etablieren Protektorate über Cochinchina (Süden), Annam (Mittelvietnam) und Tongking (Norden). Der Königshof in Hue

nimmt dies stillschweigend hin.

Ab 1900 Widerstand gegen die Franzosen.

1930 Gründung der „Kommunistischen Partei Vietnams" (KPICH) in Hongkong.

1941 Gründung der „Liga für die Unabhängigkeit Vietnams" (Viet Minh).

1940-1945 Im 2. Weltkrieg besetzt Japan das Land, duldet jedoch die französ. Verwaltung.

1945 Nach der japanischen Kapitulation ruft der Viet Minh am 2. September die Demokratische Republik Vietnam (DRV) aus.

Foto: dpa

Ein US-amerikanischer Panzer während einer Offensive im Vietnamkrieg.

Die Indochinakriege

1946-1954 1. Indochinakrieg: Frankreich erkennt die DRV an, bombardiert aber zugleich Hai Phong und landet dort Truppen an. Die Regierung von Ho Chi Minh verlässt Hanoi.

1954 Mit dem vietnamesischen Sieg von Dien Bien Phu (7. Mai) endet der 1. Indochinakrieg. Seit dem Genfer Abkommen (21. Juli) trennt der 17. Breitengrad als Demarkationslinie Nord- und Südvietnam.

1955 Der Katholik Ngo Dinh Diem kommt mit US-Unterstützung an die Macht, verweigert Wahlen aus Furcht vor einem Sieg der Kommunisten und unterdrückt den Buddhismus.

1963 Das Militär putscht mit CIA-Hilfe gegen Diem und ermordet ihn.

1965 General Nguyen Van Thieu übernimmt die Macht. Die USA verstärken ihre Truppen und bombardieren Ziele im Norden: Beginn des Vietnamkriegs (2. Indochinakrieg).

1968 In 60 Städten des Südens startet die FNL (Vietcong) mit chinesischen und russischen Waffen die Tet-Offensive, die zwar letztlich scheitert, aber politisch erfolgreich ist: die Kriegszustimmung in den USA nimmt ab.

1969 Tod Ho Chi Minhs. Insgeheim verhandeln die Regierungen der USA und Nordvietnams über ein Ende des Kriegs, gleichzeitig Ausweitung der US-Bombardements auch auf Laos und Kambodscha (Ho Chi Minh-Pfad).

1973 Pariser Waffenstillstandsabkommen. Die US-Truppen verlassen das Land.

1975 Die FNL zieht siegreich in Saigon ein; die letzten US-Vertreter werden evakuiert.

1976 Gründung der Sozialistischen Republik Vietnam (SRV) am 2. Juli; ungefähr 120 000 Flüchtlinge (*boat people*) verlassen das Land.

1979 Vietnam besetzt Kambodscha und stürzt das Terrorregime von Pol Pot (Rote Khmer). Die Chinesen rächen sich mit einem „Erziehungsfeldzug" im Norden des Landes.

Die Neue Politik (Doi Moi)

1986 Nach politischer Isolierung beschließt die Kommunistische Partei wirtschaftliche Reformen (*doi moi*) und die Öffnung des Landes; Privatinvestitionen beleben die Wirtschaft.

1989 Rückzug Vietnams aus Kambodscha.

1995 Nach Aufhebung des Wirtschaftsembargos durch die USA nehmen beide Länder die diplomatischen Beziehungen wieder auf.

2007 Mit einem Wirtschaftswachstum von über 8 % tritt Vietnam der WTO bei.

2014 Erste McDonald's-Filiale in HCM City. Streit mit China um chinesische Ölbohrung bei den Paracel-Inseln, die Vietnam und China beanspruchen.

2015 Freihandelsabkommen mit der EU.

2021 Metro (Stadtbahn) in Hanoi eröffnet.

2023 Die kommunistische Führung will Vietnam in einen modernen Industriestaat verwandeln und es zu einem global führenden IT-Zentrum machen. Der Monatsmindestlohn liegt nun bei rd. 200 US$. Die Zahl der Einwohner beträgt rund 104 Millionen.

Karotten waschen im Fluss bei Da Lat

Hans Kemp

VIETNAMESISCHE KÜCHE

Die vietnamesische Küche zählt wegen ihrer Vielfalt zu den besten Asiens. Sie ähnelt auf den ersten Blick der chinesischen, doch wird der Feinschmecker die Unterschiede schnell herausfinden und feststellen, dass die vietnamesischen Gerichte raffinierter gewürzt und durch die Beigabe frischer Gemüse und Kräuter – etwa Zitronengras, Koriander, Minze oder Ingwer – ganz besonders schmackhaft sind. Zudem wird meist zusätzlich ein Teller mit frischen Kräutern (*rau thom*) serviert. Teigwaren und Baguette sind ein Erbe der französischen Kolonialzeit.

Auch in einfachen **Restaurants** (*nha hang*) und **Garküchen** (*quan an*) werden alle Speisen liebevoll zubereitet. Obwohl Hotels oft gute Restaurants haben, sind es besonders die kleinen Speiselokale und Familienbetriebe, die vietnamesische Spezialitäten in reicher Auswahl anbieten. Alle Gerichte werden frisch zubereitet und mit Stäbchen (*dua*) gegessen, in stark touristisch ausgerichteten Restaurants auch mit Besteck. Zu einem vietnamesischen Essen gehören mehrere Gänge, die zusammen (nicht nacheinander wie in Europa) serviert werden.

Allgegenwärtig ist **Reis** (*com*), das Hauptnahrungsmittel der Landbevölkerung. Zu jedem vietnamesischen Essen gehört auch die **Fischsoße** (*nuoc mam*), die die in anderen asiatischen Ländern gebräuchliche Sojasoße ersetzt. Sie ist zudem wichtiger Bestandteil einer Tunke (*nuoc cham*) aus Chili, Zitronensaft und Pfeffer, die man für Snacks und die **Frühlingsrollen** (im Norden *nem*, im Süden *cha gio* genannt) verwendet, die mit den chinesischen nur den Namen gemeinsam haben. Diese kleinen Köstlichkeiten kann man selbst am Tisch herstellen, indem man Gemüse, Glasnudeln, Krabben, Minze, Sojabohnensprossen, Hackfleisch und manches mehr in Reispapier oder Salatblätter wickelt.

Eine Art Nationalgericht ist die köstliche **Nudelsuppe** (*pho*) mit gelben Weizennudeln (*mi*) oder weißen Reisnudeln (*banh*), die v. a. am Morgen, aber auch zu jeder anderen Tageszeit gegessen wird. *Pho* bildet eine gute Grundlage für einen langen Tag.

Für diverse **Fleischgerichte** wird Rind- (*bo*), Ziegen- (*de*), Schweine- (*heo*), Enten- (*vit*) oder Hühnerfleisch (*ga*) verwendet. Weniger häufig sind vegetarische Gerichte (*an chay*).

Aufgrund der langen Küste und der vielen Flüsse finden sich **Meeresfrüchte und Fisch** (*ca*) auf vielen Speisekarten. Hummer, Langusten, Krebse, Garnelen und Krabben – in Europa kostspielige Delikatessen – werden in Vietnam sehr preiswert angeboten.

Regionale Spezialitäten

Beliebt in **Hanoi und im Delta des Roten Flusses** ist *cha ca*, bei dem Fischstücke am Tisch in einer Pfanne mit Frühlingszwiebeln und Dill gegart werden. Unbedingt sollte man auch *chao tom* probieren, eine Vorspeise mit auf Zuckerrohr gebratenen und mit Gewürzen und Salat in Reispapier gerollten Garnelen. Im Dorf Le Mat (7 km nordöstlich von Hanoi) finden sich zahlreiche **Schlangenrestaurants**.

Hue ist besonders für eine Reisnudelsuppe bekannt, die zusammen mit verschiedenen Fleischsorten (Rind: *bun bo*; Rind und Schwein: *bun bo gio heo*; Huhn: *bun ga*) und Schrimps, Zitronengras und Basilikum gegessen wird. Besonders lecker ist auch *banh khoai*: kleine Pfannkuchen mit Sojabohnensprossen, Schweinefleisch und Schrimps, die man in eine Erdnuss-Sesam-Soße tunkt.

Cao Lau ist in **Hoi An** ein schmackhaftes Nudelgericht, das zusammen mit Reismehlkräckern, einigen Scheiben Schweinefleisch, Sojabohnensprossen, Röstzwiebeln, Salatblättern und einer

Rechts: Liebevoll angerichteter Elephant-ear-fish – eine Spezialität im Mekong-Delta.

Foto: Nicole Häusler

Fischsoße serviert wird. Unter dem Namen *white rose* bzw. *banh bao* oder *banh vac* findet man auf der Speisekarte ein Gericht aus dünnem Teig (*rice paper*) mit feingeschnittenen Schrimps und Röstzwiebeln.

Saigon und das Mekong-Delta stehen kulinarisch den anderen Regionen Vietnams nicht nach – neben dem geschätzten *elephant-ear-fish* ist *ca kho to* besonders zu empfehlen: Für diese Spezialität wird Fisch, z. B. Catfish (*ca tre*), mit Fischsoße, karamellisiertem Rohrzucker und Pfeffer im Tontopf geschmort.

Getränke

Neben **Limonaden** (*giai khat*) und **Mineralwasser** (*nuoc suoi*) ist grüner **Tee** (*tra*) weit verbreitet, der bei fast jeder Gelegenheit serviert wird: zur Begrüßung oder Verabschiedung von Gästen, bei privaten oder offiziellen Anlässen, und auch nach dem Essen.

Immer mehr wird im Land **Kaffee** (*ca phe*) getrunken – kein Wunder, ist doch Vietnam der zweitgrößte Kaffeeproduzent der Welt! Er ist sehr stark gebrannt und wird wie Espresso oft stark gesüßt angeboten.

Vietnamesische **Biere** (*bia*) sind schmackhaft und billiger als Importbier. Versuchen Sie *Salida, Hanoi, Saigon* oder *333* – Sie müssen nur *ba ba ba* verlangen. In Heineken-Lizenz braut man *Tiger Beer*.

Obstsäfte (*nuoc*) sollten nur frisch gepresst, ohne Eisstücke oder Zusatz von Wasser getrunken werden.

Hochprozentige alkoholische Getränke wie **Schlangen- oder Reisschnaps** trinkt man gerne in den Wintermonaten.

Desserts

Neben diversem tropischem **Obst** wie Durian (*sau rieng*), Mango (*xoai*), Drachenfrucht (*thanh long*) oder Rambutan (*chom chom*) wird in den Restaurants als Nachspeise unter anderem auch **Eis** (*kem*), **Joghurt** (*yaourt*) oder **Karamellpudding** (*kem keramen*) angeboten.

Foto: Annaliese Wulf

TET – DAS NEUJAHRSFEST

Chuc Mung Nam Moi („Glückliches Neues Jahr") steht lange vor Ablauf des alten Jahres auf Spruchbändern, Glückwunschkarten, aber auch auf der Verpackung von Süßigkeiten und Nudeln. Das Jahr beginnt nach dem Mondkalender mit dem ersten Frühlings-Neumond. Nach unserer Zeitrechnung fällt dieser zwischen Mitte Januar und Mitte Februar. Die Vorbereitungen beginnen aber schon ein paar Wochen vorher. Aus aller Welt kommen Vietnamesen, um das Fest mit ihrer Familie zu feiern, andere reisen ins Ausland, um ihre Familien zu besuchen. Die meisten haben lange für das Fest gespart, viele machen noch in letzter Minute Schulden.

Am 23. Tag des letzten Mondmonats müssen Küche und Haus blitzblank geputzt sein. An diesem Tag begibt sich der Küchengott zum Neujahrsfest der Götter, und er soll dabei nur Gutes berichten können. Rechtzeitig muss ein großes Stück Schweinefleisch eingekauft werden; manchmal tun sich auch 5-6 Familien zusammen und schlachten ein Schwein. Dann werden die Reiskuchen hergestellt, ohne die *tet* nicht denkbar ist. Runde „Kuchen des Himmels" (*banh day*) und viereckige „Kuchen der Erde" (*banh chung*) werden aus Klebreis hergestellt, den man in Vietnam selten findet. Dazu gehört noch eine Paste aus gesüßten grünen Bohnenkernen. Kurz gedämpft und zu runden Kuchen geformt, werden sie zu *banh day*. Die *banh chung* brauchen länger. Auf eine Lage Reis kommt eine Lage Bohnenpaste und darauf Schweinefleisch mit schwarzem Pfeffer, dann folgen wieder Bohnenpaste und Reis. Die so entstandenen Quadrate werden mit Blättern des *dong*-Busches fest umwickelt und mit Bambusstreifen zusammengebunden. Danach müssen die *banh chung* 20-24 Stunden kochen. Die Legende berichtet, wie sie entstanden sind: Der Hung-König rief seine 22 Söhne und sagte ihnen, da er schon alt sei, solle einer seine Nachfolge übernehmen. Er wolle den zum König machen, der ihm die beste Speise ausfindig machen würde. Sie zogen in alle Gegenden des Landes. Nur Linh Lang, der jüngste, ging zu seiner Mutter und bat sie um Rat. Sie war eine einfache Bauersfrau, der der König kurze Zeit seine Gunst geschenkt hatte. Als sie von dem Wunsch des Königs erfuhr, machte sie sich an die Arbeit. „Von Reis", sagte sie, „müssen die Untertanen des Königs leben. Manchmal essen sie Bohnen dazu und nur selten Schweinefleisch." Dann formte sie quadratische Kuchen für die Erde und runde für den Himmel. Der König probierte alle Gerichte, die ihm seine Söhne gebracht hatten, auch die des Linh Lang. Er hatte niemals das Essen der einfachen Leute gegessen. Es schmeckte ihm so gut, dass er Linh Lang zu seinem Nachfolger machte.

Oben: Im Dorf Dong Ho (40 km nordöstlich von Hanoi) werden Neujahrsbilder produziert, die Glück bringen sollen. Rechts: Drachentanz beim Tet-Fest an der Thien Hau-Pagode in Cholon.

Foto: Martin H. Petrich

Es gibt noch eine buddhistische Legende Reiskuchen-Legende: Buddha hatte erfahren, dass die ruhelosen Seelen (*ma* und *quy*) den Menschen Schaden zufügten und ihnen ihren Reis wegnahmen. Die Geister wollten Buddha erschrecken und fragten, was er am meisten fürchte. Er sagte: „Ich fürchte mich vor Reis und Reiskuchen." Da warfen die Geister mit Reis nach ihm, und die Menschen konnten sich satt essen. Als Buddha nun die Geister befragte, gestanden sie, dass sie vor Pfeil und Bogen Angst haben, mit denen die Menschen sie zu vertreiben suchen. Buddha sagte, sie sollen den Menschen ein Stück Land geben so groß wie ein Kleid, dann wolle er dafür sorgen, dass sie sie nicht mehr verfolgten. Sie willigten ein. Da ließ er das Kleid wachsen, bis es alles Land bedeckte, und schenkte es den Menschen.

Am Jahresende versuchen die Geister, sich das Land zurückzuholen. Deshalb stellen die Menschen zwischen dem 23. und 30. Tag des letzten Monats Bambusstangen auf und hängen ein Kleidungsstück oder Pfeil und Bogen daran. Diese *cau neu*-Bäume sollen die Geister vertreiben.

In diesen letzten Tagen vor dem Fest, das kurz *tet* (eigentlich *tet nguyen dam*) genannt wird, kaufen die Vietnamesen auf besonderen Märkten knospende Pfirsichbäumchen oder -zweige (*dao*), dunkel- oder hellrosa, und ein Orangenbäumchen (*quat*). In keinem Haus in Nord-Vietnam fehlen *dao* und *quat*, die zum Fest ihre Blüten öffnen. Im Süden werden die Häuser mit gelbblühenden Forsythien (*mai*) geschmückt. Mit Bedacht werden Neujahrsbilder (*tranh tet*), z. B. aus Dong Ho, ausgewählt.

Am letzten Abend des alten Jahres versammeln sich die Familien vor dem Ahnenaltar, danken den Vorfahren und bitten sie um ihren Schutz im Neuen Jahr. Auf dem Altar steht ein gekochter Hahn als Festspeise für die Ahnen. Dann essen und trinken alle gemeinsam, bis das Feuerwerk die Mitternacht ankündigt. Das Knallen der Kanonenschläge vertreibt die bösen Geister. Das für die Vietnamesen schmerzliche Verbot privater Feuerwerkskörper – nötig gewor-

Foto: David Pillow (Dreamstime.com)

den wegen vieler Unfälle – macht die Nacht zum Neuen Jahr, außer in Großstädten wie Saigon, nun ziemlich still.

Was in den ersten Stunden des Jahres geschieht, beeinflusst die nächsten zwölf Monate. Die Vietnamesen versuchen ihr Glück zu befördern, indem sie am Neujahrsmorgen einen kräftigen jungen Mann vor ihre Haustür bestellen – es wäre kein gutes Omen, am Neujahrsmorgen einem alten Mann oder einer schwangeren Frau zu begegnen.

Drei Festtage vergehen mit Besuchen bei Eltern, Verwandten, Nachbarn und Freunden. Am dritten Tag müssen die Vorgesetzten und Lehrer besucht und beschenkt werden. Kinder erhalten kleine Geschenke, oft neue Geldscheine. An Tempeln und Pagoden finden Märkte statt, werden Büffel- und Hahnenkämpfe, Ringkämpfe und Wettspiele ausgetragen. Die Männer vertiefen sich in das Schachspiel oder das Kartenspiel (*to tom*) mit 120 Karten.

Oben: Wasserpuppenspiele gibt es nur in Vietnam – sie faszinieren Jung und Alt.

DAS SPIEL DER WASSERPUPPEN

Um den See vor dem Dorftempel flattern Fahnen, unter den Zuschauern herrscht gespannte Erwartung. Dann explodieren die ersten Feuerwerkskörper, während Enten-Kracher unter der Wasseroberfläche detonieren. Plötzlich taucht eine Ente auf, schlägt mit den Flügeln, taucht unter und wieder auf. Als der *hien teu*, ein junger Bauer in einem einfachen Kittel, erscheint, ist der Bann gebrochen, und die Zuschauer verfolgen das Spiel mit Lachen und Zurufen.

Der *hien teu* erzählt, dass er aus dem Himmel verbannt wurde, weil er einen himmlischen Pfirsich gestohlen habe, und zur Erde gesandt wurde, um die verwickelten irdischen Angelegenheiten zu entwirren. Seine Erzählung wird gestört von dem *phot*, einem Snob, den er davonjagt. Er taucht aber immer wieder aus dem Wasser auf und spritzt die Zuschauer nass. Dann erscheinen die heiligen Tiere: Der Drache speit Feuer, der Phönix schlägt eitel mit den Flügeln, das Einhorn zeigt einen Kriegstanz, und die Schildkröte schwimmt gemächlich über den See. Nun folgen Szenen mit geschichtlichem Inhalt aus klassischen Opern, Kämpfe der nationalen Helden, Tänze und Gefechte. Bis zu 30 Geschichten werden im Laufe eines Spiels gezeigt.

Die Zuschauer sind wohlvertraut mit dem Geschehen und kennen die Figuren und ihre Rollen. Puppenspiele stammen aus dem indischen Kulturraum. In den vietnamesischen Dörfern wurden am Ende des *Tet*-Festes drehbare Laternen über dem Wasser aufgestellt, die sich im Wasser spiegelten. Das Licht- und Puppenspiel sind beim Wasserpuppenspiel zusammengetroffen. *Mua roi nuoc* sind nachweislich mindestens seit dem 11. Jh. bekannt und hatten im 19. Jh. ihren Höhepunkt erreicht. Ihren Ausgangspunkt sollen sie an der Thay-Pagode (30 km von Hanoi im Delta des Roten Flusses) genommen haben. Aber auch vor der Giong-Pagode im Dorf Phu Dong bei Hanoi waren sie frühzeitig bekannt.

Die Spieler, in Gilden unter einem Meister arbeitend, hatten ihren eigenen Schutzgeist. Er wurde in den kleinen Tempeln (*thuy dinh*) auf dem Wasser verehrt. Von hier aus bewegten die Spieler die Puppen mit 3-4 m langen Stangen unter dem Wasser, während sie selbst hinter einem Bambusvorhang im Wasser standen. Die bis zu 5 kg schweren, farbig lackierten Puppen aus Feigenholz wurden von den gleichen Meistern geschnitzt, die auch die Figuren in den Tempeln schufen. Die Tradition schien verloren gegangen, bis sie in den letzten Jahren eine ungeahnte Renaissance erfuhr.

Chinesische und europäische Reisende, aber auch Texte auf steinernen Stelen, berichteten von eindrucksvollen Spielen am Königshof in Thang Long (Hanoi). Sie wurden in der Nähe der alten Long Bien-Brücke am Roten Fluss abgehalten, wobei fantastische Effekte erzielt wurden.

SPRACHE, SCHRIFT UND LITERATUR

Die **Sprache** der Vietnamesen besteht wie die der Chinesen, Japaner, Koreaner, aber auch der Muong- und Thai-Minderheiten aus einsilbigen Wörtern, die – in verschiedenen Tonhöhen gesprochen – völlig unterschiedliche Bedeutungen haben. Das Vokabular der Vietnamesen weist Gemeinsamkeiten sowohl mit den genannten Minderheiten als auch mit der Sprachgruppe der Mon-Khmer auf. Den größten Anteil haben jedoch Lehnworte aus dem Han-Chinesischen. Heute werden besonders für technische und wissenschaftliche Begriffe Wörter aus europäischen Sprachen benutzt.

Wie Japaner und Koreaner haben die Vietnamesen zur schriftlichen Wiedergabe ihrer Sprache die chinesischen **Schriftzeichen** übernommen. Alle drei Völker können jedoch Gefühle und Denkweise mit diesen Zeichen nicht wiedergeben und haben zusätzliche Zeichen entwickelt, bzw. die chinesischen modifiziert.

Im unabhängigen Dai Viet entstand die *nom*-Schrift. Für den Laien lassen sich die Unterschiede der Schreibweise kaum erkennen. Für die Entwicklung der vietnamesischen Literatur spielen sie aber eine bedeutende Rolle.

Amtssprache und Sprache der Gebildeten blieb bis 1945 die chinesische Sprache in Wort und Schrift. Aber Könige, Dichter und Generäle schrieben auch in vietnamesischer Sprache in der *nom*-Schrift. Nur die Mandarine, die gelehrten Konfuzianer, beharrten – um ihr Ansehen zu wahren – auf der dem Volk unbekannten chinesischen Schrift.

Vom 17. Jh. ab versuchten Missionare, die vietnamesische Sprache mittels lateinischer Buchstaben auszudrücken. Sie scheiterten aber an der Phonetik. Der französische Jesuit Alexandre de Rhodes (1591-1660) vertiefte sich in die vietnamesische Sprache, aber auch in das Denken der Menschen, so dass es ihm gelang, das Problem zu lösen. Er versuchte es zunächst erfolglos mit Musikzeichen, später nahm er die drei griechischen Zeichen zur Angabe von Tonhöhen zu Hilfe: Hochton = ahut (á), Tiefton = gravis (à), Fallton = kumflex (ã). Den schweren Fallton kennzeichnete er mit dem Punkt des griechischen jota (ạ). Den Frageton markierte de Rhodes mit einem halben Fragezeichen über dem Buchstaben (å).

Als Beispiel für die abgewandelte Bedeutung durch Tonhöhen soll das folgende Beispiel dienen:

Hochton má = Mutter
Tiefton mà = aber
Fallton mã = Pferd
Schwerton mạ = junge Reispflanze
Frageton må = Grab
ohne Zeichen ma = böser Geist

Ohne diese Zeichen ist einem Vietnamesen seine Sprache in lateinischen Schriftzeichen unverständlich. Zunächst benutzten nur die Christen die lateinische Schrift, die ihnen Zugang zur christlichen Literatur ermöglichte. In der Kolonialzeit wurde Französisch zur Verwaltungssprache, aber auch zur Sprache der frankophilen Oberschicht.

Die vietnamesischen Kommunisten, die nach schneller Überwindung des Analphabetentum strebten, um mit schriftlicher Übermittlung ihre Parolen zu verbreiten, erkannten, dass das lateinische Alphabet leichter erlernbar war als die Fülle der komplizierten Zeichen der chinesischen oder *nom*-Schrift. 1945 wurde das *quoc ngu* zur nationalen Schrift. Damit verloren die Vietnamesen den Zugang zu ihrem über Jahrhunderte entwickelten Schrifttum. Wissenschaftler studieren heute wieder Chinesisch und *nom*, die ihnen die Auswertung der großen Sammlung wissenschaftlicher und literarischer Werke ermöglichen, die im Han-Nom-Institut in Hanoi aufbewahrt werden.

Rechts: Die bis heute im Dorf Dong Ho gepflegte Holzschnitt-Kunst zählt zum historischen Erbe Vietnams.

Die vietnamesische **Literatur** lässt sich in drei Gruppen aufteilen. Die erste und größte sind Werke der Geschichte und Geografie, Sammlungen der Sitten und Traditionen, von den Herrscher-Dynastien in Auftrag gegeben. Diese Werke wurden in Chinesisch abgefasst.

Die zweite Gruppe beschäftigt sich mit Poesie und Prosa. Diese ebenfalls höfische Literatur wurde von Königen, Adel, Dichtern und Generälen verfasst, seit dem 18. Jh. auch von gebildeten Frauen an den Königshöfen. Diese zweite Literaturgattung befasst sich mit der Liebe zur Heimat und zum Heimatdorf sowie mit Nationalbewusstsein und Naturbeobachtung.

Die dritte Gruppe ist die Volksliteratur: Märchen, Sagen, Geschichten aus dem Alltag, v. a. aber die zahllosen, in Vietnam äußerst beliebten und auf die Frühzeit zurückgehenden Legenden.

Das Schrifttum seit dem 19. Jh. steht teilweise unter dem Einfluss der europäischen, besonders der französischen Literatur. So wurde Han Mac Tu (1912-1940), der 28-jährig an Lepra verstarb, v. a. durch romantische, auf Frauen bezogene Gedichte bekannt. Zur neuen Generation von Schriftstellern, die die zeitgenössische Gesellschaft Vietnams thematisieren, gehört Nguyen Huy Thiep (geb. 1950), der neben Bühnenstücken und Lyrik überwiegend Kurzgeschichten schreibt.

Die Wirklichkeit im Vietnam der 1990er – jenseits der kommunistischen Phrasen – beschreibt mit subtiler Ironie Pham Thi Hoai (geb. 1960), z. B. in *Sonntagsmenü* (1995); 1993 erhielt sie den Frauen vorbehaltenen *„LiBeraturpreis"*. Zu den führenden Autorinnen der Gegenwart zählt auch Duong Thu Huong (geb. 1947), die 1991 mit dem UNESCO-Literaturpreis und dem *Prix Feminina* geehrt wurde. Einst Kämpferin im Vietnamkrieg und KP-Angehörige, darf sie in Vietnam ihre Werke, etwa *Roman ohne Namen* (1992), nach Kritik an der Regierung nur sehr eingeschränkt publizieren.

Foto: VinhDao (Dreamstime.com)

NAMEN

Tran Kim Hoang und Nguyen Xuan Hoa überreichen ihre Visitenkarten. Der Empfänger erinnert sich später an einen Herrn und eine Dame, von denen er vermutet, dass sie verheiratet sind. An den Namen lässt sich das nicht feststellen: Beide Namen können einer Frau oder einem Mann gehören; nichts weist darauf hin, dass sie ein Ehepaar sind. Früher setzten Frauen ihrem Namen ein *Thi* und Männer ein *Van* hinzu. Das gilt heute als veraltet. Bei der Eheschließung behält die Frau ihren Namen.

Die erste Silbe ist der Familien- bzw. Klan-Name. Er geht zurück auf den Gründer des Heimatdorfes. Davon gibt es eine beschränkte Anzahl, die häufigsten sind: Nguyen, Tran, Le, Pham, Vu, Do, Hoang, Dang, Duong, Dinh. Kinder erhalten meist den Klan-Namen des Vaters. Der mittlere Name wird von den Eltern gewählt und entspricht manchmal einer Familientradition. Der dritte ist der Rufname. Bei respektvoller Anrede für Ältere setzt man vor den Namen *Ba* für eine Frau und *Ong* für einen Mann. Kinder nennen ihre Eltern nicht mit dem Vornamen. Der Vater wird im Norden *Bo*, im Süden *Ba*, die Mutter *Me* und *Ma* genannt.

Die Wahl des Rufnamens unterliegt keinerlei Einschränkungen – Blumen, Tiernamen, Gegenstände, Wünsche, Gefühle, Götter, Helden, Zahlen – alles ist erlaubt. Junge Eltern wählen meist moderne Namen, Großeltern traditionelle. Die drei Namen sollten zusammen harmonisch klingen. Abergläubische Eltern wählen absichtlich hässliche Namen, um die Geister zu täuschen, die Kinder rauben oder töten wollten. Kinderreiche Familien benutzen *Hai*, *Ba*, *Tu*, *Chin*, das Erste, Zweite, Dritte, Vierte usw. Wenn es zu viele werden, nennt man sie auch *Ut* oder *Chot*, das bedeutet Ende. Es gibt aber manchmal auch ein *Ut Nhi* oder *Ut Tu*, also ein zweites oder viertes Ende.

Nur auf dem Land wird die Frau als „Frau des ..." angesprochen. Später werden Frau und Mann „Mutter und Vater des ...," ihres ältesten Sohnes, genannt.

Foto: Hans Kemp

GESCHICHTE UND KULTUR

GEOGRAFIE

Die Sozialistische Republik Vietnam (rund 330 000 km^2) grenzt im Norden an China, im Westen und Südwesten an Laos und Kambodscha sowie im Osten an den Golf von Tongking, einem Teil des Südchinesischen Meeres, das die Vietnamesen „Ostmeer" (Bien Dong) nennen. Das tropische Land erstreckt sich von 8° bis 23° nördlicher Breite und hat damit eine Längenausdehnung von fast 1700 km. Die Zahl der Einwohner beträgt rund 104 Millionen.

Vietnams Form ähnelt der Schultertragstange (*quang ganh*) der Bauern: Dabei stellt die lange Bambusstange Zentral-Vietnam dar, Annam bzw. Trung Bo genannt (mit dem Südlichen Hochland). An dieser Tragstange hängen zwei volle Reiskörbe, das Delta des Roten Flusses und das Mekong-Delta. Das Mekong-Schwemmland gehört zu dem in der französischen Kolonialzeit Cochinchina, heute Nam Bo genannten Süden. Westlich davon, im Golf von Thailand, liegt Phu Quoc, die größte Insel des Landes. Das Rote-Fluss-Delta ist Teil des früher als Tonking, heute als Bac Bo bezeichneten Norden Vietnams, der auch das nördliche Hochland umfasst.

BEVÖLKERUNG

Vietnamesen (Kinh)

Kinh („Bewohner der Ebene") oder Viêt nennen sich die ethnischen Vietnamesen, die ungefähr 88 % der Gesamtbevölkerung ausmachen. Sie gehören zu den „austronesischen" Völkern, die im Neolithikum aus Südsibirien nach Yunnan (Südchina) kamen, den großen Strömen folgten und in Festland-Südostasien und der Inselwelt siedelten. Ihnen folgten bis in die Neuzeit mongolide und sinide Völker, die in das nördliche Vietnam vordrangen. Chinesische Einwanderer grenzen sich häufig ab und werden von den Kinh *Hoa* (s. S. 28) genannt. Auf ihrem Zug nach Süden kamen die Vietnamesen mit den Khmer und Cham (s. S. 29) in Berührung. Heute sind sie ein Mischvolk mit einigen Unterschieden – zurückhaltender, eher verschlossener ist die Wesensart in den nördlichen; zugänglicher, heiterer die Charaktere in den südlichen Landesteilen, v. a. im Mekong-Delta.

Von den Chinesen unterscheidet die Vietnamesen ihr austronesisches Erbe: Bräuche wie die Tätowierung des Körpers, das Feilen und Schwärzen der Zähne, der Genuss von Betel, das Kochen in Bambusrohren, Totemismus, Kleidung, Haartracht, Hausbau, Schlaf- und Essgewohnheiten sowie religiöse Zeremonien. Manche Traditionen mussten jedoch schon vor Jahrhunderten chinesischen Sitten weichen.

Die vietnamesische Gesellschaft – bäuerlich und konfuzianisch geprägt – ist eine homogene Gemeinschaft mit starkem Hang zur Isolation. Dieser entstand aus geografischen Gegebenheiten, dem bäuerlichen Erbe und dem 1000-jährigen Kampf um politische und kulturelle Unabhängigkeit. Die Bevölkerung ist seit 1901 von 13 auf über 90 Mio. angewachsen. Da etwa die Hälfte der Bevölkerung jünger als 20 Jahre ist, entstehen daraus für den Staat enorme Aufgaben im Hinblick auf Ausbildung, Arbeitsplätze und Wohnraum.

Söhne der Urmutter Au Co

Die Kinh führen ihren Ursprung auf die Urmutter Au Co, eine Bergfee, und den Urvater Lac Long Quan, den Drachenkönig, zurück. Der älteste der hundert Söhne dieses Paares soll der erste Hung-König der legendären Hong Bang-Dynastie gewesen sein.

Die Entstehungslegenden kennt jeder Vietnamese: Mutter Au Co legte

Links: Königlicher Drache als Dachschmuck am Königspalast von Hue.

hundert Eier, aus denen hundert Söhne wuchsen. Später trennte sich Vater Lac Long Quan von der Berggöttin, die ihm, der aus dem Wasser kam, wesensfremd war. Au Co kehrte mit 50 Söhnen in die Berge zurück, Lac Long nahm mit 50 Söhnen in der Ebene den Kampf mit dem Wasser auf.

Die Legenden lassen auf eine animistische und matriarchalische Gesellschaft schließen, die die Kräfte der Natur verehrte und der Vietnamesin eine im ostasiatischen Raum ungewöhnlich angesehene Stellung gab. Mit den ebenfalls legendären Hung-Königen gingen die Viet zum Patriarchat über. Die aus Eiern geborenen Nachkommen weisen auf die Verwandtschaft mit Bergvölkern wie den Muong hin, deren Totem der Vogel ist. Das Totem der Kinh ist der Drache, der sie vor den Gefahren des Wassers schützt. Bis 1293 ließen sich die vietnamesischen Könige Drachen auf die Oberschenkel tätowieren, und bis 1945 blieb der Drache Symbol der Herrscher.

Von *son-ha* („Berg und Wasser") berichten viele Legenden und Sagen. Berge und Wasser sind die typischen Merkmale der vietnamesischen Landschaft; *son-ha* bedeutet „Heimat", „Vaterland". Aus dem Hügelland stiegen die Viet in die große Delta-Ebene hinunter, die der Rote Fluss geschaffen hatte, und machten sie in zähem Kampf mit der Natur zu fruchtbarem Reisland, das dann zur Wiege der vietnamesischen Kultur wurde.

Erste schriftliche Zeugnisse der Chinesen sprechen von *Bach Yue*, „hundert Stämme der Viet", oder *Nam-Viet*, die „Viet im Süden". Als die Heere der Han-Chinesen im 3. und 2. Jh. v. Chr. aus den übervölkerten Gebieten am Gelben Fluss über den Chang Jiang nach Süden zogen, vernichteten oder assimilierten sie die Yue.

Nur die Lac- und Au-Stämme im Hügelland am Roten Fluss konnten sich dauerhaft behaupten. Sie wurden die Vorfahren der Vietnamesen.

Ethnische Minderheiten

54 Bergvölker

Die Bergvölker stammen – wieder nur der Legende zufolge – von den 50 Söhnen der Au Co ab, mit denen sie in die Berge zog. Diese französisch *montagnards* und englisch *hill tribes* genannten Bergvölker machen ungefähr 12 % (rund 10 Millionen) der Gesamtbevölkerung Vietnams aus. Sie siedeln auf 65 % des vietnamesischen Territoriums, meist im wenig fruchtbaren Nördlichen Bergland (beispielsweise Sa Pa und Umgebung; s. S. 124), wo sie grenzüberschreitend auch in China, Kambodscha und Laos leben. Die Bergvölker sind Träger unterschiedlicher Zivilisation und Kultur. Sie übernahmen Handwerk und Techniken der Kinh und glichen sich ihnen in Hausbau, Kleidung und Ausbildung an. Die Forschung nimmt an, dass die Viet mit den Tay und Thai verwandt sind und sich von den Muong erst getrennt haben, als sie das Hügelland verließen und das Delta des Roten Flusses urbar machten. Bei Kinh und Muong bestehen sprachliche und religiöse Ähnlichkeiten. Beide Völker besitzen *dinh*, Männerhäuser mit Schutzgeisttempeln, die bei anderen Minderheiten nicht vorkommen, und ähnliche Totenriten.

Die Bergbewohner leben häufig in kleinen Gruppen, treiben Brandrodungsfeldbau (*ray*), bauen Trockenreis an, züchten Vieh und nutzen die Produkte der Berge. Sie leben teilweise noch in matriarchalischen Gesellschaften, verehren Muttergöttinnen und üben Fruchtbarkeitskulte aus.

Bergvölker und Bewohner der Ebene brauchen einander. Die Bergbewohner können nicht ohne Salz leben, das aus dem Meer gewonnen wird und begehren die technischen Erzeugnisse der Ebene. Früher waren es Metallprodukte, heute sind es Plastikwaren, Uhren oder Radios. Für die Völker der Ebene waren Elfenbein und Rhinozeroshorn, Heilkräuter, Edelhölzer, Gold und Edel-

CHINA
Hà Giang
Cao Bằng
Sa Pa
Lang So'n
Điện Biển Phủ
So'n La
HÀ NỘI
Hòa Bình
Mai Châu
LAOS
Gulf of Tonkin
Vinh
VIETNAM
SOUTH
CHINA
SEA
Hue
Hội An
THAI-LAND
Kon Tum
Pleiku
CAMBODIA
Buôn Ma Thuột
Nha Trang
Đà Lat
Châu Đốc
Cholon
Saigon
Cần Thơ
Nördliches Hochland:
Hani
Lahu
Lolo
Hmong (Meo)/Dao
Yao
Pathen
Thaï
Nung
Tay
Giay
Sanchay
Khang
Mang
Khmu
Südliches Hochland:
Brau
Ta Oi
Cotu
Gié-Trieng
Sedang
Co/Hre
Bahnar
Mnong
Romam
Ma
Stieng
Jörai
Edê
Raglai
Churu
Khmer
Cham
Hoa (Chinesen)
ETHNISCHE MINDERHEITEN
0
100
200 km
© Nelles Verlag GmbH, München

Foto: Hans Kemp

metalle, Harze und Früchte teils lebenswichtig, teils Luxusgegenstände oder Handelsware. Die Minderheiten genossen unter chinesischen und vietnamesischen Dynastien Freiheiten, die die Häuptlinge oft zu Rebellionen verführten. Andere kämpften an der Seite der Viet für die Unabhängigkeit.

32 der 54 Bergvölker leben im Südlichen Hochland (s. S. 189). Franzosen und US-Amerikaner motivierten und bildeten sie während der beiden Indochinakriege zum Kampf gegen die Vietnamesen aus.

Die Minderheiten lassen sich drei großen **Sprachfamilien** zuordnen. Zu den 5,6 Mio. der austro-asiatischen Sprachfamilie gehören 900 000 Muong, 2,9 Mio. Tay und Thai, 1,4 Mio. Mon-Khmer und 383 000 Meo-Dao. Zur dritten, der austronesischen, Sprachfamilie zählen 465 000 Menschen.

Es gibt kleine Gruppen und Untergruppen mit rund 100 000 Angehörigen, die sich häufig nur durch Dialekte unterscheiden. Viele halten an ihren Bräuchen und Sitten fest, andere sind bereit, sie für ein bequemeres Leben aufzugeben.

Oben: Frauen der Thai-Minderheit bei Hoa Binh im nordwestlichen Bergland.

Chinesen

Die über 1,1 Mio. **Chinesen**, in Vietnam *Hoa* genannt, gehören zur sinotibetischen Sprachfamilie. Im Norden sind sie meist Fischer und Bergleute, in den Städten, insbesondere Cholon in Saigon (s. S. 215), Groß- und Kleinhändler oder Gastronomen. Nach Ende des Vietnamkriegs (1975) stellten die Chinesen – damals ungefähr 2,5 Mio. – im Süden den Hauptanteil der *boat people*, im Norden flohen viele nach China. Nachdem sie im sozialistischen Vietnam vielfach ihre Arbeitsmöglichkeiten verloren hatten, verbesserte sich ihre Situation wieder im Zuge der Neuen Politik (*doi moi*) und des wirtschaftlichen Aufschwungs. Heute nehmen die Hoa wieder die führende Stellung in der Textilindustrie sowie im Im- und Export ein.

Cham und Khmer

Neben den ungefähr 100 000, heute größtenteils muslimischen **Cham** (s. u.) bilden die **Khmer**, von den Vietnamesen *Koh Me* genannt, eine der größten Minderheiten in Süd-Vietnam mit rund 1 Mio. Menschen. Sie siedeln fast alle im früher kambodschanischen Mekong-Delta, das die Vietnamesen erst im 18. Jh. in Besitz nahmen. Neben Physiognomie und Kleidung – so tragen die Khmer in der Regel ihr traditionelles kariertes Baumwolltuch (*krama*) – unterscheiden sich beide Völker auch durch die Religion: Wie die Thais, Laoten, Burmesen und Singhalesen bekennen sich die Khmer seit dem 12./13. Jh. zum Theravada-Buddhismus, die meisten Vietnamesen aber zum Mahayana-Buddhismus (s. S. 50).

EPOCHEN DER GESCHICHTE

Die Reiche Funan und Chenla

Im Delta des Mekong entstand mit **Funan** das erste kulturell indisierte Reich der südostasiatischen Halbinsel. Von seinen Siedlungen und Städten, seiner Kunst und Kultur blieb nur wenig erhalten. Chinesische Annalen berichten von einem Volk von Seefahrern, Händlern, Handwerkern und Ackerbauern, das auch als Piraten gefürchtet war. Es beherrschte vom 1.-6. Jh. das Mekong-Delta, die Küsten Malaysias, Sumatras, Vietnams und das Südchinesische Meer. Die Chinesen nannten die Könige dieses Landes *Funan* („Herrscher des Berges") und schilderten die Häuser als Pfahlbauten mit reichen Schnitzereien. Sie berichten auch von einem ausgedehnten Kanalsystem, das der Bewässerung und der Schifffahrt diente. Es ermöglichte seegängigen Dschunken der Handelsflotten aus Arabien, Indien und China, durch Funan zu segeln und den Weg um das gefährliche Ca Mau-Kap zu meiden.

Im 6. Jh. wurde Funan von seinem Vasallenstaat **Chenla** erobert. Das Reich Chenla ging im 9./10. Jh. in dem Reich der Khmer auf, so dass die Kunst der Funan und Chenla als Vorläufer der Khmer-Kunst angesehen wird. Auch die politische Macht der Funan ging an die Khmer über, die nominell auch das Mekong-Delta beherrschten. Hier entstanden aber nur wenige Siedlungen, denn das Khmer-Reich litt nicht unter Landnot. Die Weite des Deltas wurde von den fruchtbaren Schlammmassen des Mekong und seinen Nebenflüssen bedeckt und sank in Vergessenheit, bis es im 17. Jh. von den Vietnamesen erneut urbar gemacht wurde.

1942-1944 legte der französische Forscher Louis Malleret in Oc Eo (s. S. 233; Provinz An Giang) eine Siedlung frei, die als Hafenstadt der Funan angesehen wird. Er nannte die Kultur nach dem Fundort **Oc Eo-Kultur**. Von Städten und Tempeln wurden nur Pfähle der Häuser und Grundmauern aus Ziegeln gefunden. Dagegen lässt eine Fülle von Kunstgegenständen, Münzen und Gerätschaften auf eine Verbindungen Funans mit der arabischen Welt und dem Römischen Reich schließen. Im Museum der Vietnamesischen Geschichte in Saigon (s. S. 212) sowie in den Provinzmuseen von Tan An (s. S. 229) und Long Xuyen (s. S. 233) kann man Exponate aus Oc Eo studieren, von der 350 ha großen archäologischen Stätte selbst ist fast nichts mehr zu sehen.

Kultur und Kunst der Cham

Die Cham gehören zu den austronesischen Völkern der indonesischen Sprachgruppe, die in mehreren Wellen wohl aus dem südlichen Sibirien über China nach Südostasien einwanderten. Heute leben noch etwa 100 000 Cham in den Städten Phan Thiet, Phan Rang, Soc Trang und Umgebung.

Für die Zeit vom 2.-4. Jh. n. Chr. ist die Forschung auf chinesische Annalen angewiesen. Ab dem 3. Jh. werden sie durch Steleninschriften der Cham und

Foto: Josef Beck

der benachbarten, ebenfalls indisierten Funan und Khmer ergänzt. Seit dem 8. Jh. kommen die Cham-Architektur und -Plastik hinzu. Im 10. Jh. verdichten sich die Nachrichten durch die Geschichtschreibung des Reichs Dai Viet.

Die **Indisierung** erfolgte im 1.-2. Jh. und verstärkt im 4.-5. Jh. Solange Indien am Seehandel teilnahm, begleiteten Brahmanen (Priester) die Schiffe. Die Könige der weiter östlich gelegenen Reiche beriefen gebildete Inder in hohe Positionen an ihre Höfe. Direkte Kontakte zu Indien brachen im 6. Jh. ab, aber aus der Begegnung entwickelten sich die eigenständigen, indisierten Hochkulturen Südostasiens.

Eine **Geschichte** der Cham lässt sich nicht lückenlos darstellen. Es gab zwei sich befehdende Klans, die abwechselnd dominierten. Nach den gefundenen Götteropfern – goldenen Kokosnüssen im Norden und goldenen Betelnüssen im Süden – wurden sie *Dua* („Kokosnussesser") und *Cau* („Betelnussesser") genannt. Das Verhältnis zwischen dem Nord- und Südreich lässt noch viele Fragen offen. Heute leben die Cham als meist muslimische Minderheiten in Vietnam und Kambodscha.

Das Nordreich der Dua, Amaravati genannt, entstand südlich von Hue. Während der hinduistischen Periode vom 4.-8. Jh. war Simhapura, heute Tra Kieu, die Hauptstadt und My Son die Tempelstadt. Darauf folgte die buddhistische Periode vom 9.-10. Jh. mit der verschwundenen Hauptstadt Indrapura und dem geistigen Zentrum im 1954 zerstörten Kloster Dong Duong, ebenfalls im Großraum Tra Kieu. Nach der Zerstörung ihres Reichs zogen die Cham nach Vijaya, ungefähr 220 km südlicher, im Raum des heutigen Binh Dinh. Tempelstadt blieb My Son.

Das Südreich der Cau, Panduranga (Phan Rang) genannt mit der Tempelstadt Kauthara (Nha Trang), existierte zeitgleich mit dem Nordreich. Die Oberherrschaft übte es von 749-808 aus. Die Hauptstadt war Virapura im Raum Phan Rang. Nach Zerstörung des Reichs Vijaya existierte das Südreich von 1471-1693 in Phan Rang. Von 1693-1822 gab es nur noch Fürsten als Vasallen der Nguyen-Fürsten von Hue.

Für **China** waren die Auseinandersetzungen mit den Cham nur einer der zahlreichen Grenzkonflikte am Rand seines großen Reichs. Die Situation änderte sich 939 mit dem Entstehen des Reiches Dai Viet (s. S. 34), das sich schnell zur führenden Kraft der Region entwickelte. Auch die Khmer von Angkor hatten um diese Zeit den Zenit ihrer Macht erreicht. Beide Staaten besaßen fruchtbares Reisland in weiten Deltagebieten. Die Chinesen waren Spezialisten für Ackerbau und Bewässerungssysteme. Champa bestand dagegen aus Gebirgen, dem weniger fruchtbaren Küstenstreifen und kleinen Flussdeltas. Das Gold seiner Berge weckte jedoch die Begierde der Nachbarn. 446 raubten die Chinesen in Vu Xa, nordwestlich des

Oben: Ein Shiva aus dem 11. Jh. im Thap Mam-Stil (Cham-Museum in Da Nang).

heutigen Hue, der Stadt des Goldenen Prinzen Pham Duong Mai, eine Statue aus 100 Pfund purem Gold. 603 oder 605 schlug der chinesische General Liu Fang im Norden einen Aufstand der Viet nieder und zog weiter nach Simhapura. Seine Beute waren u. a. 18 Tafeln gegossenes Gold.

Die Cham waren Bauern, Handwerker, Bildhauer, Fischer, Seefahrer und Krieger. Ihre große Flotte kontrollierte bis zum 10. Jh. den Gewürzhandel im Südchinesischen Meer. Sie leisteten Vietnamesen, Khmer und im 13. Jh. der mongolisch-chinesischen Yuan-Dynastie Widerstand. Wiederholt brachten sie Dai Viet an den Rand des Ruins, verheerten die Deltaregion und plünderten die Hauptstadt. Den vietnamesischen Königen gelang die Vernichtung der Cham-Hauptstädte (Indrapura 982, Vijaya 1471); sie zwangen die Cham zum Rückzug nach Süden. Champa konnte die Khmer-Hauptstadt Angkor einnehmen und zerstören, den Tempel Angkor Wat beschädigen und den Nimbus der Gottkönige schmälern (1179-1781). Andererseits musste es lange die Oberherrschaft der Khmer ertragen und den Vietnamesen Tribut leisten. 1693 wurden die Cham Vasallen der Nguyen-Fürsten von Hue.

Religionen und Gottkönigtum

Die ackerbauenden Cham verehrten Fruchtbarkeits- und Muttergöttinnen. An der Spitze des Pantheons stand die Muttergöttin Uroja; ihr Name bedeutet Mutterbrust. In ihrer Erscheinungsform als Po Nagar, der Erschafferin der Welt und Mutter des Landes, wird sie bis in die Gegenwart verehrt, z. B. in Po Nagar (Nha Trang; s. S. 183). In Menhiren sahen die Cham die Manifestation der vergöttlichten Ahnen und Fürsten als Beschützer ihrer Äcker, der Ernten und des Landes. Der **Hinduismus**, meist als Shivaismus, trat an die Stelle der alten Kulte. Nicht in seiner Erscheinung als abstrakter Weltengott, sondern als loka-

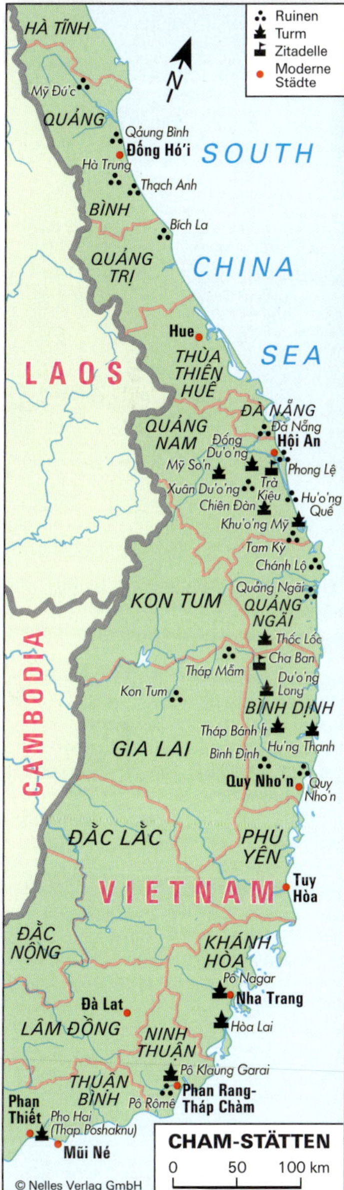

Foto: Saiko3p (Dreamstime.com)

ler Gott eines begrenzten Raumes und Herr des Bodens verschmolz Shiva mit dem vergöttlichten König als Inkarnation des Gottes.

Der Ansatz zum **Gottkönigtum** ist in Indien zu suchen, seine Vollendung vollzieht sich in den indisierten Staaten Südostasiens. Als Verkörperung sakraler und weltlicher Gewalt besaßen die Gottkönige eine einmalige Machtfülle und als alleinige Besitzer des Landes die absolute Herrschaft über die Natur. Sie vereinigten religiös-geistige und politisch-weltliche Macht und geboten über alle materiellen und geistigen Ressourcen sowie ihre Untertanen.

Der **Buddhismus** kam etwa gleichzeitig mit dem Hinduismus nach Champa. Auf den Norden des Cham-Reiches wirkte sich der über China und Dai Viet eingeführte Mahayana-Buddhismus aus. Im 9.-10. Jh. entstand in Indrapura ein buddhistisches Reich, das zum Höhepunkt der Cham-Kunst führte. Der Süden stand mehr unter dem Einfluss des Hinayana- und des Vajrayana-Buddhismus.

Der **Islam** hatte in Champa zunächst keine Rolle gespielt, obwohl er in den Küstenstädten durch arabische Kaufleute bekannt geworden war. Erst nach dem Niedergang Champas übernahmen die Cham den sunnitischen Islam, der allerdings mit hinduistischen Göttern und Kulten vermischt ist.

Die Architektur der Cham

Im 4. Jh. berichten Stelen in der Tempelstadt My Son von der Errichtung eines Tempels aus Holz mit einem Lingam (plastische Phallus-Nachbildung des Gottes Shiva). Die ersten erhalten gebliebenen Ziegelbauten sowie die Sandsteinplastiken präsentieren sich als ausgereifte Kunst, der eine lange Entwicklung vorausgegangen sein muss. Vom 8. Jh. an blieben Ziegelbauweise und Sandsteinplastik Grundelemente der Cham-Kunst.

Die **Architektur**, soweit sie bekannt

Oben: Das Cham-Heiligtum von Po Nagar (7.-13. Jh.) in Nha Trang.

ist, beschränkt sich auf Sakralbauten der Könige. Die Cham haben nur Ziegelbauten errichtet, die bis in das 10. Jh. Ähnlichkeiten mit den zeitgleichen Tempeln der Khmer aufweisen. Als die Khmer zur Sandsteinarchitektur übergingen, beharrten die Cham auf der Ziegelbauweise. Dekor und Plastik fanden in allen Bauperioden für Treppenaufgänge, Friese an den Basen und Giebeln, Fenster- und Türrahmen, Zier- und Ecksteine der Dachzone Verwendung. Stärker als der Bauplan (s. u.) wandelte sich der Dekor in den verschiedenen Stilepochen.

Baumaterial: Die mit glatten Oberflächen versehenen Ziegel wurden fugenlos ohne Mörtel aufeinander gesetzt. Aus den nahtlosen Ziegelmauern ließ sich dekorativer und figürlicher Schmuck herausmeißeln. Das Fehlen einer Bindeschicht beschäftigt die Forschung bis in die Gegenwart. Viel spricht dafür, dass die gebrannten Ziegel mit roher Ziegelmasse als Bindeschicht errichtet und der Bau danach noch einmal gebrannt wurde.

Der **Bauplan** hat ebenfalls kaum Wandel erfahren. Verglichen mit den Tempelanlagen der Inder und Khmer sind die der Cham klein. In My Son (s. S. 174) bauten die Könige während ihrer Regierungszeit einzelne Tempelgruppen, die in keinem Zusammenhang miteinander standen. Diese Ensembles bestehen aus drei Bautypen: Dem turmartigen Sanktuarium (*kalan*), der so genannten Bibliothek und einer Halle (*mandapa*).

Die wichtigsten Bauten, die **Kalane**, erreichen Höhen von 3,8-35 m. Der *kalan* geht auf die *cella* zurück, die in Indien bis in das 8. Jh. gebaut wurde. Auf quadratischem Grundriss erhebt sich das einräumige, fensterlose Sanktuarium mit hohem Dachaufbau. In der Mitte des Innenraumes befindet sich ein aus Ziegeln gemauertes Podest, meist mit Sandsteinreliefs umkleidet, zur Aufstellung des Lingam oder des Götterbildes. Um den Sockel führt eine Rinne mit einem Abfluss nach außen an der Nordseite. Sie diente zur Ableitung des Blutes der Opfertiere, später des Wassers der heiligen Waschungen. Der schwach von Öllampen, die in Nischen aufgestellt wurden, erhellte Raum lässt das Kraggewölbe kaum erahnen. Alle Tempel waren mit Holztüren verschlossen. Erhalten blieben auch drei dicht nebeneinander stehende hohe *kalane* (Drei-Turm-Heiligtümer), die jedoch so in My Son nicht vorkamen. Selbst in der Ebene dominieren sie die Landschaft, im Gegensatz zu den vietnamesischen Tempeln, die mit der Natur zu einer Einheit verschmelzen.

Der Kalan ist Symbol für den Mikrokosmos. Sein hoher Sockel stellt die menschliche Welt, sein Baukörper die geistige Welt und sein Dach die heilige Welt bzw. den Gipfel des Berges Meru als Göttersitz dar. Der Sockel ist meist mit reliefgeschmückten Sandsteinplatten verkleidet. Sie zeigen Tanz- oder Kampfszenen, Blumen- und Tierdekor etc. Auf ihm ruht der kleinere, quadratische Baukörper, der umwandelt werden kann. Seine Ziegelmauern sind von Pilastern, Halbsäulen und senkrechten Schmuckbändern unterbrochen. Das Hauptportal an der Ostfront wurde im Lauf der Bauentwicklung immer stärker betont und entwickelte sich zu einem Vestibül. An den drei anderen Seiten befinden sich Scheinportale mit Figurenschmuck aus Sandstein. Das Kraggewölbe des Daches springt über den Baukörper vor. Dachaufbauten sind meist dreistufig, verjüngen sich stark und haben etwa die Höhe des Baukörpers. Ursprünglich waren die drei Stufen an den Ecken mit Miniaturkalanen besetzt, die Kraggesimse trugen Tierplastiken. Umlaufende Schmuckfriese zeigten figürliches und pflanzliches Dekor. Besonders in der Dachzone verarmte das Dekor im 12. und 13. Jh., sie wirkte gezackt und bizarr. In der Tempelstadt My Son waren die Dächer z.T mit Goldblech bedeckt.

Die so genannte **Bibliothek** ist ein

rechteckiges, niedriges Gebäude mit zwei gleichgroßen Innenräumen, in denen wahrscheinlich der Tempelschatz aufbewahrt wurde. Die Ziegelfassade wirkt durch Balusterfenster im Wechsel mit Pilastern, Halbsäulen und Schmuckbändern mit pflanzlichem und figürlichem Dekor stark gegliedert. Über diesen zierlichen Bauten wölbt sich ein verhältnismäßig schweres Dach.

Das **Mandapa** ist eine langgestreckte Halle, die der Vorbereitung der Opfer und den rituellen Tänzen diente. Sehr große *mandapa* haben Säulenreihen im Inneren, die das Flachdach stützen. Die Dächer waren mit Holz gedeckt, das mit Ziegeln oder Stroh belegt wurde. Die Halle war entweder offen oder hatte eine stark gegliederte Ziegelfassade mit Balusterfenstern.

Stile der Cham-Kunst

Der Zusammenstellung liegt die Einteilung der französischen Forschung zugrunde, sie verwendet aber auch Erkenntnisse der vietnamesischen Forschung. Die Hinweise auf einige Exponate beziehen sich auf das **Cham-Museum** in **Da Nang**, die größte Sammlung von Cham-Plastiken der Welt. In den Museen von Hanoi und Saigon, aber auch in Paris, gibt es nur kleine Ausstellungen von Einzelstücken.

Die Bildhauerei der Cham

Plastik und Relief unterlagen häufigem Stilwandel und zeigten sich fremden Einflüssen gegenüber aufgeschlossen, assimilierten sie aber schnell. Erste Werke aus dem 7. Jh. zeigten eine erfahrene Kunst, die auf lange Tradition der Holzbildhauerei schließen lässt. Die freistehende Rundplastik haben die Cham vor den Khmer beherrscht. Statuen sprechen von großem Einfühlungsvermögen und guter Beobachtungsgabe. Obwohl sie die Kunst der Plastik beherrschten, gaben sie dem Hochrelief den Vorzug. Seine Aussagekraft ist stärker, weil sich eine Handlung darstellen lässt. Den Höhepunkt der Bildhauerkunst erreichen die Cham in der Buddhistischen Periode (9.-10. Jh.). Nach deren Ende, mit der Verlagerung des Reiches nach Vijaya, neigten die Arbeiten zu Stilisierung, Vereinfachung und betonter Monumentalität. Im 14. und 15. Jh. verarmte die Plastik schneller als die Architektur und verlor Wärme und Wahrhaftigkeit. Die Tierplastik – die Schwerelosigkeit und Grazie ihrer Elefanten und Löwen war bisher unübertroffen – ließ nun Beweglichkeit und Harmonie vermissen. Unruhe, Verarmung und Zeitdruck ließen die Kunst kraft- und mutlos werden.

Rechts: Polospieler im frühen Tra Kieu-Stil (Cham-Museum Da Nang).

Das Reich Dai Viet

Als das Reich Dai Viet im 10. Jh. in die Geschichte eintrat, waren Staaten wie Japan und Korea längst etabliert. Die südostasiatischen Reiche Angkor und Champa hatten ihren Zenit erreicht, Pagan (Bagan; Myanmar) stand am Anfang seiner Blüte und Malaya, Laos sowie Thailand existierten noch nicht. Die Vietnamesen im Delta des Roten Flusses besaßen alle Voraussetzungen für eine führende Position in der Region: 1000 Jahre hatten sie an der Entwicklung Chinas teilgenommen und standen ihm in Bezug auf Verwaltung, Militärwesen, Agrarwirtschaft, Wissenschaft, Literatur und Philosophie kaum nach. Vietnam war ein einheitliches Staatsgefüge mit gleicher geschichtlicher und wirtschaftlicher Entwicklung.

Trotz der Dominanz des chinesischen Lehrmeisters blieb sich das bäuerliche Vietnam seiner Eigenart bewusst, seiner Traditionen, Religionen und Sprache; die vietnamesischen Herrscher kamen häufig aus dem Bauern- oder Fischerstand.

Das vietnamesische Königtum beruhte auf dem chinesischen Vorbild

Foto: Josef Beck

– die Könige sahen sich als Söhne des Himmels. Aber sie waren keine unfehlbaren Herrscher von Gottes Gnaden. Das Mandat des Himmels war ihnen nur gewiss, solange sie das Reich nach außen erfolgreich verteidigten und den Wohlstand im Inneren mehrten. Versagten sie, konnten sie abgesetzt werden. Jeder neue Regent musste seine Eignung durch Erfolge unter Beweis stellen. Bei der Einsetzung eines Herrschers oder einer Dynastie kam es daher häufig zu Unruhen.

Viele vietnamesische Könige waren fromme Buddhisten und wählten ihre Ratgeber unter den gebildeten Mönchen. Als Gegengewicht zur wachsenden Macht des Adels und der Großgrundbesitzer schufen sie ein Beamtentum, das Mandarinat. Nach Absolvierung der konfuzianischen Lehranstalt mussten Zivil- und Militärmandarine der neun Ränge Prüfungen in der klassischen Literatur ablegen. Mit dem Verfall der klösterlichen Bildung und Moral stieg die Macht der Konfuzianer. Während der Le-Dynastie, im 15. Jh., gewann ein eifernder Neo-Konfuzianismus aus China Einfluss auf Staat, Gesellschaft und Familie.

Die Gesetzgebung der Ly-Dynastie kannte harte Strafen, entsprach aber dem vietnamesischen Rechtsempfinden. Die Tran-Dynastie baute die Strafgesetze aus und schuf die Grundlage für das Zivilrecht. Der Kodex der Le-Könige von 1481, ein Gesetzeswerk mit 271 Artikeln, regelte auch die Rechte der Frauen und der Bauern. Die Nguyen-Dynastie griff Ende des 19. Jh. auf mittelalterliches chinesisches Recht zurück, das der vietnamesischen Rechtsauffassung nicht entsprach.

Die Ly-Dynastie (1009-1225) schuf eine starke Zentralmacht mit einer schlagkräftigen Armee und eine leistungsfähige Landwirtschaft. Sie legte den Grundstein für das vietnamesische Königreich, seine Kultur und Kunst.

Die Tran-Dynastie (1225-1400) zeichnete sich durch Reformen aus. Um die Erbfolge sicherer zu machen, wurden die Thronfolger zu Lebzeiten des Königs in ihr Amt eingeführt, der König behielt nach seiner Abdankung die letzte Entscheidungsgewalt. Um die Machtfülle einzelner Beamter zu vermindern, wurden höhere Verwaltungsstellen mit einem militärischen und einem übergeordneten zivilen Mandarin besetzt. Die Loyalität der Beamten bekräftigte der Beamteneid.

Während ihrer 360-jährigen Herrschaft führte die Le-Dynastie (1428-1788) Dai Viet durch Höhen und Tiefen. Sie brachte bedeutende Herrscher hervor, endete aber wie alle anderen Dynastien in Thronstreitigkeiten unfähiger Erben. Ein Hofbeamter usurpierte und gründete die kurzlebige Mac-Dynastie (1527-1592). Die restaurierte Le-Dynastie verdankte den Thron zwei rivalisierenden Adelsgeschlechtern, den Trinh und Nguyen. In Thang Long (Hanoi) machten die Trinh-Fürsten die Le-Könige zu Marionetten. Ab 1599 bauten die Nguyen-Fürsten im Süden des Landes ein Machtzentrum auf. Der Bürgerkrieg zwischen beiden führte 1673 zur Spaltung des Landes und Teilung der Aufgaben: Den Trinh-Fürsten fiel die Grenzsicherung im Norden zu; die Nguyen-Fürsten in Phu Xuan (dem späteren Hue) führten den Kampf gegen das Reich Champa weiter und setzten den Vorstoß nach Süden, fort. Durch geschicktes Eingreifen in die Thronstreitigkeiten Kambodschas konnten sie sich nach und nach die Herrschaft im Mekong-Delta sichern. Die Nguyen kamen früher als der Norden in Kontakt mit Missionaren und Händlern aus Europa und hatten die ersten Kämpfe mit den Franzosen zu bestehen.

Drei aufständische Brüder – Nhac, Lu und Hue, mit Familiennamen Nguyen, aus Tay Son bei Quy Nhon, meist Tay Son-Brüder genannt – waren vom Glück begünstigt. Als der Trinh-Fürst über einen schwachen Regenten der Nguyen siegte, den Triumph aber nicht nutzen konnte, eroberten sie das Herrschaftsgebiet der Nguyen-Fürsten. Der jüngste und begabteste, Nguyen Hue, konnte 1789 die chinesische Qing-Dynastie aus Thang Long vertreiben, die Trinh-Fürsten und den letzten Le-König absetzen. Er hatte schon 1788 die Tay Son-Dynastie gegründet, starb aber vier Jahre später, ohne seine Reformen verwirklicht zu haben. Sein Sohn vermochte den Sieg des rechtmäßigen Erben der Nguyen-Fürsten, Nguyen Anh, nicht aufzuhalten. Dieser eroberte in einem 20-jährigen Kampf das Land vom Mekong-Delta bis zum Roten Fluss und gründete die letzte vietnamesische Dynastie der Nguyen (1802-1945). Er nannte das Land *Vietnam* und verlegte seine Hauptstadt 1804 von Thang Long nach Phu Xuan (Hue).

Die Nguyen-Könige waren überzeugte Konfuzianer und verteidigten ihre Staatsidee, die buddhistische Religion und die absolute Monarchie gegen die Ideale der Französischen Revolution, die Demokratisierung und das Christentum.

Das französische Kolonialreich (1863-1945)

Zu den frühen seefahrenden Kaufleuten an der Ostküste Hinterindiens gehörten die Spanier und die Portugiesen, die das Land *Cochinchina* nannten. Ihnen folgten Holländer, Engländer und Franzosen. Im Hafen von Hai Pho (Hoi An), damals ein führender Hafen in Südostasien, gab es bei ihrer Ankunft bereits Niederlassungen der Chinesen und Japaner. Von den japanischen Shogunen aus Japan verwiesen, kamen Missionare nach Hai Pho und bis in das Delta des Roten Flusses. Aber Dai Viet war ein armes Land, die Märkte unbedeutend, der Fernhandel Monopol der Könige. Nur die Franzosen, deren Mission erfolgreich war, blieben.

Großbritannien verschaffte sich durch den 1. Opiumkrieg (1839-1842) gewaltsam Zugang zu den Märkten Chinas. Die Franzosen versuchten auf dem

Rechts: Kanone in der Zitadelle von Hue (Bronzeguss vom Anfang des 19. Jh.).

Foto: Volkmar E. Janicke

Mekong, später auf dem Roten Fluss nach Süd-China vorzudringen. Die Flüsse erwiesen sich durch Stromschnellen und wechselnden Wasserstand jedoch als untauglich für die Schifffahrt. Frankreich erkannte zwar das Rohstoffpotential Indochinas, als Absatzmarkt für Industriewaren war die Region jedoch zu arm.

Die Kolonialepoche begann 1858 mit dem Beschuss der Bucht von Da Nang. Er sollte die Nguyen-Könige im 100 km entfernten Hue zur Öffnung des Landes für Missionare und Kaufleute zwingen. Als der Erfolg ausblieb, wandten sich die Franzosen ins Mekong-Delta, eroberten die Festung Gia Dinh (das spätere Saigon) und bis 1863 den gesamten Süden. 1872 kämpfte sich ein französischer Kaufmann mit einer kleinen Truppe den Roten Fluss empor und eroberte 1873 Hanoi. Nach schweren Kämpfen im Delta musste die Nguyen-Dynastie im Vertrag von Hanoi 1875 Cochinchina (das Mekong-Delta) als französische Kolonie anerkennen.

Mit dem Protektoratsvertrag von Hue (1884) wurde das nördliche Vietnam zum Protektorat Tongking und Zentral-Vietnam zum Protektorat Annam. Das Kolonialreich Indochina entstand am 17.10.1887 durch den Zusammenschluss der vietnamesischen Kolonie mit dem Protektorat Kambodscha; 1893 kam Laos hinzu. Regierungssitz wurde Hanoi.

In Frankreich stießen die Eroberungen in Asien zunächst auf geringes Interesse. Nach der Revolution galt die Republik als unteilbar, die Kolonien waren theoretisch gleichgestellt, ihre Bevölkerung mit der des Mutterlandes gleichberechtigt, die Kolonien sollten assimiliert werden. In der Praxis sah das anders aus: Zwischen Besitzungen (Departements), Kolonien und Protektoraten bestanden staatsrechtlich erhebliche Unterschiede, für die Vietnamesen gab es keine staatsbürgerlichen Rechte und Freiheiten. Um Franzose zu werden galten Bedingungen, die, falls der Wille vorhanden gewesen wäre, kaum erfüllbar waren. Bewerber um die französische Staatsbürgerschaft durften keiner

VIETNAMESISCHE HERRSCHER-DYNASTIEN

Legendäre und frühe Reiche

Legendär: **2879 v. Chr. - 258 v. Chr.:** Van Lang, Hong Bang-Dynastie

Historisch: **690 v. Chr. - 258 v. Chr.**

258-208 v. Chr.: Au Lac, Thuc-Dynastie; Hauptstadt Co Loa

208-111 v. Chr.: Nam Viet, Trieu-Dynastie, Hauptstadt Quangzhou (Kanton).

Chinas 1000-jährige Herrschaft (111 v. Chr. - 938 n. Chr.)

111 v. Chr. - 622 n. Chr.: Kolonie Giao Chi

40-43 n. Chr.: Trung-Dynastie

187-226 n. Chr.: Provinz Giao Chau

248 n. Chr.: Aufstand der Trieu Au

544-603 n. Chr.: Frühe Ly-Dynastie

622-679 n. Chr.: Generalgouvernement

ab 679 n. Chr.: Generalprotektorat An Nam

722 n. Chr.: Aufstand des Muong-Häuptlings Mai Thuc Loan

bis 938 n. Chr.: Generalprotektorat Tinh Hai

Das Unabhängige Vietnam (Dai Viet)

939-965: Ngo-Dynastie, Hauptstadt Co Loa

968-979: Dinh-Dynastie, Hauptstadt Hoa Lu (Provinz Ninh Binh)

980-1009: Frühe Le-Dynastie, Hauptstadt Hoa Lu

1009-1225: Späte Ly-Dynastie, Hauptstadt Thang Long (Hanoi)

1225-1400: Tran-Dynastie, Hauptstadt Thang Long (Hanoi)

1400-1407: Ho-Dynastie, Hauptstadt Tay Do (Provinz Thanh Hoa)

1407-1427: Interregium der chinesischen Ming-Dynastie

1428-1527: Späte Le-Dynastie, Hauptstadt Thang Long

1527-1592: Mac-Dynastie, Hauptstadt Thang Long

1532-1788: Restaurierte Le-Dynastie, Hauptstadt Thang Long
Bürgerkriege:
1543-1592: Le und Mao Dynastie
1627-1786: Trinh und Nguyen (Teilung in Nord und Süd. Norden: Trinh-Fürsten, Sitz Thang Long (Hanoi). Süden: Nguyen-Fürsten, Sitz Phu Xuan (Hue))
1771-1792: Nguyen und Tay Son

1788-1802: Tay Son-Dynastie, Hauptstadt Phu Xuan (Hue)

1802-1945: Nguyen-Dynastie; insgesamt 13 Herrscher, von denen 11 in der Hauptstadt Hue beigesetzt sind:
1802-1820: Gia Long (vormalig Fürst Nguyen Anh)
1820-1841: Minh Mang
1841-1847: Thieu Tri
1847-1883: Tu Duc
1883 (3 Tage): Duc Duc (abgesetzt)
1883 (4 Monate): Hiep Hoa (vermutlich ermordet)
1883-1884 (6 Monate): Khien Phuc
1884-1885: Ham Nghi (gestorben im Exil in Algerien)
1885-1889: Dong Khanh
1889-1907: Thanh Thai (Exilregierung)
1907-1916: Duy Tan (Exilregierung)
1916-1925: Khai Dinh
1926-1945 (24. August): Bao Dai (gestorben am 31. Juli 1997 in Paris)

1863-1945: Französisches Kolonialreich, Hauptstadt Saigon, ab 1887 Hanoi.

nichtchristlichen Religion angehören, mussten ihre Traditionen und Sitten ablegen, französisch sprechen und ein bestimmtes Bildungsniveau nachweisen. Es gab jedoch nur 6 % Christen in Vietnam, Schulbildung besaßen nur wenige Stadtbewohner. Noch am Ende der Kolonialzeit waren über 80 % der Bevölkerung Analphabeten. Die Zahl der Absolventen von Universitäten und Hochschulen belief sich auf 600, Zugang zu Wissenschaft und Forschung war Vietnamesen verwehrt. Die Besitzungen dienten Frankreich v. a. als Rohstofflieferant sowie zur Rekrutierung von Soldaten. Das Kolonialministerium wurde erst 1894 gegründet, bis dahin waren die Kolonien dem Marineministerium unterstellt. Ab 1907 ging die Zentralgewalt von der Nationalversammlung in Paris aus, und die Situation in der Kolonie Indochina besserte sich.

Viele Historiker machen den Nguyen-Königen den Vorwurf, sie hätten das Land nicht verteidigt und es an die Europäer verraten. Andere klagen ihre Abwehr gegen den Fortschritt und die neuen Ideen an, die Vietnam in die Isolation gedrängt hat, unter der es bis in die Gegenwart litt. In Europa hat es noch ein Jahrhundert gedauert, bis das koloniale Denken soweit abgebaut war, dass Europa den Wert der ihm fremden, alten asiatischen Kulturen erkannt hat. Noch schwerer fiel es der Institution Kirche und manchen Christen, die anderen Weltreligionen zu tolerieren.

Sporadisch kam es zu Aufständen in Vietnam, die gegen Ende der Kolonialzeit eskalierten. Rebellionen brachen in vielen Landesteilen aus und wurden von unterschiedlichen Gesellschaftsschichten getragen. Es fehlte aber jahrzehntelang an Koordination und zentraler Führung.

Ho Chi Minh, der in Frankreich auf das Unverständnis der Kolonialregierung, aber auf die Hilfe der Kommunistischen Partei Frankreichs gestoßen war, zu deren Gründungsmitgliedern er gehörte, kehrte über Moskau nach Vietnam zurück. Er gründete 1930 die *Kommunistische Partei Indochinas* (KPICH), durch deren Initiative 1941 in Vietnam die *Liga zur Unabhängigkeit Vietnams* (Viet Minh) entstand. Die letzte Phase des vietnamesischen Unabhängigkeitskampfes koordinierte die kommunistische Führung.

Foto: Udo Rein

Rechts: In der Kolonialzeit wurde 1886-1891 das Hauptpostamt in Saigon errichtet

Von 1940-1945 war Vietnam unter Beibehaltung der französischen Kolonialverwaltung von Japan besetzt. Erst im März 1945 kündigten die Japaner den Franzosen die Zusammenarbeit und entwaffneten deren Kolonialarmee. Der letzte König der Nguyen-Dynastie, Bao Dai, erklärte im März 1945 auf Veranlassung Japans die Unabhängigkeit Vietnams. Im August 1945 kapitulierte Japan bedingungslos, und das *Nationale Komitee zur Befreiung Vietnams*, ein Organ des Viet Minh, übernahm unter Ho Chi Minh die provisorische Regierung. König Bao Dai wurde 10 Tage später zur Abdankung gezwungen. Am

Foto: Archiv für Kunst und Geschichte, Berlin

2. September 1945 rief Ho Chi Minh im Norden, in Hanoi, die Unabhängigkeit aus und proklamierte die *Demokratische Republik Vietnam* (DRV).

1. Indochinakrieg (1946-1954)

Nach dem Ende des 2. Weltkriegs kehrte Frankreich nach Indochina zurück. Am 6. März 1946 erkannte es die DRV als Staat mit eigener Regierung, Armee und Finanzverwaltung innerhalb der neu geschaffenen *Union Française* (dem Pendant zum britischen Commonwealth) an. Die DRV forderte den schrittweisen Rückzug der französischen Truppen innerhalb von fünf Jahren. In Cochinchina sollten freie Wahlen stattfinden. Am 9. März 1946 landeten französische Truppen in Tongking, im Juni ließ der Hohe Kommissar für Indochina im Süden die *Republik Cochinchina* proklamieren. Die DRV sah darin einen Verstoß gegen das Abkommen, und die Spannung zwischen der Regierung in Hanoi und Frankreich wuchs. Im November beschossen französische Kriegsschiffe den Hafen von Hai Phong. Verhandlungen scheiterten, Viet Minh-Truppen griffen französische Garnisonen an. 1948 beauftragte Frankreich den Ex-König Bao Dai mit der Führung eines provisorischen vietnamesischen Einheitsstaates, mit dem die USA und Großbritannien Beziehungen aufnahmen. 1950 wurde er Teil der *Union Française*. China und die UdSSR erkannten die DRV an und sagten Hilfe zu. 1951 wurde die Kommunistische Partei Indochinas aufgelöst, in den drei Ländern Vietnam, Laos und Kambodscha entstanden nationale kommunistische Parteien. Es folgte die Bildung einer Allianz der drei Länder des ehemaligen Indochina, und darauf ein Wirtschaftsabkommen der USA mit der Regierung Bao Dai.

In Vietnam kam es zu schweren Kämpfen zwischen dem französischen Expeditionskorps und dem Viet Minh.

Oben: Gefangene Vietnamesen während der Kolonialherrschaft. Rechts: Ho Chi Minh – Knüpfteppich aus einer Fabrik bei Hanoi.

Die Franzosen zogen sich auf die Hochebene von Dien Bien Phu an der Grenze zu Laos zurück, die sie für uneinnehmbar hielten. Doch die Vietnamesen transportierten über Wochen mit einfachsten Mitteln Waffen dorthin und bereiteten den Franzosen am 7. Mai 1954 eine vernichtende Niederlage, die das Ende der französischen Kolonialpolitik darstellte.

Am 26. April 1954 hatte in Genf die Indochinakonferenz begonnen. Im Juni bildete der Katholik Ngo Dinh Diem mit CIA-Unterstützung in Saigon eine Regierung. Das Waffenstillstandsabkommen vom 21. Juli 1954 in Genf garantierte in der Schlussdeklaration die Souveränität, Unabhängigkeit und Einheit der Staaten Kambodscha, Laos und Vietnam. Die Franzosen erklärten sich zum Abzug der Truppen bereit. Die Konferenz beschloss die provisorische Teilung Vietnams am 17. Breitengrad. Gesamtvietnamesische Wahlen sollten die Zukunft des Landes bestimmen. Beiden Teilen Vietnams wurden Verhandlungen miteinander empfohlen. Sie sollten keine Bündnisse eingehen und keine Stützpunkte ausländischer Mächte dulden, dagegen internationale Kontrollkommissionen zulassen. Die Regierungen der USA und Süd-Vietnams unterzeichneten das Genfer Abkommen nicht. In einem Zusatzabkommen verpflichteten sich die USA zur Respektierung der Beschlüsse von Genf und den Verzicht auf gewaltsames Eingreifen in Indochina.

Vietnamkrieg / 2. Indochinakrieg (1964-1975)

Schon 1954 bot Präsident Eisenhower der südvietnamesischen Regierung Diem militärische Hilfe der USA an; beim Abzug der französischen Truppen trafen 1955 US-Berater in Saigon ein. Diem lehnte es 1955 und 1956 ab, Wahlen durchzuführen. König Bao Dai wurde durch ein Referendum abgesetzt, und Diem rief die Republik aus,

Foto: Charlotte Goldstein

deren erster Präsident er mit der Unterstützung der USA wurde. In Südvietnam begannen Widerstandskämpfe, ab 1960 fanden mehrere Putschversuche gegen die Regierung Diem statt. Die *Nationale Befreiungsfront für Südvietnam*, die kommunistische FLN, wurde gegründet; ihre Kämpfer hießen bei den Amerikanern *Vietcong*.

Im Norden führte die rigorose Kollektivierung der Landwirtschaft zu Unruhen. Ho Chi Minh übernahm das Generalsekretariat der Partei der Werktätigen und ging zu gemäßigten Reformen über.

Unter der Regierung Kennedy eskalierte ab 1961 die Militärhilfe der USA für Südvietnam. Die Zahl der Militärberater wurde auf 5000 erhöht. 1964, nach dem Sturz der Regierung Diem, der mit Zustimmung der USA erfolgte, landeten 25 000 US-Soldaten in Südvietnam. Im März 1968 war ihre Zahl auf eine halbe Million gestiegen. Der Tongking-Zwischenfall am 2. August 1964, bei dem Nordvietnam angeblich ein amerikanisches Kriegsschiff ange-

griffen haben soll, wurde zum Vorwand der Bombardierung Nordvietnams genommen und gilt als Kriegsbeginn. Die UdSSR und China leisteten Waffenhilfe für den Norden.

Am 30. Januar 1968 leitete die Tet-Offensive mit dem Angriff nordvietnamesischer Truppen in Saigon, Hue und an anderen Fronten eine neue Phase des Kriegs ein, der für die USA nicht zu gewinnen war. In der Folgezeit wechselten Friedensverhandlungen in Paris, an denen auch die FLN teilnahm, mit Kämpfen und Bombenabwürfen auf Nordvietnam. Präsident Nixon setzte 1969 die Vietnamisierung des Kriegs und das Disengagement der USA fort und kündigte den Rückzug an.

Ho Chi Minh starb 1969. Der Krieg sprang 1970 auf Kambodscha und Laos über, die nun auch von den USA verheerend bombardiert wurden. Da die elektronische McNamara-Linie, 90 km nördlich von Hue, für die Nordvietnamesen eine unüberwindliche Sperre war, musste der Nachschub für den Widerstand der FLN im Süden, über den „Ho Chi Minh-Pfad", teilweise auf laotisches und kambodschanisches Grenzgebiet ausweichen. Ab 1972 griffen nordvietnamesische Truppen Südvietnam systematisch an. Der Abzug der US-Truppen ging jedoch weiter, da die Antikriegsbewegung in den USA wuchs. 1973 wurde das Abkommen über die Beendigung des Kriegs von den USA, den Regierungen Nord- und Südvietnams und der FLN unterzeichnet. Vorgesehen waren ein Waffenstillstand und der völlige Rückzug der amerikanischen Truppen aus Südvietnam. Er wurde im April 1973 beendet; der Krieg aber ging weiter.

1974 verschlechterten sich die Beziehungen Nordvietnams zu China, das die Paracel-Inseln besetzt hatte. 1975 landete Vietnam auf den von China beanspruchten Spratley-Inseln. Nahe der Archipele wurde Erdöl vermutet. Die USA kürzten die Militärhilfe für Südvietnam.

Oben: Auf dem Schlachtfeld Dien Bien Phu von 1954 wächst heute wieder Reis. Rechts: US-Soldaten schleppen einen Vietcong in die Gefangenschaft (1966).

Am 30. April endete die am 6. Januar 1975 begonnene Großoffensive Nord-Vietnams mit der Einnahme Saigons und damit der Krieg. 1976 fand die offizielle Wiedervereinigung von Nord- und Südvietnam statt. Die Opferbilanz: 58 000 US-Soldaten, eine Million vietnamesische Kämpfer und vermutlich vier Millionen Zivilisten.

Foto: Archiv für Kunst und Geschichte, Berlin

Besetzung Kambodschas

Nach kambodschanischen Vorstößen und Massakern auf vietnamesischem Gebiet 1975 und 1977 begann die militärische Konfrontation zwischen Vietnam und den von China abhängigen Roten Khmer. 1978 stellte China seine Hilfe an die Vietnamesen ein, die nun bei den Sowjets Unterstützung fanden. Als Vietnam 1979 in Kambodscha einmarschierte, das mörderische Regime des Pol Pot aus Phnom Penh vertrieb und eine vietnamfreundliche Regierung einsetzte, hatte es mehr als 1 Mio. Soldaten unter Waffen. China reagierte auf den Angriff gegen seine Verbündeten mit einem Überfall in Nord-Vietnam, den es „Erziehungsfeldzug" nannte.

Nachdem die Roten Khmer auf ein kleines Gebiet an der thailändischen Grenze zurückgedrängt worden waren, zog Vietnam auf internationalen Druck seine Truppen ab 1991 zurück.

Die Neue Politik (Doi Moi)

Der Versuch, Süd-Vietnam nach der Wiedervereinigung auf die sozialistische Wirtschaftsordnung umzustellen, zeigte wenig Erfolg. So kam es 1975/1976 zu einem Exodus der *boat people* – 120 000 Menschen, überwiegend chinesische Kaufleute und politisch Verfolgte, flohen ins Ausland.

Als Antwort auf die sowjetische Perestroika wurden auf dem 6. Parteitag 1986 grundlegende Wirtschaftsreformen, genannt *doi moi* („Erneuerung", „Neues Denken") beschlossen. Nach einer Verfassungsänderung 1992 waren Handel und Investitionen mit den kapitalistischen Staaten gefragt. Das US-Embargo belastete die Wirtschaft schwer. Etliche asiatische Staaten hielten sich weniger daran als die europäischen und eroberten die Märkte Vietnams. Sie machten sich die fleißigen und billigen Arbeitskräfte, die Intelligenz und den Nachholbedarf eines damals 73-Millionen-Volkes zunutze.

1994 wurde das US-Embargo aufgehoben und 1995 diplomatische Beziehungen zwischen den USA und Vietnam aufgenommen. Im gleichen Jahr trat Vietnam dem Verband Südostasiatischer Nationen (ASEAN) bei.

Deutschland unternahm 1995 den Versuch, durch ein Rückübernahmeabkommen mit Vietnam das Problem der 59 000 vietnamesischen Gastarbeiter in der ehemaligen DDR zu regeln.

Nachdem Bill Clinton 2000 als erster Präsident der USA seit Richard Nixon 1969 Vietnam einen Besuch abgestattet hatte, schlossen beide Staaten wenig später ein umfangreiches Handelsabkommen. Ausdruck der verbesserten

Beziehungen war zudem der Besuch von Ministerpräsident Phan Van Khai 2005 in den USA. Neben der EU sind die USA mit einem bilateralen Warenaustausch von ca. 6,5 Mrd. US-$ Vietnams Haupthandelspartner. Wichtig sind zudem die Überweisungen von Auslandsvietnamesen, die allein aus USA jährlich 4 Mrd. US-$ betragen.

Noch immer sind Folgen des Vietnamkriegs präsent: Mehr als 3 Mio. Vietnamesen leiden noch an den Folgen des Versprühens des Entlaubungsmittels *Agent Orange* mit dem hochgiftigen, krebserregenden, nervenschädigenden Dioxin (rund 80 Mio. Liter!); zudem werden noch heute in der dritten Generation v. a. in Süd-Vietnam Kinder mit Missbildungen geboren. Bereits 1984 erhielten rund 30 000 US-Kriegsveteranen insgesamt 180 Mio. US-$ Entschädigungszahlungen von *Agent-Orange*-Produzenten. 2005 wies ein New Yorker Gericht eine Sammelklage von Vietnamesen gegen US-Chemiekonzerne zurück.

Oben: Die Vietnamesen sind ein sehr junges Volk – etwa 35 % der Bevölkerung sind Kinder unter 14 Jahren.

2006 verjüngte Vietnam seine Staatsspitze mit neuen Wirtschaftsreformern, nachdem die „Kämpfergeneration" abgetreten war: Die Nationalversammlung bestimmte den Bankier und stellvertretenden Ministerpräsidenten Nguyen Tan Dung (56) zum neuen Regierungschef; Präsident wurde der frühere KP-Chef von Saigon, Nguyen Minh Triet (63). Beide Politiker stammen symbolträchtig aus dem reformorientierten Süd-Vietnam und sehen ihre Hauptaufgabe in der Schaffung neuer Arbeitsplätze und der Privatisierung maroder Staatsbetriebe; letztere gingen von 6000 im Jahr 1998 auf 3200 zurück. Das Land beeindruckt durch rasantes Wirtschaftswachstum, das höchste Südostasiens (über 8 %). 2006 war Vietnam Gastgeber des Asien-Pazifik-Forums (APEC), an dem auch die USA teilnahmen. 2007 trat Vietnam als 150. Mitglied der Welthandelsorganisation (WTO) bei, eine wichtige Etappe bei der Integration des sozialistischen Staats in die Weltwirtschaft. An der undemokratischen Verfassung des Einparteienstaats änderte sich jedoch nichts, wogegen 61 prominente KP-Parteimitglieder 2014 in einem offenen Brief protestierten.

2022 wurde der Mindestlohn auf rund 200 US$ angehoben.

Provinzen Vietnams

Die Provinzen Vietnams sind mit großen Vollmachten ausgestattete Verwaltungs- und Wirtschaftseinheiten. Die Angabe der Provinz ist in vielen Fällen (z. B. Adressen) erforderlich, da es Orte gleichen Namens in verschiedenen Gegenden des Landes gibt.

Vietnam besteht aus der Landeshauptstadt Hanoi, den drei regierungsunmittelbaren Städten (Saigon bzw. Ho Chi Minh-Stadt, Hai Phong und Da Nang) sowie 60 Provinzen (Tinh) mit Provinzhauptstädten (Thanh Do).

CHINA
LAOS
VIETNAM
THAILAND
CAMBODIA
HAINAN
Gulf of Tonkin
SOUTH CHINA SEA
Gulf of Thailand
Mekong
Lake Tonle Sap
Sa Pa
HÀ NỘI
Hue
Hội An
Đà Lat
Nha Trang
Saigon
Cần Thơ
LAI CHÂU
LÀO CAI
HÀ GIANG
CAO BẰNG
BẮC CAN
TUYÊN QUANG
LANG SƠN
THÁI NGUYÊN
ĐIỆN BIÊN
YÊN BÁI
PHÚ THỌ
SƠN LA
HÒA BÌNH
VĨNH PHÚC
HÀ NỘI
BẮC NINH
BẮC GIANG
QUẢNG NINH
HẢI DƯƠNG
HẢI PHÒNG
THÁI BÌNH
HƯNG YÊN
HA NAM
NAM ĐỊNH
NINH BÌNH
THANH HÓA
NGHỆ AN
HÀ TĨNH
QUẢNG BÌNH
QUẢNG TRỊ
THỪA THIÊN HUẾ
ĐÀ NẴNG
QUẢNG NAM
QUẢNG NGÃI
KON TUM
BÌNH ĐỊNH
GIA LAI
PHÚ YÊN
ĐẮC LẮC
KHÁNH HÒA
ĐẮC NỘNG
LÂM ĐỒNG
NINH THUẬN
BÌNH DƯƠNG
BÌN PHUOC
TÂY NINH
ĐỒNG NAI
THUẬN BÌNH
ĐỒNG THÁP
LONG AN
BÀ RỊA - VŨNG TÀU
AN GIANG
TIỀN GIANG
HỒ CHÍ MINH
KIẾN GIANG
CẦN THƠ
VĨNH LONG
BẾN TRE
PHÚ QUỐC ISLAND
TRÀ VINH
HẬU GIANG
SÓC TRĂNG
CÀ MAU
BAC LIÊU
PROVINZEN
0 100 200 km
© Nelles Verlag GmbH, München

Foto: Udo Rein

RELIGION UND KUNST

DIE RELIGIONEN VIETNAMS

Autochthone Religionen

Animismus

Vietnamesische Bauern sind heute noch so abhängig von der Natur wie vor 2000 Jahren. Besonders der nördliche und der mittlere Landesteil liegen im Einzugsgebiet verheerender Taifune. Sie zerstören in fast jedem Jahr Gebäude, die Ernte weiter Gebiete und fordern Menschenleben. Das nördliche Delta wird von Überschwemmungen des Roten Flusses und seiner Nebenflüsse oder von Dürrekatastrophen heimgesucht. Viele Bauern sehen in den Kräften der Natur übermächtige Geister, denen sie ausgeliefert sind. Sie können Überfluss oder Hunger bescheren, doch die Menschen versuchen sie sich durch Opfer, Kulte und Verehrung geneigt zu machen.

Über allen Naturgottheiten stehen Urmutter Au Co, die Berggöttin, und Urvater Lac Long, der Drachenkönig, sowie der Berggeist Than Nui und der Wassergeist Than Thuy. Die Natur und alle Dinge sind beseelt von guten und bösen Geistern. Unvergängliche Steine sind göttliche Geister, die vergänglichen Bäume, in deren Schutz die Dörfer liegen, werden von Geistern bewohnt. Auch die Quellen, Wälle und Bambushecken, die das Dorf umgeben, sind Sitz schützender Geister. Ihnen müssen zur rechten Zeit die richtigen Opfer gebracht werden. Versäumnisse oder Fehler des Opferkultes bringen dem einzelnen und dem Dorf Unglück.

Jedes Dorf hat einen Schutzgeist *than hoang*, der seinen Sitz im Tempel des *dinh*, des Gemeinschaftshauses der Männer, hat; es sind häufig Naturgötter (*than*). Doppelt so groß ist die Zahl der *thanh*, der Heroen und Helden, Könige, Generäle, Klan-Ältesten und Dorfgründer. Auch Frauen, Kinder oder Tiere können zu Schutzgeistern werden.

Die kommunistische Administration verbot den Schutzgeistkult. Viele *dinh* verfielen, werden aber seit 1989 wieder restauriert. Auch *dinh*-Feste, bei denen der Schutzgeist durch das Dorf getragen wird, finden wieder statt.

Links: Noch hört man auf die alten Männer in den Dörfern.

Ahnenverehrung

Nach Vorstellung der Vietnamesen besitzt der Mensch zwei Gruppen von Seelen. Die *phach*, oft *via* genannt, begleiten den Körper von der Geburt bis zum Tod. Sie bleiben nach dem Tod in der Nähe des Verstorbenen und werden von einem Verwandten oder angesehenen Mann des Dorfes durch Zusammenschlagen von Hölzern und lautes Rufen zurückgeholt. Wird dem Toten kein ehrenvolles Begräbnis zuteil, irren seine Seelen als böse Geister (*ma* oder *quy*) umher. Sie versuchen, einen Menschen zu töten und ihm seine Seelen zu rauben, um an seiner Stelle in den Genuss der Totenehrung zu kommen. *Ma* sind Seelen von Menschen, die unbekannt und fern ihrer Angehörigen gestorben sind; keine Familie verwehrt einem Toten ein Begräbnis, auch einem Missetäter nicht; der Tod löscht alle Schuld.

Die zweite Gruppe der Seelen, die drei *hon*, sind die geistige Substanz, die den Körper in der Sterbestunde verlassen. Tote werden am häuslichen Ahnenaltar durch drei Generationen verehrt. Damit bleiben sie gegenwärtig und nehmen am Leben der Familie teil. Bei den Totenfesten werden sie als persönlich anwesend behandelt. Sie gehen in ein neues, dem irdischen ähnliches, aber materiell besseres Leben. An Totenfesten werden ihnen Speiseopfer gebracht. Verbranntes Totengeld und in Pappe nachgeahmte Gegenstände wie Häuser oder Autos sollen ihnen im nächsten Leben dienen.

Adaptierte Religionen

Daoismus

Auf Laotse (Laozi, *Lao Tu*; „alter Meister") wird die Weltanschauung des Daoismus zurückgeführt. Der Ehrentitel soll Li Erh (*Po Yang*), einem Weisen aus dem Staat Zhou in China gegolten haben, der Staatsarchivar in der Hauptstadt Luoyang war und von 604-517 v. Chr. gelebt haben soll (oder 480-300 v. Chr.). *Dao* bedeutet Weg, Ursprung, Natur oder Urprinzip. Der Begriff stammt aus dem Universalismus, der Grundidee des chinesischen Denkens. Der Begriff wird bereits im *Yi Jing*, dem „Buch der Wandlungen", einem der chinesischen Klassiker, verwendet.

Bekanntestes Symbol des Daoismus ist das *Taiji*. Dieses enthält das helle, männliche *yang* und das dunkle, weibliche *yin*. Sie stellen den Dualismus im Mikro- und Makrokosmos dar. Im hellen *yang* zeigt ein dunkler Punkt und im dunklen *yin* ein heller Punkt an, dass die gegensätzlichen Prinzipien nicht absolut sind. *Yang* und *yin* stehen für die sich ergänzenden Gegensätze des Kosmos: Himmel und Erde, Tag und Nacht, Wärme und Kälte, Sonne und Mond, Feuer und Wasser usw.

Die frühen Daoisten lebten als Eremiten. Sie lehren, dass das Glück des Individuums durch Nichtstun und beschauliche Ruhe heranreift. Das Schicksal des Menschen wird im Himmel vorbestimmt und kann durch sein Handeln nicht beeinflusst werden. Spätere Sekten suchten die Vereinigung mit der Ursubstanz durch Meditation, Askese und Übungen, auch sexueller Art, zu erreichen. Vorstufe des Dao ist *tho* (ein langes irdisches Leben), Glück, Reichtum und Gesundheit. *Tho* wird in Gestalt eines alten Mannes dargestellt. Später betrieben Zauberer und Magier Wahrsagerei, Geisterbeschwörung und Krankenheilung, oft mit Hilfe eines Mediums. Aus der philosophischen Lehre entwickelte sich im Lauf der Zeit der Volksdaoismus.

Im 2. Jh. kamen gelehrte Daoisten, aber auch Magier und Zauberer aus China in die Provinz Giao Chi (Tongking). Die Vietnamesen sahen im Volksdaoismus eine Bereicherung ihrer Ahnen- und Geisterkulte. Aus dem reichen daoistischen Pantheon übernahmen sie die Drei Reinen, die Acht Unsterblichen und die Vielen Geister (*chu vi*). Von den Drei Reinen wird der Jadekaiser am meisten verehrt. *Pan yu*, das Symbol des Uranfangs, ist wenig bekannt. Dagegen wird der vergöttlichte *Lao Tu*, auf einem schwarzen Ochsen reitend, häufig dargestellt. Aus den Acht Unsterblichen, sieben Männern und einer Frau, die den Trank des Ewigen Lebens genossen haben, wurden in Vietnam 27 Unsterbliche, 13 Männer und 14 Frauen. Nahezu unendlich ist die Zahl der *chu vi*, der Vielen Geister, zu denen die *tu phu* – die Verehrten Mütter, Mutter Himmel, Mutter Erde, Mutter Wasser und Mutter Wald – gehören, die in eigenen Tempeln (*dien*) verehrt werden. Die vier Mütter sind Beherrscherinnen der vier Himmelsrichtungen, Beschützerinnen der Reisfelder und Helferinnen der Menschen. Mutter Himmel thront in der Mitte des Altars in einem roten Gewand. Ihr zur Seite, weißgekleidet, Mutter Wasser und Mutter Erde in einem blauen Kleid. Vor den drei Schützerinnen der Lebenden sitzt Mutter Wald im grünen Gewand. Sie nimmt sich der Verstorbenen an und wird von den Trauernden angerufen. Oft hat sie einen eigenen Altar oder wird in einer Grotte dargestellt.

Die *tu phu* haben viele männliche und weibliche Helfer, von denen fünf Könige und vier Göttinnen zum Pantheon gehören. Der Jadekaiser und General Tran Hung Dao, als Beschützer der Frauen, haben ebenfalls ihren Platz im Tempel der Mütter. Kindergestalten auf den Altären erinnern daran, dass der Mensch nach dem Tod als glückliches

Rechts: Gedenktempel und Statue des Konfuzius im Literaturtempel in Hanoi.

Foto: Hans-Alexander v. Schaper

Kind wiedergeboren wird. Unter dem Altar der Mütter befinden sich Tiger als Symbole der fünf Himmelsrichtungen. Der schwarze Tiger steht für den Norden, der rote für den Süden, der grüne für den Westen, der weiße für den Osten. Der gelbe Tiger, der die Mitte der Erde regiert, wird häufig allein, stellvertretend für alle fünf, dargestellt.

Konfuzianismus

Kong Fuzi, „Meister Kong", vietnamesisch Khong Tu, den die Jesuiten Konfuzius nannten, wurde 551 v. Chr. in Qufu (zwischen Peking und Shanghai) als Sohn einer gebildeten, aber verarmten Familie geboren. Nach dem frühen Tod des Vaters ermöglichte ein Gönner Konfuzius das Studium. Er erwarb Kenntnisse der altchinesischen Sitten und Riten. Als schlechte Zeiten über das Königreich Zhou hereinbrachen, führte Konfuzius dies auf den Verlust der **Fünf Tugenden** – Loyalität, Rechtschaffenheit, Weisheit, Sittlichkeit und Aufrichtigkeit – zurück. Er wurde zum unbequemen Mahner der Herrschenden. Als er im Reich Zhou kein Gehör fand, verließ er seine Familie, umgab sich mit Jüngern und zog als Wanderlehrer durch das Land. Gelegentliche Ämter an Fürstenhöfen befriedigten ihn nicht, da seine Thesen keine Beachtung fanden. Enttäuscht starb er 479 v. Chr.

Erst postum fand er höchste Anerkennung, seine Philosophie ist bis heute Sittenlehre mehrerer ostasiatischer Gesellschaften; er erfuhr Ehrungen, die keinem anderen Menschen zuteil wurden: 739 wurde er zum König (*wang*, vietnamesisch *vuong*) ernannt, 1008 erhielt er den Titel *hsien* (vietnamesisch *hien*; „Vollkommener Weiser"). Kurz vor Ende des chinesischen Kaiserreichs 1911 wurde ihm der Rang eines „Obersten Gottes" erteilt. An seinem Heimatort Qufu errichteten die Kaiser den imposanten Konfuzius-Tempel. In allen Haupt- und Provinzstädten Chinas und Ostasiens wurde er in Tempeln verehrt, die denen in Qufu glichen.

Seine Lehre, als Staatsphilosophie bezeichnet, trägt religiöse Merkmale.

Konfuzius war durchdrungen von Sendungsbewusstsein, dem er sein persönliches Glück opferte. Von den Menschen forderte er Verehrung und Opfer für die Ahnen und Götter. Die Lehre des Konfuzius geht auf die früheste chinesische Philosophie, den Universalismus, dem auch die Idee des Dao entstammt, zurück. Konfuzius sah die Reichsidee für alle Zukunft als gültig an. Er war kein Religionsstifter oder Erneuerer, sondern ein Bewahrer. Seine Lehre basiert auf der Metaphysik. Die Aufgabe des Menschen sah er darin, seine angeborenen Tugenden und sein Wissen zu vervollkommnen und damit sein Schicksal selbst zu bestimmen.

Als Grundlage seiner Lehre und der klassischen Bildung bis in das 20. Jh. gelten die Fünf Kanonischen Bücher und die Vier Klassischen Schriften.

Die **Fünf Kanonischen Bücher** sind: *Yi Jing*, das Buch der Wandlungen, 2. Jahrtausend v. Chr.; *Chi Jing*, das Buch der Lieder, 305 Gedichte aus dem 9.-6. Jh. v. Chr.; *Shu Jing*, das Buch der Urkunden, wahrscheinlich 9.-7. Jh. v. Chr.; *Chun Qui*, Frühling und Herbst, Gedichte 722-481 v. Chr.; *Li Jing*, das Buch der Riten, 1. Jh. v. Chr.

Die **Vier Klassischen Schriften** sind: *Lun Yu*, Gespräche zwischen Konfuzius und seinen Schülern; *Tai Hsich*, die große Lehre, eine moralische Abhandlung; *Quang Yung*, der Weg der Mitte sowie die *Aufzeichnungen des Philosophen Meng Zi*, vietnamesisch Manh Tu, lateinisch Menzius (372-298 v. Chr.), bedeutendster Nachfolger des Khong Tu.

Für alle Konfuzianer gelten als Grundlage des Staatswesen, der Gesellschaft und der Familie die **Fünf Beziehungen**, von denen die ersten vier Paare eine Beziehung der Über- und Unterordnung darstellen:

- Die Güte des Herrschers – die Loyalität der Untertanen
- Die Liebe des Vaters – die Pietät des Sohnes
- Das Wohlwollen des Älteren – die Ehrfurcht des Jüngeren
- Die Gerechtigkeit des Mannes – der Gehorsam der Frau
- Die Treue des Freundes – die Treue des Freundes

Einer seiner Nachfolger, Zhu Xi (1130-1200), schuf einen dogmatisierten, erstarrten Neo-Konfuzianismus, der die ostasiatischen Gesellschaften bis in die Familien hinein prägte. Diese Lehre wurde von den vietnamesischen Kommunisten wie in China nicht in Frage gestellt und bestimmt bis heute die Beziehungen der Menschen.

Buddhismus

In Nord-Indien (heute Süd-Nepal) entstand die Lehre Buddhas (etwa 560-480 v. Chr.). Ihre frühe Form ist der **Hinayana-Buddhismus**, die „Reine Lehre". Aus ihm entwickelte sich der **Mahayana-Buddhismus**, der den Menschen mit Hilfe der Bodhisattvas den Weg zur Befreiung vom Zwang der Wiedergeburten weist. In Giao Chi (Tongking), damals von China besetzt, gewann der Mahayana-Buddhismus im 2. Jh. n. Chr. an Bedeutung. Giao Chi lag an einer Pilgerstraße zwischen China und Indien. In den Klöstern wirkten sprachkundige Mönche als Übersetzer. Der Mahayana-Buddhismus war über Zentralasien nach China gelangt und wurde von dort aus nach Korea, Japan und Vietnam verbreitet. Anfänglich war er nur vietnamesischen Gelehrten und Mönchen bekannt. Chinesische Bonzen und Sektengründer lehrten verschiedene Theorien. Vietnam hat keine eigenen Lehren entwickelt. Könige und Volk hingen überwiegend dem aus China stammenden Meditations-Buddhismus (chines. *chan*; japan. *zen*) an, den um 520 der indische Mönch Bodhidharma (Damo) entwickelte.

Vom 10. -13. Jh. förderten Herrscher, Adel und Hof die buddhistische Lehre

Rechts: Buddhistische Mönche versammeln sich zum Gebet.

Foto: Hans Kemp

und errichteten eine Vielzahl von Klöstern und *chua* (buddhistischen Tempeln), in Vietnam Pagoden genannt. Sie stifteten Statuen, Sakralgerät und zahllose Glocken. In den durch Schenkungen reich gewordenen Klöstern lebten gelehrte Mönche. Manche Könige hatten klösterliche Erziehung genossen, waren gelehrte Buddhisten und Verfasser buddhistischer Literatur.

Durch Übernahme animistischer und daoistischer Geister und Götter entwickelte sich der Volksbuddhismus. Aus den gelehrten Verkündern der **Reinen Lehre** wurden Magiere und Krankenheiler. Die wundertätigen Mönche hatten viel Zulauf. Besonders Frauen besuchten die Pagoden. Die Verehrung der Schutzgeister in den *dinh* blieb Sache der Männer. Im 15. Jh. verfielen Gelehrsamkeit und Moral in den Klöstern, und die Konfuzianer rückten in die Schlüsselpositionen am Hof und im Staat auf.

Erst die Erfolge des Christentums führten im 19. und 20. Jh. zur Reorganisation des Buddhismus. Nach 1951 entstanden in Saigon, Hue und Hanoi Zentren zum Studium des Buddhismus und karitative Einrichtungen. Im Vietnamkrieg protestierten buddhistische Mönche durch Selbstverbrennung gegen die katholische Regierung Diem in Saigon. Ab 1975 wurde die Religionsausübung stark behindert, seit 1989 sind die Einschränkungen jedoch weitgehend aufgehoben. In den Klöstern wächst die Zahl der Mönche und Nonnen wieder.

Christentum

Als Anfang des 16. Jh. christliche Missionare ihre Lehre zu verbreiten begannen, entstand eine im toleranten Asien unbekannte Situation: Das Christentum erhob einen Alleinanspruch. Die Missionare, v. a. Dominikaner und Jesuiten, verlangten von den Christen, dass sie nur dem Dreieinigen Gott und den Priestern, seinen irdischen Vertretern, Gehorsam leisteten. Mit dieser Forderung gerieten sie in Gegensatz zur staatlichen Ordnung und den Rechten

Foto: Ladislav Janicek

der Herrscher. Ihre Anhänger wurden in die Isolation getrieben; sie sahen sich ausgeschlossen aus Familie, Gesellschaft und Tradition.

1615 entstand in Hai Pho (Hoi An) die erste katholische Missionsstation. Französische Missionare waren besonders erfolgreich: Alexandre de Rhodes (1591-1660; 1627-1645 mit Unterbrechungen am Hof in Hanoi) konnte in kurzer Zeit 6700 Menschen taufen, darunter Angehörige des Königshofes und der Familie der Trinh-Fürsten. Die Regierenden waren durch diese Erfolge noch mehr beunruhigt und verwiesen die Missionare des Landes. Nach weiteren, von der Regierung nicht gebilligten Missionierungen kam es auch zu Christenverfolgungen, etwa während der Nguyen-Dynastie im 19. Jh.

Die Zahl der Christen liegt heute bei ca. 5 % (4 Mio.). In Stadt und Land gibt es christliche – meist katholische – Gemeinden, v. a. im Umkreis von Phat Diem (s. S. 117). Die Kirchen stehen allerdings in keinem Verhältnis zu der Anzahl der Gläubigen. Im Zug der liberalisierenden Doi-Moi-Politik seit 1986 kann sich das Christentum, das ebenso wie die anderen Religionen Beschränkungen erfuhr, wieder freier entfalten.

Oben: In der katholischen Kathedrale von Phat Diem mischen sich östliche und westliche Stilelemente.

Synkretistische Religionen

Caodaismus

In Vietnam entstand Anfang des 20. Jh. durch Verfall der vietnamesischen und adaptierten Religionen ein Vakuum. Besonders im Süden bildeten sich Sekten; bis heute blieb der Caodaismus die erfolgreichste. Er geht zurück auf Ngo Van Chieu, einen Vietnamesen im Dienst der Kolonialverwaltung, dem ein weltumfassendes Auge in einem Dreieck, das *cao dai* (wörtlich: „Großer Palast") erschien. Es wurde zum Symbol der Caodaisten und ist über allen Portalen und Altären ihrer Kirchen dargestellt. Als Le Van Trung, ein Opiumraucher und

Lebemann aus der Chinesenstadt Cholon, unter dem Eindruck des Cao Dai seinen Lebenswandel änderte und zum Führer (Papst) der Sekte wurde, erlebte diese einen Aufschwung. Offiziell wurde sie im November 1927 in Tay Ninh (s. S. 227), 100 km nordwestlich von Saigon, gegründet. Dort entstand ein Wallfahrtzentrum mit dem Sitz des Heiligen Stuhls und einem Papst.

Die Caodaisten lehren die Unsterblichkeit der Seele und die Brüderlichkeit. Ihre Mitglieder genossen soziale Einrichtungen, wie sie vorher unbekannt waren. Die Sekte wurde so mächtig, dass sie eine Privatarmee unterhielt, die sich nach 1945 in die politischen Kämpfe einmischte. Die Religion stützt sich auf vier Philosophien: Buddhismus, Daoismus, Konfuzianismus und Christentum. Verehrt werden Heilige, Feldherrn, Dichter und bedeutende Menschen aller Völker und Zeiten.

Das farbenprächtige Zeremoniell der Gottesdienste orientiert sich an der katholischen Kirche. Es finden aber auch spiritistische Sitzungen statt, die auf Riten und Zaubereien des Daoismus zurückgehen. Frauen können hohe geistliche Ränge bekleiden. Caodaisten sind im ganzen Land verstreut; insbesondere im Mekong-Delta gibt es große Gemeinden.

Hoa Hao

Die Hoa Hao waren zeitweise eine militante Sekte, die auf Huynh Phu So zurückgeht, der 1930 eine Wunderheilung und Berufung erlebte. Der Zulauf war zunächst groß. Die Hoa Hao schalteten sich in politische Kämpfe ein und wechselten dabei mehrmals die Fronten. Sie berufen sich auf den Buddhismus und predigen das einfache Leben. Das Zentrum der Sekte befindet sich in Tan Chau (Provinz An Giang im Mekong-Delta).

Ihre einfacheren Kirchen ähneln denen der Caodaisten. Sie halten sich nun von der Politik fern und leben zurückgezogen in ihren Dörfern.

DIE KUNST VIETNAMS

Epochen der Kunst

Sa Huynh-Kultur

Die Sa Huynh-Kultur (10. Jh v. Chr. - 2. Jh. n. Chr.) in Zentral-und Süd-Vietnam lässt auf eine gut organisierte Agrargesellschaft schließen. Es gibt Theorien, wonach die Cham Nachfolger dieser Kultur sein könnten. In Nekropolen wurden Urnen mit Keramiken und Metallgegenständen als Grabbeigaben gefunden.

Dong Son-Kultur

In den 1920er Jahren stießen französische Forscher bei dem Dorf Dong Son in der Provinz Thanh Hoa auf ergiebige Gräberfelder. Nach diesen Fundstätten wurde die südostasiatische Bronzezeit Dong Son-Kultur (5.-1. Jh v. Chr.) genannt. Gefunden wurden reich dekorierte Waffen, Beile und Schmuck, seltener Statuen; Löffel, Glocken, Gewichte waren häufig. Die wichtigsten Funde – große Bronzetrommeln – beschäftigen die Forscher und Sammler seit 300 Jahren.

Han Viet-Kultur

Während der chinesischen Herrschaft über das nördliche Vietnam entstanden mit der Han Viet-Kultur (1.-10. Jh.) Steingräber mit reichen Grabbeigaben aus Keramik und Terrakotta, die in Brennöfen im Delta des Roten Flusses hergestellt wurden.

Dai La-Kunst

Die Franzosen benannten die Dai La-Kunst (11.-Anfang 12. Jh.) nach dem Festungswall Dai La der Hauptstadt der von China beherrschten Provinz. In deren Umfeld fanden sich zahlreiche Objekte aus gebrannter Erde und Stein sowie glasierte Backsteine. Die typischen

Foto: Volkmar E. Janicke

Dai La-Motive – Voluten, Schnörkel und Blümchenmuster – sind über Kleidung und Haar der Statuen verstreut, es fanden sich auch Blätter, Zweige, Ranken und Rosetten, Drachen und Phönixe. Als ältestes Bauwerk blieb der Thap Binh Son erhalten (etwa 60 km nordwestlich von Hanoi; s. S. 94).

Die Kunst Champas

Die Sakralarchitektur, Baudekor und Skulptur der Cham bzw. des Reichs Champa: s. S. 29.

Die Kunst Dai Viets

Die Kunst Dai Viets (939-1945) orientiert sich – wie die Koreas und Japans – an der des chinesischen Kaiserhofes. Dai Viet und seine Königshöfe waren jedoch ärmer, ihre Kunst bescheidener; sie war stark beeinflusst von der bäuerlichen Tradition.

Palastanlagen und das höfische Zeremoniell Dai Viets wurden in dynastischen Schriften Chinas und Vietnams, von chinesischen und später auch europäischen Reisenden beschrieben. Erhalten blieb wenig, denn was das feuchte, aggressive Klima überstand, wurde in Kriegen, Palastrevolutionen und Bauernaufständen vernichtet. Als die Hofhaltung von Thang Long (Hanoi) 1804 nach Hue verlegt wurde, verlor die alte Hauptstadt ihren letzten Glanz. In der Kolonialzeit entstanden auf dem Gelände des einstigen Königspalastes die Wohnstadt und Kasernen und anstelle der großen Tempel und Fürstenpaläste die Geschäfts- und Verwaltungsstadt der Franzosen. Auch die Kunst der Nguyen-Ära (1802-1945) wurde mit der Zitadelle und dem Palast in Hue in den Kriegen mit Franzosen und US-Amerikanern größtenteils vernichtet. In den Museen aller Welt, besonders in Paris, gibt es mehr Exponate als in Vietnam.

Oben: Das Tor zum Palast des Langen Lebens (Dien Tho) in der Königsstadt Hue gab 1804 Gia Long in Auftrag. Rechts: Bich Dong Pagode (Pagode der Jadegrotte) in Tam Coc, Provinz Ninh Binh.

Architektur

Bauform und Bauweise

Die traditionelle Architektur beruht auf der Grundform des vietnamesischen Hauses. Eine Ausnahme macht das dörfliche Gemeinschaftshaus (*dinh*). Das Haus steht wie in China auf der Erde, der Fußboden besteht aus gestampfter Erde oder ist mit Kacheln ausgelegt. In seiner einfachsten Form besteht der Bau aus vier Pfosten, Pfeilern oder Säulen, die ein einfaches Dach tragen. Die Wände können aus Bastmatten, Bambus, Holz oder auch Ziegeln sein; sie haben aber keine tragende Funktion. Das gilt für die Teehütte am Weg genauso wie für die große Tempelhalle. Bei größeren und komplizierteren Bauten werden die äußeren Stützen vervielfacht und verstrebt und weitere Säulenreihen oder Pfeiler mit Tragefunktionen in den Innenraum eingefügt. Auf diesen ruhen bei Tempelbauten und Palästen schwere, geschwungene Dachkonstruktionen. Der Dachstuhl erfährt durch Spann- und Kehlbalken Verstärkung. Die Holzkonstruktionen, auch das Stützsystem und das Dach, werden ohne Nägel zusammengefügt und sind durch Gabeln, meist aber Dübel und Holzzapfen verbunden. Dadurch wird eine hohe Flexibilität erreicht, schwere Dächer wirken durch ihr Gewicht stabilisierend. Für die Statik sind also nur das Stützsystem und das Dach notwendig.

Zitadellen und Paläste

Gräber, die vor der Zeitrechnung angelegt wurden, enthalten als Grabbeigaben wehrhafte Häuser aus gebranntem Ton. Befestigungsanlagen waren zunächst Erdwälle, die durch Keramikplatten verstärkt und später von Ziegelmauern abgelöst wurden. Diese Bauweise wurde bis ins 20. Jh. beibehalten. Eine Ausnahme macht nur die Zitadelle der Ho-Dynastie in der Provinz Thanh Hoa, die aus Sandsteinquadern

Foto: Marian Galovic (Dreamstime.com)

besteht. Die einst gewaltige Festung des Reichs Au Lac (258-208 v. Chr.) in Co Loa (Hanoi; s. S. 88) ist die älteste nachweisbare Zitadelle.

Innerhalb dieser Zitadellen lagen die Königspaläste, so auch in der Festung Thang Long (Hanoi). Die Gebäude standen in Gartenanlagen mit Teichen, Brücken, Pavillons und Tempeln. Ihre Vorbilder waren die Anlagen der chinesischen Kaiserhöfe. Die königlichen Gebäude bestanden aus rot lackierten Holzsäulen mit goldenen und silbernen Ornamenten wie Drachen und Phönixen, die allein dem Herrscher vorbehalten waren. Auch die Dachziegel waren mit Gold- oder Silberemaille überzogen oder trugen kaiser-gelbe Farbe. Im inneren Teil des Palasts, der Verbotenen Stadt, lebten die königliche Familie und die Konkubinen. Zitadellen und Paläste lagen an Flüssen oder Kanälen, über die die Versorgung und Verteidigung erfolgten. Für die Paläste der Fürsten und der Mandarine von hohem Rang gab es Anordnungen über Größe und Verwendung von Dekor.

Foto: Hansjörg Keller

Königsgräber

Die Könige ließen oft zu Lebzeiten ihre Grabanlagen (*lang tam*) mit Tempeln und Verehrungsstätten in ihren Heimatorten errichten. Nur die Tran-Dynastie wählte einen heiligen Berg und die Nguyen-Dynastie erbaute ihre Grabstätten in ihrer Residenz Hue. Für die Gräber des Adels und der Mandarine bestanden genaue Vorschriften über Größe und Ausschmückung.

Verehrungsstätten

Die Verehrungsstätten (*nghe, mieu, den*) für nationale, regionale und lokale Ahnen, Helden und Gründer der Dörfer und Klans sind schlichte Gebäude. Sie werden teilweise in der Nähe des Begräbnisplatzes errichtet und als Grab (*lang*) bezeichnet. Auf den Altären sind nur selten Statuen, öfter Symbole, Schwerter, Kleidungsstücke, Kronen etc. aufgestellt. Die Ahnen- und Heroenkulte an Hausaltären und Tempeln werden auch in der kommunistischen Ära ausgeübt.

Oben: Einer der 18 La Han aus der Tay Phuong-Pagode (18. Jh.) in der Provinz Ha Tay – Meisterwerke der Holzschnitzkunst.

Dinh und Nghe

Vom 10.-14. Jh. wurden *dinh* als Raststätten erwähnt. Schutzgeister (*than hoang*) sind bereits seit dem 12. Jh. bekannt. Im frühen 15. Jh. berichten Stelen über den Bau von *dinh* als Kultstätte für Schutzgeister der Dörfer. Die ältesten erhaltenen *dinh* stammen vom Ende des 15. Jh. Am Ende des 17. Jh. hatte jedes vietnamesische Dorf einen *dinh*. Auf dem Zug nach Süden nahmen die Vietnamesen ihre Schutzgötter bis ins Mekong-Delta mit und bauten ihnen Kultstätten.

Der *dinh* steht in der Mitte des Dorfes, wenn möglich etwas erhöht. Inmitten einer umwallten Anlage befanden sich mehrere Gebäude. Das rechteckige Hauptgebäude hat ein hohes Dach, das sich tief über die Wände herunterzieht.

Seine Ecken sind aufgebogen und mit einfarbigen Ziegeln gedeckt. Dieses mächtigste Bauwerk der vietnamesischen Architektur kommt wahrscheinlich aus dem malayo-indonesischen Erbe und ruht auf Pfählen. Der Haupteingang liegt an der Breitseite. Im Inneren tragen mächtige Säulen den Dachstock. Die Holzschnitzereien der *dinh* sind die schönsten Zeugnisse bäuerlicher Kunst.

Bis zum 18. Jh. befand sich der Schutzgeisttempel (*hau cung*) innerhalb des *dinh* als geschlossener Schrein vor der Mitte der Wand, gegenüber dem Haupteingang. Im 18. Jh. wurde an der gleichen Stelle ein Anbau nach außen angefügt und Ende des Jahrhunderts dem Hauptgebäude ein *tien te* vorgesetzt, ein kleiner, vereinfachter *dinh*. Er diente der Vorbereitung der Tempelfeste und der Opfer. Auf dem Thron des Schutzgeistes im *hau cung* befinden sich seine Symbole, selten eine Statue. Die Größe des *dinh* und die Anzahl der Nebengebäude hängt von dem Reichtum des Dorfes ab.

Nghe sind kleine Schutzgeisttempel in Dörfern oder Weilern und besitzen keine Versammlungsstätten.

Quan und Dien

Quan und *dien* sind daoistische Tempel. In den *quan* versammeln sich die gelehrten Daoisten. *Dien* sind einfache Bauwerke für die *chu vi*, die „Vielen Götter". Meist befinden sie sich innerhalb der buddhistischen Tempelanlagen. Bis zum Jahr 1989 waren sie geschlossen, die Kulte verboten. Viele Statuen gingen verloren, daher ist das Pantheon heute oft unvollständig.

Chua

Die *Chua*, meist mit „Pagoden" übersetzt, sind buddhistische, oft mit Klöstern verbundene Tempel. Die mehrstöckigen Gedenk- und Begräbnisstupas in den Höfen heißen *thap* (Turm).

Zur Zeit der chinesischen Okkupation, im 5. und 6. Jh, waren die Buddha-Statuen nur von einem Dach auf vier Pfosten geschützt, später wurden daraus kleine Gebäude. Im 11.-13. Jh. entstanden hunderte von *chua*. Durch Schenkungen besaßen sie Ländereien, und ihre hohen *thap* waren weithin sichtbar. Diese *thap* wurden von der späteren Architektur nicht übernommen. Unter der Ly-Dynastie gab es große Tempel, die vom König gegründet und mit Domänen beschenkt wurden. Viele lagen außerhalb der Stadt an Hügeln oder Flüssen. Für die Tempelfeste waren sie mit Aufenthaltsräumen für den König und sein Gefolge ausgestattet. Zahlreicher waren die vom Adel, den Gutsbesitzern und Mandarinen gestifteten und mit Schenkungen bedachten Pagoden. Es gab auch in jedem Dorf Buddha-Häuser (*phat dien*), die von den Bauern erbaut wurden. Nach dem Rückgang im 15. Jh. erlebte der Buddhismus im 16. und 17. Jh. wieder einen Aufschwung. Das Pantheon wurde größer. Aus dieser Zeit stammen die drei Gruppen mit je drei Buddha-Statuen auf dem Hauptaltar.

Im Delta des Roten Flusses entwickelte sich der Baustil *noi cung – ngoai quan*. Der Grundriss der Pagoden glich einem liegenden H (*cung*). Sie bestanden aus drei Teilen, einem rechteckigen Vorhaus, dem fast quadratischen Haus der Räucheropfer und dem ebenfalls rechteckigen Haupttempel. Umgeben waren sie von einer viereckigen Umfassungsmauer (*ngoai*). Im Inneren führten an dieser Mauer Galerien entlang, an ihrer Rückseite stand das *hau duong*, das Haus für Mönche oder Nonnen, das auch als Gästehaus und zur Aufstellung der Statuen der Stifter, Äbte und daoistischen Geister diente. In diese Tempelanlage führt das dreifache Tor (*tam quan*), im Hof steht der Glocken- und Trommelturm. Viele Tempel haben bei der Bodenreform 1953 Teile ihres Geländes verloren.

Tempel in Form eines auf dem Kopf stehenden T sind älter und, da sie weniger Platz beanspruchen, häufig in Städten zu finden. Im 17. Jh. wurden Tempel im *tam quan*-Stil, mit drei hintereinander liegenden Räumen und drei übereinander gesetzten Dächern, deren aufgebogene Enden in Drachen auslaufen, erbaut. Für kleine *chua* kann statt der drei Gebäude die Dreiteilung durch drei Altäre in einem Raum erfolgen. Pagoden sind häufig an Hügeln erbaut, so dass der Tempel mit dem Hauptaltar erhöht steht. In der Ebene muss der Altar künstlich erhöht werden.

Auf dem Hauptaltar befinden sich im Dachansatz drei Reihen von Buddhas. In der oberen Reihe thronen die „Buddhas der Drei Generationen", der Gegenwart, Vergangenheit und Zukunft. Die Buddhas in der zweiten Reihe verkörpern die Lehre Buddhas (*dharma*), den Buddha und die Mönchsgemeinde (*sangha*). Die untere Reihe stellt die mystischen Körper Buddhas dar. Die 1000-armige Göttin der Barmherzigkeit, Quan Am, die chinesische Version des Bodhisattva Avalokiteshvara, hat ihren Platz in der nächsten Reihe. Der dickbäuchige, fröhliche Mönch Di Lac, in Vietnam eine Erscheinungsform des Maitreya-Buddhas (Buddha der Zukunft), fehlt in keinem *chua*.

Im unteren Teil, in Augenhöhe des Betrachters, haben der Jadekaiser, der Himmelskönig und ihre Begleiter aus dem daoistischen Pantheon ihren Platz. Das Buddha-Kind, Thich Ca Cuu Long, findet sich in den Pagoden im Delta des Roten Flusses. Die Darstellung des Kindes, umgeben von neun Drachen und Wolken, geht auf eine indische Legende zurück. Zwei Götter sollen Buddha nach der Geburt mit Wasser überschüttet haben – in Vietnam sind es neun Drachen, die aus Regenwolken Wasser über das Kind gießen. Auf Seitenaltären sind Statuen von Göttern, Geistern und Heroen aus verschiedenen Religionen zu finden.

Rechts: Bambus auf einer Lackmalerei von Nguyen Van Binh (1958).

Kunsthandwerk

Keramik

Einfache Töpferwaren mit Flecht- oder Ritzmustern lassen sich bereits im Neolithikum nachweisen. Am Ende der Bronzezeit, mit Einführung der Töpferscheibe, besseren Tonerden und höheren Brenntemperaturen, nahmen Formenreichtum und Qualität der Keramik zu. Dörfer spezialisierten sich auf Gebrauchsgeschirr, Werkzeug, Schmuck oder Tonfiguren. Während sich Motive und Dekor der Keramik wandelten, blieb ihre Form bis in die Gegenwart von der Funktion bestimmt.

Im 11. Jh. entstanden in Dai Viet Keramiken von besonderer Schönheit. Als Merkmale erlesener Objekte galten edle Form, vollendetes Dekor und hochwertige Glasur. Könige, Mandarine und Adel übernahmen das Patronat über die großen Brennöfen im Delta des Roten Flusses und in der Provinz Thanh Hoa. Dem Buddhismus verdankte auch die Keramik neue Impulse. Es entstand ein wachsender Bedarf an Statuetten und Kultgegenständen mit den Symbolen der neuen Lehre. Im 12. Jh. wurden Fayencen mit weißlicher, elfenbeinfarbener und jadegrüner Glasur hergestellt, deren Dekor im 15. und 16. Jh. Bereicherungen erfuhr. Um diese Zeit übernahm Vietnam aus China die kobaltblaue Farbe. Vom 16. Jh. ab entstanden im Dorf Bat Trang (16 km südöstlich von Hanoi; s. S. 92) und im 19. Jh. in den königlichen Werkstätten von Hue (s. S. 145) blau-weiße Keramiken, Fayencen und Porzellane mit speziellem Dekor. Keramik fand auch als Baudekor, Ziegel und Dachziegel und als figürlicher Dachschmuck an Sakral- und Profanbauten Verwendung (z. B. in Hue).

Lackmalerei

Lack lässt sich in China seit 2000 v. Chr. als Schutzüberzug für Holz nachweisen. Wann die Technik nach Viet-

Foto: Archiv für Kunst und Geschichte, Berlin

nam kam, ist nicht genau bekannt. Lack wurde vermutlich schon im 10. Jh. für Sakral- und Profangerät verwendet. Mit Sicherheit lassen sich im 12. Jh. dunkelrote oder schwarze Lacküberzüge für Statuen nachweisen. Zur Herstellung von Lack wird in Ostasien der Saft des heimischen Lackbaumes (*Rhus vernicifera*) benutzt. Er trocknet an der Luft schnell, wird wasserresistent, schlag- und kratzfest und nimmt eine dunkle Farbe an.

Lackmalerei wurde Mitte des 15. Jh. in Vietnam neu belebt und hielt sich bis in die Gegenwart. Zur Herstellung der Formen findet Holz Verwendung. Unebenheiten werden durch Lackkitt ausgeglichen. Auf hochwertigen alten Lackarbeiten wurden bis zu 200 Schichten aufgebracht. Heute sollten gute Lackgegenstände mindestens 12 Schichten aufweisen. Jede Schicht muss mehrere Tage trocknen und danach sorgfältig geglättet und handpoliert werden.

In Vietnam wird die Malerei meist unter den Lackschichten aufgetragen, jede Farbe unter einer gesonderten Schicht. Gold- und Silberstaub unter dem Lack führen zu überraschenden Effekten. Traditionelle Lackwaren werden in Schwarz und Dunkelrot ausgeführt, heute finden gelegentlich auch andere Farben Verwendung.

Holzschnitzerei

Die Holzschnitzerei entwickelte sich zum typischen vietnamesischen Kunsthandwerk. Eisen- und Ebenholz, rötliches Mahagoni- und braunrotes Palisanderholz, Yakholz genannt, fand in der Architektur, für profane und sakrale Kunst und Möbel Verwendung. Die warmen Farben naturbelassener Hölzer, aber auch rote und polychrome Lackierung oder Vergoldung geben Statuen und Innenräumen der Tempel ihre feierliche Atmosphäre. Die fließenden abgerundeten Formen der vietnamesischen Schnitzkunst lassen die Verbundenheit der Künstler mit der Natur erkennen.

Die schönsten Werke der bäuerlichen Holzschnitzereien finden sich an Säulen, Dachbalken, Streben, Paneelen und den Giebelwänden. Die Künstler hatten hier – in natürlicher lebensnaher Weise – den dörflichen Alltag dargestellt. Ihre Arbeiten zeugen von hervorragender Beobachtungsgabe, Fantasie, Erzählkunst und Humor. Saat und Ernte, Jagdszenen, Schachspieler, blumenpflückende Frauen, badende Mädchen, spielende Kinder und Liebespaare sind umgeben von Tierdarstellungen und Rankendekor.

Plastik

Die Skulptur ist in Indien häufiger als im chinesischen Kulturkreis zu finden. Nach Dai Viet kam sie auf dem Umweg über China. Steinmetze bearbeiteten Sockel von Säulen und Statuen, Balustraden, Treppen und Treppengeländer, Terrassen und Steinbrücken.

Malerei

Die Malerei hat in Vietnam weniger Tradition als in China und Japan. Es blieben nur wenige Werke, die frühesten vom Ende des 18. Jh., erhalten. Die Maler verwendeten handgeschöpftes Papier, bevorzugten aber bis in die Gegenwart heimische Seide und Lack. Papier wurde zunächst aus China eingeführt, später in vietnamesischen Dörfern hergestellt. Für sakrale Zwecke erhielt es durch Beigabe von Gold-, Silber-, Bronze- und Zinnpulver oder Auftragen einer Schicht aus gemahlenen Perlen einen matten Schimmer. Für königliche Edikte wurde das Papier mit einem Drachen versehen.

Holzschnitt

Der Holzschnitt kam aus China, wurde aber in Dai Viet heimisch, so dass er als traditionelle Kunst empfunden wird. Er lässt die von den Künstlern bevorzugten, groß angelegten abgerundeten Motive zu voller Wirkung kommen. Die häufigste Anwendungsmöglichkeit bieten Buchillustrationen und die Neujahrsbilder (*tranh tet*). Die moderne Plakatkunst ist vom traditionellen Holzschnitt beeinflusst.

Intarsien

Seit Mitte des 18. Jh. wurden Intarsien aus Perlmutt kunstvoll zu Tier- und Pflanzenmotiven sowie Kalligrafien zusammengefügt. Sie finden auf Sakralgegenständen, auf Möbeln und Wandschirmen Verwendung. Vietnamesen fügen Intarsien auch aus Bruchteilen von Eierschalen zusammen.

Musik, Gesang und Tanz

Traditionelle Musik

Musiker und Komödianten waren nicht besonders angesehen, ihre Kunst erfreute sich aber großer Beliebtheit. Die traditionelle Musik war von den schnellen, fünftonigen chinesischen Rhythmen beeinflusst. Durch die melodische siebentonige Musik der Cham wurde sie wesentlich bereichert. Asiatische Musikinstrumente werden aus Stein, Bambus oder Holz hergestellt. Es gibt Schlag- Blas-, Zupf- und Streichinstrumente. Musiker müssen für Instrumental- und Begleitmusik fünf Instrumente beherrschen: Die 16-saitige Zither, die 2-, 3- und 4-saitige Geige und die Mondgitarre. Die *dan bau* ist eine einsaitige Zither, die nur in Vietnam bekannt ist. Ein guter Spieler vermag diesem Instrument melodische, schwirrende Töne zu entlocken.

Die Musiker können mit den traditionellen Instrumenten auch europäischer und südamerikanischer Musik eine eigenartige Klangfarbe geben. Auch Trommeln, Gongs, Flöten und 5-25-saitige Lauten werden benutzt. Litophone waren schon im Neolithikum bekannt. Sie wurden aus Stein, später aus Bam-

Rechts: Die klassische vietnamesische Oper ist noch lebendig.

Foto: Hans Kemp

bus hergestellt. Die Erdzither ist ein Instrument aus dem melanesisch-indonesischen Erbe, das in Nordvietnam erhalten blieb.

Gesang und Tanz

Der Gesang lässt sich in drei Gruppen teilen: Vietnamesische Lieder mit Texten aus klassischen Dramen sowie alte Gesänge, die sich bei den Minderheiten erhalten haben. Die dritte, größte Gruppe bilden die Lieder aus dem Leben des Volkes (*hat*). Dazu gehören Marsch- und Soldatenlieder, improvisierte Wechselgesänge (*ho hat*) zwischen Männern und Frauen und Chorgesang, aber auch das bei Festen und auf Märkten vorgetragene Liedgut: Ernte-, Wiegen-, Kinder-, Handwerker- und Liebeslieder.

Der Tanz hat mehr Tradition bei den Minderheiten als bei den Kinh. Rituelle Tänze im Hof der *dinh* oder bei buddhistischen Tempelfesten haben gemessene Rhythmen. Mit Ausnahme der Schwerttänze und der Tänze der Ruderer werden sie von Frauen getanzt.

Oper und Theater

Die Volksoper (*cheo*) besteht aus volkstümlichen Gesängen mit Pantomime, Instrumentalmusik und Tänzen, vermischt mit belehrenden, glossierenden Sketchen, deren Themen Legenden, Lyrik, Geschichte oder Tagesereignisse sein können. Da die Schauspieler auch Kritik an der Obrigkeit einflochten, war das *cheo* zeitweise verboten.

Die Höfische Oper (*tuong*) kam im 13. Jh. von China nach Vietnam und wurde im 15. Jh. aus dem gleichen Grund verboten wie *cheo*, doch konnte sie sich im Verborgenen halten. Am Hof der Nguyen wurde sie wiederbelebt. Die Rollen sind ebenfalls typisiert. Durch die Festlegung unveränderlicher Charaktere fehlt dem fernöstlichem Theater die im westlichen Spielablauf unverzichtbare Wandlung der Personen im Lauf der Handlung.

Einzigartig ist das nur in Vietnam verbreitete Wasserpuppentheater (*mua roi nuoc*), bekannt seit dem 11. Jh., das heute eine Renaissance erlebt (s. S. 20).

Jurgen Reichmann

Das Osttor ist das einzige noch erhaltene Stadttor Hanois

Foto: Martin Thomas

HANOI

ALTSTADT
AM HOAN KIEM-SEE
FRANZÖSISCHES VIERTEL
HAI BA TRUNG-VIERTEL
LITERATURTEMPEL
HO CHI MINH-MAUSOLEUM
BA DINH-VIERTEL

★★HANOI

Ha Noi bedeutet „zwischen den Flüssen" – eine passende Beschreibung für die Lage der Hauptstadt an den Ufern des Roten Flusses, der Wiege der Nation. Poetischer und heute fast noch treffender ist allerdings ein alter Name der Stadt: *Thang Long*, „Aufsteigender Drache". Denn die Metropole des Nordens wächst und modernisiert sich in atemberaubendem Tempo – ohne dabei ihren besonderen Charme einzubüßen.

Das Herz der Stadt ist der **Hoam-Kiem-See**, eine Oase der Ruhe im Großstadttrubel. Nördlich davon beginnt die **Altstadt**, ein quirliges, lebendiges Viertel, das auf die 36 Straßen der Handwerksgilden zurückgeht, die sich im Mittelalter hier angesiedelt haben und teils bis heute ihre jahrhundertealten Traditionen pflegen – ein Muss auf jedem Besichtigungsplan. Preiswerte Hotels machen das Viertel auch als Übernachtungstipp interessant.

Südlich des Hoan-Kiem-Sees erstrecken sich die baumbestandenen Alleen des **Französischen Viertels**. Die europäischen Kolonialherren errichteten *Fin de Siècle*-Villen und Alleen, die Hanois Stadtbild einzigartig machen. Heute haben sich hier und am Westufer des Sees viele kleine Geschäfte, Boutiquen und hervorragende Restaurants angesiedelt, zudem einige luxuriöse Hotels.

Der größere **Westsee** nördlich des alten Stadtkerns war ursprünglich ein Seitenarm des Roten Flusses. Auf einer kleinen Insel nahe des Ufers steht die **Tran Quoc-Pagode**, das älteste buddhistische Heiligtum des Landes aus dem 6. Jh. Ihr 11-stöckiger Turm bleibt ein Wahrzeichen der Stadt, auch wenn am Ufer die Hochhaustürme in schwindelnde Höhen wachsen.

Im Süden des Westsees liegt das Gebiet der alten kaiserlichen **Zitadelle** – heute als Regierungsviertel für Besucher teils wieder zugänglich – und das mächtige **Ho Chi Minh-Mausoleum**, in dem der Vater der Nation aufgebahrt ist. Parks animieren zum Spazieren; ein kurzer Abstecher zur nahen **Einsäulenpagode** macht mit einem weiteren Wahrzeichen der Stadt vertraut.

Tempel und Pagoden laden Kulturinteressierte zu Streifzügen ein. Zumindest der beschauliche **Literaturtempel** südlich der Zitadelle, über 700 Jahre die wichtigste Akademie Vietnams, ist ein Muss. Noch heute sieht man hier Gruppen alter Männer zusammensitzen, die in heiterer, gelassener Atmosphäre über den Lauf der Welt sinnieren.

Hanoi ist die älteste Hauptstadt Süd-

Links: Modeschau in Hanoi, organisiert von der Interieurdesignerin Alan Duong, die hier mehrere „Mosaique"-Boutiquen betreibt.

» Stadtplan S. 80-81, Info S. 83-85

ostasiens: Sie blickt auf eine tausendjährige Geschichte zurück. Im Jahre 1010 verlegte Kaiser Ly Thai To seine Hauptstadt hierher und nannte sie *Thang Long*. Die von ihm gegründete Ly-Dynastie pflegte ein gutes Verhältnis zu den buddhistischen Würdenträgern und stiftete viele bedeutende Heiligtümer – die Einsäulenpagode ist ein Dokument aus dieser Zeit. Die ab 1428 regierende Le-Dynastie nannte die Stadt *Dong Kinh*, „Östliche Hauptstadt". Hieraus leitet sich die Bezeichnung *Tonkin* ab, mit der die französischen Kolonialherren das ganze nördliche Vietnam bezeichneten. Im Jahr 1802 verlor die Stadt ihren Status als Regierungssitz, als die Nguyen-Dynastie nach Hue zog und dort ihre Paläste errichtete. Kaiser Tu Duc, der dort von 1847-1883 herrschte, gab Hanoi schließlich seinen heutigen Namen.

Die Franzosen, die Hanoi 1882 endgültig besetzten, nutzten sie als administratives Zentrum, bauten Fabriken, Villen und breite Alleen. Das zog besonders in den 1920er und 1930er Jahren eine Vielzahl von Landflüchtigen an, die den immer schlechter werdenden Lebensbedingungen in den Provinzen entkommen wollten. 1954, als Nord-Vietnam ein unabhängiger Staat mit Hanoi als Hauptstadt wurde, lebten hier etwa 400 000 Menschen. Ho Chi Minh investierte in die wirtschaftliche Entwicklung – zehn Jahre später hatte Hanoi mehr als doppelt so viel Einwohner. Weit mehr als eine halbe Million musste jedoch während der US-amerikanischen Bombardierungen bis 1973 evakuiert werden.

Nach dem Kriegsende 1975 setzte die Sogwirkung der Metropole wieder ein – bis heute ungebrochen. Seit 1990 hat sich die Stadtfläche verfünffacht: Platz für über 3,5 Mio. Einwohner (8 Mio. im Großraum). Und 2018 wurde im Westen der damals höchste Skyscraper-Komplex des Landes eingeweiht: Der **Keangnam Hanoi Landmark Tower** (350 m); Baukosten: 1 Millarde US-$.

Dennoch hat sich im Stadtzentrum die einzigartige Atmosphäre erhalten – für viele Besucher macht dies Hanoi zu einer der schönsten Hauptstädte Asiens. Die beliebtesten Reisezeiten sind das Frühjahr und der Herbst. In den Sommermonaten kann es unangenehm heiß werden, während im Winter oft eine dicke Jacke nötig ist.

★★Altstadt (Old Quarter)

„Die Seele der Stadt hat sich in die Altstadt, die Straßen der Bürger und Handwerker zurückgezogen", schrieb Thanh Quan, eine Dichterin des 19. Jahrhunderts.

Die quirlige, scheinbar nie zur Ruhe kommende ★★**Altstadt** (**Old Quarter**), die im 11. Jh. unter der Ly-Dynastie entstand, liegt zwischen dem Hoan Kiem-See und dem Roten Fluss. Die Herrscher riefen Handwerkergilden und Künstler aus den Dörfern an ihre königlichen Werkstätten und siedelten sie in ihrer Residenzstadt an. Sie lebten in ihren neuen Wohnorten weiter in dörflichen Gemeinschaften, bauten ihren Ahnen und Schutzgeistern Tempel (*den*) und Versammlungshallen (*dinh*) und hielten enge Verbindung mit ihren Dörfern. In der Hanoier Altstadt, in der es noch keine Hochhäuser gibt, ist diese Siedlungsweise noch zu erkennen. Die Handwerker eines Dorfes lebten in eigenen Stadtvierteln (*phuong*), die in unruhigen Zeiten durch Wälle, Hecken und bewachte Tore geschützt wurden. Mehrere *phuong* unterstanden zwei Mandarinen, die für Verwaltung, Sicherheit, Brandschutz, Sauberkeit und die Eintreibung der Steuern verantwortlich waren.

Die 36 **Gassen** der Altstadt werden *hang* genannt; der Name bedeutet „Ware", da die auf die Herstellung bestimmter Güter spezialisierten Handwerker diese zum Verkauf ausstellten. Die Gassen werden bis heute nach den Erzeugnissen Korb-, Reisnudel-, Trommel-, Silber-, Hanf-, Sojabohnen-, Bronze-, Papiergasse etc. genannt. Vie-

» Stadtplan S. 67, Info S. 83-85

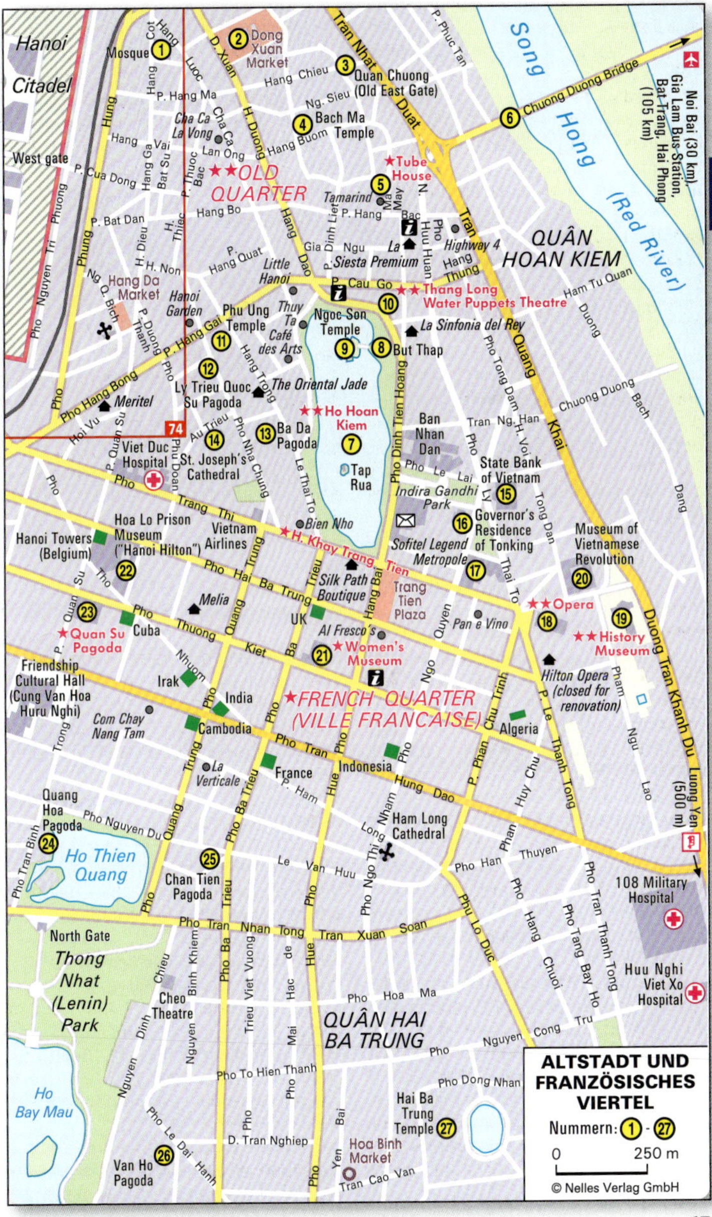

Hanoi Citadel
West gate
Mosque 1
2 Dong Xuan Market
3 Quan Chuong (Old East Gate)
4 Bach Ma Temple
5 Tamarind
★Tube House
6 Chuong Duong Bridge
Song Hong (Red River)
Noi Bai (30 km), Gia Lam Bus Station, Bat Trang, Hai Phong (105 km)
★★OLD QUARTER
La Siesta Premium
Highway 4
QUÂN HOAN KIEM
Little Hanoi
★★Thang Long Water Puppets Theatre
10
Hang Da Market
Hanoi Garden
Phu Ung Temple 11
Thuy Ta Café des Arts
Ngoc Son Temple 9
8 But Thap
La Sinfonia del Rey
12 Ly Trieu Quoc Su Pagoda
The Oriental Jade
Meritel
★★Ho Hoan Kiem
7
Tap Rua
14
13 Ba Da Pagoda
Viet Duc Hospital
St. Joseph's Cathedral
Ban Nhan Dan
State Bank of Vietnam 15
Indira Gandhi Park
Hoa Lo Prison Museum ("Hanoi Hilton") 22
Hanoi Towers (Belgium)
Vietnam Airlines
Bien Nho
16 Governor's Residence of Tonking
Sofitel Legend Metropole 17
Museum of Vietnamese Revolution 20
Silk Path Boutique
Trang Tien Plaza
Melia
UK
Pan e Vino
★★Opera 18
19
★★History Museum
23
★Quan Su Pagoda
Cuba
Al Fresco's
21 ★Women's Museum
Hilton Opera (closed for renovation)
Friendship Cultural Hall (Cung Van Hoa Huru Nghi)
Irak
India
★FRENCH QUARTER (VILLE FRANCAISE)
Algeria
Com Chay Nang Tam
Cambodia
La Verticale
France
Indonesia
Quang Hoa Pagoda 24
Ho Thien Quang
25 Chan Tien Pagoda
Ham Long Cathedral
108 Military Hospital
North Gate
Thong Nhat (Lenin) Park
Cheo Theatre
QUÂN HAI BA TRUNG
Huu Nghi Viet Xo Hospital
Ho Bay Mau
26 Van Ho Pagoda
Hoa Binh Market
Hai Ba Trung Temple 27
Luong Yen (500 m)
ALTSTADT UND FRANZÖSISCHES VIERTEL
Nummern: 1 - 27
0 250 m
© Nelles Verlag GmbH

Foto: Volkmar E. Janicke

le *hang* wechseln an jeder Straßenecke den Namen. Eine der bekanntesten ist die **Hang Dao** (Seidengasse) zwischen Hoan Kiem-See und Großem Markt, durch die während der Kolonialzeit eine Straßenbahn ratterte.

Handwerker hämmern, schmieden, feilen und klopfen vor ihren Häusern. Durch die Gassen winden sich hupende Autos und Motorräder. Da immer mehr Touristen die Altstadt besichtigen, begann man 1999 mit der Sanierung. Einige der schönen alten Tunnel- oder Röhrenhäuser (s. u.) werden restauriert.

Die Seele der Stadt, von der die Dichterin im 19. Jh. schrieb, hat sich im 20. Jh. in die Sakralbauten geflüchtet, die oft in Hinterhöfen versteckt liegen und nur durch schmale Gänge zu erreichen sind. Nachdem die meisten Altstädte der anderen südostasiatischen Metropolen abgerissen wurden, ist ein beschaulicher ★**Spaziergang** durch die Altstadt Hanois zu einem besonderen Erlebnis geworden.

Oben: Der Markt umfasst nicht nur den Cho Dong Xuan mit seinen überdachten Hallen, sondern auch die vielen Gassen (hang).

Moschee und Großer Markt

In der Hang Luoc (Kammgasse) liegt die einzige **Moschee** (1) im Norden Vietnams, die Ende des 19. Jh. indische Immigranten in Auftrag gaben.

Mittelpunkt der Altstadt ist der **Große Markt** (2) (Cho Dong Xuan) mit seinen Hallen. Der heutige Bau entstand nach einem Großbrand 1994. Die Franzosen hatten an dieser Stelle 1889 das erste Marktgebäude errichten lassen.

Osttor und Gedenktempel des Weißen Pferdes

Am östlichen Ende der Hang Chieu (Mattengasse) blieb das **Osttor** (3) (Quan Chuong) aus dem 16. Jh. erhalten – als einziges von ehemals 16 Stadttoren des früheren Thang Long.

Wenige Schritte weiter ist der **Gedenktempel des Weißen Pferdes** (4) (Den Bach Ma) wegen seiner **Schnitze-**

» Stadtplan S. 67, Info S. 83-85

reien sehenswert. Der wohl in der Ly-Dynastie gegründete Sakralbau ist dem Schutzgeist Hanois geweiht.

★Tunnel- oder Röhrenhäuser

Die ältesten erhaltenen Häuser der Altstadt stammen aus dem 19. Jh. Heute ist die Bebauung so dicht, dass kein Meter Boden ungenutzt bleibt; die Grundstückspreise entsprechen denen europäischer Hauptstädte. Die mehrstöckigen Häuser sind – wie in manchen Regionen Süd-Chinas – meist nur 5 m breit, aber bis zu 60 m lang und werden daher **★Tunnel- oder Röhrenhäuser** genannt. Im unteren Teil befinden sich Laden, Küche, Innenhof, Wohnraum und Bad, im oberen sind die Schlafräume. Es gibt keine Heizung, so dass es im Winter kühl und feucht ist. Dieses Klima lässt schwarze Algen und grünes Moos an den Wänden wachsen.

Ein restauriertes **★Tunnelhaus** (5) mit **Schnitzereien** an Türen und Fenstern kann man in der 87 Ma May (Rattangasse) besichtigen. Beachtenswert ist das mit Perlmutt-Intarsien verzierte **Bett** im Obergeschoss.

Chuong Duong-Brücke

Die 2,2 km lange **Chuong Duong-Brücke** (6) überquert den Roten Fluss und wurde – erbaut mit Hilfe der Sowjetunion – 1985 eröffnet. Sie ist die kürzeste Verbindung zwischen Hanoi und dem **Internationalen Flughafen Noi Bai** (30 km nördlich) sowie der Hafenstadt Hai Phong (105 km östlich).

★★Hoan Kiem-See und Umgebung

★★Hoan Kiem-See

Der am Südrand der Altstadt gelegene **★★Hoan Kiem-See** (7) (Ho Hoan Kiem – „See des Zurückgegebenen Schwertes“) ist das Zentrum der Geschäftsstadt. An seinem Ostufer liegen die Hauptpost, Kaufhäuser, Banken und Bürogebäude, in den Nebenstraßen Hotels, Restaurants und Läden. Bis ins 17. Jh. war der See bedeutend größer und mit dem Roten Fluss verbunden, so dass Flottenmanöver auf ihm stattfinden konnten. Im 18. Jh. standen an den Ufern 52 Paläste der Trinh-Fürsten, von denen keiner erhalten blieb. Heute ist der See 15 ha groß.

Der Name des auch „Schwertsee“ (Ho Guom) genannten Gewässers geht auf eine Legende zurück: Le Loi, der spätere König Le Thai To, kämpfte Anfang des 15. Jh. zehn Jahre gegen die chinesische Ming-Dynastie. Erst als eine Goldene Schildkröte (Thanh Ca) aus dem See auftauchte und ihm ein Schwert brachte, konnte er die Invasoren besiegen. Bei der Siegesparade der Flotte tauchte die Schildkröte wieder auf und forderte das Schwert zurück, worauf der König erkannte, dass sie ein göttlicher Geist war. In dem See befindet sich heute ein kleiner **Pavillon für die Goldene Schildkröte** (Thap Rua), die Schutzgeist und Totem mehrerer vietnamesischer Könige war. Der Sakralbau gilt als Wahrzeichen der Stadt.

Zu den schönsten Erlebnissen eines Hanoi-Besuchs gehört ein **★Spaziergang** um den See, bei dem man v. a. frühmorgens Vietnamesen bei Tai Chi-Übungen sehen kann.

Denkmal für die Literaten und ★Jadeberg-Tempel

Am Ostufer, links vor dem Zugang zum Jadeberg-Tempel, steht auf einem Steinhügel das **Denkmal für die Literaten** (8) in Form eines Tuschpinsels (*but thap*) für Kalligrafie. Die drei chinesischen Schriftzeichen in der Mitte des Denkmals bedeuten: „An den blauen Himmel geschrieben“.

Zur kleinen **Jadeberg-Insel** (Ngoc Son) führt die rot lackierte **Brücke der Aufgehenden Sonne** (The Huc) – ein beliebtes Fotomotiv.

Der im 19. Jh. errichtete **Jadeberg-Tempel** (9) (Den Ngoc Son) steht an der Stelle einer Pagode. Sein Vorraum

» Stadtplan S. 67, Info S. 83-85

Foto: Volkmar E. Janicke

dient der Vorbereitung der Opfer. Im Hauptraum werden der Patron der Literaten, Van Xuong, und der der Heilkundigen, La To, verehrt. Ein zweiter Raum ist dem Gedenken des Generals Tran Hung Dao gewidmet, der 1288 die Mongolen besiegte.

Eine riesige, 2,10 m lange und 250 kg schwere präparierte **Schildkröte**, die 1968 im See gefunden wurde und aus der Zeit des Le Loi stammen soll, wird in einem Anbau gezeigt.

★★Thang Long-Wasserpuppentheater

Unweit des Tempels kann man eine typisch nordvietnamesische Attraktion kennen lernen: das berühmte ★★**Thang Long-Wasserpuppentheater** (10) (Mua Roi Nuoc Viet Nam). Die Anfänge der Wasserpuppenspiele gehen mindestens bis ins 11. Jh. zurück. Das Ensemble, das bereits in Europa und Amerika Gastspiele gab, führt insgesamt 17 Geschichten aus Mythologie und Alltag mit traditioneller Live-Musik auf, z. B. feuerspeiende Drachen und Fischfang. Die Orchestermitglieder, die neben der Bühne sitzen, geben den Puppen ihre Stimmen. In dem Wasserbecken, ursprünglich der Dorfteich, stehen hinter einem Bambusvorhang die Akteure, die die auf 3-4 m langen Stangen montierten Wasserpuppen bewegen. Diese sind aus leichtem Feigenholz geschnitzt, wiegen bis zu 5 kg und sind bunt lackiert (s. S. 20).

Oben: Die Brücke der Aufgehenden Sonne führt zum Jadeberg-Tempel im Hoan Kiem-See. Rechts: Wasserpuppenspiel.

Phu Ung-Tempel

Der **Phu Ung-Tempel** (11) (Den Phu Ung) in der 25 Pho Ly Quoc Su ist ein Gedenktempel für den General Pham Ngu Lao, der im 13. Jh. mit dem General Tran Hung Dao gegen die Mongolen kämpfte. Tran Hung Dao machte ihn nach einem langem Zweikampf zu seinem Mitstreiter. Pham Ngu Lao ist unterhalb der **Statue des Generals Tran**

» Stadtplan S. 67, Info S. 83-85

Foto: Nadezhda Bolotina (Dreamstime.com)

Hung Dao zu sehen. Die Frauengestalten sind Töchter des Tran Hung Dao, die rechte die Gemahlin des Pham Ngu Lao. Der *den* wird traditionell von der Familie des Helden betreut.

Ly Trieu Quoc Su-Pagode

Die **Ly Trieu Quoc Su-Pagode** (12) in der 50 Pho Ly Quoc Su ist dem Oberpriester der Ly-Dynastie, Khong Lo, gewidmet. Er hat die Buddhaschaft erlangt und ist auf dem Altar unterhalb der drei Buddhas der Gegenwart, Vergangenheit und Zukunft als Buddha und seitlich des Altars als Mönch dargestellt.

Pagode der Steinernen Dame

Die um 1010 gegründete **Pagode der Steinernen Dame** (13) (Chua Ba Da; Chua Linh Quang Tu) für eine Verehrungswürdige Dame (*ba*) aus Stein (*da*) liegt westlich des Sees in der 3 Pho Nha Tho. Der Legende zufolge wurde an dieser Stelle beim Bau der Zitadelle eine steinerne Frauenstatue gefunden, für die ein Gedenktempel (*den*) errichtet wurde. Die Skulptur blieb nicht erhalten; an ihrer Stelle wird nun eine **Statue des Sakyamuni-Buddha** aus Stein verehrt – aus dem Gedenktempel wurde somit eine Pagode. Ein unscheinbarer Eingang zwischen Häusern führt in einen kleinen **Hof**. Seine Pflastersteine könnten, wie auch die beiden kleinen Stupas im Hof, aus dem 11. Jh. stammen, da die Pflaster- und Bausteine ein zu dieser Zeit übliches Format zeigen.

St. Josephs-Kathedrale

Am 24. Dezember 1886 weihte man die **St. Josephs-Kathedrale** (14) als eine der ersten Kirchen im Norden (in der 40 Pho Nha Chung). Der hohe Bau, für den die Chua Bao Thien, die bedeutendste und größte Pagode Hanois mit einem 10-stöckigen Turm (*thap*) abgerissen wurde, überragt die umliegenden Häuser. Beliebtes Ziel der Pilger ist die **Marien-Kapelle** mit vielen Votivtäfelchen im nördlichen Seitenschiff.

» Stadtplan S. 67, Info S. 83-85

★Französisches Viertel (Ville Française)

Südöstlich des Hoan Kiem-Sees legten die Kolonialherren ab 1874 das ★**Französische Viertel** (**Ville Française**) in rechtwinkligem Straßenraster an. Hauptachse des großzügig mit Fin de Siècle-Villen und Alleen angelegten Stadtteils, für den zahlreiche vietnamesische Bauten abgerissen wurden, war die *Rue Paul Bert*, der heutige ★**Trang Tien-Boulevard** mit Restaurants, Cafés, Buchhandlungen, Boutiquen und Galerien.

Staatsbank und Residenz des Gouverneurs von Tonking

An einem großen Platz liegt die im Art-déco-Stil errichtete frühere *Banque Française de l'Indochine*, die heutige **Staatsbank Vietnams** (15).

Schräg gegenüber erhebt sich die frühere **Residenz des Gouverneurs von Tonking** (16), einer der schönsten Kolonialbauten Hanois. Das repräsentative Gebäude wird heute für staatliche Festakte genutzt (nur Außenbesichtigung).

Hotel Sofitel Legend Metropole

Eines der traditionellen Grandhotels Südostasiens mit exzellenten Restaurants steht unweit des Hoan Kiem-Sees in der 15 Pho Ngo Quyen: das noble **Hotel Sofitel Legend Metropole** (17), 1911 mit weißer neoklassizistischer Fassade fertiggestellt. Die internationale Prominenz – Staatsoberhäupter, Schauspieler und Schriftsteller – schätzt hier die stilvolle Atmosphäre.

★★Oper

Am östlichen Ende des Boulevard Trang Tien erhebt sich an einem weiten Platz die ★★**Oper** (18), nach dem Pariser Vorbild errichtet und 1911 nach 10-jähriger Bauzeit eingeweiht. Das Gebäude war der gesellschaftliche und kulturelle Mittelpunkt der französischen Oberschicht, bis 1945 der Viet Minh vom Balkon die Augustrevolution ausrief. Nach aufwändiger Restaurierung erstrahlt die Oper wieder im alten Glanz, ist innen jedoch nur im Rahmen einer Vorstellung zu besichtigen.

★★Historisches Museum

Das ausgezeichnete ★★**Historische Museum** (19) (Bao Tang Lich Su) liegt in der 1 Pho Pham Ngu Lao. Auf die große Halle mit Wandkarten folgen acht Abteilungen in zwei Stockwerken – ein exzellenter Überblick über die jahrhundertelange vietnamesische Kunst.

I: Vor- und Frühgeschichte.
II: Funde vom Neolithikum bis zur Dong Son-Kultur (5.-1. Jh. v. Chr.) überwiegend aus dem Delta des Roten Flusses, zeitgleiche Sa Huynh-Kultur in Zentral-Vietnam (Trung Bo).
III: ★**Trommeln der Dong Son-Kultur**; Oc Eo-Kultur und Champa.
IV: Funde aus der Phat Tich-Pagode (Nachbildung des Buddha) und der Pho Minh-Pagode. Stelen, Holzschnitzereien und Keramiken.
V: Keramiken aus Bat Trang, Tho Ha und Phu Lang, den besten Brennöfen des 15. und 16. Jh. ★**Kopie der Quan Am-Statue** aus der But Thap-Pagode.
VI: Tay Son-Aufstand.
VII: Französische Kolonialzeit.
VIII: Indochinakriege.

Museum der vietnamesischen Revolution

In einem schönen ehemaligen Zollgebäude aus der Kolonialzeit informiert das **Museum der vietnamesischen Revolution** (20) (Bao Tang Cach Mang) über den „heldenhaften patriotischen Unabhängigkeitskampf" der Vietnamesen gegen Frankreich und die USA; vom Ende des 19. Jh. bis zum Ende des

Rechts: Bronzetrommel der Dong Son-Kultur (Historisches Museum, Hanoi).

» Stadtplan S. 67, Info S. 83-85

Foto: Annaliese Wulf

Vietnamkriegs 1975. Zu den ausgestellten Dokumenten zählen im Untergrund erschienene Zeitungen und Schriften Ho Chi Minhs.

★Frauenmuseum

Zu den interessantesten Kollektionen Hanois gehört das ansprechend gestaltete ★**Frauenmuseum** (21) (Bao Tang Phu Nu). Es dokumentiert die Bedeutung der Frau im Lauf der vietnamesischen Geschichte, angefangen von der Prähistorie mit Schmuck aus der Dong Son-Kultur (5.-1. Jh. v. Chr.) bis zu den Opfern der Frauen in den beiden Indochinakriegen. Eine eigene Abteilung widmet sich – insbesondere mit zahlreichen schönen **Trachten** – den ethnischen Minderheiten.

Hoa Lo-Gefängnismuseum („Hanoi Hilton")

In diesem, von zwei Türmen überragten Komplex befand sich das 1896 bis 1904 von den Franzosen erbaute **Hoa Lo-Gefängnismuseum** (22). Ursprünglich für knapp 500 Häftlinge konzipiert, saßen am Ende der Kolonialzeit über 2000 Vietnamesen ein.

Nach dem Vietnamkrieg wurden hier abgeschossene amerikanische Piloten interniert, die diesen düsteren Ort zynisch *Hanoi Hilton* nannten – eine Anspielung auf die menschenunwürdigen Haftbedingungen. Ein Flügel des Gefängnisses dient heute als **Museum**.

★Pagode der Ausländischen Diplomaten

Im Westen des Französischen Viertels (73 Pho Quan Su) liegt die ★**Pagode der Ausländischen Diplomaten** (23) (Chua Quan Su). Der auch **Botschafterpagode** genannte Bau wurde im 17. Jh. neben der Herberge für Gesandte aus buddhistischen Ländern gegründet. Der *chua* ist seit 1934 Sitz der Vereinigung der Buddhisten in Vietnam mit einem Seminar für Mönche und Nonnen. Der heutige Bau wurde 1936-1942 errichtet.

» Stadtplan S. 67, Info S. 83-85

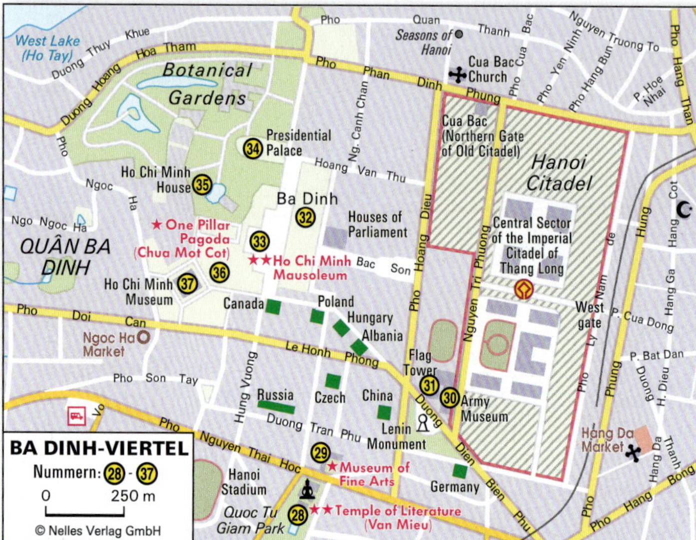

Hai Ba Trung-Viertel

Das **Hai Ba Trung-Viertel** im Südosten der Innenstadt wurde nach den ersten Nationalheldinnen Vietnams, den Trung-Schwestern (Hai Ba Trung) benannt, die 40-43 n. Chr. einen antichinesischen Aufstand anführten und eine kurzlebige Dynastie gründeten.

Pagode der Schimmernden Blume

Am Ufer des Thien Quang-Sees liegt die **Pagode der Schimmernden Blume** (24) (Chua Quang Hoa). Den **Hauptaltar** flankieren Statuen der zehn Höllenkönige (auch als Richter bezeichnet). Links befindet sich die Statue der Muttergöttin Mau, rechts ein Lokalgott.

Chan Tien-Pagode

Die **Chan Tien-Pagode** (25) (Chua Chan Thien) in der 151 Pho Ba Trieu wurde im 12. Jh. gegründet, mehrmals zerstört und an anderen Orten wieder aufgebaut. In dieser Pagode schloss Le Loi 1427 nach seinem Sieg über die chinesische Ming-Dynastie einen Vertrag, in dem die Ming sich verpflichteten, nicht mehr zurückzukehren. 1888 erbauten die Franzosen anstelle der Pagode ein Gefängnis. Der *Chua* wurde von den Vietnamesen an seinem heutigen Standort neu errichtet.

Van Ho-Pagode

Im Hof der **Van Ho-Pagode** (26) (Chua Van Ho) in der 40 Pho Le Dai Hanh steht der **Dien Van Ho**, ein Tempel für die daoistischen Mütter mit einem nahezu lückenlosen Pantheon, wie es nur noch selten anzutreffen ist.

Hai Ba Trung-Tempel

Der 1143 gegründete **Hai Ba Trung-Tempel** (27) (Den Hai Ba Trung) – ein schöner Sakralbau – liegt in der Pho Dong Nhan an einem See. Die Anlage besteht aus dem *den*, einer Pagode und einem

Rechts: Eines der Tore des Literaturtempels.

» Stadtplan S. 67, Info S. 83-85

Foto: Mikhail Gnatkovskiy (Shutterstock)

dien für die daoistischen Mütter. Der **Gedenktempel** weist schöne **Schnitzereien** und eine **Waffensammlung** auf. Verehrt werden hier auch die zwölf weiblichen Generäle der Nationalheldinnen. Der Altar mit Steinstatuen der heldenhaften Schwestern, die kniend mit hocherhobenen Armen bereit sind, sich nach verlorener Schlacht in den Fluss zu stürzen, wird nur zum **Tempelfest** am 5. Tag des 2. Mondmonats geöffnet (für Touristen häufig nicht zugänglich).

★★Literaturtempel und Umgebung

★★Literaturtempel

Der **★★Literaturtempel** (28) (Van Mieu) liegt an der Quoc Tu Giam-Straße im Norden des Dong Da-Bezirks. Er wurde 1070 von der Ly-Dynastie als Gedenkstätte für Konfuzius (Khong Tu; chines. Kongzi; etwa 551-479 v. Chr.) und seine Nachfolger und Schüler in Auftrag gegeben. Als Vorbild diente der berühmte Konfuzius-Tempel in Qufu (China) am Geburtsort des Meisters. Im Literaturtempel vollzogen der König oder hohe Mandarine (Beamte) die Staatsopfer für den Philosophen. 1076 wurde eine Nationale Akademie für Prinzen und Adlige angeschlossen, die später zu einem Nationalen Bildungszentrum wurde. Eine Universität im europäischen Sinn war die Akademie jedoch nicht. Die konfuzianische Bildung und das Prüfungssystem beruhten lediglich auf der Kenntnis der klassischen konfuzianischen Literatur. 1807 wurde das Bildungsinstitut nach Hue (s. S. 145) verlegt, wo bis 1918 regelmäßig Prüfungen stattfanden. 1946/1947, im 1. Indochinakrieg, wurde ein Teil des Van Mieu zerstört, dann 1954 zur Gedenkstätte umgebaut und umfassend renoviert.

Der mit einer **Mauer** aus Ziegeln umgebene Komplex erstreckt sich über 6000 m² mit altem Baumbestand. Das annähernd rechteckige Gelände misst von Nord nach Süd 350 m, die Breite beträgt 75 m im Norden und 60 m im Süden. Dem **Äußeren Tor** 1 war der **Literatursee** (Ho Van Chuong) vorge-

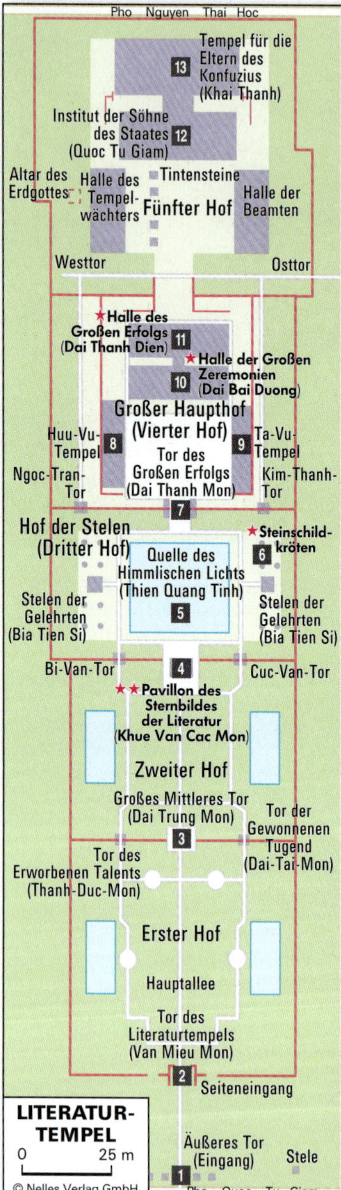

lagert, der heute fast verlandet und mit Gemüse bebaut ist. Hinter dem **Tor des Literaturtempels** 2 (Van Mieu Mon) liegt der **1. Hof**, einer von insgesamt fünf, die durch Mauern und Tore voneinander getrennt sind.

Durch das **Große Mittlere Tor** 3 (Dai Trung Mon) führt der Weg in den **2. Hof** und weiter – vorbei an zwei Teichen – zum kleinen, doch sehr harmonischen ★★**Pavillon des Sternbilds der Literatur** 4 (Khue Van Cac Mon). Diesem Torgebäude zum 3. Hof wurde 1802 der hölzerne Pavillon aufgesetzt, in dem der Schutzgeist der Literaten verehrt wurde. Hinter seinem runden Fenster saßen die Gelehrten und lasen aus ihren Werken vor.

Im **3. Hof** stehen zu beiden Seiten eines großen Teichs, der **Quelle des Himmlischen Lichts** 5 (Thien Quang Tinh), auf ★**Steinschildkröten** 6 – Symbolen der Beständigkeit und der Weisheit – insgesamt 82 **Steinstelen** aus den Jahren 1484-1779 mit 1295 Namen der Sieger der Literaturprüfungen.

Das **Tor des Großen Erfolgs** 7 (Dai Thanh Mon) ist der Zugang zum kultisch wichtigsten, dem **4. Hof** . Ihn säumen die zwei restaurierten – und als Souvenirshop heute zweckentfremdeten – **Huu Vu-** 8 und **Ta Vu-Tempel** 9 mit Altären für die 72 wichtigsten Schüler des Konfuzius.

Am Ende des Hofes blieb der Doppeltempel für den Konfuzius-Kult erhalten: Die aufgebogenen Dächer des ★**Halle der Großen Zeremonien** 10 (Dai Bai Duong) ruhen auf schweren Holzsäulen, die Dachfirste sind mit Drachen und einer Mondscheibe geschmückt. Zwei Steinsäulen von 1760 und zwei Steinplatten mit Wolken und Drachen, eine Holzstatue und vier große Tintenfässer von 1762 sind Erinnerungen an die frühere Ausstattung. In der ★**Halle des Großen Erfolgs** 11 (Dai Thanh Dien) befindet sich die Gedenkstätte für Konfuzius, bei der kunstvolle Lacksäulen das Dach stützen. Umgeben von seinen vier Lieblingsschülern thront die verehrte

» Plan S. 76, Info S. 83-85

Foto: Peter Rex

Statue des Meisters in der Mitte (s. Bild S. 77).

Im **5. Hof** lag bis 1807 die **Akademie**, das **Institut der Söhne des Staates** 12 (Quoc Tu Giam). Von der bei Chinesen wie Vietnamesen gleichermaßen stark ausgeprägten Ahnenverehrung zeugt der **Tempel für die Eltern des Konfuzius** 13 (Khai Thanh) am Ende des Komplexes.

★Museum der Schönen Künste

Das umfangreiche ★**Museum der Schönen Künste** 29 (Bao Tang My Thuat) in der 66 Pho Nguyen Thai Hoc liegt nördlich des Literaturtempels. Es zeigt Exponate aus der Zeit der Prähistorie und späteren Königsdynastien wie Kleidung, Keramiken, Intarsien und Lackarbeiten sowie Geräte, Schmuck und Hausmodelle der ethnischen Minderheiten im Nördlichen und Südlichen Hochland. Sehenswert ist auch die Sammlung von Gemälden aus dem 20. Jh. Im 1. Stockwerk stehen **Kopien der 18 La Han (Arhats**) aus der Tay Phuong-Pagode (s. S. 96).

Armeemuseum und Flaggenturm

Die Militärgeschichte Vietnams von der Trung-Dynastie (40-43 n. Chr.) bis zum chinesischen „Erziehungsfeldzug" (1979) wird im **Armeemuseum** 30 (Bao Tang Quan Doi) dokumentiert. Aufschlussreich ist ein Diorama der berühmten Schlacht von Dien Bien Phu (1954). Im Hof befindet sich allerlei Kriegsgerät, darunter eine sowjetische **MiG 21** und ein amerikanischer **B 52-Bomber**.

Auf dem Gelände des Museums steht der sechseckige, etwa 50 m hohe **Flaggenturm** 31 (Cot Co), von dem man eine schöne **Aussicht** auf das Zentrum Hanois, besonders auf das Villenviertel, genießt. Er ist einer der letzten Relikte der – heute zugänglichen (über West-Tor, Ly Nam De-Str., Mi-Si 8-11.30 u. 13.30-17 Uhr) – **Zitadelle**, die der erste Nguyen-König Gia Long 1802-1812 errichten ließ.

Oben: Im Literaturtempel.

Foto: Josef Beck

★★Ho Chi Minh-Mausoleum und Ba Dinh-Viertel

★★Ho Chi Minh-Mausoleum und Ba Dinh-Platz

Auf dem 35 000 m² großen **Ba Dinh-Platz** (32) rief Ho Chi Minh am 2. September 1945 die Unabhängige Republik Vietnam aus. In Erinnerung an dieses Ereignis finden jährlich am Nationalfeiertag Militärparaden hier statt. An der Ostseite des Platzes liegen das **Außenministerium**, das **Parlamentsgebäude** und das **Haus der Partei**.

Blickfang ist jedoch das monumentale, 1973-1975 errichtete ★★**Ho Chi-Minh-Mausoleum** (33), die wohl meistbesuchte Sehenswürdigkeit Hanois. Obwohl der am 2. September 1969 verstorbene – von vielen Vietnamesen bis heute liebevoll genannte – „Onkel Ho" (Bac Ho) nur ein einfaches Begräbnis gewünscht hatte, wurde sein Leichnam einbalsamiert und in dem ästhetisch wenig ansprechenden Klotz zur Schau gestellt – ein exzellentes Beispiel für den Personenkult in kommunistischen Staaten, den der charismatische Freiheitskämpfer stets verabscheut hat.

Für den **Besuch** (keine Shorts und ärmellosen T-Shirts!) muss man sich am **Kontrollposten** in der Südwest-Ecke des Ba Dinh-Platzes anmelden sowie Kameras und Taschen abgeben. Im Inneren des Mausoleums darf man nicht reden oder stehenbleiben.

Oben: Vor dem Ho Chi Minh-Mausoleum in Hanoi. Rechts: Die Einsäulenpagode (Chua Mot Cot) am Ba Dinh-Platz.

Präsidentenpalast und Ho Chi Minh-Wohnhaus

Vom Mausoleum führt der nördliche Ausgang in den **Park** des **Präsidentenpalastes** (34), die ehemalige, 1900-1908 erbaute Residenz des Generalgouverneurs der *Union Indochinoise* (Französisch-Indochina).

An einem Teich liegt das **Ho Chi Minh-Wohnhaus** (35), das der Revolutionsheld elf Jahre – von 1958 bis zu seinem Tod – benutzte. Der zweiräumige schlichte Pfahlbau aus edlen Hölzern ist im Stil der ethnischen Minderheiten des nördlichen Berglandes konstruiert. Zu sehen sind das **Schlaf- und Arbeitszimmer** mit originalen Einrichtungsgegenständen.

★Einsäulenpagode

Die ★**Einsäulenpagode** (36) (Chua Mot Cot, Chua) liegt zwischen dem Mausoleum und dem Ho Chi Minh-Museum. 1049 ließ sie König Ly Thai Tong auf einer einzigen Holzsäule im Stil der frühen Naturgeister- und Ahnentempel erbauen. Die Legende berichtet, dass dem kinderlosen Herrscher im Traum die Göttin der Barmherzigkeit, Quan Am, auf einer Lotosblüte sitzend erschien und ihm einen Knaben entgegenhielt. Ein Bauernmädchen, das er zu Favoritin erwählte und zur Königin machte, gebar ihm bald danach den

» Stadtplan S. 74, Info S. 83-85

Foto: Outcast85 (Dreamstime.com)

Thronerben. Zum Dank an die Göttin errichtete er in einem Teich die Pagode in Form einer Lotosblüte. Sie war das zentrale Heiligtum einer großen Anlage mit Tempeln, Gärten, Pavillons und Teichen, die nicht erhalten blieb. Auch die Pagode wurde 1954 zerstört, aber 1955 wieder aufgebaut. Die **Säule**, nun aus Beton, ist 4 m hoch und misst 1,25 m im Durchmesser, der Tempel mit der **Statue der Quan Am** misst 4 x 4 m. Der Pagode gegenüber liegt ein alter *chua* mit einem sehr schönen Pantheon.

Ho Chi Minh-Museum

Das **Ho Chi Minh-Museum** (37) (Bao Tang Ho Chi Minh), ein dreistöckiger Betonbau in der Pho Doi Can, wurde mit Hilfe der Sowjetunion zu seinem 100. Geburtstag am 19. Mai 1990 fertiggestellt. Für Ho-Chi-Minh-Verehrer ein Muss sind die ausgestellten Fotos, Zeitungsartikel, Karten, Briefe und sonstige persönliche Gegenstände. Die Grenzen zwischen seriöser Dokumentation und Kitsch sind hier allerdings fließend.

Am Westsee (Ho Tay)

Der größte der Seen in Hanoi, der **Westsee** (38) (Ho Tay), bedeckt heute 538 ha; er hat einen Umfang von ungefähr 12,5 km und ist nur ca. 1,5 m tief. Zusammen mit dem benachbarten kleineren **See der Weißen Seide** (39) (Ho Truc Bach) war er ein altes, westliches Bett des Roten Flusses. In den Dörfern am Truc Bach mussten die Frauen – angeblich unwillige Konkubinen der Könige – weiße Seide herstellen. 1620 legten die Trinh-Fürsten zwischen den beiden Seen einen Deich an, über den heute der von Flammenbäumen gesäumte **Duong Thanh Nien** („Straße der Jugend") führt. An den Ufern beider Seen entstanden im 17. Jh. Tempel sowie Paläste für Könige und Mandarine (hohe Beamte), heute bestimmen Villen, Cafés, Hotels, Clubs und Konferenzzentren die Szene.

Der Westsee wird auch „Nebelsee" oder „See des Goldenen Kalbs" genannt. Eine Legende berichtet, dass die Bauern für ihren Schutzgeist einen Tempel bau-

» Stadtplan S. 74 u. S. 80-81, Info S. 83-85

ten, der eine Glocke aus Gold besaß. Ihr heller Ton war bis nach China zu hören, wo eine Büffelkuh mit ihrem Kalb – beide aus Gold – lebte. Eines Tages suchte das Kälbchen seine Mutter; es glaubte ihre Stimme zu hören und folgte ihr. Aber es war der Klang der Glocke im fernen Dai Viet. Tagelang umkreiste es den Tempel, aus dem die Klänge kamen. Das Land, das es in seiner Verzweiflung zerstampfte, wurde zum Westsee.

★Quan Thanh-Tempel

Tran Vu, General des Königs Duong An von Co Loa, der das 9-schwänzige Fuchsungeheuer besiegte, wurde zum Schutzgeist von Hanoi (Thang Long). Der ★**Quan Thanh-Tempel** (40) des Helden (Den Quan Thanh; Den Tran Vu) liegt rechts am Anfang des Deichs. Er soll um 1010 entstanden sein. Highlight ist die 3,96 m hohe und 4 t schwere **Statue des Tran Vu**, die größte Bronzeskulptur in Vietnam. In der Literatur wird der Schutzgeist häufig als Buddha bezeichnet. Rechts von ihm steht die Statue des Meisters, der den Guss besorgte.

Zum **Tet-Fest** findet im Hof des Tempels ein Markt mit einem Sängerwettstreit der Nachtigallen statt.

★Tran Quoc-Pagode

Die ★**Tran Quoc-Pagode** (41) (Chua Tran Quoc) gilt als ältester Sakralbau in Hanoi. Einer hier gefundenen Inschrift zufolge errichtete Ly Bon, ein Freiheitskämpfer gegen die chinesische Besatzung, 545 am Ufer des Roten Flusses eine Zitadelle und daneben die Chua Khai Quoc, die heutige Tran Quoc-Pagode. Sie wurde 1600 oder 1618 auf die **Goldfisch-Insel** im Westsee, links des Damms, verlegt. Erhalten blieben 14 Stelen aus dem Jahr 1639 und viele ★**Statuen**, darunter Wächterfiguren und Buddhas. Sehenswert ist auch der 11-stöckige **Pagodenturm** (*thap*) im Garten.

» Stadtplan S. 80-81, Info S. 83-85

SOS Intl. Clinic (0,7 km)
Hanoi Water Park (2 km), Noi Bai (30 km)
Moon River (2 km)
Sheraton
InterContinental Westlake
42 Kim Lien Pagoda
Thang Loi
Pho Yen Phu
Duong Nghi Tam
The Hanoi Club
Pan Pacific
★Tran Quoc Pagoda
41
Banh Tom Ho Tay
Ho Truc Bach
Ngu Xa
39
40 ★Quan Thanh Temple
Duong Thanh Nien
Duong Yen Phu
Pho Duc Chinh
Pho Tan Ap
Ng. Khac Nhu
Bac
Song Hong (Red River)
Long Bien Bridge (non-motorized vehicles only)
Gia Lam, Long Bien Train Stations
Gia Lam Bus Station, Bat Trang, Hai Phong (105 km)
74
Duong Thuy Khue
Botanical Gardens
Seasons of Hanoi
Pho Phan Dinh Phung
P. Cua
Cua Bac (Northern Gate)
Presidential Palace
Pho Ngoc Ha
Ngoc Ha
Parliament
Hanoi Citadel
Ministry of Defence
Ho Chi Minh Museum
Ho Chi Minh Mausoleum
Bac Son
Pho Hoang Dieu
Pho Nguyen Tri Phuong
Kim Ma Bus Stn.
Flag Tower
Museum of Art
Lenin Statue
Pho Tran Phu
Pho Nguyen Thai Hoc
Dien Bien Phu
Hanoi Stadium
Quoc Tu Giam Park
Temple of Literature (Van Mieu)
Cat Linh
Pho Cat Linh
Quoc Tu Giam
Hanoi Railway Station (Ga Hang Co)
Hang Than
P. Hang Dau
Long Bien Stn.
Dong Xuan Market
Duong Hang
Tran Nhat Duat
Pho Phuc Tan
Duong Chuong Duong Bridge
QUÂN HOAN KIEM
P. Bat Dan
★★OLD QUARTER
Hang Da Market
P. Hang Gai
P. Hang Bong
Pho Phung Hung
Especen
P. Nguyen Huu Huan
Ho Hoan Kiem
Ban Nhan Dan
Pho Dinh Tien Hoang
Pho Ly Thai To
Quang Khai
State Bank of Vietnam
Museum of Vietnamese Revolution
History Museum
Opera
Pho Trang Thi
Hang Trong
Pho Nha Chung
Le Thai To
Pho Hai Ba Trung
Quan Su Pagoda
Trang Tien
Friendship Cultural Hall
Pho Tran Hung Dao
★FRENCH QUARTER
P. Phan Chu Trinh
P. Le Thanh Tong
Pho Tran Quoc Toan
Pho Nguyen Du
P. Ham Long
P. Han Thuyen
Le Van Huu
Ho Thien Quang
Pho Tran Nhan Tong
108 Military Hospital
Van Kiep
Duong Bach Dang
Duong Tran Khanh Du
Circus
Thong Nhat (Lenin) Park
P. Tue Tinh
Pho Hoa Ma
Pho Lo Duc
P. Nguyen Cong Tru
P. To Hien Thanh
P. Dong Nhan
QUÂN HAI BA TRUNG
P. Van Don
D. Tran Nghiep
Hai Ba Trung Temple
67
Pho Le Dai Hanh
Pho Hue
P. Thinh Yen
Luong Yen
Duong Le Duan
N. Van Huong
Ngo Van Chuong
Ho Van Chuong
Pho Kham Thien
Ngo Cho Kham Thien
Duc Ton
Hao Nam
QUÂN DONG DA
Ho Xa Dan
Thailand
Philippines
Palestine
Pho De La Thanh
Ho Ba Mau
Ho Dac Di
Pho Xa Dan
P. Kim Lien
Pham Ngoc Thach
Hoang Tich Tri
44 Boc Pagoda (Sung Phuc Tu)
Pho Chua Boc
Pho Dong Tac
Southern Bus Terminal
Ho Bay Mau
Van Ho Pagoda
Duong Dai Co Viet
Pho Tran Khat Chan
Tuoi Tre Park
Lien Phai Pagoda
Hanoi University
Duong Giai Phong
P. Bach Mai
Hung Ky
Hoang Mai, Chua and Dinh Hoang Mai, Chua
HANOI
Nummern: 38 - 46
0 500 m
© Nelles Verlag GmbH

Foto: Jürgen Bergmann

Pagode des Goldenen Lotos

Die **Pagode des Goldenen Lotos** (42) (Chua Kim Lien) liegt in der Nähe des *Thang Loi*-Hotels am Yen Phu-Deich. Sie entstand während der Tran-Dynastie im 13. Jh. und wurde 1988 restauriert. Zur Pagode führt ein dreiflügeliges **Tor**, dessen schöne Holzkonstruktion im Stil eines königlichen Palasttores gestaltet ist. Seine **Basreliefs** zeigen Blumen- und Drachenmuster. Die **Säulen** sind mit Schnitzereien geschmückt. Der in der Tay Son-Dynastie im Tam Quan-Stil erneuerte *chua* besteht aus drei hintereinander liegenden Gebäuden mit hohen Dächern. Die Säulen des **Hauptraumes** und das Dachgebälk sind mit reichen Schnitzereien geschmückt. Der **Hauptaltar** zeigt ein großes Pantheon, die **Seitenaltäre** sind den daoistischen Müttern gewidmet.

Oben: Sehenswert sind die originalgetreu nachgebauten Häuser der Bergvölker (hier ein Rong-Gemeinschaftshaus der Bahnar / Ba Na im Südlichen Hochland) im Museum der Völkerkunde Vietnams.

Highlights außerhalb des Zentrums

Das **Dong Da-Viertel** südwestlich der Innenstadt ist nach dem **Dong Da-Hügel** (43) benannt, auf dem Nguyen Hue, der spätere König Quang Trung der Tay Son-Dynastie, am 5. Tag des Tet 1789 die Truppen der chinesischen Qing-Dynastie schlug und die Hauptstadt Thang Long befreite. 1989 entstand an dieser Stelle eine **Gedenkstätte**. Das **Dong Da-Fest** wird am 5. Tag des 1. Mondmonats mit Darstellungen der Kämpfe gefeiert.

Boc-Pagode

Die **Boc-Pagode** (44) (Chua Boc; auch Sung Phuc Tu genannt) stand ursprünglich in einem schönen Waldgebiet. Nachdem der Komplex mehrmals zerstört und wieder aufgebaut wurde, war er bis 1945 eine buddhistische Schule. Chua Boc wird von kinderlosen Frauen besucht. Sie beten zu der Muttergöttin Mau, links neben dem Hauptaltar. Rechts neben ihr befindet sich die **Statue des Königs Quang Trung** (Nguyen Hue). Es ist die einzige Statue des Königs in einer Pagode, der sonst in Gedenktempeln verehrt wird.

Im **Hof** der Anlage steht ein **Weihrauchbaum** (*cay huong*). Der dachlose steinerne **Altar** stammt aus dem Kult der daoistischen Mütter (*tu phu*). Schamanistische Priesterinnen (ba dong) erhielten an diesem Altar ihre Weihe. Die Schale mit dem Weihrauch trugen sie auf dem Kopf um den Altar, um die Geister für Weissagungen herbeizurufen. Das **Tempelfest** findet am 5. Tag des 1. Mondmonats statt.

Tempel des Knieenden Elefanten

Der **Tempel des Knieenden Elefanten** (45) (Den Voi Phuc) liegt neben dem **Zoo** (wenige Tiere!) am westlichen Ende des **Thu Le-Sees** (4 km westlich des Literaturtempels). Im 15. Jh. ließ König Le

» Stadtplan S. 80-81, Info S. 83-85

Thanh Tong in Thu Le einen Erdhügel aufschütten, auf dem nach seinem Tod ein Gedenktempel – inmitten von Dörfern und einem Markt – errichtet wurde. 1890 legten die Franzosen einen Garten an, in dem Anfang des 20. Jh. ein Tierpark entstand.

Am Tor zur Anlage sieht man zwei kniende **Steinelefanten** – zur Erinnerung an die Legende, nach der der siegreiche General Linh Lang auf einem Elefanten zum Haus seiner Eltern zurückkehrte und sich auf einem Stein ausruhte. Eine **Allee** mit 100-jährigen Bäumen führt zu dem im 11. Jh. gegründeten Tempel, vor dessen Hauptaltar man den angeblichen Kopfabdruck des Feldherrn erkennt.

★★Museum der Völkerkunde Vietnams

Das sehr sehenswerte **★★Museum der Völkerkunde Vietnams** (46) (Bao Tang Dan Toc Hoc Viet Nam) liegt in der Nguyen Van Huyen im Cau Giay- Viertel (4,5 km westlich des Literaturtempels). Die mit organisatorischer Hilfe des damaligen *Musée de l'Homme* in Paris gestaltete Ausstellung widmet sich allen 54 ethnischen Gruppen des Landes, insbesondere auch den Bergvölkern (*montagnards*; *hill tribes*). In dem einer Trommel der Dong Son-Kultur nachempfundenen Gebäude kann man auf zwei Stockwerken handgewebte Textilien, Musikinstrumente, Flechtarbeiten, Silberschmuck und landwirtschaftliche Geräte studieren. Regelmäßig finden Sonderausstellungen statt.

Ein **Museumshop** bietet Bücher, Postkarten sowie traditionelles Kunsthandwerk (u. a. Textilien) und CDs.

Interessant ist auch das angrenzende **★Freilichtmuseum**, in dem neben einem Wasserpuppen-Theater mehrere traditionelle Häuser rekonstruiert worden sind, so das 15 m hohe **★★Gemeinschaftshaus** (*rong*; s. S. 189) der Bahnar aus Kon Rbang (Provinz Kon Tum).

Hanoi (☎ 04)

Vietnam Tourism, 30A Ly Thuong Kiet, Tel. (04) 38 25 99 42, Fax (04) 38 25 75 83, sales2@vn-tourism.com, www.vn-tourism.com. **Tourist Information Centre**, 7 Dinh Tien Hoang, Hoan Kiem See, Tel. 39 26 33 66, www.ticvietnam.com.

FLUGHAFEN: 35 km vom Zentrum, Transfer in die Stadt mit Minibussen und Taxis (Preis vorher aushandeln!), Fahrzeit knapp 1 Stunde.
Vietnam Airlines, Stadtbüro für internationale und regionale Flüge, 25 Trang Thi, Tel. 38 32 03 20, tägl. 7.30-16.30 Uhr.

HAUPTBAHNHOF:
Der Hauptbahnhof (Ga Ha Noi) liegt in der Duong Le Duan. Für lange Strecken sind einige Tage im voraus Reservierungen erforderlich, tägl. 7.15-11 und 13-15 Uhr. Auskünfte und Information in der Schalterhalle.

BUSBAHNHÖFE:
In den Süden und Westen des Landes verkehren Busse vom *Ben Xe Giap Bat Bus Station* im Südteil der Stadt. Nach Norden und Osten fahren Fern- und Minibusse vom *Ben Xe Gia Lam,* im Stadtteil Gia Lam am linken Ufer des Roten Flusses, jenseits der Chuong Duong-Brücke, ab. Zu erreichen ist der Busbahnhof mit Stadtbussen oder Lokalzügen bis Ga Gia Lam.
Regionalbusse von der Pho Yen Phu am Deich, am rechten Ufer des Roten Flusses.

METRO: Das Metronetz ist im Ausbau begriffen; 2021 eröffnete die Linie 2A von Cat Linh nach Ha Dong (13,1 km) als Hochbahn.

VIETNAMESISCH: **Bien Nho Seafood Restaurant**, hier gibt's nahezu alle Spezialitäten aus dem Südchinesischen Meer! Sehr populär bei den Einheimischen, Speisesaal in Form einer Gartenlaube mit Aquarium dekoriert, aufmerksamer Service, 2B Trang Thi, Tel. 39 28 62 65.
Cha Ca La Vong, eines der besten Restaurants für *cha ca* (am Tisch in einer Pfanne mit Gemüse gegarte Fischstücke); seit 1871 in Familienbesitz, äußerst beliebt bei Touristen und Einhei-

mischen und daher in der Regel brechend voll, 14 Pho Cha Ca, Tel. 38 25 39 29.
Bit Tet Ong Loi, eines der besten und günstigsten Lokale der Stadt, 51 Hang Buom.
Little Hanoi, klein, touristisch, im alten Viertel, 21 Hang Gai.
Hanoi Garden, preiswerte Menüs, empfehlenswert: mit Honig und Sesam gegrilltes Rindfleisch, mit Terrasse, 36 Hang Manh, Tel. 38 24 34 02.
Highway 4, exotische Gerichte aus den Bergen Nord-Vietnams und eine große Auswahl spezieller Liköre in einem stimmungsvollen alten Haus, 5 Hang Tre, Tel. 39 26 06 39.

ITALIENISCH:
Pan e Vino, gutes italien. Restaurant im alten Viertel, leckere Pizza, Reservierung empfohlen, 3 Nguyen Khac Can, Tel. 38 26 90 80.

FRANZÖSISCH:
La Verticale, Fünf-Sterne-Koch Didier Corlou zaubert hier seine angesagten Kreationen, für mittags und abends, 19 Ngo Van So, www.verticale-hanoi.com.
Café des Arts, französische und vietnamesische Küche, 11B Ngo Bao Khanh.

VEGETARISCH:
Com Chay Nang Tam, sehr gute Gerichte, 79A Tran Hung Dao.
Foodshop 45, am idyllischen Truc Bach-See gibt es das beste indische Essen im Norden Vietnams, 59 Truc Bach.

INTERNATIONAL:
Al Fresco's, hervorragende Steaks, Pizza, Pasta, mexikanische Gerichte, auch Lieferservice, 23L Hai Ba Trung, Tel. 38 26 77 82.

CAFÉS:
Dinh Long Thuy Ta, Snacks, Eis, Fruchtsäfte am Nordwestufer des Hoan Kiem-Sees, 1 Le Thai To.
Tamarind Café, neben Kaffee und Kuchen auch kleine warme Gerichte, beliebt bei Rucksacktouristen, da eine sehr gute Travelagentur dazugehört, 80 Ma May.

CLUBS:
Gambrinus, bei Vietnamesen wegen tschechischem Bier beliebt, 198 Tran Quang Khai.
Le Pub, populärer Hangout bei Touristen wie Hanoiern, 25 Hang Be.

THEATER / OPER:
Das **Cheo Theater** spielt mehrmals in der Woche traditionelle Opern, Nguyen Dinh Chieu, am Lenin-Park.
In den **Kinos** laufen überwiegend ausländische Filme.
Zirkus, über die Vorstellungen des Zirkus (*rap xiec*) in der Tran Nhan Tong geben Hotels und Reiseagenturen Auskunft.
Russischer Kulturpalast, Tran Hung Dao, in der Nähe des Bahnhofs, hier finden Konzerte und Ballettabende statt.
Oper, am östlichen Ende des Trang Tien-Boulevards, Besichtigung nur während einer Vorstellung, Tickets: in der Oper tägl. 8-17 Uhr, Tel. 28 25 43 12 oder www.ticketvn.com.

WASSERPUPPENTHEATER:
Thang Long Wasserpuppentheater (Mua Roi Nuoc VietNam), Vorstellungen täglich 15.30, 17, 18.30 und 20 Uhr, zwei Sitzplatzkategorien, 57B Dinh Tien Hoang (am Hoan Kiem-See), Tel. 38 25 54 50, www.thanglongwaterpuppet.org.

MUSEEN UND GEDENKSTÄTTEN:
Armeemuseum (Bao Tang Quan Doi) mit **Flaggenturm** (Cot Co), Di-Do u. Sa/So 8-11.30 und 13.30-16.30 Uhr, 30 Pho Dien Bien Phu.
Frauenmuseum (Bao Tang Phu Nu), tägl. 8-16 Uhr, 36 Pho Ly Thuong Kiet.
Historisches Museum (Bao Tang Lich Su), tgl. 8-16.30 Uhr, 1 Pho Pham Ngu Lao.
Hoa Lo-Gefängnismuseum, tgl. 8-17 Uhr, 1 Pho Hoa Lo.
Ho Chi Minh-Mausoleum, April-Sept. Di-Do 7.30-10.30, Sa/So, 7.30-11 Uhr; Dez.-März Di-Do 8-11, Sa/So 8.-11.30 Uhr; im Okt./Nov. für einen Monat zu wegen „Restaurierung"; man wird nur in angemessener Kleidung eingelassen, Kameras müssen abgegeben werden; Ba Dinh-Platz.
Ho Chi Minh-Wohnhaus, tägl. 8-11.30, 13-16.30 Uhr, 48 Hang Ngang.
Ho Chi Minh-Museum (Bao Tang Ho Chi Minh), tägl. außer Mo und Fr 8-11.30 und 14-16 Uhr, Pho Doi Can.
Museum der Schönen Künste (Bao Tang My

Thuat), tägl. 8-17.30 Uhr, in der Nähe des Literaturtempels, 66 Pho Nguyen Thai Hoc.
Museum der vietnamesischen Revolution (Bao Tang Cach Mang), Di-So 8-11.45 und 13.30-16.15 Uhr, 216 Tran Quang Khai.
Ethnologisches Museum (Bao Tang Dan Toc Hoc Viet Nam), Di-So 8.30-17.30, mit Restaurant und Kunsthandwerksshop, Nguyen Van Huyen, Cau Giay District, 4,5 km westlich des Literaturtempels, Tel. 37 56 21 93, Taxi oder Minibus 14 ab der Dinh Tien Hoang.
Tunnelhaus, tägl. 9-17 Uhr, in der Altstadt, 87 Ma May-Straße.

SAKRALBAUTEN:
Einsäulenpagode (Chua Mot Cot), tägl. 6-11 und 14-18 Uhr, Pho Ong Ich Kiem.
Hai Ba Trung-Tempel (Den Hai Ba Trung), tägl. 8.30-18 Uhr, Pho Tho Lao.
Jadeberg-Tempel (Den Ngoc Son), tägl. 8.30-18 Uhr, im Hoan Kiem-See.
Literaturtempel (Van Mieu), tgl. 8-17 Uhr, Pho Quoc Tu Giam.
Pagode der ausländischen Diplomaten (Chua Quan Su), tägl. 7.30-11.30 und 13.30-17.30 Uhr, 73 Pho Quan Su.
Quan Thanh-Tempel (Den Tran Vu), tgl. 8-18 Uhr, am Südende der Duong Thanh Nien.
Saint Joseph-Kathedrale, tägl. 18 Uhr, 40 Pho Nha Chung.

Nationalbank, tägl. 8-11.30 und 13.30-15.30 Uhr, Samstag nur vormittags, Sonntag geschlossen, beste Geldtauschmöglichkeit, 49 Ly Thai To, Tel. 39 34 33 27.

MASSAGE: Für wohltuende Entspannung nach einem Tag in Hanoi sorgt ein Besuch im **La Siesta Spa**, im Elegance Diamond Hotel, 32 Lo Su, Tel. 39 35 16 32, http://hanoielegancehotel.com/group/spa.htm.

Hauptpostamt mit **Internationalem Postamt**, täglich 7.30-21 Uhr, Telefon-, Fax- und Internet-Service, 75 Duong Dinh Tien Hoang.

KRANKENHÄUSER:
Hanoi French Hospital, 1 Phung Mai, Tel. 35 74 07 40, Notfall: Tel. 35 74 11 11.
SOS International Clinic, 1 Dang Thai Mai, Tay Ho, Tel. 39 34 06 66.

KAUFHÄUSER:
Zahlreiche Kaufhäuser liegen in der **Pho Hang Bai-Straße**.

MÄRKTE:
Dong Xuan-Markt (Großer Markt), Markthalle im Zentrum der Altstadt.
Hang Da-Markt, viele Importwaren, stimmungsvoll wegen der Blumenverkäufer, im Kellergeschoss bei Neonlicht, zwischen Hoan Kiem-See und Zitadelle.

EINKAUFSSTRASSEN:
Am Südufer des Hoan Kiem-Sees liegen die Einkaufsstraßen **Pho Trang Thi** und **Pho Trang Tien**.

KUNSTHANDWERK DER MINDERHEITEN:
Craft Link, eine Non-profit-Organisation, die traditionelle Kunst der ethnischen Minderheiten verkauft, 43 Van Mieu (beim Literaturtempel).

SPECKSTEINFIGUREN:
Kids and Stone, Skulpturen, Gefäße, Schachfiguren u. v. m., der Name verweist auf das zugehörige Atelier, in der Kinder das Kunsthandwerk lernen können, 30 Hang Trong.

SEIDE:
Viele Geschäfte in der **Hang Gai-Straße** (in der Altstadt) verkaufen vietnamesische Wildseide oder Rohseide und schneidern nach Wunsch (z. B. Le Minh, Nr. 79, und Khai Silk, Nr. 96).

LACKMALEREI:
Galerie Cay Son, äußerst qualitätvolle Arbeiten der japanischen Immigrantin Saeko Ando, darunter auch Geschliffener Lack (*son mai*), 135 Nghi Tam.

BÜCHER / ZEITSCHRIFTEN:
Foreign Language Bookshop, 61 Trang Tien.
La Boutique, im Hotel Sofitel Metropole, 15 Ngo Quyen.

Foto: Günther Lahr

BAC BO (TONGKIN) – NORD-VIETNAM

DELTA DES ROTEN FLUSSES
UMGEBUNG VON HANOI
HA LONG-BUCHT
„TROCKENE HA LONG-BUCHT“
NÖRDLICHES HOCHLAND
MAI CHAU / MOC CHAU
DIEN BIEN PHU / SA PA

Der **Norden Vietnams** wurde zur französischen Kolonialzeit in Europa als **Tongkin** (**Tongking**) bezeichnet. Die Vietnamesen nennen die Region heute **Bac Bo**. Zu ihr gehören das Nördliche Bergland und das Delta des Roten Flusses mit der Hauptstadt **Hanoi**. Sie nimmt nur 20 % der Gesamtfläche Vietnams ein, ist aber mit über 40 % Bevölkerungsanteil am dichtesten besiedelt, während viele Gebirgsregionen fast menschenleer sind. Im Hügelland und in der Delta-Ebene leben rund 500, in Ballungsgebieten bis zu 1600 Einwohner pro km^2.

DELTA DES ROTEN FLUSSES

Die 15 000 km^2 große, ertragreiche Reisebene ist ein Geschenk des **Roten Flusses** (Song Hong). Hier entstanden das vietnamesische Reich und die vietnamesische Kultur. Das Delta war einst ein Golf, den der Fluss mit fruchtbarem Schwemmland auffüllte. Dai Viet und seine Hauptstadt Thang Long (Hanoi) entstanden Anfang des 11. Jh. am Unterlauf des Roten Flusses, nahe seiner Mündung, an der Stelle eines Forts der chinesischen Okkupanten.

Links: Zu den schönsten Erlebnissen in der „Trockenen Ha Long-Bucht“ gehört eine beschauliche Bootsfahrt durch die Karstlandschaft.

Noch immer wächst das Land weiter ins Meer, an manchen Stellen wurden in 100 Jahren 12 km gemessen.

Der Rote Fluss ist mit 1149 km Länge, davon 510 km in Vietnam, der kürzeste der großen Ströme Asiens (Mekong: 4500 km). Er entspringt im Bergland von Yunnan in Südwest-China. Zur Zeit der Schneeschmelze und Monsunregen trägt er mehr Schwebstoffe zu Tal als der Nil – bis zu 7 kg pro m^3 Wasser. Der eisenhaltige Lehm färbt ihn zwar nicht rot, aber milchig-braun.Innerhalb von 24 Stunden können die Fluten des Flusses um 3-4 m ansteigen, besonders schlimme Hochwasser erreichen bis 10 m. Daher gab es im Delta bis ins 20. Jh. keine Brücken über den unberechenbaren Strom. Das Hochwasser tritt zeitlich zwischen Juni und Oktober auf und erreicht meist im August den Höchststand. In diese Zeit fallen meist auch die verheerenden Taifune mit sintflutartigen Regenfällen.

Bei der Industriestadt Viet Tri münden der Schwarze Fluss (Song Da) und der Klare Fluss (Song Lo) in den Roten Fluss. Hier am Fuß des Berglandes beginnt das Delta und breitet sich fächerförmig nach Südosten bis zum Meer aus. Es umfasst Hanoi und 12 Provinzen; die Provinz Quang Ninh gehört zwar nicht zum Delta, wird aber in diesem Kapitel mitbeschrieben, weil sie von hier aus am besten erreichbar ist.

» Karte S. 90-91, Info S. 131-133

Aus der nur 1,7-5 m über dem Meer liegenden Reisebene, die leicht von Norden nach Süden abfällt, ragen steile bizarre Kalksteinhügel, die „Trockene Ha Long-Bucht" (s. S. 111) auf. Ein dichtes Netz von Bewässerungskanälen führt das Wasser bis an die Reisfelder.

Der Rote Fluss ist der einzige Strom Südostasiens, der eingedeicht werden muss, um die alljährlichen, oben erwähnten Überschwemmungen zu verhindern. Auf den Deichkuppen verlaufen Wirtschaftswege und Straßen. Seit Jahrhunderten lagert sich der mitgeführte Schlamm im Flussbett ab, das dadurch inzwischen an manchen Stellen höher liegt als das umliegende eingedeichte Land; eine kontinuierliche Erhöhung der Deiche ist deshalb notwendig.

Co Loa
Die älteste Zitadelle

Co Loa ❶, die Hauptstadt des Reichs Au Lac (258-208 v. Chr.), liegt 18 km nördlich von Hanoi an der Straße 3 in Richtung Flughafen Noi Bai.

Über die Bedeutung des Namens Co Loa bestehen mehrere Theorien. Er wird meist mit „Muschelstadt" übersetzt und beschreibt damit die Form der Festungsanlage, die in nur 50 Jahren errichtet wurde. 938-965 war Co Loa dann Sitz der Ngo-Dynastie des Königs Ngo Quyen, der die Unabhängigkeit von China erkämpft hatte.

Die aus dem 3. Jh. v. Chr. stammenden **Befestigungswälle** lassen sich noch erkennen: Die beiden äußeren ungleichmäßigen Ovale von 7600 und 6170 m Umfang passen sich der Bodenform und dem Flusslauf an, der dritte, rechteckige Wall war kleiner. Es waren mit Ziegelsteinen oder Keramikplatten abgedeckte Erdwälle, 3-4 m hoch, an der Basis 25 m breit und mit Wachtürmen besetzt. Im Umkreis von 300 m fanden Archäologen Tausende Bronzeobjekte, u. a. Pfeilspitzen, Äxte, drei Pflugscharen und eine Trommel.

Der **An Duong Vuong-Tempel** entstand im 11. Jh. im Südwesten der alten rechteckigen, inneren Wallanlage, in der das Königsschloss vermutet wird. Im Inneren sind auf dem Hauptaltar Gewänder als Symbole des Königs zu sehen. Seine 1984 geweihte **Bronzestatue** wird nur bei dem 12-tägigen **Tempelfest**, ab dem 6. Tag des 1. Mondmonats, gezeigt. Nicht weit von dem Tempel liegt auch die **Jadequelle**.

Der **Dinh Ngu** soll an der Stelle des einstigen Königspalastes stehen. Sein Dach ruht auf mächtigen Säulen, die – wie auch die Streben im Dachstuhl – mit Schnitzereien geschmückt sind. Im **Schutzgeisttempel** in der Mitte des *dinh* wird die **Goldene Schildkröte** (Thanh Ca) verehrt.

Der **My Chau-Tempel** liegt hinter dem Stamm eines riesigen Banyan-Baums an der linken Seite des Hofes. Ein dreieckiger Stein, in der Größe einer kauernden Gestalt ohne Kopf, füllt den Raum. Die Legende berichtet, dass der Fluss einen kleinen Stein angespült hat. Im Tempel aufgestellt, wuchs er, so dass der Bau vergrößert werden musste. Er wird als My Chau angesehen, die schöne Tochter des Königs von Au Lac, die hier besonders von Frauen als Symbol der Gattentreue verehrt wird.

Le Mat
Das Schlangendorf

Liebhabern exotischer Leckerbissen sei **Le Mat ❷** (7 km nordöstlich von Hanoi bei der Straße 1A) empfohlen: Seit Generationen züchten hier die Bewohner **Schlangen** zu Heilzwecken und für den Kochtopf – für die **Restaurants** in Hanoi und im Dorf selbst, wo man Schlangengerichte (als Suppe, gebraten etc.) auch als Probierteller mit bis zu 10 verschiedenen Zubereitungsarten bestellen kann.

Rechts: Die Bewohner des Dorfs Dong Ky haben sich auf das Schnitzen von Möbeln spezialisiert.

 » Karte S. 90-91, Info S. 131-133

Foto: Martin H. Petrich

Höhepunkt des Festkalenders ist das **Schlangenfest** mit „Schlangentänzen" am 23. Tag des 3. Mondmonats.

Dong Ky
Das Holzschnitzerdorf

Das Dorf **Dong Ky** ❸ (auch **Dong Quang**; knapp 20 km nordöstlich von Hanoi) war eines von drei Dörfern Vietnams, in denen Familienbetriebe Feuerwerkskörper herstellten. Wegen zahlreicher Unfälle wurde die Produktion 1995 jedoch verboten. Aus einem Hobby der 12 000 Einwohner wurde einer neuer Beruf: die **Holzschnitzerei**. Neben Möbeln fertigt man mit Perlmutt eingelegte Bilder und Kästchen, die auch in Souvenirshops in Hanoi zu kaufen sind.

★★Dinh Bang
Die schönste Versammlungshalle

Aus dem Dorf **Dinh Bang** ❹ (18 km nordöstlich von Hanoi auf der Straße 1A) stammte der erste Herrscher der Ly-Dynastie (1009-1225), König Ly Thai To. Er wurde in der Pagode des Dorfes erzogen, und der Abt nahm ihn mit an den Hof der Frühen Le-Dynastie in Hoa Lu (s. S. 115). Er bekleidete ein hohes Amt am Hof, wurde 1009 vom Adel zum König gewählt und gründete die Späte Ly-Dynastie (1009-1225). 1010 verlegte er seine Hauptstadt nach Thang Long (Hanoi).

Auf dem großen freien Platz findet der **Markt** statt. Vom ★★**Dinh Dinh Bang** blieben nur das Hauptgebäude und der Tempel erhalten. Die riesige **Versammlungshalle** ist die prächtigste in der Nähe von Hanoi und ruht auf Pfählen, die fast von Erdreich bedeckt sind. Das hohe Dach ist weit herabgezogen und verdeckt die Seitenwände. An der Eingangstreppe blieben steinerne Tiergestalten erhalten. In der Innenhalle ruht das Dachgebälk auf Säulen aus Eisenholz, das oft für Stützsäulen Verwendung findet. Säulen und Dachgebälk, besonders die Dachstreben, sind mit Schnitzereien bedeckt. Die Bauern, die das Gebäude 1730-1736 errichtet haben, waren sich ihrer Unabhängigkeit und Macht bewusst.

» Karte S. 90-91, Info S. 131-133

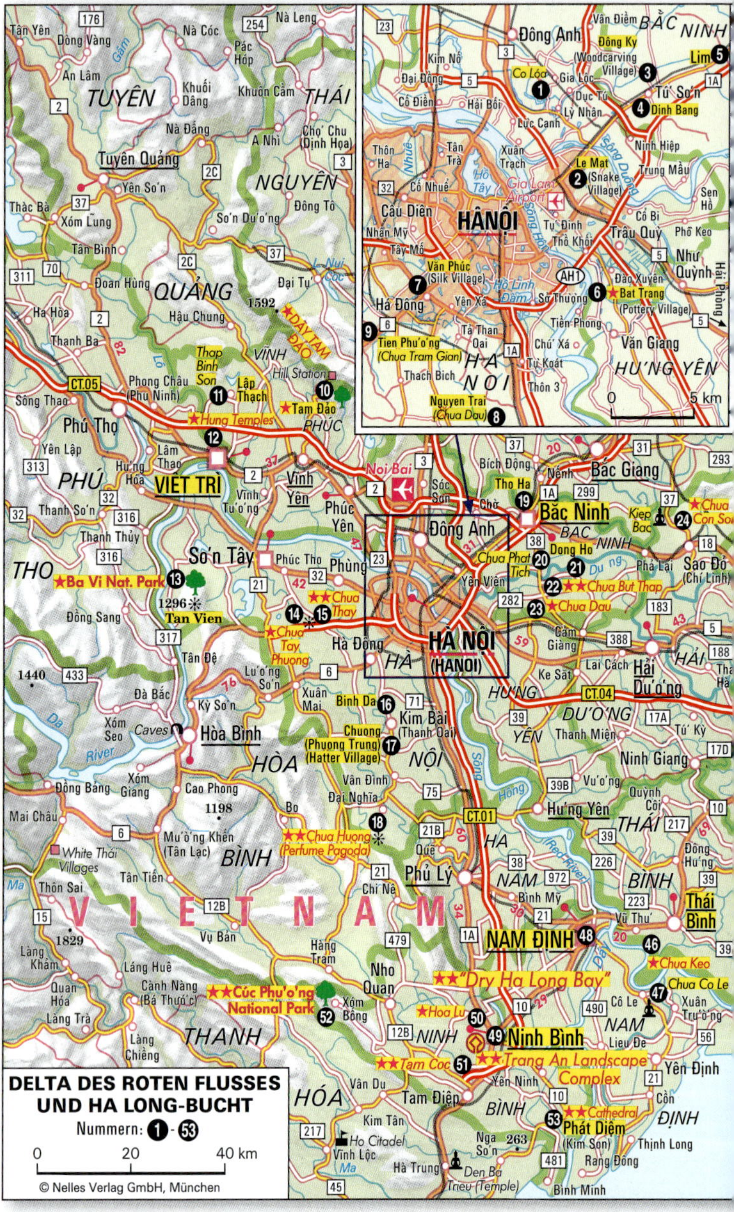

DELTA DES ROTEN FLUSSES UND HA LONG-BUCHT
Nummern: 1 - 53
0 20 40 km
© Nelles Verlag GmbH, München
HÀ NỘI (HANOI)
HÀNỘI
VIET NAM
Tuyên Quảng
Phú Thọ
VIET TRI
Vĩnh Yên
Phúc Yên
Sơ'n Tây
Hà Đông
Hòa Bình
Bắc Ninh
Bắc Giang
Hải Dươ'ng
Hư'ng Yên
Phủ Lý
Thái Bình
NAM ĐỊNH
Ninh Bình
Tam Điệp
Đông Anh
Noi Bai
Gia Lam Airport
★Hung Temples
★Tam Đảo
★Ba Vi Nat. Park
Tan Vien
★★Chua Thay
★Chua Tay Phuong
★★Chua Huong (Perfume Pagoda)
★★Chua But Thap
★Chua Dau
★Chua Phat Tich
★★"Dry Ha Long Bay"
★Hoa Lu
★★Tam Coc
★★Trang An Landscape Complex
★★Cathedral Phát Diệm (Kim Sơn)
★★Cúc Phươ'ng National Park
★Chua Keo
Chua Co Le
Dong Ho
Tho Ha
Co Loa
Dong Ky (Woodcarving Village)
Dinh Bang
Lim
Le Mat (Snake Village)
Van Phuc (Silk Village)
Bat Trang (Pottery Village)
Tien Phu'o'ng (Chua Tram Gian)
Nguyen Trai (Chua Dau)
Chuong (Phuong Trung) (Hatter Village)
Binh Da
Kiep Bac
★Chua Con Son
White Thái Villages
Ho Citadel
Den Ba Trieu (Temple)
Caves
Hill Station
0 5 km

GUANGXI
CHINA
ZHUANGZU
ZIZHIQU
SHIWAN DASHAN
Pingxiang
Youyiguan
Đông Đăng
Kushan
Changqiao
Pingfu
Hualan
Nadang
Dalü
Gong'an
Qukun
Nanan
Zhilang
Xieliang
Fulong
Liuma
Tongmiao
1451
Nasuo
Naliang
Nama
Natong
Malu
Banba
Vàng Kháy
Beilun He
Dongxing
1507
Thín A
Cao Lộc
Lạng Sơn
Tam Tanh Cave
Kohm Cao
Mt. Mau Son 1541
Kỳ Cùng
Lộc Bình
Na Duong
Pò Nhàng
Bản Re
LANG
SƠN
1166
Bản Có
Kéo Pài
Đình Lập
Bình Liêu
Quảng Hoai
Hồ Cấm
Làng Cha
Thái Bình
Bắc Chi
Móng Cái (Hai Ninh)
BẮC
QUẢNG
Khe Giam
Nà Nát
Quảng Hà (Hải Hà)
Ngọc Sơn
Tra Co Beach
Biển Động
Pắc Phai
Tiên Yên
Vĩnh Thực Nam
VINH THU'C ISLAND
Kép Hạ
An Châu (Sơn Động)
Hà Đồng
Đầm Hà
CÁI CHIÊN ISLAND
Lục Ngạn
Đồng Bây
GIANG
Ba Chẽ
Vạn Hoa
TRẦN ISLAND
Làng Nòn
Đông Qiang
NINH
SÂU NAM ISLAND (ILE AUX SANGLIERS)
Mt. Yen Tu 1068
Đèo Hà My
1160
VAN DON I. (CẨM PHẢ I.)
Nam Mẫu
Vàng Danh
Thôn Cơi
Mông Dương
Cai Rong
BA MÙN ISLAND
Mạo Khê
Uông Bí
Trới
Cua Ong
Bai Tu Long Bay
THANH LAN ISLAND
HA LONG CITY
CẨM PHẢ
Bản Sen
CÔ TÔ ISLANDS
CÔ TÔ ISLAND
Núi Đèo
Ferry
Quảng Yên
H-Bai Chay
H-Hồng Gai
BAN SEN I.
HẢI PHÒNG
Ha Long Bay
QUAN LAN I.
331
Viet Hai
Cát Bà Nat. Park
NGOC VUNG I.
THUONG MAI I.
Kiến An
Thôn Nam
C. Bach Dong
HA MAI ISLAND
Núi Đối
HẢI PHÒNG
Cát Bà
CÁT BÀ ISLAND
Đồ Sơn
Diêm Điền
Đồng Châu
Thiện
Gulf of Tonkin
Uong Bi
Đại Đam
HA LONG CITY
Bai Chay
Núi Đèo
Quảng Yen
Hồng Gai
Bai Chay
Hồng Ha
Cam Phả
Tuần Châu
Hùng Học
Ferry
ĐẦU GO
Ha Long Bay
Lưu Khe
Vi Dương
SUNG SOT
Luon Cave
Ngia Lộ
Bo Nau
Hải Phòng
Cat Hai
Xóm Ngoài
Cat Ba Nat. Park
Cúa Bach Dong
Yen Ngua
331
Thôn Nam
Phu Long
Viet Hai
CÁT BÀ ISLAND
Minh Chau
Lan Ha Bay
Túng Ruộng
Beo Ben
ĐẦU BO (Ho Ba Ham)
Cat Ba
Cat Cot II
Cat Cot I
0 5 10 km

Foto: Robert Riethmüller

Im **Schutzgeisttempel** verehrt man den Ly-König, der durch Symbole dargestellt wird. Das Gebäude ist im Stil des 18. Jh. als Anbau errichtet und an der Rückseite zugänglich.

Das **Dinh-Fest** wird am letzten Tag des Tet gefeiert.

Lim
Das Dorf der Sängerfeste

Das Dorf **Lim** ❺ an der Straße 1A ist bekannt für einen Sängerwettstreit, der von jungen Männern und Frauen ausgetragen wird. In der Region finden vom 13.-15. Tag des 1. Mondmonats ★**Sängerfeste** statt, zu denen sich Gruppen aus der Umgebung an Flüssen, auf Hügeln und in den Höfen der *dinh* treffen. Am bekanntesten sind Wechselgesänge, die an der **Lim-Pagode** am Hügel Lim ausgetragen werden.

Oben: Die Deiche entlang des Roten Flusses dienen auch als Verkehrswege. Rechts: Statue mit der Mumie eines Abtes in einem Dorftempel.

★Bat Trang
Das Töpferdorf

Das Dorf ★**Bat Trang** ❻ liegt 16 km südöstlich von Hanoi am linken Ufer des Roten Flusses und kann daher auch mit dem Boot besucht werden. *Bat* bedeutet „Schüssel" – seit dem 14. Jh. wird hier Keramik hergestellt. Meister aus Thanh Hoa haben die ersten Brennöfen eingerichtet. Inzwischen sind es etwa 850, in denen Gebrauchsgeschirr, Vasen und Schalen hergestellt werden. Seit dem 16. Jh. wird auch Porzellan mit blau-weißem Dekor nach Vorbildern der chinesischen Ming-Dynastie angefertigt. Es lohnt sich, einen der **Familienbetriebe** zu besichtigen, in denen der gesamte Arbeitsprozess – von der Herstellung der Form über Bemalung und Glasur bis zum Brand – sich auf überschaubarem Raum abspielt. Viele Unternehmen haben sich spezialisiert, stellen Schüsseln oder Teeschalen für den täglichen Gebrauch her.

Außer den Keramikwerkstätten sind auch die **Pagode** (*chua*) und die **Versammlungshalle** (*dinh*) sehenswert.

» Karte S. 90-91, Info S. 131-133

Van Phuc
Das Seidenweberdorf

Viele der in Hanoi angebotenen Seiden, darunter Schals und Tücher, stammen aus **Van Phuc** ❼ (11 km südwestlich von Hanoi an der Straße 6). Knapp 40 Werkstätten produzieren auf elektrischen Webstühlen die edlen Stoffe, die hier etwas billiger als in der Hauptstadt sind. Bei einem Besuch sollte man die kleine **Pagode** an einem Teich sowie den frühmorgens abgehaltenen **Markt** mit Obst und Gemüse nicht versäumen.

Dau-Pagode
Mumifizierte Äbte in Statuen

Die **Dau-Pagode** ❽ (Chua Dau) im Dorf **Nguyen Trai** (etwa 20 km südlich von Hanoi) soll – wie die Pagode gleichen Namens südlich von But Thap (s. S. 102) – im 3. Jh. entstanden sein. Verehrt wird neben Buddha der Naturgeist Phap Vu. Erhalten blieben ein **Drachenpaar** aus der Tran-Dynastie, ein **Gong** aus der Le-Dynastie und ein **Glockenturm** mit Glocke aus der Tay Son-Dynastie. In der Pagode befinden sich zwei **Statuen**, die die mumifizierten Körper von zwei Äbten enthalten. Eine ist 7 kg schwer und 57 cm hoch; die Methode der Mumifizierung ist noch unbekannt. Der Kopf der zweiten Statue ist weiß mit aufgemalten roten Lippen und schwarzen Augenbrauen.

Tram Gian-Pagode
Tempelfeste mit Schachwettbewerb

Die **Tram Gian-Pagode** ❾ (Chua Tram Gian) liegt 12 km von der Thay-Pagode (28 km von Hanoi unweit der Straße 6) im Dorf **Tien Phuong**. 1185 wurde der Bau von der Ly-Dynastie gegründet und im 17./18. Jh. restauriert. Die **Halle** liegt auf der obersten Terrasse eines Hügels unter Bäumen. Am **Dreifachen Tor** finden bei Tempelfesten Schachwettbewerbe und auf dem Lotosteich Wasserpuppenspiele statt. Im **Glockenturm**

Foto: Annaliese Wulf

hängt eine große Glocke von 1794. Die 153 **Statuen** der Pagode sind aus Holz oder Ton. Die **Mumie** in einer Statue aus Rattan (Peddigrohr) wird als die des hochverehrten Mönchs und Magiers Nguyen Nhu angesehen.

★Tam Dao
Sommerfrische der Franzosen

Im Norden der **Provinz Vinh Phuc** liegt der 50 km lange **Gebirgszug ★Tam Dao** („Drei Gipfel"; 85 km nordwestlich von Hanoi), dessen drei Spitzen – links Thien Thi (1375 m), in der Mitte Thach Ban (1388 m) und rechts Phu Nghia (1400 m) – häufig in die Wolken ragen. Am Berghang, auf 930 m Höhe, liegt der Erholungsort **★Tam Dao** ❿ (Cascades d'Argent), der schon ab 1907 von den französischen Kolonialherren wegen seiner angenehmen Temperaturen und seiner schönen Landschaft geschätzt wurde. Seine halbverfallenen Kolonialstilvillen und Hotels werden wieder instandgesetzt. Es ist hier meist um 7 °C kühler als in Hanoi. Man sagt, dass ein Sommertag in Tam Dao alle Jahreszeiten widerspiegelt: Der Morgen ist kühl wie der Frühling, der Mittag heiß wie ein Sommernachmittag, der Nachmittag warm wie ein Herbsttag und die Nacht kalt wie ein Wintertag. Der **Bergwald** mit seinen Orchideen, Baumfarnen und über 60 Säugetierarten wurde 1996 zu ★**Tam Dao-Nationalpark** erklärt. Für mehrstündige ★**Wanderungen** bieten Guides ihre Dienste an.

Thap Bin Son
Ein chinesischer Pagodenturm

Unweit des Ortes **Lap Thach** liegt der **Thap Binh Son** ⓫ (etwa 60 km nordwestlich von Hanoi) auf einem Hügel, der einzige chinesische **Pagodenturm** (*thap*) auf vietnamesischem Boden. Die erhaltenen Bauteile wurden 1974 aus einer Ruine im Reisfeld auf den Hügel versetzt und zu dem 15 m hohen 11-stöckigen Bauwerk, das sich nach oben hin verjüngt, zusammengefügt. Erhaltene Ziegel mit einem Drachendekor und stilisierten Chrysanthemen ähneln denen in der Dai La-Kunst (11. bis Anfang 12. Jh.). Ein Modell des imposanten Bauwerks ist im Historischen Museum in Hanoi (s. S. 72) ausgestellt.

★Den Hung
Tempel der Hung-Könige

12 km nordwestlich des Industriezentrums **Viet Tri** (etwa 100 km von Hanoi auf der Straße 2) liegt das Dorf **Phong Chau** mit den ★**Den Hung** ⓬, den Tempeln der Hung-Könige. Hier wandelt sich die Landschaft, steigt terrassenförmig an, zwischen den Reisfeldern wachsen Büsche und Bäume, die bald in bewaldete Hügel übergehen. Die Vietnamesen nennen diese Gegend das „Reich der Hung-Könige" oder das „Land der Väter". Auf dem 175 m hohen **Nghia Linh-Hügel** soll die Hauptstadt des Reichs Van Lang der ersten vietnamesischen Dynastie der Hung-Könige gelegen haben. Diese Dynastie ist allerdings nur legendär, da es bisher keine archäologischen Beweise für sie gibt. In den 1960er Jahren am Fuß des Hügels gefundene Steinwerkzeuge, Keramiken und Bronzegeräte stammen wohl von lokalen Fürsten und sind in einem kleinen **Museum** zu sehen. Im 15. Jh. wurden auf verschiedenen Ebenen des Hügels vier Tempelbezirke erbaut und im 19. Jh. erneuert. Sie sind über 523 Stufen zu erreichen.

Rechts: Schöne Avalokiteshvara-Statue in der Mia-Pagode (Ba Vi-Nationalpark).

Der **Tempel der Jungen Frauen** (Den Co) am Fuß des Hügels, auch **Tempel der Quelle** (Den Giang) genannt, ist über einer in Stein gefassten Quelle errichtet. Verehrt werden Ngoc Hoa und Tien Dung, die Töchter des letzten, 18. Hung-Königs. Die Besucher trinken Wasser aus der Quelle und benetzen sich den Kopf.

Der **Untere Tempel** (Den Ha) für die Urmutter Au Co liegt etwa 100 Stufen höher in einem Hof hinter Tor und Glockenturm. Die legendäre Mutter der Hung-Könige und aller Vietnamesen hat ihren Platz auf dem Hauptaltar. Am linken Altar wird der letzte Hung-König verehrt.

Die Treppe führt weiter zum **Mittleren Tempel** (Den Trung), dem wichtigsten Sakralbau aus dem 19. Jh. Er wurde für den Gründer des Reichs und alle anderen Hung-Könige errichtet.

Auf dem Gipfel des bewaldeten Hügels ist der **Obere Tempel** (Den Thuong) den Göttern des Himmels und der Erde geweiht. Auf dem mittleren Altar liegt das Schwert des Phu Dong, des ersten Helden des Landes.

Auf dem Hügel steht zudem ein symbolisches **Mausoleum** für die **Hung-Dynastie**. Am Stein des Eides soll An Duong, Gründer des Reichs Au Lac, der aus dem Hügelland in die Ebene zog, geschworen haben, das Land der Väter zu verteidigen. Zum mehrtägigen **Tempelfest**, das am 10. Tag des 3. Mondmonats beginnt, reisen Pilger aus dem ganzen Land an.

» Karte S. 90-91, Info S. 131-133

Foto: Martin H. Petrich

★Ba Vi-Nationalpark
Der „Thron des Berggeistes"

Im ★**Ba Vi-Nationalpark** ⓭ („Drei Berge"; 65 km westlich von Hanoi) in der Provinz Ha Tay existieren hunderte seltener Pflanzen im Wald, zudem gibt es neben Restaurants und Hotels einen **Vogelpark** und einen **Orchideengarten**.

Man kann dort auch den höchsten Berg, den 1296 m hohen **Tan Vien** besteigen und die ★**Aussicht** auf Mündung des Schwarzen Flusses in den Roten Fluss genießen.

Das Gebiet zu Füßen der Ba Vi wird als Land des Berggeistes Than Nui bezeichnet. Er wohnt auf dem höchsten der Drei Berge, dem Tan Vien; die Legende berichtet von seinem Wettstreit mit dem Wassergeist Than Thuy um die Tochter des legendären Hung-Königs. Der Wassergeist als Verlierer sendet jedes Jahr erneut Sturm und Regen, gegen die sich der Berggeist und die vietnamesischen Bauern behaupten müssen.

★Gemeinschaftshäuser in Ba Vi

Im Gebiet des Ba Ni-Nationalparks liegen einige der schönsten ★**Gemeinschaftshäuser** im Delta des Roten Flusses mit **Schutzgeisttempeln** (*dinh*) aus dem 15.-17. Jh.

Das Dorf ★**Duong Lam** ist die Heimat des Ngo Quyen, der die Ngo-Dynastie (939-965) gründete. Er vertrieb die Chinesen 938 endgültig aus dem Delta und vernichtete ihre Flotte auf dem Bach Dang-Fluss. Sein Denkmal steht neben dem **Dinh Mong Phu** innerhalb einer Umfriedung aus Laterit. Sein hohes Dach ruht auf starken Säulen, die wie das Dachgebälk schöne **Holzschnitzereien** aufweisen. Aus diesem einst sehr wohlhabenden Dorf stammten viele bedeutende Mandarine, deren Familien die Ahnentempel (*mieu*) über 13 Generationen pflegten.

Die ★**Mia-Pagode** (Chua Mia) im Dorf **Mia** ist eine der schönsten Sakralbauten im Delta mit einem sehr großen Pantheon. *Mia* bedeutet „Zuckerrohr": Etwa die Hälfte der 287 **Statuen** auf

vier Altären besteht aus Holz, die andere aus einer Mischung von Erde, Stroh und feingemahlenem Zuckerrohr. Die Statuen wurden mit Lack überzogen und vergoldet. Da Holz im Delta teuer war, wurde ein Teil der Statuen für große Pantheons häufig aus Tonerde oder Erdmischungen geformt.

Der von Mauern umgebene **Den Va-Tempel** (Den Va) im Dorf **Trung Hung** wurde für den hochverehrten Berggeist Than Nui errichtet. Im **1. Hof** wird in einer Grotte die Legende von dem Karpfen dargestellt, dem es durch drei mächtige Sprünge gelingt, ein Drache zu werden. Im **2. Hof** befinden sich Pilgerherbergen, ein Glocken- und ein Trommelturm mit geschwungenen Dächern und Mondfenstern. Vor dem **Haupttempel** stehen Stelen und Steinlaternen. Im Inneren, vor dem Thron des Berggeistes, halten steinerne Mandarine Wache. Weiße und rote Pferde, Vasen, Weihrauchgefäße, Lampen und Ahnentafeln mit den Namen der legendären 18 Hung-Könige umgeben den Thron. Der Tempel wurde von den Ly-Königen gegründet und ist seitdem oft erneuert und vergrößert worden.

Oben und rechts: Die Tay Phuong-Pagode iist berühmt für ihre hervorragenden Holzfiguren: Einer der 18 La Han (oben) und eine imposante Wächterfigur (rechts).

Die ★**Tay Dong-Versammlungshalle** (Dinh Tay Dong) im Dorf **Tay Dong** gilt als eines der schönsten Gemeinschaftshäuser des 16./17. Jh. Sie wird an einer Seite von einem See zu Füßen der Ba Vi begrenzt, an den übrigen drei Seiten von einer Mauer geschützt. Über dem **Hauptgebäude** in dem großen Hof erhebt sich ein hohes vierteiliges Dach, geschmückt mit den vier heiligen Tieren: Drache, Phönix, Schildkröte und Einhorn (Qilin). Die äußeren Giebelwände sind mit reichen **Schnitzereien** versehen.

Das **Dinh-Fest** findet gleichzeitig mit dem Frühlingsfest statt.

★Tay Phuong-Pagode
Meisterhafte Holzfiguren

Die ★**Tay Phuong-Pagode** ⓮ (Chua Tay Phuong) liegt 42 km südwestlich von Hanoi östlich der Straße 21. Am Fuß des 50 m hohen **Cau Lau-Hügels** liegt die „Pagode des Westens“, die zum Dorf **Thach Xa** gehört.

262 flache Stufen aus Laterit führen zum Tor der **Umfassungsmauer**. Im Hof rechts befindet sich ein kleiner **Tempel** für den lokalen Gott des Bodens. Im 8. Jh. entstand an dieser Stelle eine kleine hölzerne Pagode, die im 16. Jh. erweitert und im 17. Jh. unter der Tay Son-Dynastie im Tam Quan-Stil erneuert wurde.

Die Pagode besteht aus drei aufeinander folgenden Gebäuden, der **Vorhalle** (*bai duong*), der **Zentralhalle** (*chinh dien*) und der **Haupthalle** (*hau cung*). Alle drei zusammen werden „Drei Juwele“ (*tam bao*) genannt. Ihre hohen doppelten **Dächer**, deren aufgebogene Ecken in Drachen enden, ruhen auf zwei Säulenreihen. Auf den Dachfirsten sind

» Karte S. 90-91, Info S. 131-133

die heiligen Tiere in farbiger Keramik dargestellt. **Mondgitterfenster** lockern die strengen Ziegelwände der Giebelseiten auf.

Der Sakralbau ist wegen seiner harmonischen Architektur und der 62 qualitätvollen geschnitzten ★**Holzfiguren** berühmt – Meisterwerke aus dem 18. Jh. Zu ihnen gehören die **18 La Han** (in China Lo Han, in Indien Arhat genannt). In Vietnam berichtet eine Legende von 18 zänkischen Brüdern, bäuerlich-derben Typen, die im Streit zu Tode kamen. Durch die Güte Buddhas wurden sie wiedererweckt und zu seinen Jüngern erkoren. Die mannsgroßen Gestalten in ihrer burlesken Lebendigkeit geben dieser Legende bildhaften Ausdruck. Keine Figur gleicht der anderen, einige scheinen in Meditation versunken, andere voller Lebenslust. Die Figuren mit feinen faltenreichen Gewändern sind Zeugen einer neuen Blüte der Holzschnitzerei.

Zu den 62 Holzfiguren gehören auch ein **Buddha der Zukunft**, in Vietnam häufig als Di Lac in Gestalt eines dickbäuchigen fröhlichen Mönches dargestellt, sowie acht Wächtergestalten.

Der **Buddha des Unermesslichen Lichtglanzes** (Amitabha) auf dem Hauptaltar stammt aus dem 17. Jh.

Die schöne **Quan Am Thi Kinh**, links vom Altar, eine Frauengestalt in Mönchskleidung mit einem Kind im Arm, ist nur in vietnamesischen Tempeln zu finden. Quan Am, die Göttin der Barmherzigkeit, erscheint auch als Quan Am Toa Son auf einem Felsen sitzend und als Quan Am Tong Tu, zu der kinderlose Frauen beten.

★★Thay-Pagode
Pagode des Wasserpuppenspiels

Die ★★**Thay-Pagode** ⑮ (Chua Thay) im Dorf **Sai Son** steht ungefähr 10 km östlich der Tay Phuong-Pagode (30 km von Hanoi). Die Legende berichtet von dem Mönch Tu Lo mit dem Ehrennamen Tu Dao Hanh, der auch Thay (Meister) genannt wurde. Er baute 1076 die nach ihm benannte Pagode und wurde ihr erster Abt. Neben dem Buddhismus

Foto: Volkmar E. Janicke

lehrte er die Menschen auch Tänze, Gesänge und das Wasserpuppenspiel.

Die „Pagode des Meisters" wird auch „Pagode des Himmlischen Segens" (Thien Phuc Tu) genannt. Sie besteht aus drei Gebäuden auf verschiedenen Ebenen mit drei getrennten Dächern, umgeben von stimmungsvollen **Gärten** und **Galerien**.

Das Licht fällt gedämpft in die Innenräume: Rechts neben dem **Hauptaltar** befindet sich der Schrein mit der Statue des Abtes und davor eine Statue, die ihn als Buddha zeigt. Im Vordergrund des Hauptraumes steht rechts ein Altar für die Ly-Dynastie, im Hintergrund links die Statue des Königs Ly Thanh Tong. Davor ist der König mit Mönchen aus Kambodscha dargestellt. Die Mehrzahl der ★**Statuen** stammen aus der Zeit der Le-Dynastie.

Der Gebäudekomplex liegt am Fuß des bewaldeten **Phat Tich-Hügels**, auf den ein steiler Weg zu einem lohnenden ★**Aussichtspunkt** führt – **Himmlischer Markt** (Cho Troi) wird der Gipfel genannt, auf dem die Götter in hellen Mondnächten Schach spielen sollen.

Im **Drachensee** (Long Tri) steht vor dem *chua* der kleine ★**Thuy Dinh-Pavillon**, der dem Schutzgeist der Wasserpuppenspieler gewidmet ist. Zwei überdachte **Holzbrücken** mit Namen Sonne (*nhat*) und Mond (*nguyet*) stammen aus dem Jahr 1602.

Das stimmungsvolle ★**Pagodenfest** mit **Wasserpuppenspielen** findet am 7. Tag des 3. Mondmonats statt.

Oben: Wasserbecken am Aufstiegsweg zur Parfümpagode (Chua Huong)

Binh Da

Das Dorf **Binh Da** ⓰ (ca. 25 km südlich von Hanoi) liegt auf dem Weg zur Parfümpagode. Es war bekannt wegen der Produktion technisch vollkommener Feuerwerkskörper, die allerdings 1995 verboten wurde. Sehenswert sind zwei restaurierte traditionelle **Gemeinschaftshäuser** (Ngoai und Noi), wobei letzteres in Verbindung mit der Urmutter Au Co gebracht wird.

» Karte S. 90-91, Info S. 131-133

Chuong (Phuong Trung)
Das Dorf der Hutmacher

Zu den schönsten Klischees Vietnams gehören die aus regenbeständigen Palmwedeln hergestellten **kegelförmigen Hüte** (*non la*), die u. a. im Dorf **Chuong** (**Phuong Trung**) ⓱ (wenige Kilometer südlich von Thanh Oai, an der Straße 21B zur Parfümpagode) hergestellt werden. In den Familienbetrieben kann man die verschiedenen arbeitsaufwändigen Fertigungsschritte sehen und dabei die unterschiedlichen Qualitäten kennen lernen. Besonders stimmungsvoll ist ein Bummel durch das Dorf an einem der sechs Mal im Monat abgehaltenen **Märkte**.

★★Parfümpagode
Bootsfahrt zu Höhlentempeln

Eines der Highlights im Delta des Roten Flusses ist ein Ausflug zur berühmten ★★**Parfümpagode** ⓲ (Chua Huong; etwa 60 km südlich von Hanoi), ein buddhistischer Wallfahrtsort mit Höhlentempeln aus dem 17. Jh., die in Vergessenheit gerieten und erst im 19. und 20. Jh. wiederentdeckt wurden.

Das Dorf **Ben Duc** am **Schwalbenschwanz-Fluss** (Suoi Yen Vi) ist Ausgangspunkt der traditionellen Pilgerfahrt zur Pagode im März und April. Es bietet Verpflegung, Unterkunft und Boote an und wurde dabei wohlhabend. Die beschauliche ★★**Ruderbootfahrt** auf dem Fluss, der seinen Namen einer scharfen Gabelung verdankt, zur Pagode dauert flussabwärts je nach Wasserstand etwa 60-90 Minuten, der Rückweg flussaufwärts ungefähr 3 Stunden. An den Ufern und auf ★**Schwimmenden Gärten** werden Gemüse, Maniok und Aprikosen angebaut.

An den Hängen der „**Berge der Wohlgerüche**“ (Huong Tich Son; daher der Name „Parfüm- oder Duftpagode“) liegen zwei Gruppen von **Höhlentempeln** mit buddhistischen, teils aus Marmor gehauenen Statuen. Die Legende berichtet von der jüngsten Tochter des Königs Trang Vuong, die ihr Leben Buddha weihte und sich gegen den Willen des Vaters in eine der Höhlen zurückzog. Der König gab Befehl, die Ungehorsame zu töten. Aber ein weißer Tiger entführte sie in eine andere Höhle, und die Tiere des Waldes brachten ihr Nahrung. Der König erkrankte an Lepra, verlor sein Augenlicht und seine Hände. Ihm wurde verkündet, dass er nur geheilt werden könne, wenn ein Untertan ihm Hände und Augen opfere. Die Prinzessin hörte von der Krankheit ihres Vaters und war zu dem Opfer bereit. Der König genas, machte sich auf, seinen Retter zu suchen und erfuhr, dass es seine totgeglaubte Tochter war, die ihm Augen und Hände geopfert hatte. Er wurde Buddhist, lebte fortan in den Höhlen und baute sie zu Pagoden aus.

Die **Höhlen** sind auf steilen Waldwegen, die nach oben schmaler und gewundener werden, zu erreichen. Um alle Tempel zu besuchen, verbringen die Pilger mehrere Tage in den Wäldern. „Amitabha Buddha sei gelobt!“ (*Nam mo A Di Da Phat*), schallen ihre Rufe, mit denen sie sich Mut machen für den beschwerlichen Weg.

Wer gut zu Fuß ist, kann die erste Gruppe mit der **Huong Tich- Pagode** in etwa 3 Stunden besuchen. Auch eine moderne **Seilbahn** führt auf den Berg. Nicht weit vom Anleger steht der **Trinh-Tempel** (Den Trinh) für den weißen Tiger, der die Prinzessin gerettet hat. Die **Himmlische Küche** (Thien Tru) befindet sich ebenfalls am Fuß der Berge.

Dann steigt der Weg zur **Pagode der Bergfeen** (Chua Tien Son) mit fünf Statuen aus dem 17. Jh. steil empor. In der **Hängematten-Pagode** (Chua Vang) soll der König auf dem Weg zu seiner Tochter gerastet haben.

Der schönste Sakralbau ist die 1675 erbaute ★★**Parfümpagode** (Chua Huong). Sie liegt in einer großen Höhle mit Stalaktiten und Stalagmiten, die ihrer seltsamen Formen wegen viele Namen haben. **Bronze- und Steinstatuen**,

4 Bac Bo – Nord-Vietnam

» Karte S. 90-91, Info S. 131-133

Foto: Hansjörg Keller

darunter eine **Quan Am** (Göttin der Barmherzigkeit), schmücken die – wie die Vietnamesen sie nennen – „schönste Höhle unter dem südlichen Himmel". Von hier geht die ★**Aussicht** weit über die Berge und das Flusstal.

In der reizvollen ★**Tuyet-Pagode** (Chua Tuyet) hat die Prinzessin ihr Gelöbnis abgelegt. Das ★**Tempelfest** beginnt am 19. Tag des 2. Mondmonats, an dem die Prinzessin die Erleuchtung empfangen haben soll.

Tho Ha
Bei der Goldenen Schildkröte

In der **Provinz Bac Ninh** gibt es noch weitere sehenswerte Pagoden und schöne Gemeinschaftshäuser. Das Dorf **Tho Ha** ⑲, in dem viele Bauersfamilien Schweinemast betreiben, ist über die Straße 1A und auf einer **Bootsfahrt** auf dem **Cau-Fluss** zu erreichen.

Auf einem großen eingefriedeten Platz blieben zwei Gebäude des *dinh* von 1685 erhalten. Der Versammlungshalle mit Schutzgeisttempel ist eine kleinere **Vorhalle**, in der die Opfer für das Dinh-Fest vorbereitet werden, parallel vorgebaut. Im Hof finden Tänze und Spiele statt. Die riesige ★**Versammlungshalle** aus dem 17. Jh. und das reiche Dekor im Inneren sind ein eindruckvolles Zeugnis einstigen dörflichen Reichtums. Die ★**Schnitzereien** sind vor allem in den oberen Teilen der Säulen und im Dachgebälk zu finden. Schutzgeist ist die **Goldene Schildkröte** (Thanh Ca), die auch in Co Loa verehrt wird. Symbolisiert wird sie in diesem Fall durch einen Thron, dem zur Seite zwei mannshohe Wächterfiguren in altvietnamesischer Kleidung stehen.

Das ★**Dinh-Fest** findet vom 20.-22. Tag des 1. Mondmonats statt.

Phat Tich-Pagode
Wiedererstandener Pagodenturm

Die **Phat Tich-Pagode** ⑳ (Chua Van Phuc) liegt östlich von Hanoi im Dorf

Oben: Auf dem Weg zur Parfümpagode (Chua Huong).

» Karte S. 90-91, Info S. 131-133

Phuong Hoang. In dieser Landschaft am **Duong-Fluss** (Song Duong) kämpften die Vietnamesen oft um die Freiheit. König Ly Thanh Tong errichtete am Lan Kha-Berg 1057 die Phat Tich-Pagode als hohen Turm, der bis Hanoi sichtbar war – damals der größte und schönste Tempel im Delta des Roten Flusses. Er wurde im 1. Indochinakrieg 1949 zerstört und 1992 entsprechend alter Aufzeichnungen rekonstruiert. Original erhalten blieben nur einige **Tierplastiken** und eine große steinerne **Buddha-Statue**.

Dong Ho

Das Dorf der Neujahrsbilder

Dong Ho ㉑ (40 km nordöstlich von Hanoi) ist den meisten Vietnamesen als „Dorf der Neujahrsbilder" bekannt. Seit vielen Generationen werden in Familienbetrieben diese beliebten ★**Neujahrsbilder** (*tranh tet*) hergestellt – ungefähr 500 000 jährlich – und auch exportiert. Die Motive der **Holzschnitte** im Format 25 x 30 cm sind glücksbringende Gestalten wie Tho, der weißhaarige Alte, als Symbol für ein langes Leben und Lao Tse (Laozi), der auf einem schwarzen Büffel reitet. Auch das Glücksschwein als Zeichen des Wohlstandes darf nicht fehlen. Hinzu kommen Darstellungen von Legenden und Fabeln, das Froschkonzert und die Mäusehochzeit – oder der Mann, dessen zwei Frauen in Streit geraten. Glückwünsche oder Kommentare sind meist in chinesischen Schriftzeichen hinzugefügt. Zum Tet-Fest zieren *tranh tet* jedes Haus (s. S. 18).

★★But Thap-Pagode

Schönster Sakralbau im Delta

Die ★★**But Thap-Pagode** ㉒ (Chua But Thap; Chua Ninh Phuc) befindet sich im Dorf **Dinh To** (30 km östlich von Hanoi). But Thap bedeutet „Turm in Form des Schreibpinsels für die Kalligrafie". Zur Zeit der Ly-Dynastie besaßen alle großen Pagoden solche hohen Glockentürme. Von der späteren Architektur wurden sie nicht übernommen.

Der Chua But Thap gehört zu den schönsten im Delta und ist ausgesprochen typisch für den Pagodenbau hier. Stifterinnen waren die Königin Dieu Vien und eine Prinzessin. Erbaut wurde die Pagode 1646/1647 von dem chinesischen Mönch Minh Hanh. Für seinen berühmten Lehrer, den chinesischen Mönch Chuyet Cong, errichtete er einen Stupa.

Die But Thap-Pagode besitzt außerhalb der Umfassungsmauer vier und innerhalb sechs Gebäude. Außerhalb der Umfassungsmauer liegt ein dreiflügeliges **Tor**, dessen große, halbrunde Ziegel aus dem 17. Jh. stammen. Auch der 2-stöckige **Glockenturm** steht vor der Mauer. In seinem unteren Stockwerk thront der Jadekaiser, im oberen der Himmelskönig, beide mit ihren Begleitern. Die **Glocke** von 1815 ist eine Stiftung von König Gia Long, dem Gründer der Nguyen-Dynastie. Außerhalb der Mauer befindet sich der **Beerdigungs-Stupa** für Chuyet Cong. Der dahinter gelegene, 13,05 m hohe **Thap Bao Nghiem** aus bläulichem Gestein mit Schnitzereien ist der einzige erhaltene Steinstupa.

Die Gebäude im Inneren der Mauer sind durch Gänge oder Gärten miteinander verbunden. Sie bergen eine Fülle von Kostbarkeiten, Holz- und Steinschnitzereien sowie Statuen. Die einfache ★**Vorhalle** (*tien duong*) beherbergt Wächterstatuen, den Drachengeist und den Buddha-Schüler Ananda mit Begleitern. Die Säulen der Halle der Räucheropfer sind mit Drachen geschmückt, die Giebel besitzen bemerkenswerte Friese mit Tierdekor und Inschriften. Die offenen Seiten führen in **Höfe** mit überdachten Altären für die Höllenkönige, die auch als Richter der Unterwelt bezeichnet werden. Von dieser Halle gelangt man in den ★★**Hauptraum** (*thuong dien*). Hier haben Tho Dia, der Geist des Bodens, und Bodhidharma, der den Buddhismus aus

Foto: Martin H. Petrich

Indien nach China brachte und an seinem schwarzen Bart und den runden Augen zu erkennen ist, ihren Platz.

Das große Pantheon auf dem **Hauptaltar** verdient eingehende Betrachtung. Doch richtet sich die Aufmerksamkeit meist auf die ★★**Statue der Quan Am**, des Bodhisattva Avalokiteshvara, mit 1000 Armen und 1000 Augen – ein einmaliges Werk. Am Sockel sind der Name des Stifters, Truong Van Tao, und die Jahreszahl 1656 oder 1756 zu entziffern. Von keiner anderen Statue geht soviel Unruhe und mystischer Zauber aus. Nach der Legende hat Buddha der Quan Am 1000 Hände und 1000 Augen verliehen, damit sie das Ungeheuer, das zu ihren Füßen liegt, besiegen kann. Die schlanke Gestalt ist umgeben von zwei Halbkreisen von Armen und Händen. Die Arme des ersten Halbkreises trugen Attribute, die nicht erhalten blieben. Die größere Zahl von Händen, die die drei Köpfe der Quan Am umgeben, haben in jeder Handfläche ein Auge. Der mittlere Kopf besitzt eine Tiara, auf der Amitabha-Buddha, der geistige Vater des Bodhisattva, thront. Die weiteren, pyramidenförmig angeordneten Köpfe werden ebenfalls von Figuren gekrönt.

Eine zweite, in der Feinheit ihrer Ausführung bemerkenswerte Plastik ist die ★**Statue des Fasten-Buddha** links vom Hauptaltar.

Aufmerksamkeit verdient die steinerne ★**Balustrade**, die aus 56 Tafeln besteht und das Gebäude außen einfasst. Sie setzt sich fort in einer steinernen halbmondförmigen **Brücke**, deren Paneele zu den besten ★**Steinmetzarbeiten** Vietnams gehören. Die nachfolgenden Gebäude lassen erkennen, dass es sich um eine königliche Stiftung handelt. Sie sind bei kleineren Pagodenbauten nicht üblich. Der folgende Tempel scheint völlig ausgefüllt von einer großen **Gebetsmühle** aus dem tibetischen Buddhismus, die von zwei Buddha-Statuen flankiert wird.

Das nächste Gebäude dient als **Versammlungsraum** der Mönche, birgt Statuen der königlichen Stifterinnen und eine Stele, die über den Bau des *chua* berichtet.

Im letzten Gebäude steht die **Statue des Mönchs Minh Hanh**. Hier werden auch die daoistischen Mütter und die Sterngötter verehrt.

★Dau-Pagode
Die älteste Pagode Vietnams

Die ★**Dau-Pagode** ㉓ (Chua Dau; Chua Phuong Quang Tri) liegt 10 km südlich der But Thap-Pagode im Dorf **Khuong Tu** (nicht zu verwechseln mit der Dau-Pagode südlich von Hanoi; s. S. 93). Der Sakralbau breitet sich in der Mitte der alten Zitadelle Luy Lau aus, die französische Forscher entdeckten. Er gilt als die älteste Pagode Vietnams, wohl aus dem 3. Jh.

Im 6. Jh. ließ die chinesische Sui-Dynastie ein Kloster mit einem 9-stöckigen

Oben: Die Statue der Quan Am in der But Thap-Pagode. Rechts: Fischfang in einem Bewässerungskanal am Reisfeld.

» Karte S. 90-91, Info S. 131-133

Foto: Hansjörg Keller

Stupa errichten. Nach seiner Zerstörung 1738 entstand der 3-stöckige Stupa. Während der Ly- und der Tran-Dynastie wurden mehrere Restaurierungen vorgenommen. Im 14. Jh. vergrößerte ein wohlhabender Mandarin die Anlage.

Der 1737 restaurierte ★**Hoa Phong-Stupa** ist 17 m hoch und hat einen Grundriss von 7 x 7 m. Zu den Eingängen im Osten und Westen führen **Treppen**, flankiert von steinernen Einhörnern (Qilin). Die Plastik eines Schafes neben der Treppe, das vergoldete Hörner hatte, muss aus China stammen, da diese Tierart in Vietnam unbekannt ist. Einige **Stelen** im Hof sind oben abgeschrägt, wie dies im 19. Jh. üblich war.

Der vietnamesische Volksbuddhismus hat den Glauben an Naturgeister ebensowenig eliminiert wie die Verehrung der Geister des Daoismus. Im Chua Dau und drei weiteren Pagoden werden Naturgeister auf dem **Altar der Räucheropfer** verehrt, u. a. der Wolkengeist May (Phap Vu).

Auf dem Altar im Saal der Räucheropfer steht die **Statue der Phap Van**, flankiert von ihren beiden Töchtern und Dienerinnen. Eine buddhistische Legende sieht in der Statue eine fromme Verehrerin Buddhas. Die Säulen im Hauptraum ruhen auf quadratischen Sockeln, die bei *chua* im 18. Jh. üblich waren, Teile des ★**Gebälks** stammen aus dem 14. Jh. Das umfangreiche Pantheon – die meisten Statuen sind aus Ton geformt und lackiert – ist in unterschiedlicher Zeit entstanden. Auf zwei Sänften aus dem 16. Jh., die hinter dem Altar stehen, werden die Statuen beim Tempelfest in den Hof getragen. Die Seelen der Götter bleiben dann in den daneben stehenden Holzkästen zurück. Das ★**Pagodenfest** findet am 8. Tag des 4. Mondmonats statt.

★Con Son-Berg
Ort der Meditation

Über die Straße 18 erreicht man von der Provinzhauptstadt **Bac Ninh** den ca. 200 m hohen ★**Con Son-Berg** ㉔. In Vietnam zogen sich verdiente Männer nach erfüllter Pflicht oft in die Stille ihrer Dörfer oder in klösterliche Einsamkeit zurück und lebten als Philosophen, Dichter oder Mönche. Die Abgeschiedenheit des Berges Con Son ist mit berühmten Namen verbunden.

Der **Kiep Bac-Tempel** (Den Kiep Bac) beim Dorf Hung Son ist nach den alten Dorfnamen Kiep und Bac benannt. Heute heißen diese Orte **Phuc Yen** und **Duc Son** und liegen am **Drachengebirge**. Der Volksmund nennt den Höhenzug **Heilmittelberg** (Duc Son). Der Sakralbau ist ein Gedenkschrein für General Tran Hung Dao, der im 13. Jh. die Mongolen und die chinesisch-mongolische Yuan-Dynastie besiegte. In dieser abgelegenen Gegend hatte er seine Armee auf den Kampf vorbereitet, hierher kehrte er nach dem Sieg zurück. Sein Tempel wurde Ende des 13. Jh. erbaut und im 19. Jh. erneuert. Sieben **Bronzestatuen** auf dem Hauptaltar stellen den General, seine Frau, seine beiden Töchter und drei seiner Generäle dar. Seinen vier Söhnen, ebenfalls Heerführer, wurden gesonderte Altäre errichtet. Das von Magie, Beschwörungen und Wahrsagerei erfüllte ★**Tempelfest** findet – wie in der Con Son-Pagode – vom 16.-20. Tag des 8. Mondmonats statt.

Die **Con Son-Pagode** (Chua Con Son) liegt 5 km entfernt. Der kleine Bergtempel mit hochgebogenen Dächern entstand im 15. Jh. anstelle einer großen Anlage, die 83 Räume besessen hatte. Im 15. Jh. wurde die Region das Refugium des Staatsmannes und Dichters Nguyen Trai, der sich vor den Hofintrigen in die Bergeinsamkeit zurückzog. In der Pagode erinnern Statuen an ihn und an die drei Patriarchen der Sekte des Bambuswalds. 14 **Stelen** in den vier Stelenhäusern stammen aus dem 17. Jh. Hinter der Pagode findet sich eine **Quelle**, auf deren flachen Steinen Nguyen Trai gesessen hat, wenn er die schöne Landschaft mit den Reisfeldern beschrieb. An der anderen Seite führen 600 Stufen auf den **Gipfel**. Seine flache Kuppe wird „Schachbrett der Götter" genannt.

Rechts: Bei traditionellen Hochzeiten werden Betelnüsse als Glücksbringer verschenkt.

Yen Tu-Berg

Ort der Bambuswald-Sekte

Der **Yen Tu-Berg** ㉕ (Bac Van Son) in der Provinz Quang Ninh liegt etwa 15 km nördlich der Stadt Uong Bi an den Straße 18. Das 1068 m hohe Massiv steht im Winter häufig im Nebel, in der Regenzeit ist es nicht begehbar.

Am Weg zum Gipfel liegen mehrere Pagoden, darunter der **Chua Hoa Yen** (Chua Phu Van) aus der Ly-Dynastie. Er ist eine Gedenkstätte für einen Sektengründer: 1237 zog sich König Tran Thai Tong in das Gebäude zurück, erschreckt von der Grausamkeit des ersten Ministerpräsidenten Tran Thu Do, der die Ly-Dynastie ausgerottet hatte, und schrieb Essays über den Meditations-Buddhismus. Später, nach dem Sieg über die Mongolen 1297, suchte König Tran Nhan Tong Zuflucht in der **Klause der Schlafenden Wolke**. Er gründete hier 1299 die **Meditationssekte des Bambuswalds** (Truc Lam), wurde ihr erster Patriarch und nannte sich „Eremit des Bambuswalds".

Nach dem Tod des Königs ließ sein Sohn ihm am Heimatort der Dynastie in Nam Dinh den **Pho Minh-Begräbnisstupa** errichten. Spätere Könige der Tran-Dynastie wurden ebenfalls hier beigesetzt. Die **Stelen** ließ König Minh Mang der Nguyen-Dynastie im 19. Jh. aufstellen.

★Hai Phong

Hafenstadt mit kolonialem Flair

Die autobahnähnliche Straße 5 von Hanoi nach ★**Hai Phong** ㉖ (105 km) ist die schnellste Verbindung zwischen der Metropole und der Hafenstadt, die auch per Eisenbahn zu erreichen ist. Die Region Hanoi – Hai Phong – Ha Long-Bucht ist Nord-Vietnams Entwicklungsachse

» Karte S. 90-91, Info S. 131-133

Foto: Udo Rein

in bezug auf Wirtschaft (v. a. Industrie) und Fremdenverkehr.

Hai Phong bedeutet „Vorposten am Meer" und wurde erstmals im 1. Jh. erwähnt. Die Stadt liegt im Nordosten des Deltas des Roten Flusses am Übergang von der Ha Long-Bucht (s. S. 107) zur „Trockenen Ha Long-Bucht" (s. S. 111). Auf dem 1500 km^2 großen Territorium der direkt der Zentralregierung unterstehenden Stadt, der drittgrößten Vietnams, leben knapp 2 Mio. Menschen, über 1000 Einwohner pro km^2.

Stadt und der Hafen Hai Phongs liegen nicht direkt am Golf von Tonkin (Vinh Bac Bo), sondern etwa 20 km landeinwärts am **Verbotenen Fluss** (Song Cam), der mit 16 Nebenflüssen – darunter Thai Binh und Bach Dang – die Stadt durchzieht und eine Trichtermündung bildet. Sie bringen Sedimente mit, so dass der Hafen regelmäßig ausgebaggert werden muss.

1872 landeten französische Truppen in Hai Phong, um den nördlichen Landesteil zu erobern. Die Kolonialherren begründeten später eine Maschinen-, Glas- und Tabakindustrie, in der Innenstadt entstanden mehrere prächtige Gebäude. 1955 verließen die Angehörigen des letzten Expeditionskorps Vietnam an gleicher Stelle. Im Vietnamkrieg wurden Stadt, Hafen und Industriewerke häufig bombardiert und schwer beschädigt.

Auch heute noch hat der Hafen von Hai Phong erhebliche Bedeutung, nicht zuletzt wegen seiner großen Schiffswerft und den Fischfabriken, die die Fänge der Fischerflotte an der rund 100 km langen Küste verarbeiten.

Selten nehmen sich Besucher auf dem Weg zur Ha Long-Bucht Zeit für Hai Phong – die geschäftige Stadt hätte wegen ihres französisch geprägten Flairs mehr Aufmerksamkeit verdient.

Rundgang durch Hai Phong

Am frühen Morgen lohnt ein Besuch des **Fischmarkts** am **Hafen**. Das Zentrum mit dem großen **Sat-Markt** am Tam Bac-Fluss ist geprägt von Parks, Alleen und Kolonialbauten. Markanteste Gebäude sind das 1904 nach Pariser Vorbild erbaute und frisch renovierte ★**Opernhaus** und die weiter nördlich gelegene **Kathedrale**.

Den und **Nghe Le Chan**, Gedenk- und Schutzgeisttempel in der Hai Ba Trung-Straße, sind zwei weiblichen Generälen der Trung-Schwestern, den ersten Nationalheldinnen (40-43 n. Chr.) gewidmet. Mit ihren reichen ★**Schnitzereien** sind sie die schönsten Tempel der Innenstadt.

Die **Hang Kenh-Versammlungshalle** (Dinh Hang Kenh) liegt in der Chua Du Hang-Straße südlich des Zentrums in einer an Seen reichen Landschaft. Bemerkenswert sind die unzähligen, rund 200 Jahre alten ★**Schnitzereien** mit Alltagsszenen.

Im gleichen Stadtteil findet sich die **Du Hang-Pagode** (Chua Du Hang; auch Chua Puc Lam genannt), die zahlreiche Statuen, Glocken sowie im Garten einige Stupas besitzt.

Do Son
Strandbad der Hanoier

Das besonders bei den Hauptstädtern beliebte Seebad **Do Son** ㉗ (22 km südöstlich von Hai Phong) auf einer Halbinsel stammt aus der Kolonialzeit. Es erstreckt sich an einem 4 km langen Höhenrücken, der – wegen seiner neun Erhebungen – **Neunköpfiger Drache** (Cuu Long) genannt wird. Auf dem Ngoc Son-Hügel steht die **Truong Long-Pagode** aus dem 11. Jh. anstelle eines älteren Stupas. Aus dessen Ziegeln wurde die **Tran Hai Duong-Zitadelle** erbaut. Auf dem Doc-Hügel erinnert der **Be Ba-Tempel** (Den Be Ba) an ein betrogenes Mädchen, das sich hier zu Tode gestürzt haben soll.

Der lange weiße **Sandstrand,** die Reihen der Kasuarinenbäume und Palmen, Villen und Hotels verleihen Do Son eine besondere Atmosphäre. Den einst verschlafenen Ort wollten die Behörden dem internationalen Tourismus durch ein **Spielcasino** in einem ehemaligen Palast schmackhaft machen, das allerdings nur von wenigen ausländischen Devisenbringern angenommen wurde. Zudem wird das Meer zeitweise von den Schwemmstoffen der Flüsse Cam und Thai Binh getrübt.

Do Son ist auch berühmt für seine ★**Wasserbüffelkämpfe**, die am 9. Tag des 8. Mondmonats, zum Ende der Fischfangsaison, stattfinden. Die aufwändig vorbereiteten Wettbewerbe ziehen Tausende von Besuchern an.

★Bach Dang-Delta
Ort siegreicher Seeschlachten

Am stimmungsvollsten nähert man sich Cat Ba im Westen der Ha Long-Bucht (s. S. 107) von Hai Phong mit einer der Fähren oder per Tragflügelboot. Dabei überquert man das ★**Bach Dang-Delta** ㉘ mit steil aufragenden **Kalksteinfelsen** – eine Ha Long-Bucht en miniature.

Dreimal gelang es den Vietnamesen am Bach Dang, die chinesische Flotte zu vernichten und die Invasionen zu beenden: Ngo Quyen siegte 938 und errang die Unabhängigkeit des Landes. 981 schlug Le Hoan, General der Dinh-Dynastie, die glanzvolle chinesische Song-Dynastie. Schließlich vernichtete der Prinz und General der Tran-Dynastie, Tran Hung Dao, 1288 die Flotte der mongolisch-chinesischen Yuan-Dynastie. Alle benutzten immer wieder die selbe Kriegslist: Leichte Segelschiffe der Vietnamesen lockten ihre Verfolger bei Flut den Bach- Dang-Fluss aufwärts. Die Chinesen ließen sich durch Geplänkel hinhalten. Bei eintretender Ebbe blieben ihre schweren Dschunken dann in den starken Eisenholzstangen, die die Vietnamesen in das Flussbett gerammt hatten, hängen. Von den flachen vietnamesischen Booten wurde die manövrierunfähige feindliche Flotte daraufhin angegriffen und vernichtet.

Rechts: Romantisch – Abenddämmerung in der Ha Long-Bucht.

» Karte S. 90-91, Info S. 131-133

Foto: Josef Beck

★★Ha Long-Bucht
2000 bizarre Eilande in der schönsten Bucht Asiens

Ein Topziel jeder Vietnam-Reise ist die Bootsfahrt durch die weltberühmte ★★**Ha Long-Bucht** ㉙ (*vinh ha long*) – für viele Besucher *das* Highlight des Landes. Diese einzigartige Landschaft erklärte die UNESCO 1994 zum Welterbe, doch ist der Verbleib auf der Liste wegen der Umweltzerstörung durch die Kohleindustrie bei Hai Phong und der hohen Touristenzahlen mit ihren Begleiterscheinungen (v. a. Müll und Hotelburgen) gefährdet. Zum Schutz sollen künftig mehr Dörfer von den Inseln auf das Festland umgesiedelt und keine weiteren Konzessionen für Fisch- und Schrimp-Farmen mehr erteilt werden. Die Winter (Dezember / Januar) in der Ha Long-Bucht sind meist kühl und nebelig, die See ist unruhig und grau im Nordost-Monsun. Doch nur kurze Zeit sinkt das Thermometer auf etwa 10 °C. In den heißen Monaten (Mai-September) ist das Klima umso angenehmer.

Entstehung des Naturwunders

Den Namen der Bucht – „Herabsteigender Drache" (*ha long*) – erklärt eine Legende: Eine mit Felsbrocken bewaffnete Drachenmutter kam mit ihren Kindern von den Bergen herab. Sie töteten ein Ungeheuer, das die Menschen geängstigt hatte, durch Steinwürfe. Die Felsen blieben als Erinnerung an den Kampf der Drachen im Meer liegen.

Nüchterner erklären Geologen die Entstehung des Naturwunders: Die Ha Long-Bucht ist ein Musterbeispiel für den **Tropischen Turmkarst**, dessen bizarre Formen das Ergebnis starker Verwitterung des Kalksteins durch hohe Niederschläge (das CO_2 im Regenwasser löst das Kalziumkarbonat heraus), feuchtwarmes Tropenklima und üppigen Pflanzenwuchs sind. Die Biomasse zersetzt sich rascher als in gemäßigtem Klima und führt dem Boden noch mehr Kohlendioxid zu. Durch einsickerndes Regenwasser wird im Lauf von Jahrmillionen die etwa 150-200 m dicke Kalkschicht stark zerklüftet: Wannen tiefen sich ein und dehnen sich aus, Karsthöhlen stürzen ein; was stehen bleibt, wird an der Basis vom Wasser „angenagt" – Felstürme bleiben übrig. Im Unterschied zur „Trockenen Ha Long-Bucht" (s. S. 111) und dem berühmten Kegelkarst von Guilin (Süd-China) sind die Turmkarstfelsen der 1500 km^2 großen Ha Long-Bucht beim letzten Meeresspiegelanstieg (20 m) im Wasser „ertrunken" – 2000 Inseln und Inselchen ragen seitdem steil aus dem Meer.

Ha Long-Stadt (Bai Chay und Hong Gai)

Ha Long-Stadt (160 km von Hanoi; 70 km von Hai Phong), der Ausgangspunkt für die meisten Bootsfahrten durch die Bucht, wurde 1994 durch den Zusammenschluss des Ferienorts Bai Chay und der Hafen- und Industriestadt Hong Gai gegründet. Beide sind durch den Cua Luc-Kanal voneinander getrennt.

Im Touristenzentrum **Bai Chay** ㉚ entstehen entlang der Promenade immer mehr Hotels, Restaurants, Cafés, Bars, Discos, Massagesalons und Souvenirshops, so dass sich sein einstiger Charme verflüchtigt hat.

Der Tidenhub in der Bucht beträgt 2,5 m bis max. 3,8 m. Dschunken der Fischer mit den geflickten grauen, roten und schwarzen Segeln fahren von Bai Chay nachts mit Lampen zum Fang aus.

Der Naturhafen von **Hon Gai** ㉛ wird von Schiffen bis 30 000 BRT angelaufen, meist japanischen Kohlefrachtern. Die Industriestadt bietet keine großen Sehenswürdigkeiten.

Auf Fuß des **Dichterberges** (Nui Bai Tho) kann man eine große **Inschrift** des Königs Le Thanh Tong (15. Jh.) erkennen, die die Schönheit der Ha Long-Bucht lobt.

Rechts: Malerischer Ausblick aus der Höhle der Kraniche auf der Insel Bo Nau (in der Ha Long-Bucht).

★★Bootsfahrt durch die Ha Long-Bucht

Eine ★★**Bootsrundfahrt durch die Inselwelt** (z. B. von Ha Long-Stadt) bietet ständig wechselnde, faszinierende Perspektiven. Nur 15 Inseln sind ständig bewohnt, auf anderen kampieren die Fischer nur während der Fangzeit. Auf den meisten Eilanden, von denen keine der anderen gleicht, leben nur Affen oder Seevögel. Viele haben Namen, die sie ihrer bizarren Gestalt verdanken: Kämpfende Hähne, Schildkröte, Steinerner Fischer, Schlafende Jungfrau u. v. m. Legenden erzählen von dem schönen Mädchen, das Einsamkeit und Tod dem Leben mit einem reichen, bösen Mann vorzog, von Tigern und von Feen, die hilfreiche Fischer mit reichen Fängen belohnten... Auf manchen Inseln wachsen Bäume, auf anderen wiederum sind die Felsen kahl oder nur mit niedrigem Gestrüpp bedeckt. Von eigenartigem Reiz sind die großen und kleinen, oft mit Stalaktiten und Stalagmiten besetzten ★**Höhlen**, von denen leider einige bunt und sehr kitschig beleuchtet sind.

Für sportlich Ambitionierte bieten Agenturen in Hanoi auch mehrtägiges ★**Kayaking** an – ein besonderes Erlebnis abseits des Massentourismus.

In den großen **Höhlen** der Insel **Dau Go** ㉜ („Versteck der Holzpfähle") soll General Tran Hung Dao die Pfosten aus Eisenholz verborgen haben, bevor er sie in den Bach Dang-Fluss rammen ließ (s. S. 106). Highlight der Insel ist die bis zu 20 m hohe ★**Grotte des Himmlischen Palastes** (Hang Thien Cung), die 1993 entdeckt wurde und mit schönen Tropfsteinen bezaubert. Fast jedes Schiff hält auch bei dem Eiland **Sung Sot** ㉝ („Insel der Überraschung"), von dessen hochgelegenen Höhleneingang man eine fantastische ★**Aussicht** genießt.

Durch die 200 m lange ★**Höhle** der Insel **Luon** ㉞ („Tunnelgrotte") können Boote hindurchfahren.

Auf der Insel **Bo Nau** ㉟ („Höhle der Kraniche") leben Kranichkolonien.

» Karte S. 90-91, Info S. 131-133

Foto: Udo Rein

Eine weitere Attraktion ist die Insel **Dau Bo** ㊱ mit dem ★**Drei-Tunnel-See** (Ho Ba Ham), bei der eine Lagune bei Ebbe durch drei Öffnungen in den Felswänden mit kleinen Booten befahren werden kann.

★Cat Ba-Insel mit Nationalpark

Der ★★**Cat Ba-Archipel** bildet den Südwestrand der Ha Long-Bucht. Die 140 km² große ★**Cat Ba-Insel** ㊲ sowie 366 kleinere und kleinste Inseln haben teilweise Naturstrände und Höhlen sowie eine reiche Flora und Fauna. Die Hälfte der Hauptinsel ist nominell ★**Nationalpark**, in dem u. a. noch Goldschopf-Languren leben, die durch Wilderei stark bedroht sind.

Noch 1995 wurde der pittoreske Fischerort **Cat Ba** ㊳ auf der Hauptinsel als Geheimtipp in der Travellerszene gehandelt, doch innerhalb kürzester Zeit ist er zu einem beliebten Touristenziel in Nord-Vietnam mit heute etwa 8000 Einwohnern geworden. Westliche und auch vietnamesische Besucher bevölkern seine annähernd 100 Hotels und Restaurants. Der Ort Cat Ba liegt in einer großen Bucht, die Fischern als Naturhafen dient. Die niedrigen, ineinander verschachtelten Häuser und die bunten Fischerboote, die dicht gedrängt an der felsigen Küste ankern, versetzen Besucher, die auf dem Wasserweg anreisen, in Begeisterung. Doch leider lässt der Tourismusboom immer mehr hoch aufragende Hotels sprießen, die die Idylle beeinträchtigen. Fischer bieten mit Ruderbooten und runden Korbbooten kleine **Hafenrundfahrten** an.

Liebhaber von Meeresfrüchten kommen in Cat Ba ins Schwärmen: Allabendlich verwandelt sich die **Uferpromenade** in ein hunderte Meter langes Restaurant, in dem Krabben, Fisch und Schrimps serviert werden. Tagsüber laden zwei zu Fuß erreichbare **Sandstrände** (Cat Co 1 und Cat Co 2) mit klarem Wasser zum Baden ein. Zu den abenteuerlicheren Attraktionen gehören eine ★**Wanderung** durch den Regenwald zum Dorf **Viet Hai** ㊴ und die Höhlen des Nationalparks.

Foto: Jürgen Reichmann

★Bai Tu Long-Bucht

Der vergessene Nationalpark

Blaues Meer (Luc Hai) heißt das Gewässer zwischen Hai Phong im Süden und dem **Jadekap** (Ngoc Son) auf der Tra Co-Halbinsel an der chinesischen Grenze. Von den unzähligen Inseln vor der Küste haben etwa 1600 einen Namen. Auf vielen gibt es lange, unberührte, weiße **Strände**, auf manchen ragen bis 400 m hohe Berge auf.

Der Industrie- und Kohlestadt **Cam Pha** ㊵ (28 km nördlich der Ha Long-Bucht) sind drei Archipele und 600 Inseln vorgelagert.

Besonders reizvoll ist ein Bootsausflug in die ★**Bai Tu Long-Bucht** ㊶ („Kinder des Drachens"), die zum **Nationalpark** erklärt wurde: Sie erinnert mit ihren malerischen **Turmkarstfelsen** und Kalkinselchen an die Ha Long-Bucht, wurde aber vom Pauschaltourismus noch kaum entdeckt. ★**Bootsausflüge** lassen sich von Ha Long-Stadt oder vom Hafen **Cai Rong** ㊷ auf der Insel **Van Don** (Cam Pha) arrangieren.

Einen schönen ★**Badestrand** mit Bungalows findet man auf der langgezogenen Insel **Quan Lan** ㊸.

Oben: Im Hafen von Cat Ba. Rechts: Ein Begräbniszug durch die Reisfelder in der Provinz Thai Binh.

Mong Cai und Tra Co

Nördlichster Strand Vietnams

In der Grenzstadt **Mong Cai (Hai Ninh)** ㊹ am Ka Long-Fluss wird Keramik hergestellt und auf dem Markt mit billigen chinesischen Waren gehandelt – über die Brücke findet ein lebhafter Grenzhandel statt.

Tra Co ㊺ liegt mit einigen wenigen einfachen Hotels auf einer langgestreckten Halbinsel, deren Südspitze vom grünen klaren Meer umspült und deshalb „Jadekap" genannt wird. Der mehr als 10 km lange, fast menschenleere **Strand** ist – je nach Gezeiten – bis zu 100 m breit; der Tidenhub beträgt an dieser Küste rund 4 m. An diesem längsten Strand des Nordens fehlt noch die entsprechende Infrastruktur für ausländische Touristen.

» Karte S. 90-91, Info S. 131-133

Foto: Volkmar E. Janicke

★★Trockene Ha Long-Bucht

Inbegriff des westlichen Vietnam-Bildes

Die Provinzen Thai Binh und Ninh Binh bilden die Reiskammer im Süden des Deltas des Roten Flusses und eine der reichsten Regionen Nord-Vietnams, mit 1400 Ew. pro km² dicht besiedelt. Rund 70 % der Gesamtproduktion kommen aus der Landwirtschaft; außer Reis werden Zuckerrohr, Gemüse, Obst, Erdnüsse und Sojabohnen angebaut. Nur wenige Meter über dem Meeresspiegel gelegen, ragen über der Ebene zwischen den Reisfeldern wild bewachsene, steile Kalksteinriesen auf – eine märchenhaft schöne Karstlandschaft, die als ★★„**Trockene Ha Long-Bucht**" bezeichnet wird (s. S. 116). Das faszinierende Naturwunder hängt geologisch mit der „eigentlichen" Ha Long-Bucht (s. S. 107) bei Hai Phong zusammen und wurde unzählige Male in Romanen, Gedichten, Malerei, Filmen und der Tourismuswerbung verewigt – als Idealtyp einer vietnamesischen Landschaft.

★Keo-Pagode

Tempelfest mit Ruderwettkämpfen

Die ★**Keo-Pagode** 46 (Chua Keo; Thanh Quang – „Heiliges Licht") ist eine der schönsten Pagoden Vietnams. Sie liegt etwa 10 km südwestlich von **Thai Binh** im Dorf **Dung Nhue** am Nhi Ha-Fluss, einem Nebenfluss des Hong. Das Gebäudeensemble wurde 1608 auf 28 ha Land anstelle einer kleinen Pagode erbaut. Innerhalb des großen ummauerten Komplexes befinden sich 16 große und kleine Gebäude; vom Deich lassen sie sich gut übersehen. Das große **Dreiflüglige Tor** (Tam Quan) führt durch die Umfassungsmauer. Seine mittlere Tür stammt aus dem 17. Jh. Ihr Wolken-Drachen-Motiv in feiner Schnitzarbeit wird von einer Sonne mit gezackten Strahlen beherrscht.

Im **1. Hof** liegt ein halbmondförmiger **See**. Die zwei folgenden Gebäudekomplexe sind in der Form eines liegenden H erbaut. Sie entsteht durch zwei rechteckige Gebäude, das Vorderhaus und den Haupttempel, die durch die

Foto: Nicole Häusler

nahezu quadratische **Halle der Räucheropfer** verbunden sind. Dem *chua* folgt im zweiten Hof ein kleinerer **Gedenktempel** gleicher Bauart.

Das ★**Vorderhaus** hat hochgezogene Dachenden, dessen Winkel mit Einhörnern (Qilin), dem Symbol für Klugheit und Barmherzigkeit, geschmückt sind. Der Dachfirst wird von Drachen gekrönt. Rechts und links vor der Halle berichten **Stelen** über frühere Restaurierungen. Die Säulen des Vorderhauses wie auch des Tores stehen auf niedrigen lotosförmigen Steinsockeln, die von der Cham-Kunst beeinflusst sind.

Im ★**Haupttempel** überrascht ein großes Pantheon von Figuren mit mattschimmerndem Lacküberzug. Die meisten ★**Statuen** stammen aus dem 19. Jh. Nur der Avalokiteshvara in der zweiten und die Quan Am in der dritten Reihe von oben blieben aus der Mitte des 17. Jh. erhalten. Sie haben den für die Epoche typischen hervorstehenden Blumenschmuck auf den Kronen. Der Amitabha-Buddha in der vierten Reihe stammt aus dem 18. Jh. Der sitzende Alte mit weißem Haar und Bart, rechts vom Altar, ist Tho Dia, der den Boden schützt, auf dem die Pagode steht. Auf dem Altar im Vordergrund links thront der Himmelskönig mit seinen Begleitern, den Sterngöttern, die das Buch der Geburten und das Totenbuch auf den Knien halten.

Hinter dem *chua* liegt der ★**Minh Khong-Tempel** (Den Minh Khong) für einen berühmten Abt aus der Zeit der Ly-Dynastie, der den Buddhismus förderte und die Buddhaschaft erlangte.

Im Hof hinter dem **Gedenktempel** erhebt sich die feingegliederte Konstruktion des 3-stöckigen, 11,50 m hohen ★**Glockenturms** aus Eisenholz. Er ist ein Zeugnis der Kunstfertigkeit der Holzschnitzer des 18. Jh.

In den seitlichen, überdachten **Galerien** des Hofes, entlang der Mauer, sind die großen **Ruderboote** untergebracht, die bei Festen an den Wettkämpfen teilnehmen. Diese Tradition blieb nur in wenigen Tempeln erhalten. Im Hof stehen hohe alte **Bodhi-Bäume**. Buddha hat unter einem solchen Baum in Sarnath (Indien) die Erleuchtung empfangen. In Vietnam werden Bodhi-Bäume auch als Treffpunkt der Geister interpretiert.

Die Keo-Pagode begeht zwei Feste, am 4. Tag des 1. Mondmonats und das Hauptfest, an dem die ★**Ruderwettkämpfe** ausgetragen werden, vom 10. bis 16. Tag des 9. Mondmonats.

Co Le-Pagode

Beim „Big Buddha"

Die von der Ly-Dynastie in Auftrag gegebene **Co Le-Pagode** ㊼ (Chua Co Le) liegt 20 km südöstlich von Nam Dinh in einer fruchtbaren Reisebene. Für ihre Konstruktion wurde kein einziger Nagel verwendet, die Ziegel der Wände sind

Oben: Der Glockenturm der Keo-Pagode gilt als hervorragendes Beispiel der Holzschnitzkunst des 18. Jh. Rechts: Wasserbüffel – unentbehrliche Helfer der Reisbauern.

» Karte S. 90-91, Info S. 131-133

ohne Mörtel aufeinander gefügt. Die 21,20 m hohe ★**Buddha-Statue** ist eine der größten des Landes und wird innen von vier Kupfersäulen gestützt. Am Podest ist das Wappen der Tran-Dynastie – Lotosblüten und Wolken – angebracht. Die Statue wurde zu Ehren des Mönches Minh Khong aufgestellt, der große Verdienste bei der Verbreitung des Buddhismus in Vietnam erwarb und die Buddhaschaft erlangte. Hinter der Statue führen Stufen zu einem Podest, auf dem eine 800 Jahre alte, weitere **Buddha-Statue** aus Sandelholz in einer Glasvitrine aufbewahrt wird.

Im **Garten** vor dem Tempel steht der **Thap Cuu Pham** auf dem Rücken einer Schildkröte. Eine Legende lautet, dass der Turm sich ursprünglich im Tempel befand. Als er aber zu wachsen begann, trug ihn die Schildkröte hinaus. Neben ihm steht eine über 9 t schwere **Glocke**; sie wurde 1945 gegossen, viele Gläubige sollen ihren Schmuck in die Gussmasse geworfen haben.

Das **Tempelfest** findet am 13.-15. Tag des 9. Mondmonats statt.

Nam Dinh

★Tempel der Tran-Dynastie

Nam Dinh ㊽, mit 250 000 Einwohnern Hauptstadt der **Provinz Nam Dinh**, war in der Kolonialzeit ein Textilzentrum. Im Vietnamkrieg wurden jedoch Teile der Stadt- und Industrieanlagen durch Bomben zerstört. Nach 1975 erholte sich die Wirtschaft und exportiert heute wieder Seide nach Europa. Außer dem **Markt** ist nur die vom ersten Nguyen-König Gia Long (1802-1820) als Unterkunft bei Inspektionen benutzte **Vong Cung-Pagode** sehenswert.

Die ★**Tempel der Tran-Dynastie** liegen 5 km vom Stadtzentrum entfernt inmitten von Reisfeldern. Archäologische Funde – darunter sichelförmige Ziegel aus dem 13. Jh. und Reste einer 700 Jahre alten Wasserleitung – beweisen, dass an dieser Stelle der Stammsitz der Tran-Herrscher lag: **Tuc Mac**, die

Foto: Hansjörg Keller

„Goldene Stadt". Die Tran waren ein tüchtiger Fischerklan, der es zu Reichtum und Einfluss gebracht hatte. Das ist um so beachtenswerter, da die Fischer die unterste Stufe der vietnamesischen Gesellschaft bilden. Als die Tran durch Heirat in die Thronstreitigkeiten der Ly-Dynastie hineingezogen wurden, konnten sie dem machtlosen Thronanwärter eine schlagkräftige Privatarmee zur Verfügung stellen, die die Armeen der eingedrungenen Khmer und Cham vertrieb.

Die von einer Mauer umgebene **Pho Minh-Pagode** (Chua Thap Pho Minh) liegt weithin sichtbar unter Bäumen und wird von einem 21 m hohen, 13-stöckigen Turm (*thap*) überragt. 1262 gegründet, ließ König Tran Anh Tong dann 1305 zwischen zwei Lotosteichen den Sakralbau für die Asche seines Vaters, des Königs Tran Nhan Tong, errichten. Dieser hatte die Meditationssekte des Bambuswaldes auf dem Berg Yen Tu (s. S. 104) gegründet. Der Ziegelbau ruht auf Steinplatten, die Ziegel mit der Jahreszahl 1305,

» Karte S. 90-91, Info S. 131-133

Foto: Hansjörg Keller

dem Todesjahr des Königs, waren mit Drachenmotiven geschmückt. Französische Restauratoren überzogen ihn in der Kolonialzeit mit einer Stuckschicht. Zum Tempel führt eine **Treppe**, die von zwei Drachen flankiert wird. Die Originale ihrer Köpfe befinden sich im Musée Guimet in Paris, das Original der reichgeschnitzten Eingangstür aus Eisenholz ist im Historischen Museum in Hanoi (s. S. 72) zu finden. Den schlichten Bau schmücken reiche **Schnitzereien**. Der liegende Buddha auf dem Altar wird als König Tran Nhan Tong verehrt, der die Buddhaschaft erlangte. Die **Glocke** stammt aus dem Jahr 1792.

Der **Gedenktempel für die Tran-Dynastie** (Den Tran) liegt 500 m entfernt. Innerhalb der Mauer befinden sich zwei Gebäude, der **Tempel für die Dynastie** und rechts davon, etwas versetzt, die **Gedenkstätte für den königlichen Prinzen**, General Tran Hung Dao, der 1288 die mongolisch-chinesische Yuan-Dynastie besiegte. Im Tempel der Dynastie symbolisiert das Schwert auf dem Thron die Macht der Tran-Könige. Ein großer Altar ist der gesamten Dynastie gewidmet, dahinter werden die 14 Herrscher an Einzelaltären verehrt. Abweichend von der zeitlichen Folge ihrer Herrschaft sind die **Statuen** der Sieger über die Yuan-Dynastie in der Mitte aufgestellt.

Oben: Reisbäuerinnen bei Ninh Binh.

Ninh Binh

„Pforte zum Alten Reich"

Die Hauptstadt **Ninh Binh** ㊾ (ca. 53 000 Einwohner) der **Provinz Ninh Binh** ist von Nam Dinh auf der Straße 10 (29 km) zu erreichen (94 km von Hanoi auf der Straße 1A). Rechts, auf einem Felsen über dem Fluss, sind die Reste eines französischen **Forts** zu sehen. Die Vietnamesen bezeichnen diese Stelle als die „Pforte zum Alten Reich", das in Hoa Lu lag. Auf dieser Felsenklippe in dem **Pavillon der Schönen Brise** (Non Nuoc) soll die Gemahlin des Dinh-Königs nach dessen Tod den General Le

» Karte S. 90-91, Info S. 131-133

Hoan nach seinem Sieg über die Chinesen erwartet und ihm die Herrschaft angetragen haben.

Ninh Binh ist ein guter **Ausgangspunkt für Exkursionen** in die „Trockene Ha Long-Bucht". Agenturen, Guesthouses und Hotels vermieten Fahr- und Motorräder sowie Autos. Im 6 km südwestlich gelegenen Dorf Tam Coc (s. S. 116) gibt es Hotels; dort und in Trang An starten Ausflugsboote.

★Hoa Lu
Ehrwürdige Gedenktempel

Der Weg zur ehemaligen Königsstadt Hoa Lu führt durch eine von Wasserläufen durchzogene Turmkarstlandschaft, die ★★**Trockene Ha Long-Bucht** genannt wird (zu deren Entstehung: siehe S. 107, 111, 116). Der Abschnitt um Hoa Lu und die Ausflugsboot-Ablegestelle **Trang An** steht als ★★**Trang-An-Landschaftskomplex** auf der Unesco-Welterbeliste.

★**Hoa Lu** 50 war von 968-979 Hauptstadt der Dinh-Dynastie und von 980-1009 der Frühen Le-Dynastie. Ngo Quyen, der die Unabhängigkeit Vietnams erkämpft hatte, konnte die zwölf vietnamesischen Stämme nicht einigen. Nach seinem Tod drohte die Zersplitterung in zwölf Fürstentümer. Dinh Bo Linh, der Sohn eines Präfekten aus Hoa Lu, wurde Sieger der Nachfolgekämpfe. Als König Dinh Tien Hoang regierte er mit starker Hand. Dem frommen Buddhisten gelang die Einigung des Reichs, das er Dai Co Viet („Große Nation der Viet") nannte. In der Abgeschiedenheit der Trockenen Ha-Long-Bucht gab er dem Land eine einheitliche Verwaltung und eine schlagkräftige Armee. Seine Nordgrenze musste er zunächst durch Tribute an China sichern, erst am Ende seiner Regierungszeit sandte er seinen General Le Hoan zum Kampf gegen die chinesische Song-Dynastie.

Dinh Tien Hoang und seine Söhne wurden Opfer blutiger Intrigen seiner eigenen Familie, die nur sein 6-jähriger Sohn überlebte. Der Hof wählte 980 General Le Hoan, den Geliebten der Königin, zum Herrscher. Er regierte als König Le Dai Hanh die Frühe Le-Dynastie (980-1009), heiratete die Witwe seines Vorgängers und setzte dessen Werk fort. Die nachfolgende Späte Ly-Dynastie (1009-1225) konnte schließlich ihre Hauptstadt aus dem Schutz des Bergtales in die offene Deltalandschaft nach Thang Long (Hanoi) verlegen.

Der Königsitz von Hoa Lu war an drei Seiten von Bergen, an der vierten vom Van-Fluss geschützt. Chinesische Reisende berichten, dass am Fuß des Pferdesattel-Hügels (Ma Yen) der Palast lag. Davor befand sich die königliche Audienzhalle. Vor der Königsstadt lebten die Beamten und Militärs, am Fluss lagerte das Heer. Die Gedenktempel für König Dinh Tien Hoang und General Le Hoan liegen an der Stelle der einstigen Audienzhalle. Vietnamesischer Sitte entspricht es, den königlichen Tempel zuerst aufzusuchen.

Der harmonische ★**Gedenktempel für König Dinh Tien Hoang** (Den Dinh) aus dem 11. Jh. ist von einer Mauer umgeben. Der Innenraum wird beherrscht vom **Königsthron**, der von **Statuen** seiner Söhne umgeben ist. Beim Tempelfest wird der Thron auf einem Steinsockel vor dem Gebäude platziert, davor wird ein Weihrauchkessel aufgestellt. Der schräge, mit Drachen geschmückte Stein, das sog. **Drachenbrett**, dient zur Ablage der Opfer.

Der etwas kleinere **Gedenktempel für Le Hoan** (Den Le Hoan) für den siegreichen General wurde erst im 17. Jh. von der Späten Le-Dynastie erbaut. Zunächst wurde nur die **Statue des Generals** aufgestellt. Die seiner Gemahlin, die zuvor Königin der Dinh-Dynastie gewesen war, stellte man später auf den rechten Seitenaltar. Links neben dem **Hauptaltar** befindet sich die Statue des Sohnes des Le-Königs und der Königin. In der gegenüberliegenden Ecke ist ein leerer **Thron** für die Tochter aus der ersten Ehe der Königin zu sehen.

4 Bac Bo – Nord-Vietnam

» Karte S. 90-91, Info S. 131-133

Foto: Hansjörg Keller

Das farbenfrohe ★**Tempelfest** an beiden Sakralbauten findet am 3. Tag des 3. Mondmonats statt. Fast 300 Stufen führen auf den **Ma Yen-Hügel** zum Grab des Königs Dinh Tien Hoang, dem ältesten Herrschergrab Vietnams. Von hier reicht die fantastische ★★**Aussicht** weit über das Flusstal und die Karstlandschaft.

★★Tam Coc

Stimmungsvolle Bootsfahrt durch die ★★Trockene Ha Long-Bucht

★★**Tam Coc** (51) („Drei Höhlen") liegt 6 km südwestlich der Stadt Ninh Binh in der Trockenen Ha Long-Bucht. Vom Weiler **Van Lam** (auch **Ninh Hai** genannt) gleiten Ruderboote (*sampan*) mit Touristen gemächlich über den **Ngo Dong-Fluss**. Dieser bildet zwischen hohen Felswänden große Becken, die man nur durch drei, 127, 60 und 50 m lange **Höhlen** erreicht. Bei der Durchfahrt der beiden letzten Höhlen sieht man kurz weder Ein- noch Ausgang. Auf den bizarren **Kalksteinfelsen** leben Affen und Bergziegen, und mit Glück kann man während der 2-3 Stunden (hin und zurück) dauernden ★★**Bootsfahrt** Eisvögel beobachten. An den Ufern wird Reis und Gemüse angebaut. Die Bootsführer und Frauen auf anderen auf dem Wasser treibenden Kähnen bieten ziemlich hartnäckig Getränke und Stickereien zu überhöhten Preisen an. Außerdem wird heftig um Trinkgelder gefeilscht.

Oben: König Dinh Tien Hoang in seinem Gedenktempel in Hoa Lu. Rechts: Die „Trockene Ha Long-Bucht" bei Tam Coc.

Der **Pagode der Jadegrotte** (Chua Bich Dong) gehört ebenfalls zum Weiler Van Lam. Etwa 2 km von der Anlegestelle der Boote entfernt erhebt sich eine steile Felswand mit drei **Höhlen**, in denen zwei Mönche 1228 Pagoden errichteten. Kurz vor der Felswand, die zum **Trung Yen-Gebirge** gehört, führt eine 200 Jahre alte **Steinbrücke** nach links. Die drei in den Fels gebauten Pagoden liegen auf verschiedenen Ebenen: am Fuß des steilen Kalksteinfelsens der **Chua Ha**, auf halber Höhe der **Chua Trung** und auf dem Gipfel der **Chua Thuong**. Während der Späten Le-Dynastie (1428-1527), aus der die große **Glocke** stammt, wurden sie erweitert. Der ★**Ausblick** lohnt den beschwerlichen Aufstieg.

★★Cuc Phuong

Ältester Nationalpark Vietnams

Der 250 km^2 große ★★**Cuc Phuong-Nationalpark** (52) liegt 45 km nordwestlich von Ninh Binh. Das Gebiet mit tropischem Primärwald am Rand der „Trockenen Ha Long-Bucht" wurde 1962 zum ersten Nationalpark Vietnams erklärt. Er birgt etwa 2000 Pflanzenarten, darunter etliche Heilkräuter. Ebenso beeindruckend ist die Vielfalt der Fauna: etwa 320 Vogel- , 65 bekannte Fisch-, fast 100 Reptilien- und ungefähr 70 Säugetierarten. Zu letzteren zählt der vom Aussterben bedrohte und zur Familie der Schlankaffen gehörende **Delan-**

» Karte S. 90-91, Info S. 131-133

Foto: Hansjörg Keller

cour-Langur mit weiß-schwarzem Fell, der mit höchstens noch 250 Tieren ausschließlich in Vietnam vorkommt. Ihn und andere durch illegalen Handel oder verbotene Haustierhaltung gefährdete Arten zu schützen setzte sich das 1993 eröffnete ★**Endangered Primate Rescue Center** (**EPRC**) zum Ziel, in dem bis zu 150 Tiere betreut werden.

Neben Baumfarnen und Korkenzieherlianen gibt es 1000-jährige Baumriesen mit einem Umfang bis 10 m und einer Höhe von 70 m. Der **Kim Giao-Baum** ist endemisch und kommt nur in diesem Gebiet vor. Seine Blätter, Blüten und Wurzeln werden zu Arznei verarbeitet, Essstäbchen aus seinem Holz sind im ganzen Land begehrt.

Zu den Highlights im Nationalpark zählen ★★**Trekkingtouren**, z.B. in 6-8 Stunden zum **Muong-Dorf Khanh** (mit Guide und Übernachtung).

Weniger spektakulär ist die Besichtigung **Prähistorischer Höhlen** (Dong Nguoi Xua u. a.), in denen man Artefakte der um 15 000-10 000 v. Chr. bestehenden Hoa Binh-Kultur fand.

★★Phat Diem (Kim Son)
Zentrum der vietnamesischen Christen

Die Umgebung von Ninh Binh ist seit der Missionierung das Zentrum der Christen Nord-Vietnams (s. S. 51). Bis heute sind noch etwa 50 % der Bevölkerung katholisch. Auffällig sind die zahlreichen Kirchen in den Dörfern, von denen die ★★**Kathedrale** in **Phat Diem** (**Kim Son**) ㊸ (28 km südöstlich von Ninh Binh) besonders imposant ist. Der vietnamesische Pfarrer Tran Luc, auch Père Six genannt, ließ sie 1891-1899 im Dorf Luu Phuong errichten. Vor der Fassade steht ein 3-stöckiger **Glockenturm** mit christlichen und buddhistischen Motiven. Auch der Kirchenbau selbst mischt westliche und östliche Stile: so ruht das Dach auf zahlreichen Holzsäulen, während sich die Seitenwände herausnehmen lassen. In der Anlage finden sich zahlreiche **Kapellen** und künstliche **Grotten**. 1933 wurde hier der erste vietnamesische Bischof geweiht. Bis heute werden hier Priester ausgebildet.

» Karte S. 90-91, Info S. 131-133

Foto: Volkmar E. Janicke

NÖRDLICHES HOCHLAND

Das **Nördliche Hochland** Vietnams entstand im Lauf von 400 Mio. Jahren. Dabei wirkten sich die tektonischen Faltungen im Südlichen Hochland Vietnams (s. S. 189) weniger stark aus als im Norden, wo die typischen Kalksteinberge hervortraten. Charakteristisch sind die von den Flüssen eingeschnittenen tiefen Schluchten. Bodenschätze, Edelhölzer und Heilkräuter kommen reichlich vor. Schwieriger als in der Ebene ist die Versorgung mit Elektrizität und Trinkwasser.

Die Gebirge in der Grenzregion zu China sind die höchsten des Landes, in ihnen liegt auch der höchste Berg, der 3143 m hohe **Fan Si Pan**, der sich im **Hoang Lien-Gebirge** in der Nähe des Touristenzentrums **Sa Pa** erhebt.

Der **Rote Fluss** (Song Hong) und seine großen Nebenflüsse, der **Schwarze Fluss** (Song Da) und der **Klare Fluss** (Song Lo), bewässern das nördliche Delta, der **Song Ma** die Provinz Thanh Hoa. Stromschnellen und starkes Gefälle machen die Flüsse nur für den lokalen Verkehr passierbar. Abgelegene Straßen sind – wenn überhaupt – nur mit Schotter befestigt und haben in Grenznähe strategische Bedeutung.

Typisch für die Gebirgsregion sind **Hochplateaus** mit bizarren, zerklüfteten Kalksteinkegeln, die von hohen Bergen umgeben sind. Die Landschaft besitzt Hochgebirgscharakter, aber ständig mit Schnee bedeckte Berge fehlen. Auch die höchsten Erhebungen sind bis zum Gipfel mit Vegetation bedeckt.

Zwischen den **Ethnischen Minderheiten** (**Bergvölker**; französ. *montagnards*; engl. *hilltribes*) des Nordens und den Viet (Kinh) kam es im Lauf der Jahrhunderte oft zu Auseinandersetzungen, denn einige Stammeshäuptlinge strebten nach Autonomie, während die Kinh die von ihnen verachteten Bergbewohner an den Rand drängen wollten. Die Bevölkerung hatte häufig unter hohen Steuern, besonders der Salzsteuer, und Übervorteilung durch Regierungsbeamte zu leiden. Gegen Aufstände gingen die vietnamesischen Könige hart vor. Aber sie haben auch den Ausgleich gesucht durch Erteilung von Vorrechten und Heirat mit Töchtern der Stammesfürsten. Heute bekleiden Angehörige der Bergvölker auch hohe Posten in Partei und Regierung – solange sie auf der Parteilinie agieren. Die wirtschaftliche Lage der Bergvölker im Norden bessert sich mit der allgemeinen Situation.

Foto: Peter Rex

Links: Reisterrassen in den Bergen bei Sa Pa. Rechts: Das Nördliche Hochland ist die Heimat zahlreicher Bergvölker.

DIE NORDWEST-PROVINZEN

Eine Fahrt von 475 km auf der Nationalstraße 6 durch die Provinzen Hoa Binh, Son La und Dien Bien führt von Hanoi nach Dien Bien Phu, wobei die Straße nicht durchgängig gut ausgebaut ist. Die Strecke führt durch eine abwechslungsreiche Gebirgslandschaft,

z. T. über Pässe und Hochplateaus mit lichten Wäldern. Da die Regen des sommerlichen Südwest-Monsuns im verkarsteten Kalkgestein versickern, leidet die Region unter Wassermangel. Die Bergketten des **Hoang Lien** erreichen im Süden 2000 m und halten im Winter Regen und Kälte des Nordost-Monsuns ab, so dass die Temperaturen im Gebirge nicht unter 11 °C sinken. Warme Winde aus Laos bringen im Sommer Temperaturen bis 27 °C. Nur bei intensiver Wasserwirtschaft ist der Anbau von Baumwolle, Gemüse und Flachs ertragreich. Tee gedeiht jrdoch im feuchten Bergnebel gut.

Hoa Binh

Zentrum der Muong-Minderheit

Die von Karstkegeln umgebene, nur etwa 10 000 Einwohner zählende Provinzhauptstadt **Hoa Binh** 54 (75 km von Hanoi) liegt auf einer Ebene in etwa 230 m Höhe am **Schwarzen Fluss** (Song Da). Verfallene **Befestigungen** stammen noch aus der Kolonialzeit. Auf dem großen **Markt** in Hoa Binh bieten die Bergvölker ihre Waren, v. a. Textilien, an.

Umgebung von Hoa Binh

In den Bergtälern der näheren Umgebung leben die Muong, eine den Vietnamesen verwandte, etwa 1,2 Mio. Menschen zählende Minderheit, beispielsweise in den Dörfern **Xom Mo** (8 km), **Ban Dam** (7 km) und **Giang** (15 km). Die Männer arbeiten in den Reisfeldern, Frauen, Kinder und alte Leute sind in den Dörfern mit großen **Pfahlbauten** anzutreffen. Es sind Sippenhäuser, unter deren hohen Dächern jede Familie eine eigene Feuerstelle hat. Die Frauen der Minderheiten tragen lange Röcke. Sie haben die zwangsweise Übernahme der chinesischen weiten, schwarzen Hosen und schräg geknöpften weißen Blusen während der chinesischen Ming-Herrschaft (1407-1427) nicht mitmachen müssen.

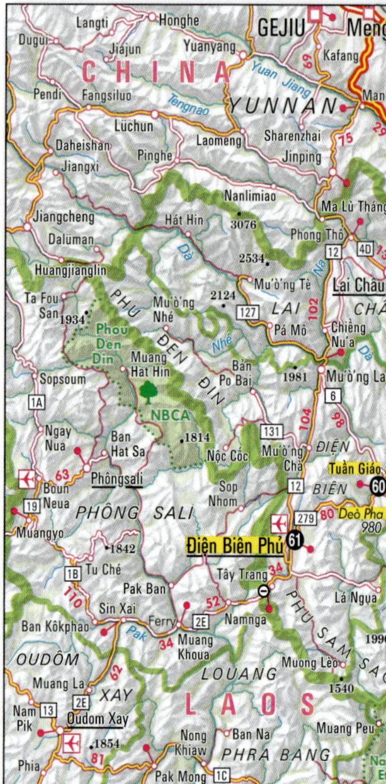

Song Da-Stausee

Bootsfahrt zu prähistorischen Höhlen

10 km von Hoa Binh entstanden mit Hilfe der Sowjetunion am Schwarzen Fluss der über 150 km lange **Song Da-Stausee** 55 (1988) und das heute zweitgrößte Kraftwerk Vietnams (1994 fertiggestellt). Von der **Staumauer**, mit einer riesigen, 18 Meter hohen **Ho Chi Minh-Statue** auf einem nahen Hügel, hat man eine gute Aussicht auf den See.

Über den See fahren Boote zu Höhlen, in denen Steinwerkzeuge der prähistorischen Hoa Binh-Kultur (um etwa 15 000 v. Chr.) gefunden wurden; die **Thu Do-Höhle** kann besichtigt werden.

 » Karte S. 120-121, Info S. 131-133

Mai Chau

Bei den Weißen Thai

Ein weiteres Zentrum des „Bergvölker-Tourismus" ist **Mai Chau** 56 (etwa 135 km von Hanoi) mit 50 000 Einwohnern. In dem Ort leben ungefähr 60 Großfamilien der Schwarzen und insbesondere Weißen Thai in Pfahlbauten. Letztere sind bekannt durch ihre traditionellen Lieder und den Can-Wein, der aus Blättern hergestellt und mit einem Bambusstrohhalm getrunken wird.

In Mai Chau, gelegen in einem Tal zwischen bewässerten Reisfeldern, lassen sich ★★**Trekking-Touren** zu Dörfern der Thai, Hmong (Meo) und Muong organisieren. Einen ganzen Tag braucht man für die 18 km-Wanderung zum Hmong-Dorf **Xa Linh**. Empfehlenswert ist auch der Besuch des Thai-Dorfs **Lac** mit zahlreichen typischen Pfahlhäusern. Schöne Souvenirs sind Stickereien und Holzschnitzereien.

Moc Chau

Tee-, Milch- und Seidenindustrie

Die Bezirkshauptstadt **Moc Chau** 57 liegt im Tal des Schwarzen Flusses (Song Da) am Fuß des 1485 m hohen Phu Dong Tinh. Sie ist das Zentrum der Tee- und Seidenindustrie sowie der Milchwirtschaft der Provinz Son La; Milchprodukte, v. a. Joghurt, werden entlang der Hauptstraße verkauft.

» Karte S. 120-121, Info S. 131-133

Foto: Hans-Alexander v. Schaper

Auf 5000 ha wurden Maulbeerbäume angepflanzt, und die Produktion von Seidenkokons war sehr erfolgreich. Nun sind die Einwohner weiterer Dörfer – Muong, Weiße und Schwarze Thai – entlang der Straße 6 aufgefordert, Maulbeerbäume anzupflanzen und den Anbau von Schlafmohn und Trockenreis dafür aufzugeben.

11 km westlich zieht die spektakuläre ★**Glasbodenbrücke Bach Long**, 632 m lang und 150 m hoch über dem Tal, Schwindelfreie magisch an.

Son La
Zu Besuch bei Hmong und Thai

Son La 58 (ca. 310 km von Hanoi), die Hauptstadt der **Provinz Son La** mit über 60 000 Einwohnern, hat sich von der düsteren Vergangenheit befreit. Nur **Festung** und **Gefängnis** mit unterirdischen Verliesen aus der Kolonialzeit erinnern noch an blutig niedergeschlagene Rebellionen der Bergvölker. Über ihre Kulturen und die zwei Indochinakriege informiert das **Museum**.

In den hohen Bergregionen der Umgebung siedeln überwiegend Hmong (Meo) und Thai. Sie bauen Mais und Flachs an und züchten Schweine, Ochsen und Pferde. Tiefer als die Meo lebt das Volk der Man. Noch etwas tiefer, auf feuchteren Hochflächen, ernten die Thai Reis und Baumwolle und züchten Büffel. Bergpfade führen zu den hochgelegenen Dörfern. Angehörige der Minoritäten sind auf den Märkten der Dörfer entlang der Straße anzutreffen.

Pha Din-Pass und Tuan Giao

Von Son La gelangt man nach 165 km kurvenreicher Straße nach Dien Bien Phu. Die Trasse folgt einem alten Handelsweg, auf dem auch buddhistische Pilger von China über Laos nach Myanmar und Indien zogen. Der 970 m hohe **Pha Din-Pass** 59 (Deo Pha Din) trennt die Provinz Son La von der dünn besiedelten Provinz Dien Bien.

An einer Kreuzung liegt der von Reisfeldern umgebene, 600 m hoch gelegene Ort **Tuan Giao** 60, der einer der wichtigsten Marktplätze dieser Region ist.

Dien Bien Phu
Das Ende der Kolonialzeit

Dien Bien Phu 61, mit knapp 30 000 Einwohnern, liegt auf etwa 600 m Höhe in einem schmalen Tal mit milden Wintern und warmen Sommern, in dem Reis angebaut wird. Es gedeihen auch Zuckerrohr, Kaffee, Baumwolle und Flachs. Ein halbes Jahrhundert nach dem Sieg von Dien Bien Phu (1954) stieg die Zahl ausländischer Touristen sprunghaft an, und die Baubranche boomte.

Die Schlacht von Dien Bien Phu

Als die Franzosen nach dem 2. Weltkrieg 1946 nach Vietnam zurückkehrten, brach der Widerstand gegen die

Oben: Seidenraupe in Moc Chau. Rechts: M24-Panzer – 1953 zerlegt nach Dien Bien Phu eingeflogen.

» Karte S. 120-121, Info S. 131-133

Foto: mathess (iStockphoto)

Kolonialmacht im ganzen Land aus. 1953 suchte Frankreich eine Entscheidung herbeizuführen; die USA hatten sich bereits engagiert und finanzierten das Unternehmen. Der französische General Henri Navarre hatte ein Konzept vorgelegt, demzufolge der von China unterstützte *Viet Minh* an der angeblich uneinnehmbaren Festung ausbluten sollte. Doch General Vo Nguyen Giap – ein Mitstreiter Ho Chi Minhs und strategisches Genie – plante, Dien Bien Phu anzugreifen. Die Festung bestand aus drei starken Forts, 49 Vorposten und zwei Flugplätzen. Im November 1953 griff Giap die Provinzhauptstadt Lai Chau an, während die Vorbereitungen zum Angriff auf Dien Bien Phu auf Hochtouren liefen. Der Erfolg wäre ohne die Hilfe der Bergvölker undenkbar gewesen: Sie schleppten schwere Artillerie, Munition und Verpflegung in die oberhalb des Orts eingegrabenen Bergstellungen.

Am 20. November flogen die Franzosen ihre Elitebataillone und Fallschirmspringer ein. Sie rechneten mit einem Infanterieangriff, nicht aber mit schwerem Artilleriefeuer von den Bergen. Der entscheidende Kampf begann am 31. März und endete mit der demütigenden Niederlage der Franzosen am 7. Mai 1954: 9 000 Soldaten Frankreichs gerieten in vietnamesische Gefangenschaft; viele überlebten diese nicht.

Schon im Januar 1954 hatten die Großmächte auch China zu einer Konferenz am 21. April nach Genf eingeladen. Am 21. Juli 1954 beendete deren Schlussdeklaration (Genfer Abkommen) die Kolonialzeit in Indochina. Vietnam wurde am 17. Breitengrad provisorisch geteilt, die USA traten an die Stelle Frankreichs und unterstützten den nicht-kommunistischen Süden.

Besichtigung von Dien Bien Phu

Vom **Hügel A1** (Eliane 2), auf dem ein **Denkmal** steht, lassen sich die wenigen Reste der Festung überblicken. Ein **Soldatenfriedhof** erinnert an die Gefallenen. Das unterirdische **Hauptquartier** von General de Castries, das nur aus

Foto: Ladislav Janicek

zwei Räumen besteht, ist zu besichtigen. Das **Museum** zeigt Pläne, Fotos und Relikte, u. a. ein mit Bambus verstärktes Fahrrad, mit dem die Vietnamesen bis zu 200 kg schweres Gerät transportierten, und M24-Chaffe-Leichtpanzer der Franzosen aus US-Fertigung.

Lao Cai
Stimmungsvolle Bahnfahrt

Lao Cai ㊷, die Hauptstadt der **Provinz Lao Cai** mit 40 000 Einwohnern, wurde 1979 von den Chinesen beim „Erziehungsfeldzug" erobert und weitgehend zerstört. So ist der gesichtslose Ort für Reisende nur Durchgangsstation beim Grenzübergang nach Hekou, der Nachbarstadt in der chinesischen Provinz Yunnan. Landschaftlich besonders schön ist die rund 340 km lange ★**Zugfahrt** von Hanoi nach Lao Cai, immer entlang des Roten Flusses. Die Straße nach Sa Pa zweigt 6 km vor der Stadt ab.

Oben: Lao Cai am Roten Fluss. Rechts: Die Schwarzen Hmong dominieren das Straßenbild von Sa Pa.

★★Sa Pa
Bergvölker und Märkte

35 km von Lao Cai liegt ★★**Sa Pa** ㊸, seit Ende der 1990er Jahre eines der Topziele des Vietnam-Tourismus. 1922 von den Franzosen als Grenzposten zwischen sanften Hügeln auf 1600 m Höhe erbaut, entwickelte sich der Ort wegen seines angenehmen Klimas schnell zur beliebten Sommerresidenz der Kolonialherren und reicher Vietnamesen. Als Folge der Indochinakriege lag Sa Pa jahrelang einsam und vergessen zu Füßen des Fan Si Pan (s. S. 128). Doch heute zieht es in den Sommermonaten v. a. ausländische Besucher in Scharen in die Berge, um die teilweise alpin anmutende Landschaft zu genießen und die **Bergvölker** mit ihren bunten Trachten und **Märkten** in Sa Pa und den umliegenden Dörfern zu besuchen. Im Winter kann es hier mit Nebel und Temperaturen bis 0° C empfindlich kalt werden.

Die Angehörigen der Bergvölker lassen sich durch Kleidung und Kopfschmuck unterscheiden. Die **Schwar-**

Foto: Volkmar E. Janicke

zen Hmong (**Meo**) sind die dominierende Minorität in den Gassen von Sa Pa, denn sie haben ihre Dörfer mit meist ebenerdigen Häusern in unmittelbarer Nähe des Ortes. Das „Markenzeichen" des ca. 700 000 Menschen zählenden Volks sind die dunkelblauen indigogefärbten Stofftücher, die die Frauen auf dem Kopf tragen. Sie wanderten erst Anfang des 19. Jh. von Laos und Süd-China nach Vietnam ein. Mit den Schwarzen Hmong verwandt, aber durch eine andere Tracht unterschieden sind die **Flower Hmong** („Blumen Hmong"), deren Frauen meist bunt karierte Kopftücher und Blusen mit detailreichen Mustern tragen.

Die roten Kopfbedeckungen der Frauen der **Roten Dao** (**Man**; gesprochen *zao*) hingegen sehen aus wie Kissen. Die wohl im 12./13. Jh. aus Süd-China zugewanderten und heute über 600 000 Menschen zählenden Dao sind Händler, leben in Dörfern mit schindel- und strohbedeckten Holzhütten mehrere Kilometer vom Ort entfernt und sprechen ein sino-tibetisches Idiom. Anders als die meisten anderen Bergvölker benutzen sie schon seit Jahrhunderten das chinesische Schriftsystem.

Auch Dörfer der Thai und Giay sind in der näheren Umgebung Sa Pas zu finden. Die **Thai** zählen mit ca. 1,2 Mio. Angehörigen zu den größten ethnischen Minderheiten Vietnams – und auch zu den ältesten, da sie sehr früh, mutmaßlich vor etwa 1000 Jahren, aus Süd-China einwanderten. Die Thai, die auch in Myanmar, Thailand und Laos beheimatet sind, wohnen auf Pfahlhäusern aus Bambus und Holz und werden von manchen Ethnologen – nicht unumstritten – in Weiße, Schwarze und Rote Thai untergliedert. Die ungefähr 40 000 **Giay** (gesprochen *zay*) leben in Dörfern mit Pfahlhäusern. Typisch für die Tracht der Frauen sind rosa, hellgrüne oder blaue Blusen mit einer aufwändig, kleinteilig bestickten Bordüre.

★★Samstagsmarkt

Am Wochenende platzt Sa Pa (ca. 38 000 Einw.) meist aus allen Nähten:

» Stadtplan S. 126, Info S. 131-133

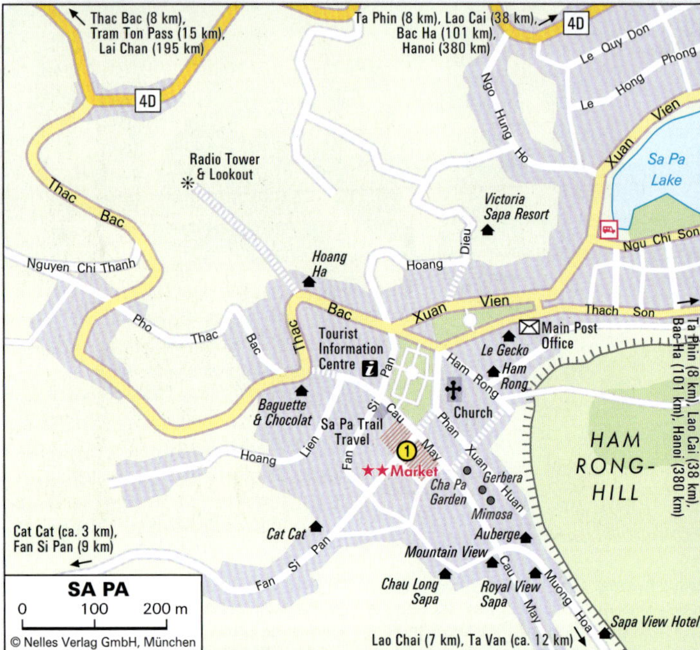
Thac Bac (8 km), Tram Ton Pass (15 km), Lai Chan (195 km)
Ta Phin (8 km), Lao Cai (38 km), Bac Ha (101 km), Hanoi (380 km)
4D
Le Quy Don
Le Hong Phong
Ngo Hung Ho
Xuan Vien
Sa Pa Lake
Radio Tower & Lookout
Victoria Sapa Resort
Ngu Chi Son
Thac Bac
Nguyen Chi Thanh
Hoang Ha
Hoang Dieu
Bac Xuan Vien
Thach Son
Pho Thac Bac
Thac Bac
Tourist Information Centre
Pan
Main Post Office
Le Gecko
Ham Rong
Ham Rong
Church
Ta Phin (8 km), Lao Cai (38 km), Bac Ha (101 km), Hanoi (380 km)
Baguette & Chocolat
Sa Pa Trail Travel
Si Cau May
Phan Xuan Huan
Hoang Lien
Fan
1
★★Market
Gerbera
Cha Pa Garden
Mimosa
HAM RONG-HILL
Cat Cat (ca. 3 km), Fan Si Pan (9 km)
Cat Cat
Auberge
Mountain View
Fan Si Pan
Cau May
Muong Hoa
Chau Long Sapa
Royal View Sapa
Sapa View Hotel
Lao Chai (7 km), Ta Van (ca. 12 km)
SA PA
0 100 200 m
© Nelles Verlag GmbH, München

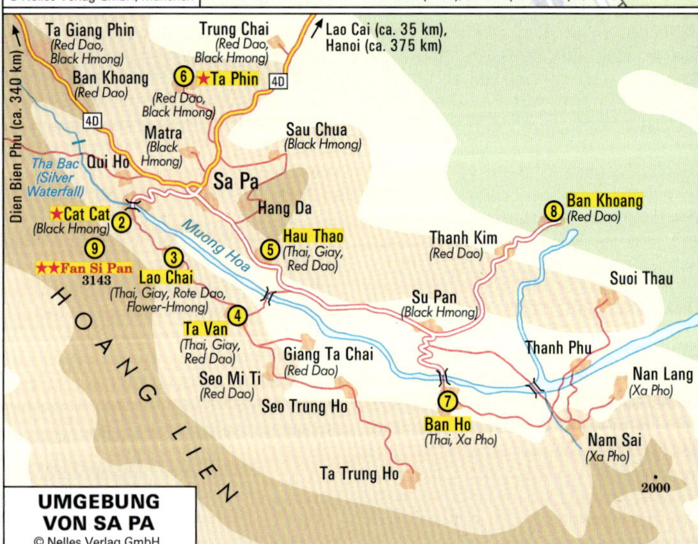
Ta Giang Phin (Red Dao, Black Hmong)
Trung Chai (Red Dao, Black Hmong)
Lao Cai (ca. 35 km), Hanoi (ca. 375 km)
Dien Bien Phu (ca. 340 km)
Ban Khoang (Red Dao)
6 ★Ta Phin (Red Dao, Black Hmong)
4D
Matra (Black Hmong)
Sau Chua (Black Hmong)
Tha Bac (Silver Waterfall)
Qui Ho
Sa Pa
Hang Da
★Cat Cat (Black Hmong) 2
9
★★Fan Si Pan 3143
Muong Hoa
5 Hau Thao (Thai, Giay, Red Dao)
3 Lao Chai (Thai, Giay, Rote Dao, Flower-Hmong)
8 Ban Khoang (Red Dao)
Thanh Kim (Red Dao)
Suoi Thau
Su Pan (Black Hmong)
4 Ta Van (Thai, Giay, Red Dao)
Giang Ta Chai (Red Dao)
Thanh Phu
Seo Mi Ti (Red Dao)
Seo Trung Ho
Nan Lang (Xa Pho)
7 Ban Ho (Thai, Xa Pho)
Nam Sai (Xa Pho)
HOANG LIEN
Ta Trung Ho
2000
UMGEBUNG VON SA PA
© Nelles Verlag GmbH

Foto: Ladislav Janicek

dann nämlich wollen auch die Hmong, Thai, Giay und Dao nicht zu Hause bleiben und treffen sich am großen ★★**Samstagsmarkt** (1) – der Hauptattraktion von Sa Pa. Sie verkaufen ihre Waren und plaudern bis spät in die Nacht miteinander und mit den zahllosen Touristen. Ein kleinerer **Markt** findet die ganze Woche über statt.

Umgebung von Sa Pa

Die Umgebung von Sa Pa ist ein Paradies für ★★**Trekking** und ★★**Mountainbiking**, fast alle Restaurants, Agenturen und Guesthouses bieten ein breit gefächertes Programm an: von einfachen Tagestouren bis zu mehrtägigen Gipfelbesteigungen und Exkursionen zu den ethnischen Minderheiten mit Guide und Übernachtung in den Dörfern. Beim Fotografieren der Menschen sollte man unbedingt vorher um Erlaubnis Fragen; wird man in ein Haus der Bergvölker eingeladen, sollte man keinesfalls auf den Ahnenaltar mit dem Finger zeigen, ihn fotografieren oder gar berühren!

Das Sa Pa nächstgelegene Dorf ist das von Schwarzen Hmong bewohnte ★**Cat Cat** (2) im Muong Hoa-Tal (ca. 3 km). Von dort kann man zum **Silberwasserfall** (Tha Bac) weiterwandern.

Von Cat Cat führt ein Weg über **Lao Chai** (3) nach **Ta Van** (4) (ca. 12 km), das – alternativ – auch über **Hau Thao** (5) und eine **Hängebrücke** über den Fluss erricht werden kann. In den drei Dörfern leben Thai, Giay und Rote Dao.

Empfehlenswert ist auch eine Wanderung durch ein Tal mit Reisterrassen von Sa Pa in Richtung Lao Cai nach ★**Ta Phin** (6) (ca. 15 km), dessen Bewohner, Rote Dao und Schwarze Hmong, für ihre qualitätvollen Textilien (u. a. Umhängetaschen und Mützen) bekannt sind.

Weiter entfernt gelegene Dörfer, z. B. **Ban Ho** (7) (Thai und Xa Pho) und **Bang Khoang** (8) (Rote Dao), besucht man am einfachsten mit einem Xe Om (Motorradtaxi).

Oben: Sa Pa – Ausgangspunkt für Trekkingtouren zu den höchsten Gipfeln Vietnams.

Foto: Ladislav Janicek

Die Besteigung des höchsten Bergs Vietnams, des 3143 m hohen ★★**Fan Si Pan** (9), ist eine anstrengende, drei- bis viertägige Tour durch dichten Urwald, die Trittsicherheit und Kondition voraussetzt und keinesfalls ohne einheimischen Führer unternommen werden sollte. In Sa Pa gibt es Träger und Guides, die den schwierigen Weg kennen und die notwendige Ausrüstung bereitstellen. Die beste Zeit ist zwischen November und April, doch muss mit empfindlicher Kälte gerechnet werden. Im Sommer ist die Besteigung eine äußerst feuchte Angelegenheit, und die vielen Blutegel am Fuß des Berges stellen dann selbst Naturfreunde auf eine harte Probe.

Bac Ha und Can Cau

Wachsender Beliebtheit bei ausländischen Besuchern erfreut sich die Stadt **Bac Ha** (64), nur 700 m hoch gelegen und zur Pflaumenblüte im Juni besonders reizvoll (ca. 330 km von Hanoi). Angehörige von bis zu zehn verschiedenen Bergvölkern, darunter überwiegend die Blumen-Hmong (Flower Hmong), besuchen den farbenprächtigen ★**Sonntagsmarkt** von Bac Ha.

Auf dem wilden, von Yunnan kommenden **Song Chay** bieten Agenturen ★**Kayaking** und ★**Rafting** an.

Ein typisches Dorf der Blumen-Hmong ist nur 7 km entfernt: **Ban Pho**.

Ein sehr sehenswerter ★**Samtagsmarkt** im Freien findet in **Can Cau** (65) (20 km nördlich von Bac Ha) nahe der chinesischen Grenze statt.

Oben: Blumen-Hmong auf dem Sonntagsmarkt in Bac Ha. Rechts: Frau aus einem Dao-Stamm, kenntlich an der roten, turbanartigen Kopfbedeckung.

DIE NORDPROVINZEN

Zum gebirgigen, größtenteils bewaldeten Norden Vietnams zählen die Provinzen Thai Nguyen, Ha Giang, Tuyen Quang, Bac Can, Cao Bang und Lang Son. Das Bergland, durchschnittlich 1000-1500 m hoch mit Höhlen und Schluchten, ist reich an Seen und Was-

» Stadtplan S. 126, Karte S. 120-121, Info S. 131-133

Foto: Hans-Alexander v. Schaper

serfällen. Hier sind die Winter kühler als im Nordwesten, teilweise fällt sogar Schnee. Nur 8 % der Region sind kultiviertes Land, auf dem Reis und Mais angebaut werden. Die bewaldeten Berge liefern Edelhölzer und Heilkräuter, zudem sind sie reich an seltenen Tieren (u. a. Bären und Schuppentiere) und Pflanzen. Gut ist der Tabak aus Lang Son.

Neben Kinh (Viet) siedeln hier Tay, Nung, Zao, Ngai, Hmong und Hoa.

Thai Nguyen und Nui Coc-See

Die Industriestadt **Thai Nguyen** 66 (80 km von Hanoi auf der Straße 3) besitzt ein sehenswertes ★**Museum der Nationalitäten Vietnams** (Bai Tang Van Hoa Cac Dan Toc Viet Nam), das neben dem Völkerkundemuseum in Hanoi (s. S. 83) das größte des Landes ist. Nach Sprachgruppen (Sino-Tibetisch, Mon-Khmer etc.) geordnet wird hier die Lebensweise der verschiedenen Bergvölker mit Trachten, Architekturmodellen, Fotografien und Alltagsgegenständen sehr anschaulich dokumentiert.

Der reizvolle **Nui Coc-See** 67, ein von Bergen umgebener See 25 km westlich von Thai Nguyen, ist ein Erholungsgebiet für einheimische Urlauber, vor allem für Städter aus Hanoi am Wochenende.

★Ba Be-Nationalpark
Bootsfahrt im Regenwald

Hauptattraktion des schön gelegenen, über 10 000 ha großen ★**Ba Be-Nationalparks** 68 (242 km und 6-7 Fahrstunden von Hanoi) sind die drei zusammenhängenden, insgesamt 8 km langen **Ba Be-Seen**, umgeben von bewaldeten, bis zu 1500 m hohen Bergen. ★**Bootsfahrten** auf den „Drei Meeren" führen durch die 300 m lange **Fledermaushöhle** (Hang Puong) und zum **Dau Dang-Wasserfall**. Im tropischen Regenwald ringsum leben Bären, Affen, Eisvögel (Kingfisher) und zahllose Schmetterlinge. Im Nationalpark siedeln die ethnischen Minderheiten der Hmong, Roten Dao und Tay.

Cao Bang

Märkte an der chinesischen Grenze

Cao Bang ⑥⑨, mit knapp 50 000 Einwohnern Hauptstadt der Provinz Cao Bang, ist von Hanoi über die Straße 3 zu erreichen (270 km) und war französischer Garnisonsort. Die Stadt grenzt an China und wurde im „Erziehungsfeldzug“ 1979 stark zerstört. Die Bodenschätze – Gold, Silber, Braunkohle, Zinn, Wolfram, Phosphate und Magnesium – hatten die Chinesen schon früher zu Invasionen verleitet. Seit 1989 gibt es in der Region einen lebhaften Grenzhandel vor allem mit Textilien auf dem großen **Markt**.

Märkte in der Umgebung von Cao Bang

Neben Kinh (Viet) leben in der Provinz Cao Bang verschiedene Bergvölker, darunter Nung, Hmong, Dao und Lolo, ebenso die Tay, deren Lieder von den Sängern selbst verfasst und mit traditionellen Instrumenten begleitet werden. Ihre Feste finden zur Zeit der Aussaat und Ernte statt.

Diese ethnischen Minderheiten sieht man auf den großen periodischen ★**Märkten** in **Nuoc Hai** ⑦⓪ und **Na Giang** ⑦① (beide nordwestlich von Cao Bang) sowie in **Tra Linh** ⑦② (nördlich) und **Trung Khanh** ⑦③ (nordöstlich).

★★Ban Gioc-Wasserfall

Mächtigste Kaskaden Vietnams

Von **Trung Khanh** verläuft eine Piste 25 km ostwärts zur großen, mehrere Kilometer langen **Nguom Ngao-Höhle** (geführte Besichtigung möglich) und erreicht nach weiteren 2 km den imposanten, 52 m hohen und rund 300 m breiten ★★**Ban Gioc-Wasserfall** ⑦④ (Thac Ban Gioc, auch Thac Ban Doc genannt; 87 km von Cao Bang).

Die pittoresken, in mehreren Stufen abfallenden Kaskaden – die mächtigsten Vietnams – werden vom Quay Son, dem Grenzfluss zu China, gebildet (kein Grenzverkehr). Nicht weniger bezaubernd als der Wasserfall selbst ist die Umgebung: zu beiden Seiten üppiger Regenwald und davor leicht abfallende Reisfelder.

Pforte von Chi Lang

Einfallstor der Chinesen

Über die Pässe der **Provinz Lang Son** im Nordosten, besonders durch die **Pforte von Chi Lang** ⑦⑤ (110 km von Hanoi und 60 km von der chinesischen Grenze), kamen die Chinesen in das Delta des Roten Flusses. In den Jahren 981, 1285 und 1427 bereiteten die Vietnamesen den Invasoren an dieser Stelle schwere Niederlagen.

Die ★**Eisenbahnfahrt** von Hanoi nach Lang Son ist Teil der internationalen, landschaftlich äußerst reizvollen Strecke nach China.

Lang Son

Faszinierende Tam-Grotte

2,5 km außerhalb der Provinzhauptstadt **Lang Son** ⑦⑥ liegt die sehenswerte ★**Tam-Grotte**, die aus aus drei Höhlen besteht: Nhat Thanh, die besonders eindrucksvolle Tam Thanh und Nhi Thanh mit schönen Tropfsteinen.

Auf dem **Markt** im nahen **Ky Lua** bieten die Nung und Ray ihre Erzeugnisse an; auch treten hier Sängergruppen der Tay auf.

Dong Dang

Grenzstadt zu China

Die Grenzstadt **Dong Dang** ⑦⑦ ist 14 km von Lang Son entfernt. Die Grenze wurde 1996 für Ausländer geöffnet. Als Vietnam 1979 die von China protegierten Roten Khmer aus Kambodscha und Phnom Penh vertrieb, unternahmen die Chinesen einen „Erziehungsfeldzug“ gegen Vietnam, bei dem sie Lang Son und die anderen Nordprovinzen verwüsteten.

» Karte S. 120-121, Info S. 131-133

DELTA DES ROTEN FLUSSES

Tam Dao (☎ 0211)

BUSSE: Vom Busbahnhof Kim Ma in Hanoi nach Vinh Yen (1 Stunde; 62 km), die restlichen 23 km mit Mopedtaxi (*xe om*).

Thap Bin Son

Der **chinesische Pagodenturm** liegt 60 km nordwestlich von Hanoi: von der Straße 2 über Vinh Yen nach Lap Thach.

Ba Vi-Nationalpark (☎ 034)

Zum Ba Vi-Nationalpark (65 km westlich von Hanoi) verkehren keine öffentlichen Verkehrmittel. Anfahrt mit Taxi, Motorradtaxi (*xe om*) oder mittels einer Agentur von der Hauptstadt aus.

Im Nationalpark gibt es neben einigen **Hotels** auch einen **Vogelpark**, einen **Orchideengarten** sowie einfache **Restaurants**. Am Wochenende ist das Gebiet aufgrund der Nähe zu Hanoi meist überlaufen.

Parfümpagode (Chua Huong)

Chua Huong liegt 60 km von Hanoi entfernt. Busse fahren bis zum Ort Ben Duc. Die Weiterfahrt zur Pagode erfolgt mit Booten. Die Bootsfahrt führt durch eine beeindruckende Landschaft und dauert etwa 60-90 Minuten, auf dem Rückweg (flussaufwärts) ungefähr 3 Stunden (kürzer mit der Seilbahn). Örtliche Agenturen organisieren von Hanoi aus Tagestouren zur Parfümpagode. Die Straße 2 A führt zu den drei Pagoden im Delta des Roten Flusses: Tay Phuong-, Thay- und Tram Gian Pagode. Tages-Rundfahrt ca. 90 km.

Hai Phong (☎ 031)

Hai Phong Tourism, 18 Minh Kai, Tel. 382 3789, www.haiphongtourism.gov. vn. Informationen zu Festivals, Unterkünften und touristischen Projekten in der Region.

Vom **Ben-Binh-Anleger** verkehren Fähren nach Hong Gai an der Ha Long-Bucht (75 km) u. zur Insel Cat Ba (25 km).
Der **Hauptbahnhof** befindet sich an der Luong Khanh Thien.
Flughafen Cat Ba, 7 km in Richtung Do Son.
Vietnam Airlines, Stadtbüro: 166 Hoang Van Thu, Hong Bang, Tel. 381 08 90.
Busbahnhof, gegenüber der Oper an der Nguyen Duc Canh und Tran Phu.

BKK, nennt sich selbst „trendy Thai restaurant", sehr gute Thai-Küche in angenehmem, gepflegtem Ambiente, 22A Minh Khai.
Van Van 2, Meeresfrüchte in allen Variationen, umfassende Speisekarte, nicht ganz billig, aber empfehlenswert, 4B Tran Phu.

Die **Altstadt** liegt im Westen der Stadt. Ihre größten **Märkte** sind der **Cho Tam Bac** (Lebensmittel) und der **Cho Sat** (alle Erzeugnisse).

Außenhandelsbank, Quang Trung.
Vietcombank, 11 Pho Hoang Dieu.

Museum (Bao Tang Hai Phong), Exponate zur Stadtgeschichte, Di/Do 8-10.30, Mi/So 19.30-21.30 Uhr, im Gebäude aus der Kolonialzeit in der Dien Bien Phu.

Oper, unregelmäßig geöffnet, reiche Innendekoration, Pho Quang Trung.

Vietnames.-Tschech. Krankenhaus, nur für Notfälle, 1 Nha Thuong.

Do Son (☎ 031)

Der schöne **Sandstrand** von Do Son liegt 20 km südöstlich von Hai Phong; von dort fahren Busse bis an den Busbahnhof in der Lach Tray.

Alljährlich finden in Do Son populäre **Wasserbüffelkämpfe** statt.

Halong-Stadt (☎ 033)

Unter dem Oberbegriff Halong City sind der Touristenort **Bai Chay** und die Industriemetropole **Hon Gai** zusammengefasst. Sie sind durch einen Meeresarm getrennt. Mehrere Fähren und eine Brücke verbinden die beiden Stadtteile miteinander.

Reiseagenturen und Travellercafés in der Altstadt Hanois bieten **Pauschalrundreisen** (Halong City, Halong Bay, Cat Ba) von 1-3 Ta-

gen an. Meist sind Mahlzeiten und Eintrittsgelder inklusive. Manche Touren kann man mit stimmungsvollen **Kajakfahrten** durch die Inselwelt verbinden.
Regional- und Fernbusse verkehren regelmäßig zwischen Hanoi / Hai Phong und Halong City. Touristen reisen überwiegend mit dem Zug (6 x täglich) von Hanoi nach Hai Phong und dann mit dem Boot (3 x täglich) weiter nach Halong City (Hafen in Hon Gai), Touristen-Pier in Bai Chay.

Bai Chay (☎ 033)

Tourist Service Center, am Touristen-Pier (Bai Chay Pier), Ha Long-City, Tel. 384 41 90 u. 384 74 81.

Vinh Quang (Asia Restaurant), beliebtes kleines Restaurant, der Besitzer spricht deutsch, 24 Vuon Dao.
Zahllose weitere kleine Restaurants gibt es in der Nähe des Strandes an der Halong Road.

Hauptpostamt, im Hoa Dao Hotel, Halong Road.

Ausflugsboote zur Halong Bay werden von den Hotels vermittelt.

Hon Gai (☎ 033)

Vietnamtourism, 2 Le Thanh Tong, Tel. 33 32 72 50.

My Phuong, Le Qui Don. **Kem Mely**, gutes Eis, Le Thanh Thong.

Ausflugsboote zur Halong Bay werden von jedem Hotel vermittelt.
Vietcom Bank, 172 Le Thanh Tong.

Cat Ba (☎ 031)

Mit dem Zug von Hanoi nach Hai Phong und weiter mit der Fähre (3x tgl.) zum Ort Cat Ba. Von Halong City ist Cat Ba am besten mit Ausflugsbooten zu erreichen. Die meisten westlichen Touristen buchen in Hanoi in Reisebüros eine „Package Tour" in die Halong Bay, die einen Besuch der Insel Cat Ba einschließt. Von den Hotels in Cat Ba verkehren Minibusse zum Nationalpark.

Thai Binh (☎ 036)

Thai Binh-Tourist, im Huu Nghi Hotel, Tel. 383 17 89.

Ninh Binh / Tam Coc (☎ 030)

Bahnhof, Le Dai Hanh, an der Strecke Hanoi – Ho Chi Minh-Stadt. **Busbahnhof** und Express- und Regionalbusse in der Nähe des Bahnhofs an der Lim-Brücke.

In Ninh Binh gibt es nur wenige einfache Restaurants, beispielsweise **Bun Bo Gio Heo**, Ecke 144 Le Hong Phong / Le Hong Phong. **Thanh Thuy's Guest House & New Hotel**, preiswerte Gerichte und angenehmer Hof, in dem sich gerne Traveller treffen, 128 Le Hong Phong.
Im Ort Tam Coc (10 km westl. v. Ninh Binh, wo auch die Ausflugsboote ablegen) gibt es viele Gästehäuser mit Lokalen, wie das bei Reisegruppen beliebte **Anh Dzung Hotel**.

AUSFLÜGE: Ausflüge von Ninh Binh durch die Trockene Halong-Bucht, z. B. über **Hoa Lu** und **Tam Coc**, kann man sehr gut per Fahrrad unternehmen – in den Hotels nach Fahrradverleih fragen.

Cuc-Phuong-Nationalpark

Visitor Centre, Tel. 030-384 80 06, www.cucphuongtourism.com.
Endangered Primate Rescue Center (EPRC), www.primatecenter.org.

45 km nordwestlich von Ninh Binh. Es gibt keine öffentlichen Busse zum Visitor Center, das nur mit Motorrad bzw. Auto oder Xe Om erreicht werden kann.

NÖRDLICHES HOCHLAND

Hoa Binh (☎ 0218)

Hoa Binh Tourism Company, Tel. 385 43 74, www.hoabinhtourism.com.

Restaurants und **Lokale** findet man außer in den *Hotels Hoa Binh 1 & 2* am westlichen Ende der Cu Chinh Lan-Straße.

Mai Chau (☎ 0218)

BUSSE: Vom Busbahnhof My Dinh in Hanoi fahren meist 2 x täglich Busse nach Mai

Chau; einfacher ist die Anfahrt mit einem der vielen Tour-Anbieter in Hanoi.

Moc Chau (☎ 022)

Moc Chau liegt im Tal des Schwarzen Flusses (Song Da) an der Straße 6, 200 km von Hanoi und 120 km von Son La.

Moc Chau ist ein Zentrum für Milchwirtschaft, Seidenindustrie und Teeanbau. Gute Produkte (insbesondere Joghurt, Schokoriegel und Grüntee) werden in einigen Läden im Zentrum verkauft.
In Phong Phu, zwischen Moc Chau und Hoa Binh, findet jeden Donnerstag ein **Markt** der Bergvölker statt.

Dien Bien Phu (☎ 023)

Straße 6 ab Hoa Binh nach Dien Bien Phu. Öffentliche Busse. Ab Sapa mit Minibussen durch die Berge. ***FLÜGE***: Hanoi – Dien Bien Phu 1-2 mal tgl.

Trekking-Touren in die reizvolle Umgebung bieten mehrere Agenturen an.

Sa Pa (☎ 020)

Sa Pa Tourism Information, 28 Cau May, Tel. 387 19 75, Fax 387 19 76, www.sapa-tourism.com.

Unzählige Agenturen in Hanoi bieten mehrtägige Touren mit Guide, Unterkunft, Trekking und z. T. mit Verpflegung nach Sa Pa an: per Zug von Hanoi nach Lao Cai, weiter per Bus nach Sa Pa oder direkt per Minibus von Hanoi.

Mimosa und **Gerbera**, beide Restaurants bieten gute Gerichte wie z. B. Wildschwein, Pasta und gegrilltes Rindfleisch, in einer Nebengasse der Cau May.
Le Gecko, bei Backpackern beliebte Bar mit zugehörigem Restaurant *La Petite Bouffe* unter französischer Leitung, gehobene Preise, tägl. 7-22 Uhr, Ham Rong.
Cha Pa Garden, das Restaurant des netten Boutique-Hotels lohnt einen Besuch, internat. und vietnamesische Küche und Snacks, die 4 Zimmer sind oft ausgebucht, 23B Cau May, www.chapa-garden.com.

Thai Nguyen (☎ 0281)

Thai Nguyen Tourist, Thai Nguyen, Phuong Trung Vuong, Tel. 385 56 89.

Museum der Nationalitäten Vietnams (Bai Tang Van Hoa Cac Dan Toc Viet Nam), Di-So 8-11 und 14-16 Uhr, Duong Hoang Van Thu.

Ba-Be-Nationalpark (☎ 0281)

Tel.-Info in Ba Be: (0281) 38 94 026, in Hanoi: (04) 37 91 23 02; E-Mail: prcfvn@vnn.vn.

Straße 3 ab Hanoi über Soc Son, Thai Nguyen, Bac Kan, Phu Thong und Cho Ra (242 km), ab Phu Thong alternativ auch über Na Phac und Cho Ra (252 km). Ab Nguyen Thai nur in der Trockenzeit ratsam, am besten per Jeep.
Im Ba-Be-Np. gibt es Bungalows und Guesthouses mit insgesamt 51 Doppelzimmern.

Ban-Gioc-Wasserfall / Cao Bang (☎ 026)

Cao Bang: Direktbus von Hanoi (ca. 7 Std.) und Thai Nguyen (ca. 5 Stunden); ein Direktbus von Lang Son (ca. 4 Stunden).
Ban Gioc: Bus von Cao Bang bis Trung Khanh, weiter mit Xe Om (knapp 3 Stunden).

Ban Gioc: Der Wasserfall liegt zur Hälfte auf chinesischem Gebiet. Für den Besuch ist ein Allradwagen nötig.

Lang Son (☎ 025)

EISENBAHN: Hanoi – Lang Son 148 km, etwa 7 Std., täglich zwei Züge.
BUS: Per Bus von Hanoi über die N17 (148 km), über Bac Ninh, Bac Giang und Chi Lang.

Muong Thanh, gutes Hotelrestaurant mit vietnamesischer und regionaler Küche, 68 Ngo Quyen.
New Dynasty Restaurant, schön am Phai Loan-See gelegenes Gartenrestaurant.

Volkmar E. Janicke

Am gepflegten Strand von Nha Trang

Foto: Josef Beck

TRUNG BO (ANNAM) – ZENTRAL-VIETNAM

HUE
DA NANG
HOI AN
MY SON
NHA TRANG
PHAN THIET / MUI NE
SÜDLICHES HOCHLAND / DA LAT

Die **Mitte Vietnams** wurde in der französischen Kolonialzeit **Annam** genannt. Diese Bezeichnung – „Befriedeter Süden" – war allerdings schon von den Chinesen 679 für ihr Generalprotektorat, das aus dem Delta des Roten Flusses und der nördlichen Küste des Trung Bo bestand, benutzt worden. Bereits seit dem 14. Jh. bezeichneten die Vietnamesen den ganzen mittleren Teil Vietnams, den sie von den Cham erobert hatten, als Annam. Heute heißt diese Region offiziell **Trung Bo**.

Die Berge bis zum Fluss Ca (Provinz Nghe An) sind Ausläufer der hohen Gebirge im Nordwesten. Südlich des Ca zieht sich der **Truong Son** fast 1000 km von Norden nach Süden und erreicht Höhen zwischen 1000 und 2000 m. Im Norden besteht er aus kristallinem Gestein, Im Süden werden Kalk- und Sandstein vielfach von Basalt überlagert. Er fällt nach Osten steil ab, wirkt wie ein geschlossener Gebirgszug und wird daher auch **Giang Man** („herabhängender Vorhang") genannt. Tatsächlich besteht er aus mehreren Gebirgszügen, deren Ausläufer sich an einigen Stellen nach Osten wenden, eine Barriere bilden und zur Küste hin steil abfallen. Sie sind Klimagrenzen und vermindern den Einfall kalter Nordwinde. Die Küste bis nach Nha Trang im Süden ist vom Spätsommer bis in den Herbst Taifunen ausgesetzt. Am Ostabhang des Truong Son, an dem der Monsun abregnet, wächst tropischer Regenwald. Nach Westen fällt das Gebirge zur Laotischen Hochebene sanft ab, dessen Plateaus tiefe Schluchten durchziehen. Auf der Höhe verläuft die Grenze zu Laos.

Die **Küste** Zentral-Vietnams am **Südchinesischen Meer** ist eine der schönsten Asiens, weithin unbebaut und von klarem Meerwasser umspült. Sie ist stark gegliedert, Steilufer wechseln mit Lagunen, vorgelagerten Inseln, Felsen und langen weißen, z. T. noch einsamen **Stränden**. Der Tidenhub beträgt in Zentralvietnam 1-2 m.

Im Trung Bo überwiegen bewaldete Höhen. Sie sind dünn besiedelt von **Ethnischen Minderheiten** der Muong, Thai, Dao, Hmong, Van Kieu, Ta Ku, Ka Tu u. v. a. Im Hügelland und in den Ebenen leben Vietnamesen, in der Umgebung und südlich von Hue auch die Minderheit der Cham. Auf ca. 40 % der Landesfläche leben hier nur ein Viertel der Bevölkerung.

Die wichtigsten **landwirtschaftlichen Produkte** sind in der Ebene – abgesehen von einigen unfruchtbaren Gebieten – Reis, Zuckerrohr, Mais, Sojabohnen, Erdnüsse und Süßkartoffeln. An der Küste und an den Flüssen werden **Fischfang** und **Fischzucht**

Links: Himmlische Tänzerin (Apsara) im Tra Kieu-Stil (Cham-Museum in Da Nang).

» Karte S. 138, Info S. 199-203

NÖRDLICHES ANNAM
Nummern: 1 - 16
0 25 50 km
© Nelles Verlag GmbH, München
HÀ NỘI (HANOI)
HẢI PHÒNG
HA LONG
Ba Vi Nat. Park
But Thap Pagoda
Cát Bà Nat. Park
CÁT BÀ ISLAND
Hòa Bình
Phủ Lý
NAM ĐỊNH
Thái Bình
Ninh Bình
Cúc Phư'o'ng National Park
Nam Sam NBCA
Tam Điệp
Phu Dien
Tombs of the Le Dynasty
THANH HÓA
Dông Son
Sầm Sơ'n
Sầm Sơ'n Beach
Ben En Nat. Park
VIETNAM
Gulf of Tonkin
SOUTH CHINA SEA
Den Cuong
Cửalò
Cua Lo Beach
VINH
Chua (Hoang Tru)
Nghi Xuân
Hà Tĩnh
HOÀNH SƠN
Porte d'Annam
Deò Ngang
Nakai-Nam Theun
NAKAI PLATEAU
NCBA
Phou Hin Boun
KHAM NBCA
Phong Nha Cave
Phong Nha - Ke Bang Nat. Park
Sơ'n Đoòng Cave
Đồng Hớ'i
Thakhek
Nakhon Phanom
Wat That Si Khottabong
Hin Nanmo NBCA
LAOS
Phou Xang He NBCA
Vinh Moc
Hiền Lư'o'ng Bridge
Ben Hai
QUẢNG TRỊ
Đông Hà

betrieben. Streckenweise wird Salz aus dem Meer gewonnen. Die Berge liefern Nutz- und Edelholz, Heilkräuter, Kaffee, Tee und Gewürze.

An **Bodenschätzen** werden vor allem Chrom, Mangan, Apatit, Eisen, Zink, Titan, Phosphate und Gold abgebaut. An einigen Stellen eignet sich der Dünensand zur Glasherstellung.

ENTLANG DES SÜDCHINESISCHEN MEERES

NÖRDLICHES ANNAM

Der nördliche Teil Zentral-Vietnams erstreckt sich von der Provinz Thanh Hoa am Südrand des Deltas des Roten Flusses bis zum Wolkenpass (s. S. 163). Zur Zeit der chinesischen Herrschaft über den Norden war dieser Landesteil Kampfgebiet zwischen der Provinz Giao Chi (Tongking) und Champa sowie Grenze zwischen chinesisch und indisch beeinflusster Kultur.

Die Straße 1A und die Eisenbahnlinie Hanoi – Saigon folgen dem Küstenverlauf. Die Flüsse **Song Ma** (382 km lang) und **Song Chu** bilden ein Delta und bewässern mit weiteren 20 kleineren und größeren Flüssen große Teile des nördlichen Annams.

Phu Dien

Gedenktempel einer Nationalheldin

An der Straße 1A, auf halbem Weg zwischen Ninh Binh und der Provinzhauptstadt Thanh Hoa, liegt östlich der Straße das Dorf **Phu Dien** ❶. Auf dem **Nui Voi** („Elefantenhügel") steht der **Gedenktempel für Trieu Au** (Den Ba Trieu), eine Nationalheldin aus dem 3. Jh. Nachdem ihr Bruder gefallen war, führte die 25-jährige Adlige aus Cuu Chau im Jahr 248 das Heer an und kämpfte in goldener Rüstung auf einem Elefanten gegen die Chinesen. Nach der Niederlage gab sie sich den Tod. In der Nähe des Tempels liegt ihr **Grab**.

Thanh Hoa

Legendäre „Drachenkiefer-Brücke"

Die **Ham Rong-Brücke** („Drachenkiefer"; *rong* ist die alte Bezeichnung für „Drache") führt über den Song Ma. 3 km nördlich der Provinzhauptstadt **Thanh Hoa** ❷ (154 km südlich von Hanoi) überspannt sie den in der Regenzeit reißenden Fluss vom Felsen Ngoc zum Felsen Rong. 1904 bauten die Franzosen eine 160 m lange Brücke, die im 1. Indochinakrieg zwischen 1945 und 1954 stark beschädigt und 1964 erneuert wurde. Im Vietnamkrieg wurde sie – weil wichtig für den Nachschub nach Süden – nach 1964 mehr als 100-mal von der US-Luftwaffe angegriffen und schließlich 1972 zerstört, nachdem die USA insgesamt über 70 Flugzeuge verloren hatten. 1973 musste sie zum drittenmal gebaut werden.

Auch die Stadt Thanh Hoa (rund 200 000 Einwohner; außer einer **Kirche** am nördlich Stadtrand keine Sehenswürdigkeiten) wurde stark zerstört und wieder aufgebaut.

Sam Son

Beliebtes Strandbad der Nordküste

Das bei Vietnamesen sehr beliebte Seebad **Sam Son** ❸ (16 km östlich von Thanh Hoa) trägt den Namen des Küstengebirges, das den 15 km langen, weißen, von Kasuarinen beschatteten **Strand** im Süden abschließt. Am Ende der Halbinsel liegt in einem Park der **Tempel für eine Göttin** (Den Co Tien); er bietet einen weiten **Rundblick**.

Gräber der Le-Dynastie

Chinesische Kaisergräber en miniature

Die **Gräber der Le-Dynastie** ❹ (etwa 40 km nordwestlich von Thanh Hoa) liegen in einem schönen Waldgebiet nahe **Lam Son**. Das Dorf ist Geburtsort des ersten Königs der Le-Dynastie, der als Le Loi, Sohn eines Gutsbesitzers, 1427 die chinesische Ming-Dynastie aus Dai Viet vertrieb. Die 12 Grabanlagen, nach dem Vorbild chinesischer Kaisergräber konzipiert, sind Beispiele der vietnamesischen Grabkunst des 15.-17 Jh., jedoch stark verfallen. Am besten erhalten ist das **Grab des ersten Le-Königs**, zu dem ein neueres **Tor** hinter einem Kanal führt. Die große Anlage ist von einer Mauer umgeben. An der Westseite eines Sees steht die **Vinh Lang-Stele** von 1433 mit der Proklamation des Sieges über die Ming-Dynastie, verfasst vom Staatsmann, Strategen und Dichter Nguyen Trai, einem Mitstreiter des Le Loi. Vom **Gedenktempel** blieben nur Grundmauern und eine Statue des Königs von 1522. Eine **Geisterallee** mit Wächterstatuen führt zu seinem ummauerten **Grabhügel**.

Dong Son

Die nördliche Bronzezeit-Kultur

Das Dorf **Dong Son** ❺ am **Berg Do** liegt 8 km westlich von Thanh Hoa an der Straße zu den Le-Gräbern im Tal des Ma-Flusses. Archäologen der *École Française de l'Extrème Orient* in Hanoi haben von 1924-1930 und von 1935-1939 bei Dong Son Grabungen zur Erforschung der südostasiatischen Bronzekultur durchgeführt, die nach der ergiebigen Fundstelle **Dong Son-Kultur** genannt wurde. Die Grabungsstellen sind längst stillgelegt. Die wertvollen Funde, darunter Beile, Hellebarden, Dolche, Lampenständer, Gefäße und insbesondere die berühmten, prächtig dekorierten Trommeln (*gongs*) kann man in den Museen von Hanoi (s. Bild S. 73), Saigon und Paris (Musée Guimet) studieren.

Den Cuong

Tempel der Ly-Dynastie

Der **Den Cuong** ❻ (30 km nördlich der Stadt Vinh) wurde zu Ehren des Königs An Duong des Reichs Au Lac (3. Jh. v. Chr.) erbaut. Die Legende berichtet, dass seine Flucht an dieser Stelle endete. Zu dem östlich der Straße 1A gelegenen Tempel, den im 10. Jh. während der Ly-Dynastie gegründet wurde, führt eine steile Treppe. Der heutige Bau stammt aus dem 19. Jh. Wie viele Sakralbauten der Nguyen-Dynastie ist er in chinesischem Stil mit **Malereien** an den Innenwänden geschmückt. Statuen blieben nur wenige erhalten.

Rechts: Das Schminken der traditionellen Masken erfordert viel Geschick – Theatergruppe aus Vinh.

Vinh

Stadt der Sänger- und Theatergruppen

Die Provinzhauptstadt **Vinh** ❼ (rund 250 000 Einwohner) wurde zur Kolonialzeit zur Industriestadt ausgebaut. Von ihr ging im Unabhängigkeitskampf oft Widerstand aus, so dass sie schwere Schäden erlitt. Notdürftig wieder aufgebaut, wurde sie im Vietnamkrieg erneut zerstört. Heute sind die **Sänger- und Theatergruppen** aus Vinh überregional bekannt und häufig auf Tournee. Es lohnt, eine Aufführung zu besuchen.

Cua Lo

Aufstrebender Strandort

Am 10 km langen, weißen **Sandstrand** von **Cua Lo** ❽ (15 km nordöstlich von Vinh) gibt es bereits einige größere Hotels. Die Fischer fangen im Sommer etwa 20 Fischsorten aus küstennahen Gewässern und im Winter die Fische aus der wärmeren Tiefsee. Eine Fabrik verarbeitet die Fänge zur Fischsoße *nuoc mam*, die zu jedem vietnamesischen Essen gehört; die aus Vinh zählt zu den beliebtesten. Die Fische werden in Tonkrügen eingelegt, gesalzen und vergoren. Die so entstandene Soße wird in Flaschen abgefüllt.

Chua (Hoang Tru)

Der Geburtsort Ho Chi Minhs

Im Dorf **Chua** (**Hoang Tru**) ❾ (20 km westlich von Vinh) wurde am 19. Mai

» Karte S. 138, Info S. 199-203

Foto: Hans Kemp

1890 Ho Chi Minh geboren, und im Nachbardorf **Kim Lien** (**Sen**) verbrachte er seine Jugend. Beide Dörfer haben Gedenkstätten eingerichtet. Sie liegen im Tal des Song Lam („Blauer Fluss"), wie der Fluss Ca nahe seiner Mündung genannt wird.

Ha Tinh

Die Provinzhauptstadt **Ha Tinh** ⑩ wurde im Unabhängigkeitskampf 1954 zerstört. Alle in den Pagoden geretteten **Statuen** wurden anschließend in den **Chua Hop Tu** an der Thanh Dong-Straße verbracht.

Porte D'annam

Historische Grenze zwischen Tonking und Annam

Im Süden von Ha Tinh bildet der **Hoanh Son** eine 1028 m hohe Barriere – früher rund 1000 Jahre lang die Südgrenze Vietnams. Das Massiv fällt steil zum Meer ab und dient als Windschutz für die südlicheren Gebiete. Hier führt die Straße 1A über den **Ngang-Pass** (Deo Ngang). Die Franzosen nannten den Übergang **Porte d'Annam** ⑪ (Pforte von Annam), der jahrhundertelang Grenze zwischen Tonking und Annam markierte. Als sie im 13. Jh. die Cham nach Süden drängten, lag Annam vor ihnen. Auf der Passhöhe nennt ein **Meilenstein** die Entfernungen: Nach Hue sind es 219 km, bis zur chinesischen Grenze 595 km.

★★Phong Nha-Höhle

Größtes Karstsystem Vietnams

Am Durchbruch des **Song Gianh** und seiner Nebenflüsse durch das Kalkgebirge, 55 km nordwestlich der Stadt Dong Hoi, ziehen sich Höhlen am Fuß der Berghänge entlang. Unbedingt einen Besuch wert ist die ★★**Phong Nha-Höhle** ⑫ („Höhle der Zähne", d. h. Stalaktiten) bei **Son Trach**, die zweitgrößte Karsthöhle Vietnams und zugleich ein uraltes Cham-Heiligtum aus dem 9. Jh. mit 15 Grotten, von denen die längste 8 km misst (Taschenlam-

Foto: Volkmar E. Janicke

pe mitnehmen!). Je tiefer man in das riesige Höhlensystem eindringt – sehr stimmungsvoll bei einer ★**Bootsfahrt** auf dem unterirdischen Son-Fluss –, desto besser erhalten sind Stalaktiten und Stalagmiten (in oder nach der Regenzeit/ Sept.-Nov. ev. geschlossen). Noch größer ist die neu entdeckte **Son Doong** (zugangsbeschränkt, nur über Agentur Oxalis, mehrtägiges Trekking nötig).

Die Grotten dienten um 1968 dem Vietcong als Geheimkrankenhaus und Munitionslager. Die UNESCO erklärte 2003 den **Phong Nha – Ke Bang National Park** zum Weltnaturerbe.

Dong Hoi

Dong Hoi ⓭ (120 000 Ew.), die Hauptstadt der Provinz Quang Binh mit großem Fischereihafen, im Vietnamkrieg zerstört und wieder aufgebaut, trägt den Namen eines Festungswalls, der im Bürgerkrieg des 17. Jh. schwer umkämpft war. Die Grenze zwischen Norden und Süden bildete einst der heute von einer Promenade gesäumte Fluss Nhat Le, an dessen Mündung sich der bei Einheimischen beliebte **Nhat-Le-Beach** erstreckt. Hier ist Vietnam am schmalsten – nur etwa 40 km breit.

★Vinh Moc
Das „Unterirdische Dorf"

★**Vinh Moc** ⓮ liegt an der Küste des Südchinesischen Meeres und wurde im Vietnamkrieg zum Symbol des Widerstandes und der Standhaftigkeit. Zwischen den Dörfern Vinh An und Thua Luat stand ein Grenzposten (*moc*) an der Bucht (*vinh*) – das kleine Fischerdorf mit rund 1000 Einwohnern wurde daher Vinh Moc genannt. Es lag unter ständigen Bombardements der US-Luftwaffe, denn es befand sich an einem strategisch wichtigen Punkt als Verbindung zu der Inselgruppe Con Co, die den nordvietnamesischen Nach-

Oben: Bauern und Händler tragen ihre Lasten auf der Schulterstange (quang ganh). Rechts: Grabstein am Ho Chi Minh-Pfad.

» Karte S. 138, Info S. 199-203

schub nach Süden weiterleitete. Etwa 4000 m^3 Erde wurden bewegt, um ein ★**Tunnelsystem** anzulegen, das zunächst 5-10 m und später teilweise sogar über 20 m tief im Lateritboden lag. Schließlich wurde das ganze Dorf unter die Erde verlegt. 600 Tage arbeiteten die Menschen Tag und Nacht, während der Bombenhagel weiterging; 17 Kinder wurden in dem unterirdischen Dorf geboren. Große Mengen Munition und Lebensmittel konnten so auf die Inseln gebracht und nach Süden transportiert werden. Wie Cu Chi bei Saigon (s. S. 226) kann auch dieses Tunnelsystem mit Führung besichtigt werden. Ein **Museum** informiert über die damaligen Lebensumstände.

Nördlich und südlich von Vinh Moc gibt es schöne, mehrere Kilometer lange **Sandstrände**.

Ben Hai-Fluss / Dong Ha
Die Demilitarisierte Zone

Das Genfer Abkommen von 1954 bestimmte den **Ben Hai-Fluss** ⓯ am **17. Breitengrad** zur provisorischen Grenze und **Demilitarisierten Zone** (**DMZ**) zwischen Nord- und Südvietnam (bis 1975). Die 178 m lange **Hien Luong-Brücke** überquert den Fluss.

Das südlich anschließende Gebiet, die **Provinz Quang Tri** mit der Hauptstadt **Dong Ha** ⓰ (über 100 000 Einwohner), gehörte bis 1975 zu Südvietnam. Dies war ein Schauplatz schwerster Kämpfe.

Quang Tri
Die Zitadelle Minh Mangs

Quang Tri ⓱ war im Vietnamkrieg einer der am meisten umkämpften Orte des Landes: Als Stützpunkt nordvietnamesischer Truppen wurde Quang Tri in einem viermonatigem US-Bombardement regelrecht „umgepflügt". Von der 3 km außerhalb gelegenen **La Vang-Kirche** blieben deshalb nur Ruinen, ebenso von der **Zitadelle**, die 1824

Foto: Hansjörg Keller

König Minh Mang der Nguyen-Dynastie in Auftrag gab. Ihr Wall hatte einen Umfang von fast 5 km und wurde später durch eine Ziegelmauer verstärkt. Ein **Kriegsdenkmal** mit **Museum** hält die Erinnerung an die Ereignisse im Jahr 1972 wach.

★Ho Chi Minh-Pfad
Die legendäre Nachschublinie

Bei Dong Ha (s. o.; 70 km nördlich von Hue) hatten die USA eine unüberwindliche elektronische Sperre, die *Mc Namara-Linie*, installiert. Der Transport der Hilfsgüter für den Süden musste auf grenznahe laotische und kambodschanische Gebiete ausweichen. So entstand der legendäre ★**Ho Chi Minh-Pfad**, nach der Grenzkordillere auch Truong Son-Straße (Duong Truong Son) genannt. Auf diesem Netz von Wegen durch Wald- und Hügelland, das tausende Kilometer lang war, transportierten die Nordvietnamesen (erst später mit LKW) Waffen, Munition und Ausrüstung unter ständigen US-Bombardements.

5 Trung Bo – Zentral-Vietnam

SOUTH CHINA SEA
N
Đồng Hới
Xu Biên
1210
Long Sơn
Kiến Giang (Lệ Thủy)
Hồ Xá (Vĩnh Linh)
Vĩnh Moc
Cua Tung Beach
Hiền Lương Bridge
Tân Lơi
1317
Làng Ho
Bến Hải
Kado
Kapay
QUẢNG TRỊ
Cam Lô
Đông Hà
Ho Chi Minh-Path
Lao Bảo
Camp Caroll
Quảng Trị (Triệu Phong)
Khe Sanh (Hướng Hóa)
Dak Krông Bridge
Thuan An Beach
Thuận An
Sịa
Hòa Tây
Tà Rut
1363
Along Nam
Sala
Thôn Kê
★★HUẾ
Phú Bài
Thôn Phú An
C. Chân Mây Đông
Ban Pasing
Mt. Ap Bia 937
THỪA THIÊN - HUẾ
Xe Xap NBCA
Tapung (Taoy)
Con Tom
1843
★Bach Ma Nat. Park
Lăng Cô
Pass of the Clouds (Đèo Hải Vân)
ĐÀ NẴNG
Mt. Atouat 2500
Prao (Đông Giang)
Ba Nà
Sanchayon Kang
Ban Laipo
Ban Salou
SE KONG
Lamo
2193
1644
★My Khe Beach, China Beach (Bac My An)
★Marble Mountains
CHÀM ISLAND
Điện Bàn
★★ Hội An
LAOS
Thạnh Mỹ (Nam Giang)
Tra Kieu
Hà Lam
★★Mỹ Sơn (Cham Temple Town)
Phon
Sekong
KONG
Dakchung
QUẢNG NAM
Chien Dan
Khâm Đức (Phước Sơn)
Tiên Kỳ (Tiên Phước)
Tam Kỳ
Ban Dakyoy
Ban Klan
Ban Donchan
Ban Lak Hasipong
Ban Dak Keubong
Phước Hiệp
Khuong My
1865
Trà My (Bac Trà My)
Núi Thành
Dakpok
1501
Thakanat
Đắk Book
Tuyết Điềm
Ban Kengsai
Châu Ổ (Bình Sơn)
Thôn Các
Lạc Sơn
RÉ ISLAND
Dong Amphan NBCA
Ban Xakhè
Đắk Glei
Bien Khe Ky Beach
1364
1683
Ngoc Linh 2598
QUẢNG NGÃI
Quảng Ngãi
My Lai (Memorial)
Ban Teo
Paam
Đắk Go
Di Lăng (Sơn Hà)
Xaysettha
Chợ Chùa
Attapu (Attopeu, Samakhixai)
Antoum
Đắk Nay
KON
Đắk Chum
Làng Goong
Sông Vê
Mộ Đức
Cha Nôi
Đắk Tram
ATTAPU
Bo Y
Đắk Tô
2066
Tà Gầm
Làng Ma
Xayden
Ta Ka
Plei Kần
Kon Dao Peng
Kon Leng
Vi Chong
Hưng Nghĩa
Đức Phổ
Ba Tơ
An Khê
Gò Vành
Ban Tassèng
1518
Po'lei Jar Sieng
Đắk Hà
KON TUM
Kon Tum
Viracheay National Park
1484
Sa Thầy
Kon Kôi
BÌNH ĐỊNH
Bồng Sơn (Hoài Nhơn)
Tam Quan
1528
Lake Bien Hô
1747
Khánh Trạch
La Lai
Ta Veng
Plei Morr
Vạn An
VIETNAM
Wunsei (Viracheay)
Sơ Pai
Bình Dương
CAMBODIA
Mít Kom
Po' Plei Jrirang
Đèo Mang Giang
K Bang
Vĩnh Sơn Falls
975
Phù Mỹ
Mỹ Thọ
Bi De
Pleiku
Pa Kap
Làng Pô
Kon Đơng (Mang Yang)
An Khê
Duong Long
Chánh Tiện
Banlung
Ba Kham
Thanh Bình
1551
Thoc Loc
Pl.Móch en
GIA LAI
Tay Son Memorial (Quang Trung Museum)
Phú Phong (Tây Sơn)
Banh It (The Bac)
Chư Prong
Chư Sê
Làng Blang
Dội
QUY NHƠN
KPăk
GLung
Phú Nhơn
Phú Thiện
Làng Krông
Đèo Cù Mông
1309
Ia Pa
Vân Canh
245
ZENTRALES ANNAM
Nummern: 17 - 46
0 25 50 km
© Nelles Verlag GmbH, München

Von Dong Ha führt die von den Amerikanern ausgebaute Straße 9 durch das Tal des **Cam Lo-Flusses** nach Süd-Laos zum Grenzort ist **Lao Bao** ⓲ (75 km; Grenzübergang für Touristen geöffnet). In den Bergregionen am Cam Lo leben ethnische Minderheiten der Van Kieu, Ka Tu, Ta O, Pa Ko und Bruus in Pfahlbauten. Sie bauen Gewürze, Kaffee, Tee und Früchte an. Die Spuren der Napalmbomben und chemischen Kampfstoffe sind erst oberflächlich vernarbt. Statt tropischem Regenwald findet man nur dünnes Unterholz. Ein **Mahnmal** erinnert an die Kämpfe.

Nach ungefähr 12 km führt ein Seitenweg (3 km) zur ehemaligen amerikanischen Basis **Camp Caroll** ⓳, von der nur Schrott übrig ist. Weiter auf der Straße 9 wird der 200 m hohe **Rock Pile**, ein Beobachtungsturm der US-Marine, sichtbar.

Die **Dak Krong-Brücke** ⓴ (50 km) wurde mit Hilfe Kubas erneuert. Dahinter beginnt der **Ho Chi Minh-Pfad**, der nur noch schwer erkennbar ist.

Khe Sanh ㉑ liegt hinter dem **Aihoa-Pass** (65 km). Für den Besuch des grenznahen Gebietes um Khe Sanh, am ehemaligen Ho Chi Minh-Pfad gelegen, muss man beim Touristenbüro in Quang Tri einen Führer mieten.

Die Franzosen hatten auf der Hochebene ausgedehnte Kaffeeplantagen angelegt. Von den Amerikanern wurde hier eine starke Stellung ausgebaut, die 1968 fast das gleiche Schicksal erlitten hätte wie zuvor Dien Bien Phu 1954 unter den Franzosen (s. S. 122). Die Strategie der Bergpfade – von Le Loi im 15. Jh. am Berg Ru Thanh erstmals erprobt – ermöglichte es, Waffen in die Berge oberhalb der Festung zu transportieren. Doch die Umgebung von Khe Sanh wurde von den USA pausenlos bombardiert – hier fand die schwerste Schlacht des Vietnamkriegs statt, bei der rund 100 000 t Napalm- und Sprengbomben abgeworfen worden. Rund 40 000 Vietnamesen waren im Einsatz (bis zu 10 000 Gefallene), der Kampf dauerte 75 Tage, von Januar bis März 1968. Die Amerikaner (ca. 200 Gefallene) hielten zwar Khe Sanh, zogen aber später (Juli 1968) doch ab – Khe Sanh war nur ein Ablenkungsmanöver des Vietcong für die Tet-Offensive (am vietnamesischen Neujahrsfest 1968), die – obgleich militärisch erfolglos – die Wende im Krieg herbeiführen sollte. Denn die folgenden Kämpfe in Hue und an anderen Frontabschnitten hatten der amerikanischen Öffentlichkeit diesen Krieg als aussichtslos erscheinen lassen. Die Bombenangriffe gingen bis 1972 weiter, aber der Krieg wurde nun „vietnamisiert", und in Paris hatten Friedensverhandlungen begonnen.

★★Hue
Letzte Königsstadt Vietnams

★★**Hue** ㉒ (das frühere Phu Xuan), die Hauptstadt der **Provinz Thua Thien – Hue**, liegt 654 km von Hanoi und 1076 km von Saigon entfernt an der Straße 1A und der Eisenbahnlinie Hanoi – Saigon. Der **Flughafen Phu Bai**, ehemaliges Basislager der US-Armee, liegt 15 km südlich der Stadt.

Die Stadt Hue mit über 300 000 Einwohnern fügt sich in die reizvolle Landschaft am **Fluss der Wohlgerüche** oder **Parfümfluss** (Huong Giang). Dieser entspringt 60 km entfernt im Truong Son, wo duftender wilder Ginseng wächst. Er hat zwei Quellflüsse, den längeren Ta Trach, der 50 Stromschnellen und Wasserfälle bildet, bevor er sich mit dem Huu Trach, der 14 Stufen herunterfällt, zum Huong Giang vereinigt. Nachdem er den Bo-Fluss aufgenommen hat, fließt er von Hue 18 km bis zur Trichtermündung Thuan An. Zu den Höhepunkten eines Hue-Besuchs gehört eine ★★**Bootsfahrt** auf dem Huong Giang, bei der man Pagoden und Kaisergräber besucht.

Der Besuch Hues lohnt zu jeder Jahres- und Tageszeit. Am schönsten ist es, wenn morgens die Nebel im Tal aufreißen oder im Abendlicht.

» Karte S. 138 u. S. 165, Info S. 199-203

Foto: Volkmar E. Janicke

Oben: Keramikvase im Königspalast von Hue. Rechts: Das Mittagstor (Ngo Mon) ist der Haupteingang zur Zitadelle von Hue.

Geschichte von Hue

Hue ist eng verbunden mit dem Geschlecht der Nguyen. Sie bestimmten von 1667-1775 als Fürsten und von 1804-1945 als Könige das Leben der Stadt. Zwei Adelsfamilien, Trinh und Nguyen, hatten die gestürzte Le-Dynastie 1593 wieder eingesetzt. Den Trinh gelang es, die Macht in Thang Long an sich zu bringen. Am Ende des 16. Jh. versuchten sich die Nguyen als Gouverneure im Süden ein Einflussgebiet zu schaffen. Der 50 Jahre anhaltende Bürgerkrieg (1627-1673) zwischen Norden und Süden endete mit einer Trennung der Herrschaftsgebiete am Fluss Gianh bei Dong Hoi. Aber Trinh und Nguyen hatten aus der Geschichte gelernt, dass Usurpatoren in Vietnam glücklos waren, weil das Volk den rechtmäßigen Herrschern, die das Mandat des Himmels besaßen, anhing. Als Lehensfürsten regierten sie zwar Potentaten gleich, aber im Namen der Le-Könige. Damit blieb Dai Viet nominell ein Staat. Ihren ersten Sitz als Gouverneure der Provinz Thuan Hoa hatten die Nguyen in Ai Tu, nördlich von Quang Tri. 1520 dehnten sie ihre Herrschaft über den Wolkenpass aus und zogen nach Tra Bat, 1620 nach Phuoc Yen, 15 km nördlich von Hue am Fluss Bo und 1634 nach Kim Long, einem Dorf 3 km westlich der heutigen Zitadelle. 1687 verlegten sie ihren Palast nach Hue. Er wurde 1775 von den Trinh-Fürsten zerstört und die Nguyen-Sippe vernichtet. Nur der unrechtmäßige König und der rechtmäßige Erbe, Nguyen Anh, konnten in das Mekong-Delta fliehen. 1789-1801 regierte die Tay Son-Dynastie von Hue aus. 1802 gelang es Nguyen Anh als König Gia Long nach einem 20-jährigen Kampf die letzte vietnamesische Königsdynastie zu gründen und 1804 die Hauptstadt von Thang Long (Hanoi) nach Phu Xuan zu verlegen.

Stadt der Traditionen

Die königliche Hofhaltung orientierte sich am Vorbild des Kaiserhofes in China. Architektur, Verwaltung und Rechtsprechung folgten seiner konfuzianischen Tradition. Die Könige waren gelehrte Konfuzianer, und die Beamten führten das Hofzeremoniell aus. Auch die vietnamesische Tradition entwickelte sich am Hof weiter. Handwerker und Künstler aus der alten Hauptstadt wirkten nun in Hue, schufen Malerei auf Lack und Seide, edle Keramik und das berühmte Blaue Hue-Porzellan. Musik, Theater, Dichtkunst und Literatur erlebten eine Blüte. Umfangreiche Geschichts- und Geografiewerke entstanden im Auftrag der Könige. Sie ließen auch Legenden, Volksdichtung, Sitten und Brauchtum aufzeichnen. Die Nationalakademie wurde von Thang Long nach Hue verlegt. Prüfungen in klassischer Literatur fanden noch bis 1918 statt. Auch der Buddhismus wurde von den Nguyen gefördert, chinesische

» Stadtplan S. 149, Info S. 199-203

Foto: Josef Beck

Mönche in das Land gerufen, Pagoden gebaut und unter königlichen Schutz gestellt. Während der Kolonialzeit, als die Begegnung mit Europa nicht mehr aufzuhalten war, hielt Hue um so stärker an alten Werten fest. Die Erfolge der Missionare erschreckten die Herrschenden. Obwohl sie ahnten, dass die Isolation Nachteile bringen musste, beharrten sie weltabgewandt auf ihrer Tradition. Nach der alten Königsstadt Thang Long (Hanoi) ging auch der letzte vietnamesische Königspalast verloren. Im Vietnamkrieg versanken 1968, wegen dem US-Bombardement während der Tet-Offensive des Vietcong, Zitadelle und Königsstadt mit unwiederbringlichen Schätzen in Schutt und Asche. Die Ruinen sind nur noch eine Erinnerung an die Prachtentfaltung einer untergegangenen Hochkultur. Was erhalten blieb, hat zudem unter dem Unverständnis der neuen Machthaber gelitten, die bis Ende der 1980er Jahre Kultur und Kunst als Machwerk von Feudalisten abtaten. 1999 wurden viele der alten Holzhäuser aus dem 19. Jh. durch Überschwemmungen zerstört; die Restaurierung ist im Gang.

Im Jahr 2000 fand erstmals das große **Hue-Festival** statt, gesponsert von der französischen Regierung. So blieben in Hue Traditionen erhalten, die andernorts verloren gingen. Hinter großen Gärten, unter den mächtigen Bäumen, in den alten Häusern des Stadtteils Gia Hoa blieben Geist und Atmosphäre des alten Hue lebendig. In der Stadt und in den umliegenden Dörfern stehen vor den Häusern kleine Altäre, an denen Opfer für die Ahnen gebracht werden. An den Landstraßen werden auf Steinen für die ruhelosen Geister kleine Gaben niedergelegt.

Mädchen und Frauen im kleidsamen **Ao Dai** bewegen sich graziös durch die Straßen, sitzen aber auch auf Motor- und Fahrrädern. Der *ao dai* ist ein enges, seitlich bis zur Hüfte geschlitztes Gewand, das über einer Seidenhose getragen wird. Das Oberteil aus schwarzer, weißer, azurblauer, lila-roter oder pfirsichgelber Seide ist mit zarten Mustern bestickt. Dazu gehört ein großer runder

» Stadtplan S. 149, Info S. 199-203

Foto: Hans Kemp

konischer Hut aus Palmblättern (*non bai tho*), der mit einem Band in der Farbe des *ao dai* gebunden wird. Er besteht aus dünnen Bambusringen, über die Streifen aus Palmblättern geflochten werden. Zwischen zwei Blattschichten ist die Landschaft der Umgebung in zarten Farben gemalt, so dass sie leicht durchschimmert. Gewand und Hut sind von betonter Einfachheit und Eleganz. Lange Zeit war der *ao dai* verboten, doch Ende der 1980er Jahre, als er in Hanoi noch verpönt war, tauchte er in Hue wieder auf.

NEUSTADT (EUROPÄISCHE STADT)

Am rechten Ufer des Flusses der Wohlgerüche (Huong Giang) breitet sich die in der Kolonialzeit gegründete **Neustadt** (1) oder **Europäische Stadt** aus, in der die meisten Restaurants und Hotels liegen. Am linken Ufer liegt die **Zitadellenstadt** mit der **Königsstadt** und der daringelegenen **Purpurnen Verbotenen Stadt** (s. S. 152).

Ein Stilmix mit europäischen und vietnamesischen Elementen zeichnet die **Kathedrale Notre Dame** (2) (Nha Tho Dong Chua Cuu The) in der Nguyen Hue 80 aus. Auftraggeber war 1962/1963 Erzbischof Ngo Dinh Thuc, der Bruder von Präsident Diem.

Drei Brücken verbinden beide Stadtteile miteinander: Über die **Bach Ho-Brücke** (3) fährt der Zug an der Zitadellenstadt vorbei; der **Bahnhof** (4) liegt am Südufer.

1887 entstand die **Phu Xuan-Brücke** (5), die Hauptverkehrsverbindung über den Fluss.

Im gleichen Jahr konstruierten die Franzosen die **Trang Tien-Brücke** (6), die 1971 erneuert wurde.

Wenige Schritte von ihr reicht der ★**Dong Ba-Markt** (7) (Cho Dong Ba) bis an den Fluss hinunter. Hier herrscht das Treiben einer asiatischen Altstadt. Man findet eine große Auswahl an fein bemalten Reisstrohhüten (*non la*), beliebt ist auch der Kräuterschnaps *Minh Mang*. Motor- und Ruderboote legen am Markt an, Fähren setzen über den Fluss.

★ZITADELLENSTADT

Die ★**Zitadellenstadt** (8) diente als Verteidigungsanlage und Königssitz. Auftraggeber war König Gia Long (1802-1820), der Gründer der Nguyen-Dynastie. Er legte Zitadelle und Paläste nach den strengen Regeln der Geomantik (*feng shui* oder Wind- und Wasser-Lehre) und im Einklang mit den Aspekten der Astrologen an. Zudem diente ihm der riesige Kaiserpalast bzw. die Purpurne Verbotene Stadt (*zijincheng*) in Peking als Vorbild. Im Huong Giang waren der Zitadellenstadt zwei glückverheißende Inseln vorgelagert. Die linke hieß **Grüner Drache-Insel** (9) (Con Hen) und die rechte **Weißer Tiger-Insel** (10) (Con Da Vien). Nördlich der Zitadelle lag ein schützender Gebirgszug.

Oben: Frauen im traditionellen Ao Dai im Königspalast von Hue.

» Stadtplan S. 149, Info S. 199-203

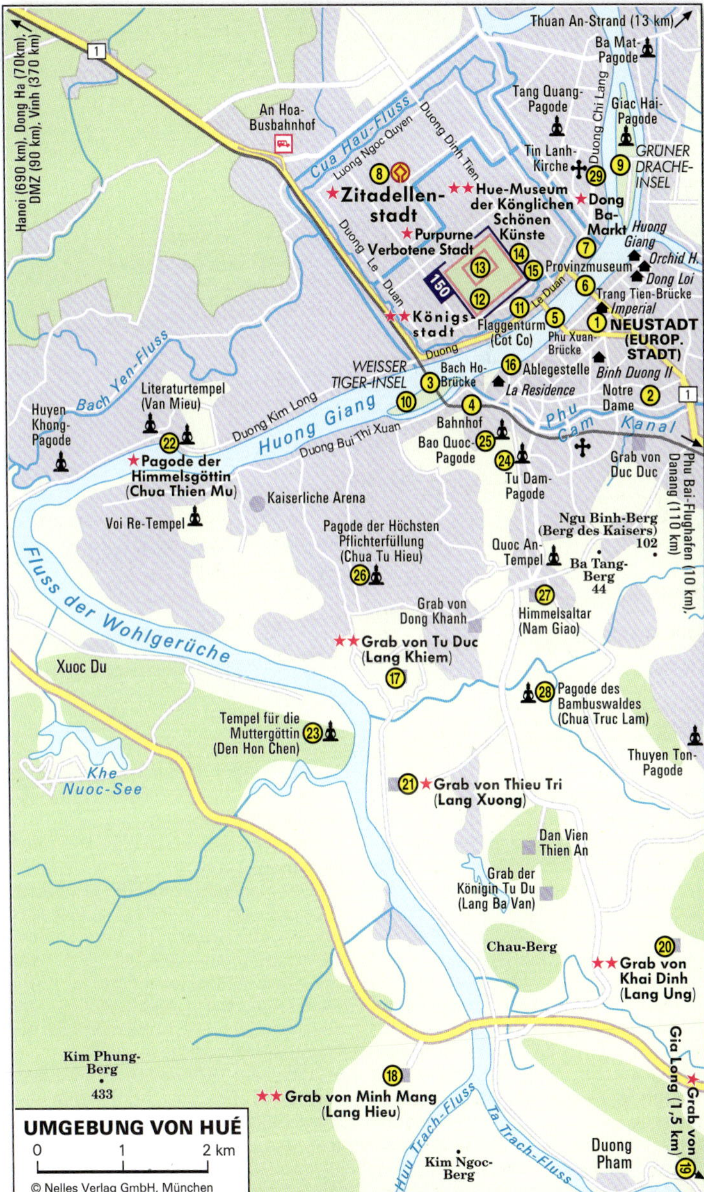

UMGEBUNG VON HUÉ
0 1 2 km
© Nelles Verlag GmbH, München
Hanoi (690 km), Dong Ha (70km), DMZ (90 km), Vinh (370 km)
Thuan An-Strand (13 km)
An Hoa-Busbahnhof
Cua Hau-Fluss
Zitadellenstadt
Hue-Museum der Königlichen Schönen Künste
Purpurne Verbotene Stadt
Königsstadt
Flaggenturm (Cot Co)
Provinzmuseum
Trang Tien-Brücke
Phu Xuan-Brücke
NEUSTADT (EUROP. STADT)
Dong Ba-Markt
Tin Lanh-Kirche
Tang Quang-Pagode
Ba Mat-Pagode
Giac Hai-Pagode
GRÜNER DRACHE-INSEL
Huong Giang
Orchid H.
Dong Loi
Imperial
Binh Duong II
La Residence
Ablegestelle
Notre Dame
Bach Ho-Brücke
WEISSER TIGER-INSEL
Bahnhof
Phu Cam Kanal
Bao Quoc-Pagode
Tu Dam-Pagode
Grab von Duc Duc
Huong Giang
Bach Yen-Fluss
Literaturtempel (Van Mieu)
Huyen Khong-Pagode
Pagode der Himmelsgöttin (Chua Thien Mu)
Kaiserliche Arena
Voi Re-Tempel
Pagode der Höchsten Pflichterfüllung (Chua Tu Hieu)
Ngu Binh-Berg (Berg des Kaisers) 102
Quoc An-Tempel
Ba Tang-Berg 44
Himmelsaltar (Nam Giao)
Grab von Dong Khanh
Grab von Tu Duc (Lang Khiem)
Fluss der Wohlgerüche
Xuoc Du
Pagode des Bambuswaldes (Chua Truc Lam)
Thuyen Ton-Pagode
Tempel für die Muttergöttin (Den Hon Chen)
Khe Nuoc-See
Grab von Thieu Tri (Lang Xuong)
Dan Vien Thien An
Grab der Königin Tu Du (Lang Ba Van)
Chau-Berg
Grab von Khai Dinh (Lang Ung)
Kim Phung-Berg 433
Grab von Minh Mang (Lang Hieu)
Huu Trach-Fluss
Ta Trach-Fluss
Kim Ngoc-Berg
Duong Pham
Grab von Gia Long (1,5 km)
Phu Bai-Flughafen (10 km), Danang (110 km)

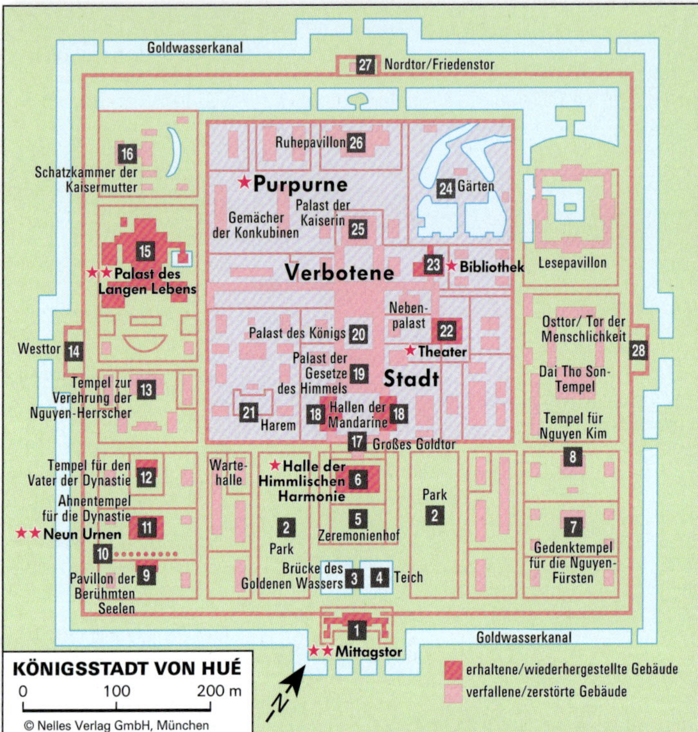

Fast 30 Jahre, von 1804-1831, mussten zu Frondiensten verpflichtete Bauern am Tag und nachts bei Fackelschein am Bau der Zitadellenstadt arbeiten, in der heute etwa 50 000 Menschen leben. Sie war umgeben von dem 9950 m langen, 21 m breiten und 6 m hohen **Erdwall** Phong Thanh. 1819 wurde er im Stil des französischen Festungsbaumeisters Sébastien Le Prêtre de Vauban innen und außen durch Ziegelmauern verstärkt. Die Umfassungsmauer war schließlich 21 m dick und mit 24 Bastionen besetzt. Außen umgab sie ein **Graben** von 4 m Tiefe und 22 km Länge. In die Zitadellenstadt führten zehn befestigte **Tore**. Reste dieser Anlagen, die man aufgrund der Weitläufigkeit am besten mit dem Fahrrad oder der Cyclo erkundet, sind noch im Stadtbild anzutreffen. An drei Seiten waren die mächtigen Mauern der Zitadellenstadt gerade, die vierte Seite folgte dem Lauf des Flusses. An seinem Ufer steht der 37 m hohe **Flaggenturm** (11) (Cot Co), auch *Ky Dai* („Königlicher Ritter") genannt. Er wurde 1809 erbaut, 1831 vergrößert, später mehrmals durch Taifune zerstört und zuletzt 1949 wieder errichtet. 1945, bei der Abdankung des letzten Nguyen-Herrschers Bao Dai, holte man hier die Flagge der Monarchie ein. Während der Tet-Offensive 1968 wehte drei Wochen lang die Fahne der nordvietnamesischen Befreiungsarmee über der Zitadelle, bis diese beim Großangriff der US-Luftwaffe zurückerobert und fast vollständig zerstört wurde.

» Stadtplan S. 149, Info S. 199-203

★★KÖNIGSSTADT

Die z. T. rekonstruierte ★★**Königsstadt** ⑫ (Hoang Thanh) mit der ★**Purpurnen Verbotenen Stadt** (s. S. 152) wird im Volksmund noch heute „Großes Inneres" (Dai Noi) genannt. Sie liegt im Südteil der Zitadellenstadt, ist von einer 2,5 km langen, 4 m hohen Mauer umgeben und besteht aus neun ummauerten **Höfen**.

Tore gibt es in allen vier Himmelsrichtungen. Vor dem ★★**Mittagstor** 1 (Ngo Mon) im Süden, dessen heutige Form im wesentlichen auf Minh Mang zurückgeht, stehen ★**Neun Kanonen**. König Gia Long ließ sie aus den erbeuteten Waffen seiner Kämpfe mit der Tay Son-Dynastie gießen. Sie können keine Schüsse abgeben, sondern demonstrieren nur herrschaftliche Macht. Das Mittagstor ist **Hauptzugang** zum Königspalast. Die seitlichen vier Eingänge des Tores sind mit grünen Ziegeln gedeckt. Der mittlere, dem Herrscher vorbehalte Eingang trägt Ziegel in königlichem Gelb. Auf dem mächtigen Tor ruht der restaurierte ★**Pavillon der Fünf Phönixe** (Lau Ngu Phuong). Von ihm aus sahen die Herrscher den Festen vor dem Palast zu. Am 24. August 1945 musste der 13. König der Nguyen-Dynastie, Bao Dai, in diesem Pavillon dem Abgesandten der Regierung in Hanoi Schwert und Siegel übergeben; damit endete nach 1006 Jahren die Monarchie in Vietnam.

Von dem Pavillon der Fünf Phönixe lässt sich der große **Park** 2 überblicken, der am schönsten ist, wenn die Frangipani-Bäume blühen.

Die **Brücke des Goldenen Wassers** 3 (Cau Trung Dao) über den **Teich** 4 und den mittleren Weg über den **Zeremonienhof** 5 (Dai Trieu Nghi) durfte nur der König benutzen. Diese Freifläche bestand aus drei ansteigenden Terrassen. Die untere nahm die königliche Familie ein. Auf der darüber liegenden fanden die unteren fünf Ränge der Mandarine Platz, die dritte obere Terrasse – dem König am nächsten – war den Mandarinen der Ränge eins bis vier vorbehalten. Ihre Plätze sind durch steinerne **Tafeln** bezeichnet. Für jeden Rang des Mandarinats gab es einen Militär- und einen ihm übergeordneten Zivil-Mandarin. Die neun Ränge waren zur Zeit der Nguyen-Dynastie in zwei Stufen unterteilt, so dass 36 Mandarine mit Begleitern im Zeremonienhof versammelt waren. Die Ränge waren an der Farbe der kostbaren Seidengewänder zu unterscheiden. Die Zivil-Mandarine trugen eine viereckige Kopfbedeckung und einen Stab, die Militär-Mandarine Hüte und ein Schwert.

Am Ende des Zeremonialhofs steht die restaurierte Audienzhalle der Könige, die ★**Halle der Himmlischen Harmonie** 6 (Dien Thai Hoa). König Gia Long hatte das gewaltige Bauwerk 1803 an einer anderen Stelle begonnen; 1808 wurde es an den heutigen Platz versetzt. Die Halle wurde nur für Audienzen zu den großen Festen des Jahres und für die Krönungszeremonien der Herrscher benutzt. Direkt davor hatten Minister und Generalität ihre Sitze. Aus Sicht des Königs, der in der Mitte thronte, saßen rechts die Zivilisten und links die Militärs. Das Bild, das sich zu diesen Anlässen bot, ist in seiner Farbenfülle und Pracht kaum zu schildern. Das mächtige **Dach** ruht auf 80 Säulen aus rotlackiertem Eisenholz. Hinter der Halle – durch eine Mauer getrennt – beginnt die Purpurne Verbotene Stadt (Tu Cam Thanh).

In der südöstlichen und südwestlichen Ecke der Königsstadt stehen in ummauerten, durch malerische Tore voneinander getrennten Höfen mehrere, z. T. restaurierte Ahnentempel. Zu ihnen gehört der **Gedenktempel für die Nguyen-Fürsten** 7 (Thai Mieu). Er erinnert an die Herrscher, die im 16. Jh. ihr Lehensgebiet im Süden auszubauen begannen.

Daran schließt sich der **Tempel für Nguyen Kim** 8 (Trieu Mieu) an, der der Verehrung des ersten Fürsten der Nguyen dient. Dieser setzte im 16. Jh.

mit den Trinh-Fürsten die Le-Dynastie wieder ein.

In der entgegengesetzten Ecke steht das wohl schönste Gebäudeensemble der Königsstadt: Zum **Pavillon der Berühmten Seelen** 9 (Hien Lam Coc), auch **Urnenpavillon** genannt, kamen an Festtagen die Frauen der königlichen Familie.

Davor reihen sich die ★★**Neun Urnen** 10 (Cuu Dinh) bzw. **Königlichen Urnen** (Vuong Dinh) – Symbole der Macht der Nguyen-Dynastie. Sie wurden 1835-1837 von König Minh Mang in Auftrag gegeben und sind meisterhafte Beispiele der Kunstfertigkeit der Bronzegießer des 19. Jh. Ihre Form erinnert an manche Gefäße der chinesischen Shang-Dynastie (16.-11. Jh. v. Chr.). Die größte Urne wiegt 2500 kg, die kleinste 1900 kg; sie sind durchschnittlich etwa 2,20 m hoch. Ihre äußerst qualitätvollen ★**Hochreliefs** zeigen vietnamesische Motive, Landschaften, Tiere und Pflanzen. Für die Aufbereitung der erforderlichen Gussmassen war der Inhalt von 80-90 Schmelztiegeln erforderlich.

Im rekonstruierten **Ahnentempel für die Dynastie** 11 (The Mieu), der Gedenkstätte für alle Nguyen-Könige, stehen im Vordergrund zehn mit Ehrenschirmen geschmückte **Gedenkaltäre**. Sieben Altäre sind rot lackiert und mit Gold verziert, die beiden ersten und der letzte jedoch ohne Schmuck. Diese drei wurden 1954 vom südvietnamesischen Regierungschef Diem für Könige errichtet, die sich gegen die Kolonialmacht erhoben hatten, verbannt und bis dahin nicht verehrt werden durften. Für zwei andere Könige fehlen Altäre, sie haben nur Tage oder Wochen regiert. Der 13. und letzte König, Bao Dai, lebte in Frankreich im Exil und starb dort 1997. Kleine **Stupas** mit vergoldeten Täfelchen auf den Altären stammen aus einer Tradition des Hofes in Hue. Den Toten wurden statt Papiergeld Goldbarren für das nächste Leben mitgegeben. Im Hintergrund befinden sich Altäre mit den Ahnentafeln für die Könige und ihre Gemahlinnen. Davor sind **Ruhebetten** mit Kissen und Teegeschirr für die Toten aufgestellt.

Rechts: Die „Neun Urnen" (Cuu Dinh) im Königspalast.

Der **Tempel für den Vater der Dynastie** 12 (Hung Mieu) hält die Erinnerung an König Gia Long wach, den Vater von Minh Mang.

Noch nicht rekonstruiert ist der bereits 1947 im 1. Indochinakrieg zerstörte königliche **Tempel zur Verehrung der Nguyen-Herrscher** 13 (Phung Thien) von Gia Long bis Khai Dinh (1916-1925). Bei den Festlichkeiten an den Geburts- und Sterbetagen der Könige durften hier auch weibliche Mitglieder der Familie teilnehmen.

Wenige Schritte weiter erhebt sich das restaurierte **Westtor** 14 (Chuong Duc).

Den in 4-jähriger Arbeit wiedererrichteten ★★**Palast des Langen Lebens** 15 (Dien Tho) gab König Gia Long 1804 für seine Mutter und Großmutter in Auftrag. Der Komplex umfasst 10 Gebäude, darunter ein buddhistischer Tempel (*chua*), ein Lesepavillon über einem Teich und Magazine. Über einen überdachten Korridor war er mit der Purpurnen Verbotenen Stadt verbunden.

Im äußersten Nordwesten befand sich die **Schatzkammer der Kaisermutter** 16 (Truong Sanh) mit einem mondsichelförmigen See. Die drei Gebäude gab König Minh Mang in Auftrag.

★PURPURNE VERBOTENE STADT

Die ★**Purpurne Verbotene Stadt** ⑬ (Tu Cam Thanh) liegt hinter der Halle der Himmlischen Harmonie (s. o.) und ist durch das **Große Goldtor** 17 (Dai Cung Mon) zu erreichen. Innerhalb der Königsstadt gelegen, war der Zugang ausschließlich der königlichen Familie, Konkubinen und Eunuchen vorbehalten. 1968 blieben nur wenige Gebäude

 » Plan S. 150, Stadtplan S. 149, Info S. 199-203

Foto: Volkmar E. Janicke

der Purpurnen Verbotenen Stadt erhalten, die restauriert werden konnten.

Den ersten Hof flankieren an beiden Seiten die **Hallen der Mandarine** 18 (**Ta Vu** links und **Huu Vu** rechts), die die UNESCO nach alten Plänen restaurierte. Die Gebäude dienten den höchsten Staatsbeamten bei privaten Audienzen zur Vorbereitung.

Der **Palast der Gesetze des Himmels** 19 (Dien Can Chanh), die private Audienzhalle, schloss den ersten Hof ab; er wurde völlig zerstört. Erhalten blieben nur zwei große **Bronzekessel**, die Symbol für die Macht des Königs über Leben und Tod seiner Untertanen sind. An den Gerichtsstätten wurden Rebellen in Kessel mit siedendem Öl geworfen.

Westlich des **Palastes des Königs** 20 (Can Thanh) schloss sich der königliche **Harem** 21 (Luc Vien) an, in dem zeitweise einige hundert Konkubinen lebten.

Östlich der Hauptachse der Purpurnen Verbotenen Stadt erhebt sich das imposante, in seinem ehemaligen Prunk rekonstruierte königliche ★**Theater** 22. Viermal täglich finden hier traditionelle 30-minütige ★**Tanzaufführungen** (Luc Cung Hoa Dang u. a.) statt, sofern ausreichend Publikum da ist.

Exzellente **Mosaiken** schmücken die „Haus des Geistes und der Gnade" genannte königliche ★**Bibliothek** 23 (Thai Binh Lau) inmitten schöner **Gärten**. In diesem 1841-1847 errichteten Pavillon suchte Thieu Tri, der 3. Nguyen-Herrscher, Ruhe und Zerstreuung. Der größte Teil der **Gärten** 24 breitet sich in der Nordostecke der Purpurnen Verbotenen Stadt aus. Mit Teichen, seltenen Pflanzen, Brücken, Pavillons und einem kleinen Tempel für den Wassergeist vereinigten sich hier anmutig Natur und Architektur.

Die letzten, noch heute zerstörten Gebäude auf der Nord-Süd-Achse bildeten der **Palast der Kaiserin** 25 und ein **Ruhepavillon** 26 südlich des **Nordtores** 27 (Hoa Binh), auch **Friedenstor** genannt.

Verlässt man die königlichen Paläste und Gärten durch das **Osttor** 28 oder **Tor der Menschlichkeit** (Hien Nhon), führt der Weg in das ehemalige chinesische Viertel der Zitadellenstadt mit zwei Museen.

★★Hue-Museum der Königlichen Schönen Künste

Der imposante ★★**Long An-Palast**, dessen Dach auf Säulen aus Eisenholz ruht, ist das schönste der erhaltenen Gebäude Hues. 1845 erbaut, wurde der Palast 1909 an den jetzigen Standort außerhalb der Purpurnen Verbotenen Stadt versetzt und 1923 vom zwölften König als **Palastmuseum** bzw. als ★★**Hue-Museum der Königlichen Schönen Künste** (14) eingerichtet, in dem heute u. a. Schmuck, Kleider, wertvolles Mobiliar, Porzellan, Intarsienarbeiten, Wandschirme etc. aus der Nguyen-Familie zu sehen sind.

Provinzmuseum

Gegenüber dem Hue-Museum erkennt man den **Di Luan-Pavillon**, eine ehemalige Prinzenschule, in der heute einige Kunstwerke der Cham-Kultur gezeigt werden. Unmittelbar daneben liegt das **Provinzmuseum** (15), das mit Panzern, Waffen sowie historischen Dokumenten und Fotos die Kriegsgeschichte Hues – einschließlich der wichtigen Tet-Offensive 1968 – dokumentiert.

★★BOOTSFAHRT AUF DEM FLUSS DER WOHLGERÜCHE

Auf einer beschaulichen ★★**Bootsfahrt** den **Parfümfluss** oder **Fluss der Wohlgerüche** (Huong Giang) aufwärts kann man mehrere der bedeutendesten Sehenswürdigkeiten von Hue besuchen: die ★**Pagode der Himmelsgöttin** (Chua Thien Mu), den **Tempel der Muttergöttin** (Den Hon Chen) sowie die ★★**Königsgräber** (Lang Tam) von Tu Duc, Thieu Tri, Khai Dinh und Minh Mang. Hotels und Agenturen bieten von der **Ablegestelle** (16) Tagesausflüge mit Mittagessen auf dem Boot an.

Rechts: Lang Tu Duc – das Grab des vierten Königs mit dem Luu Khiem-See und dem Pavillion Xung Khiem.

★★KÖNIGSGRÄBER

Die Nguyen haben als einzige Dynastie ihre Gräber im Umkreis ihrer Residenz, nicht in ihrer Heimatprovinz Thanh Hoa angelegt. Sieben ★★**Königsgräber** (Lang Tam), zwischen 1814 und 1920 entstanden, sind Zeugen der Mausoleums-Architektur im Verlauf eines Jahrhunderts und vermitteln ein Bild von der Persönlichkeit der Könige. Die Grundanlage und Struktur der Mausoleen entspricht wieder chinesischen Vorbildern und ist in allen Grabanlagen trotz modernerer Materialien und Dekorationen gleich. Die Mausoleen bestehen aus drei Teilen: zunächst Ehrenhöfen mit Geisteralleen, die von Tieren, Mandarinen und Kriegern als Wächter gegen Dämonen gebildet werden, sowie steinernen Stelen, auf denen die Nachfolger die Taten der Toten priesen; im zweiten Teil befand sich der Tempel zur Verehrung des Königs und der Königin nach dem Tod; im dritten Teil lag das eigentliche Grab.

★★Grab von Tu Duc

Das ★★**Grab von Tu Duc** (17) (Lang Khiem), dem vierten König (1847-1883), entstand in der Zeit politischer Wirren der beginnenden Kolonialepoche und lässt die Nöte des Herrschers ahnen. In seine Regierungszeit, der längsten eines vietnamesischen Königs, fielen der Verlust Cochinchinas und der Protektoratsvertrag. Tu Duc war der letzte vietnamesische Monarch, der seine politische und geistige Unabhängigkeit wahren konnte. Der kinderlose Herrscher, der 100 Konkubinen hatte, war häufig krank. Um die Nachfolge zu sichern, adoptierte er mehrere Söhne aus der königlichen Familie.

» Stadtplan S. 149, Info S. 199-203

Foto: Josef Beck

16 Jahre vor seinem Tod (1867) war seine weitläufige Grabanlage, an der zeitweise bis zu 7000 Zwangsarbeiter tätig waren, fertiggestellt. Hier, 7 km von der Zitadelle, suchte er häufig Zuflucht vor dem strengen Hofzeremoniell. Der Teil, der von dem Lebenden benutzt wurde, nahm erheblich mehr Raum ein als sein Grab. Hinter hohen Mauern mit vier Toren schaffte sich der nur 1,50 m große Herrscher eine Welt en miniature mit Hügeln, Wald, Inseln, Teichen, Tieren und Pflanzen.

Entgegen der Tradition – gewöhnlich verfassten die nachfolgenden Söhne die Grabinschrift – formulierte Tu Duc den Text auf seiner Stele (s. u.) selbst. „Der Mitte zugeordnet", „moderat" bzw. „bescheiden" (*khiem*) nannte er seine Person, seine Regierung und seine Erfolge, und er entschuldigte sich beim Volk für die Fehler, die er gemacht hatte. Denselben Namen wählte er auch für seine Grabanlage und die meisten seiner Bauten.

Durch das **Tor des Bescheidenen Ereignisses** 1 (Cua Vu Khiem) führt der Weg, vorbei am **Tempel des Bescheidenen Willens** 2 (Chi Khiem Duong) mit den dahinter liegenden, heute zerstörten **Gemächern der Konkubinen**, zum **Pavillon des Bescheidenen Schwebens** 3 (Du Khiem Tu) mit Bootsanlegestelle.

Auf der **Insel der Bescheidenheit** 4 (Thinh Khiem) jagte Tu Duc Hasen und Rohrdommeln.

Auf einer Halbinsel im **See des Bescheidenen Bewahrens** 5 (Ho Luu Khiem) liegt der ★**Pavillon der Bescheidenen Vorausschau** 6 (Xung Khiem Ta), in den sich Tu Duc oft zum Lesen, Dichten und Meditieren zurückzog. In dieser stillen Welt suchte er die Harmonie, die seinem Land und seinem Leben fehlte.

Über eine breite Treppe und durch das ★**Tor des Palastes der Bescheidenheit** 7 (Khiem Cung Mon) gelangt man zum **Wohnbereich**.

Die **Halle des Bescheidenen Friedens** 8 (Hoa Khiem Dien), die einmal seiner und der Königin Le Thien Anh Verehrung dienen sollte, nutzte der

» Plan S. 156, Info S. 199-203

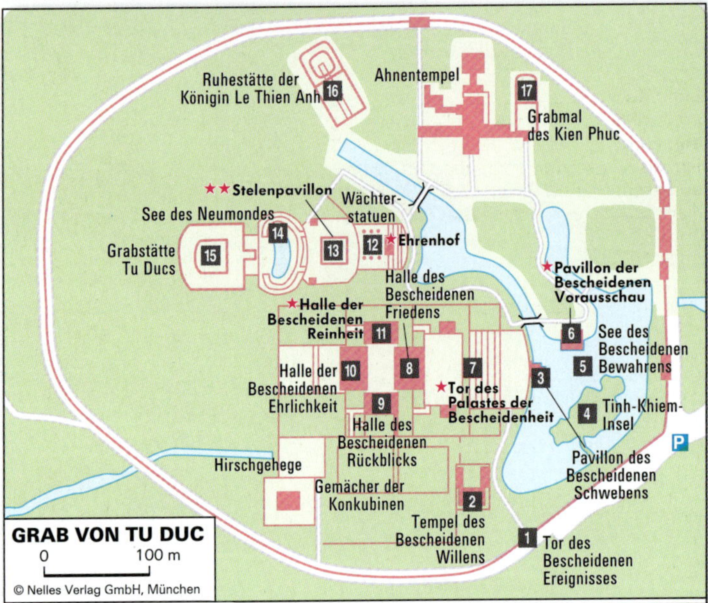
GRAB VON TU DUC
0 100 m
© Nelles Verlag GmbH, München
Ruhestätte der Königin Le Thien Anh 16
Ahnentempel
17 Grabmal des Kien Phuc
★★ Stelenpavillon
Wächterstatuen
See des Neumondes
14
Grabstätte Tu Ducs 15
13
12 ★ Ehrenhof
★ Pavillon der Bescheidenen Vorausschau
Halle des Bescheidenen Friedens
★ Halle der Bescheidenen Reinheit 11
6 See des Bescheidenen Bewahrens
5
Halle der Bescheidenen Ehrlichkeit 10
8
7
3
★ Tor des Palastes der Bescheidenheit
9
4 Tinh-Khiem-Insel
Halle des Bescheidenen Rückblicks
P
Hirschgehege
Pavillon des Bescheidenen Schwebens
Gemächer der Konkubinen
2
Tempel des Bescheidenen Willens
1 Tor des Bescheidenen Ereignisses

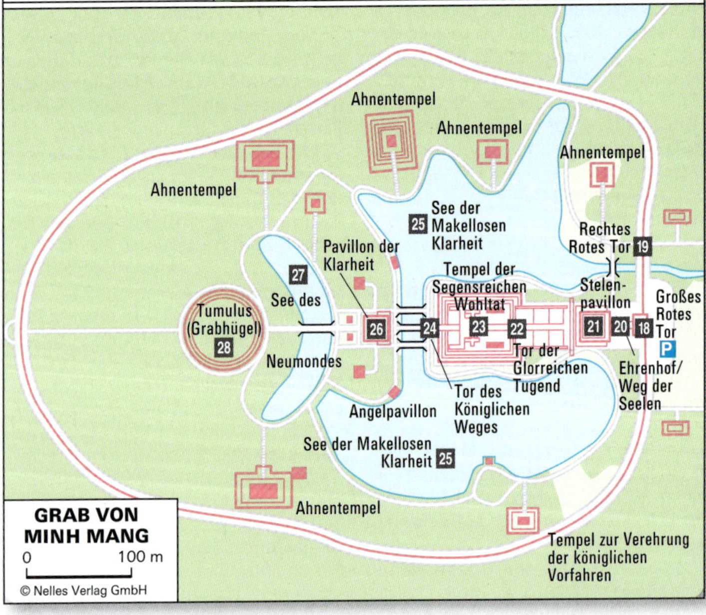
Ahnentempel
Ahnentempel
Ahnentempel
Ahnentempel
25 See der Makellosen Klarheit
Pavillon der Klarheit
Rechtes Rotes Tor 19
27
Tempel der Segensreichen Wohltat
See des Neumondes
Stelenpavillon
Großes Rotes Tor
Tumulus (Grabhügel) 28
26
24
23
22
21
20
18
P
Tor der Glorreichen Tugend
Ehrenhof/ Weg der Seelen
Tor des Königlichen Weges
Angelpavillon
See der Makellosen Klarheit 25
Ahnentempel
Tempel zur Verehrung der königlichen Vorfahren
GRAB VON MINH MANG
0 100 m
© Nelles Verlag GmbH

Monarch als Studier- und Audienzraum. Um einen anschließenden Innenhof gruppieren sich die **Halle des Bescheidenen Rückblicks** 9 (On Khiem Dien) für die Kleider, die **Halle der Bescheidenen Ehrlichkeit** 10 (Luong Khiem Dien) als Schlafzimmer und die ★**Halle der Bescheidenen Reinheit** 11 (Minh Khiem Duong) als privates **Theater** des Königs. Für seine Unterhaltung ließ Tu Duc Schauspiele aufführen, deren Fortsetzungen bis zu 100 Nächte dauerten.

Der eigentliche **Grabbezirk** erstreckt sich weiter nördlich, wie der Wohnkomplex ebenfalls entlang einer Ost-West-Achse. Durch einen ★**Ehrenhof** 12 mit **Wächterfiguren**, darunter Mandarine, Pferde und Elefanten, schreitet man geradewegs auf den imposanten ★★**Stelenpavillon** 13 (Nha Bia) zu. Hier erhebt sich die bereits erwähnte ★**Inschriftenstele** mit annähernd 5000 chinesischen Zeichen, mit rund 20 t die größte Vietnams.

Nach passieren des **Sees des Neumondes** 14 (Tieu Khiem) erreicht man die von zwei Mauern eingefasste **Grabstätte Tu Ducs** 15 (Lang Khiem).

Ein kurzer Spaziergang führt zur abseits im Wald gelegenen **Ruhestätte der Königin Le Thien Anh** 16 und zum **Grabmal des Kien Phuc** 17, einem Adoptivsohn Tu Ducs, der 1883/1884 nur sechs Monate regierte.

★★Grab von Minh Mang

Das ★★**Grab von Minh Mang** (18) (Lang Hieu), des zweiten Königs (1820-1841), liegt 12 Kilometer von Hue, westlich des Zusammenflusses von Ta Trach und Huu Trach, die den Fluss der Wohlgerüche (Huong Giang) bilden. Es ist auch über eine neue Brücke beim Dorf Ban Viet zu erreichen. Minh Mang entwarf sein Grab selbst, das dann nach seinem Tod König Thieu Tri vollendete. Auf 45 Hektar ist es die größte Graban-

Foto: Wolfgang Kaehler

Rechts: Wächterfigur am Grab des Königs Tu Duc.

lage Hues mit Gärten, Hügeln, Teichen sowie Pavillons und Tempel, die fast alle vollständig restauriert wurden. Die Anlage strahlt durch ihre konsequente, von chinesischen Vorbildern inspirierte Symmetrie entlang einer Ost-West-Achse besondere Ruhe aus.

Den – wegen der stets verschlossenen Türen nur symbolischen Eingang bildet das **Große Rote Tor** 18 (Dai Hong Mon); den Grabbezirk betritt man heute durch das **Rechte Rote Tor** 19 (Huu Hong Mon).

Über den **Weg der Seelen** 20 (San Chau) mit Wächterfiguren (Mandarine, Pferde, Elefanten) gelangt man auf einer zweistufigen Terrasse zum **Stelenpavillon** 21 (Nha Bia), der die Taten von König Gia Long, des Vaters von Minh Mang, verherrlicht.

Im Zentrum der Anlage, auf einer künstlichen dreistufigen Plattform, erhebt sich hinter dem **Tor der Glorreichen Tugend** 22 (Cua Hien Duc) der **Tempel der Segensreichen Wohltat** 23 (Sung An Dien). Das rot und gold dekorierte Gebäude dient seit seiner

Foto: Josef Beck

Errichtung dem Kult und der Verehrung des Herrscherpaares.

Nach Durchschreiten des **Tores des Königlichen Weges** 24 (Hoang Trach Mon) stellen drei **Brücken** über den **See der Makellosen Klarheit** 25 (Minh Lau) die Verbindung zum harmonischen, von Frangipani-Bäumen umgebenen **Pavillon der Makellosen Klarheit** 26 (Minh Lau) her.

Jenseits des **Sees des Neumondes** 27 (Ho Tan Nguyet) führt eine Treppe zum **Tumulus** 28. Eine **Bronzetür** versperrt den ummauerten Grabhügel des Königs Minh Mang.

★Grab von Gia Long

Das ★**Grab von Gia Long** (19) (Lang Thien Tho), des Gründers der Dynastie, wurde von ihm 1814, sechs Jahre vor seinem Tod, erbaut. Die kleinere Anlage befindet sich in völliger Harmonie mit der Natur. Glanzlicht des selten besuchten Grabmals ist die große Halle des ★**Tempels der Ahnen**.

★★Grab von Khai Dinh

Das ★★**Grab von Khai Dinh** (20) (Lang Ung), des zwölften Königs, breitet sich 10 km von Hue entfernt am rechten Ufer des Flusses aus. In der Anlage – die Landschaft dominierend liegt es als einziges an einem Hügel – und dem Material Zement zeigt das Mausoleum deutlich europäische, v. a. französische Einflüsse: Khai Dinh war nach Wunsch der Kolonialregierung der vietnamesische Marionettenkönig par excellence, wovon auch der prächtige Hofstaat zeugte. 1920 begann der König den Bau, 1931 beendete ihn sein Sohn und Nachfolger Bao Dai, der letzte Nguyen-König.

Die übliche Dreiteilung der königlichen Mausoleen wurde beibehalten, jedoch auf drei Terrassen verlagert, die durch steile Treppen mit 36, 26 und 47 Stufen zu erreichen sind. Auf der 1. Ebene erkennt man zu beiden Seiten **Wachgebäude**, auf der 2. Ebene eine

Oben: Der Ehrenhof des Lang Ung, der Grabanlage des Khai Dinh.

 » Plan S. 156, Stadtplan S. 149, Info S. 199-203

steinerne ★**Ehrenallee** mit Pferden, Elefanten und Mandarinen sowie einer einseitig beschriebenen **Stele**, die von **Ehrenmonumenten** flankiert werden. Auf der 3. Terrasse erscheint einem Rokoko-Schloss ähnlich die mit Pilastern und Bögen nach europäischer Art gegliederte ★**Vorhalle** mit angeschlossener ★★**Grabhalle**. Die Innenwände sind aufwändig mit **Mosaiken** aus Glas-, Keramik- und Porzellanscherben verziert. Unter einem Podest mit der vergoldeten, 1922 in Frankreich gefertigten ★**Bronzestatue** des Königs liegt die **Grabkammer**, dahinter der Altar zur Verehrung des Verstorbenen.

★Gräber von Thieu Tri und Tu Du

Das ★**Grab von Thieu Tri** (21) (Lang Xuong), des dritten Königs, und das **Grab der Königin Tu Du** (Lang Ba Van) liegen in der Nähe des Khai Dinh-Grabs. Beide sind klein und fügen sich harmonisch in die Landschaft ein. **Lang Tu** ist das Grab des Königs Dong Khan, eines Adoptivsohnes von Tu Duc, der von der französischen Kolonialregierung anstelle eines unbotmäßigen Vorgängers eingesetzt wurde. **Lang An** ist ebenfalls das Grab eines Adoptivsohns von Tu Duc, des Königs Duc Duc, der 1883 nach dreitägiger Regierung von Rivalen getötet wurde. Beide Gräber liegen nahe der Stadt.

★TEMPEL VON HUE

Hue besitzt etwa 100 buddhistische Tempel (*chua*) und Klöster. Die ersten entstanden im 17. Jh. unter den Nguyen-Fürsten. Sie wurden bei der Einnahme Phu Xuans durch die Trinh-Fürsten und bei den Kämpfen mit den Tay Son zerstört. Die Nguyen riefen chinesische Mönche ins Land und förderten den Bau von Sakralbauten, die im 19. und 20. Jh. mehrfach erneuert wurden. Viele tragen zu ihrem Namen die Auszeichnung „vom König geschützte Pagode". In Klöstern chinesischer Sekten herrschten in der Gemeinschaft der Mönche (*sangha*) sehr strenge Ordensregeln; die Gründer und Äbte wurden hochverehrt.

Gegenwartsprobleme und politische Fragen machten an den Klosterpforten nicht halt. Hinter ihnen entwickelte sich 1955-1963 die Anti-Diem-Bewegung, die sich auch gegen die Einmischung der USA richtete und durch Selbstverbrennungen an das Weltgewissen appellierte; 1963-1968 nahmen Mönche auch an den Widerstandskämpfen teil. In Hue entstanden die ersten Institutionen zur Erneuerung des Buddhismus, dazu Lehranstalten und karitative Einrichtungen.

Die Pagoden in Zentral-Vietnam unterscheiden sich von denen im Delta des Roten Flusses im Norden. Die Dächer sind weniger geschwungen, die Ecken nicht aufgebogen. Sie weisen chinesische Stilelemente auf, die Ziegelbauten bestehen oft nur aus einem Gebäude, wirken größer und heller. Die Wände sind mit Malereien geschmückt. Das Pantheon ist kleiner, oft beherrscht ein großer Buddha den Raum. Die meisten *chua* liegen am Südufer des Flusses, in der Stadt und dem Gelände bei den Königsgräbern.

★Pagode der Himmelsgöttin (Chua Thien Mu)

Die ★**Pagode der Himmelsgöttin** (22) (Chua Thien Mu) oder „Pagode der Gnädigen Göttin" (Chua Linh Mu) liegt am Nordufer des Flusses der Wohlgerüche auf dem Hügel Ha Khe unweit einer markanten Flussbiegung (auf der Straße 5 km von Hue und 3 km von der Zitadelle entfernt). Es gab schon in frühester Zeit Verehrungsstätten für die Muttergöttin. Im Jahr 1601 erschien die Göttin dem Nguyen-Fürsten an dieser Stelle, woraufhin er ihr einen Tempel errichtete. Wie viele Sakralbauten in Hue wurde er mehrmals durch Blitzschlag, Taifune und Überschwemmungen zerstört und wieder erneuert. Seine heuti-

Foto: Joachim Hiltmann (mauritius images / imageBROKER)

ge Gestalt verdankt er Restaurierungen der Nguyen-Könige. 1844 gab König Thieu Tri den 7-stöckigen, 21 m hohen ★**Phuoc Duyen** in Auftrag. In jedem Stockwerk wird eine Buddha-Statue verehrt. Auf der steinernen Plattform vor dem Pagodenturm stand ein Tempel, der 1904 von einem Taifun zerstört wurde. Im rechten **Pavillon**, hinter dem Turm, befindet sich eine 2,50 m hohe und 1,25 m breite **Stele** auf dem Rücken einer Schildkröte, beide aus Marmor. Chinesische Zeichen beschreiben die Schönheit dieses Platzes, von dem aus der Fluss zu überblicken ist. Im gegenüberliegenden Pavillon hängt die größte **Glocke** Hues aus dem Jahr 1710. Sie wiegt 3285 kg, ist 2,50 m hoch, hat einen Durchmesser von 1,40 m und ist ein Meisterwerk der Bronzekunst. Früher wurde sie morgens um 4 Uhr 108 Mal geschlagen, und ihr Klang war 10 km weit zu hören.

Oben: Die Thien Mu-Pagode mit dem siebenstöckigen Phuoc Duyen. Rechts: Fischer auf dem Fluss der Wohlgerüche (Huong Giang).

Das **Dreiflügelige Tor** (Ngu Mon) mit Wächterfiguren führt in den Hof der Pagode. Hinter ihr liegt das **Kloster**. Links neben einem Verkaufspavillon steht in einer Garage ein **Oldtimer**, über dem ein **Foto** hängt. Es zeigt die erste Selbstverbrennung eines vietnamesischen Mönches am 11. Juni 1963 in Saigon. Der buddhistische Mönch Thich Quang Duc aus Hue war Gast im Kloster Quang An in Saigon und verbrannte sich bei einer Protestkundgebung gegen den katholischen Diktator Diem und die zunehmende Intervention der USA neben seinem Wagen (einem Austin), der dem Kloster in Hue zurückgegeben wurde. Im angelegten Garten wurde Ende der 1990er Jahre ein Grabmal für den verstorbenen Abt errichtet.

Tempel der Muttergöttin (Den Hon Chen)

Der **Tempel für die Muttergöttin** (23) (Den Hon Chen) erstreckt sich auf drei Ebenen des Steilufers. Bei normalem Wasserstand ist der Huong Giang etwa 4 m, vor dem Tempel jedoch 7 m tief. An dieser Stelle wurde das Wasser für das Bad des Königs geschöpft. Am Ufer steht ein **Tempel des Flussgeistes**. Auf der nächsten Ebene wird der Sonnengott verehrt. Am benachbarten Tempel beten die alleinstehenden Frauen.

Der **Haupttempel** auf dem Gipfel ist der Muttergöttin Ho Chen geweiht. Die Cham hatten an dieser Stelle schon vor Jahrhunderten einen Tempel für Po Nagar, die Mutter des Landes, errichtet. Sehr schön ist die ★**Aussicht** über das Flusstal.

Tu Dam-Pagode

Die **Tu Dam-Pagode** (24) (Chua Tu Dam; 2 km südlich vom Stadtzentrum) wurde 1695 von einem Chinesengegründet und 1936 komplett erneuert. 1951 fand hier erstmals ein Kongress der *Buddhistischen Vereinigung Vietnams* (Tong Hoi Phat Giao Viet Nam)

» Stadtplan S. 149, Info S. 199-203

Foto: Hans Kemp

statt, der sich nachdrücklich für Religionsfreiheit einsetzte. Zwischen dem dreiflügeligen **Tor** und den **Haupthallen** steht ein **Bo-Baum** aus Indien.

Bao Quoc-Pagode

Die **Bao Quoc-Pagode** (25) (Chua Bao Quoc) liegt auf dem Hügel Ham Long westlich der europäischen Stadt jenseits der Bahngleise. Sie beherbergt seit 1940 eine **Schule** zur Erneuerung des Buddhismus (Bao Quoc), aus der die führenden Mönche des Widerstandes kamen. Der Sakralbau wurde 1674 von einem chinesischen Mönch gegründet und häufig restauriert. Das Dreiflügelige **Tor** stammt aus dem Jahr 1808. König Minh Mang stellte die Anlage als Nationale Pagode unter seinen Schutz. Das Pantheon ist typisch für Pagoden in Mittelvietnam. Zum *chua* führt eine steile Treppe. Dahinter liegt der **Hauptaltar** und ein Raum mit Statuen der Äbte. Im **Orchideengarten** um die Pagode stehen Beerdigungsstupas.

Pagode der Höchsten Pflichterfüllung (Chua Tu Hieu)

Im Dorf **Duong Xuan Ha** (5 km vom Zentrum entfernt auf dem Wege zu den Königsgräbern) liegt die **Pagode der Höchsten Pflichterfüllung** (26) (Chua Tu Hieu). An dieser Stelle befand sich die kleine Pagode An Duong, die 1843 der Mönch Nhat Dinh gründete. Als seine Mutter erkrankte, sorgte er für sie. Das Volk achtete ihn hoch, zudem zeichnete ihn König Tu Duc als pflichttreuen Sohn aus, womit die Pagode den Namen Tu Hieu („Höchste Pflichterfüllung") bekam. Als 1847 der Mönch starb, sammelten die Eunuchen am Königshof Geld und schenkten der Pagode Land, wodurch sie wohlhabend wurde. In ihrem Umkreis liegen viele Eunuchen begraben. Auch Mönche dieser Pagode schlossen sich der Anti-Diem-Bewegung an.

Himmelsaltar (Nam Giao)

Der **Himmelsaltar** (27) (Nam Giao) lag an der Stelle, an der sich heute das

» Stadtplan S. 149, Info S. 199-203

Foto: Robert Riethmüller

Gefallenendenkmal erhebt. Er war axial auf den Königspalast jenseits des Flusses ausgerichtet und bestand im Wechsel aus runden und quadratischen Terrassen, die Himmel und Erde symbolisierten. Alle drei Jahre brachte der König als Sohn des Himmels die Opfer für Himmel und Erde dar mit der Bitte um Erntesegen. In französischen Darstellungen wird das höchste Fest in Hue mit rituellen Tänzen bei Fackelschein geschildert.

Pagode des Bambuswaldes (Chua Truc Lam)

Die 1903 gegründete **Pagode des Bambuswaldes** (28) (Chua Truc Lam) am Duong Xuan-Hügel (6 km südlich von Hue) gehört zur Meditationssekte des Bambuswaldes (Truc Lam). 1931 entstand hier die Vereinigung zum Studium des Buddhismus. Die Pagode besitzt eine chinesische Ausgabe des Diamantenen Sutra, das von der Tay Son-Dynastie gestiftet wurde. Die Vorsteherin der Thay-Pagode (im Delta des Roten Flusses, s. S. 97) stickte die 7000 Worte der Sutren in fünf Farben auf Brokat.

Oben: Wohnboot auf dem Fluss der Wohlgerüche (Huong Giang).

Chinesische Gemeinde-Häuser (Hoi quan)

Hoi Quan werden häufig als Pagoden bezeichnet, haben aber nur selten ein buddhistisches Pantheon. Sie wurden von chinesischen Klans erbaut, die aus dem Süden Chinas einwanderten und in der Altstadt am Nordufer des Flusses nahe der Markthalle leben. Die *hoi quan*, von denen die meisten in der **Chi Lang-Straße** (29) liegen, dienen – ähnlich wie in Hoi An (s. S. 169) – gleichzeitig als religiöse und gesellschaftliche Zentren, als Gemeindehäuser. Bei Frühlings- und Herbstvollmond und zum Neujahrsfest werden in ihnen große Feste gefeiert. Die schönsten Hoi Quans sind die **Chieu Ung** (Chi Lang 223) und die **Chua Ong** (Chi Lang 319), beide aus der Mitte des 19. Jahrhunderts.

» Stadtplan S. 149, Karte S. 165, Info S. 199-203

Thuan An
Der Strand von Hue

Thuan An ㉓ (12 km nordöstlich von Hue) ist mit Stadtbussen (Busbahnhof neben dem Dong Ba-Markt), mit dem Fahrrad und mit Privatbooten auf dem Fluss der Wohlgerüche gut zu erreichen. Der **Sandstrand** mit einigen Hotels, Restaurants, Kiosken und Liegestuhlvermietern liegt an einer schönen Lagune und ist v. a. im nördlichen Abschnitt sehr kommerzialisiert.

★Bach Ma-Nationalpark
Eldorado für Ethnologen

Etwa 50 km südlich von Hue, am 1444 m hohen **Bach Ma-Berg**, liegt in 1000 m Höhe der ★**Bach Ma-Nationalpark** ㉔, der per Jeep über zwei kleinere Pässe erreichet werden kann. Mit **Wasserfällen**, sechs **Waldwanderwegen**, schönen **Aussichten** ist er ein attraktives Erholungsgebiet mit angenehmem Klima, das man am besten von März bis Juni besucht. In der französischen Kolonialzeit diente die Gegend als Luftkurort, wovon noch einige Villen zeugen, die – heute restauriert – als **Guesthouses** dienen. Obwohl Bach Ma in beiden Indochinakriegen schwer umkämpft war, gibt es im Nationalpark noch knapp 60 Säugetier- und rund 1300 Pflanzenarten, v. a. aber ziehen die schätzungsweise 320 Vogelarten die Aufmerksamkeit der Ornithologen auf sich.

Lang Co
Am Canh Duong-Strand

Nördlich des Wolkenpasses (etwa 60 km südlich von Hue und ca. 40 km nördlich von Da Nang) liegt malerisch auf einer schmalen Landzunge zwischen Palmen das Fischerdorf **Lang Co** ㉕. Obwohl die Idylle der Lagune durch eine neue Straßenbrücke und den Pfeilern einer 1947 von der Vietminh zerstörten Brücke beeinträchtigt wird, lohnt sich dennoch ein Aufenthalt am **Canh Duong-Sandstrand**. Im Wasser erkennt man Netze zur Aufzucht von Austern, die für die qualitätvollen Perlmutt-Intarsien-Arbeiten in Hanoi verwendet werden.

★Wolkenpass
Klimascheide Zentral-Vietnams

Der ★**Wolkenpass** ㉖ (**Deo Hai Van**) ist mit 496 m die höchste Stelle der Straße 1A. Er führt über einen nach Osten abbiegenden Ausläufer des Truong Son-Gebirges, der auf 16° nördlicher Breite die Wetterscheide und Klimagrenze in Annam ist, denn südlich der Barriere ist das Land tropisch mit nahezu konstanten Temperaturen um 25-27 °C. Das Wetter kann deshalb in Hue im Norden (80 km) ganz anders sein als in Da Nang im Süden (20 km). In früherer Zeit führten nur Stufen über den Pass, erst in der französischen Kolonialzeit wurde die Straße ausgebaut. Auf der Passhöhe, 496 m hoch, steht ein verfallenes französisches **Fort**. Bis in das 15. Jh. lag hier die Grenze zwischen Dai Viet und Champa.

Meist macht der Pass seinem Namen Ehre, hüllt sich in Wolken und feuchte Nebel. Scheint aber die Sonne, ist die ★**Aussicht** überwältigend. Im Norden liegen die Reisebene, die Lagune und das Dorf Lang Co sowie das Meer. Nach Süden geht der Blick über die Bucht von Da Nang mit der gebirgigen Halbinsel Son Tra. Eilige können – alternativ zum Pass – den knapp 7 km langen **Tunnel** durch das Massiv nehmen.

SÜDLICHES ANNAM

In der tropischen Küstenebene des **Südlichen Annams**, zwischen dem Wolkenpass (Deo Hai Van) im Norden und Provinz Binh Thuan am Nordrand des Mekong-Deltas im Süden, gibt es kleine, fruchtbare Flussdeltas, in denen Reis, Zuckerrohr und Erdnüsse gedeihen. Im äußersten Süden wurden Kokosnuss-, Gummi- und Tabakplantagen

» Karte S. 165, Info S. 199-203

Foto: Peter Rex

angelegt. In den Bergen wachsen Nutz- und Edelhölzer, Gewürze, Kaffee und Tee. Der beste Pfeffer kommt aus Than Phuc, der beliebteste Zimt aus Tra My. Die Seide aus Phu Vang ist von besonderer Qualität. Über weite Strecken lässt sich an der Straße 1A die Herstellung von Salz aus Meerwasser beobachten. In großen, flachen Becken verdunstet das Wasser schnell. Das zurückgebliebene Salz wird zu Haufen zusammengeschoben und lagert zuweilen in großen Bergen am Straßenrand. Das Bergland, in dem Vieh gezüchtet wird, ist reich an Bodenschätzen; schon die Cham bauten Gold ab, wuschen es aber auch aus dem Flusssand.

Außer Kinh (ethnische Vietnamesen) leben im südlichen Annam (Trung Bo) in der Ebene Minderheiten der Hoa (Chinesen) und ungefähr 80 000 Cham, im Hügelland und in den Bergen, im **Südlichen Hochland** (s. S. 189), leben Radang, Ka Tu, Co und andere, oft nur wenige tausend Mitglieder zählende Bergvölker.

Oben: Der Canh Duong-Strand bei Lang Co, am Fuß des Wolkenpasses.

Da Nang
Im Museum der Cham-Plastik

Die Stadt **Da Nang** ㉗ erstreckt sich über 950 km² und hat im Großraum mehr als 1,1 Mio. Einwohner. Sie liegt südlich der **Son Tra-Halbinsel** mit dem 693 m hohen **Affen-Berg** (Nui Son Tra) am **Han-Fluss**. Die weite Bucht bildet einen großen **Naturhafen**, in dem zahlreiche Schiffe auf Reede liegen.

Als französische Kriegsschiffe am 8. Mai 1858 die Bucht 105 km südlich der Hauptstadt der Nguyen-Könige beschossen, um die Öffnung des Landes zu erzwingen, gab es an den Ufern nur kleine Siedlungen. Daraus wurde das *Tourane* der Franzosen, das heutige Da Nang. Im Vietnamkrieg landeten die amerikanischen Truppen in Da Nang, und 110 km südlich in Chu Lai entstand die größte Basis der USA für Armee, Luftwaffe und Marine. Der ganze Landstrich zwischen der Stadt Da Nang und der Basis Chu

» Karte S. 165, Info S. 199-203

Lai wurde *Feuer-frei-Zone*, in der auf alles geschossen wurde, was sich bewegte, deshalb auch der Name *Rocket City*. Die Menschen flüchteten nach Da Nang, das von 50 000 auf 500 000 Einwohner wuchs. Inzwischen ist der ehemalige US-Luftwaffenstützpunkt zum **Internationalen Flughafen** ausgebaut.

★★Museum der Cham-Plastik

Absolutes Highlight Da Nangs ist das ★★**Museum der Cham-Plastik** (Bao Tang Cham), das im offenen Viereck im Stil eines Cham-Mandapa in einem Park am Han-Fluss erbaut wurde. Es zeigt in zehn Räumen – geordnet nach Stilepochen – ca. 300 Exponate, die zu den schönsten Kunstwerken ganz Südostasiens zählen. Ab Ende des 19. Jh. erforschten Wissenschaftler der *École Française de l'Extrème Orient* die Cham-Kultur (s. S. 29). Um die gefundenen Reliefs und Skulpturen an einem zentralen Ort zu sammeln, entstand 1915/1916 in Da Nang ein Magazin, das 1939 als Museum eröffnet wurde. Die Höhepunkte der Cham-Plastik im Museum sind:

„Der Königshof" **1**: Chanh Lo-Stil (11. Jh.); die Szenen dieses Türsturzes (u. a. Musiker, Tänzer und Diener) spiegeln die pompöse Hofhaltung der Cham-Herrscher wider.

Linga-Altar **2**: My Son E1-Stil (2. Hälfte 7. Jh.); weniger die technische Ausführung als die Vielfalt der Szenen – Harfen- und Flötenspieler, rituelle Opfer, Asketen in Höhlen, Lehrer und Schüler u. v. m. – ziehen die Aufmerksamkeit auf sich (s. Bild S. 167).

Vishnu Anantasayin und Geburt Brahmas **3**: My Son E1-Stil (2. Hälfte 7. Jh.); Vishnu liegt im kosmischen Schlaf auf der Weltenschlange Ananta, während aus seinem Nabel Brahma auf einer Lotosblüte zur Welt kommt.

Polospieler **4**: My Son A1-Stil (10. Jh.); bei dieser originellen Darstellung verschmelzen chinesische, javanische und indische Elemente zu einem Werk der Cham-Kunst (Bild S. 35).

Dvarapala auf Büffel **5**: Dong Duong-Stil (9./10. Jh.); einer von acht

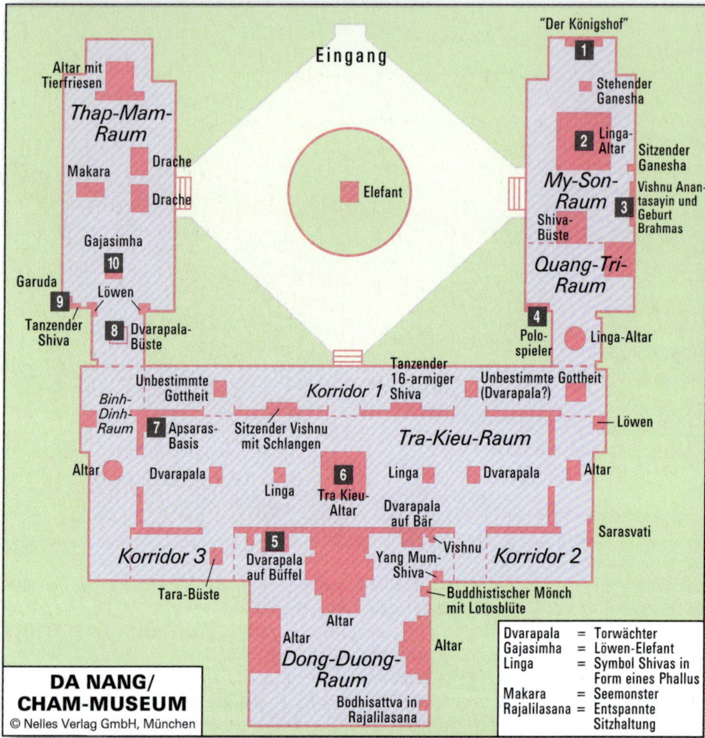

Wächterstatuen in Siegerpose über Tieren oder Menschen, die paarweise die Tempeleingänge flankierten.

Tra Kieu-Altar 6: Tra Kieu-Stil (10. Jh.); die lebendigen Reliefs zeigen u.a. Episoden aus dem Leben Krishnas.

Apsaras-Basis 7: Tra Kieu-Stil (10. Jh.); die äußerst qualitätvolle und wohl berühmteste Skulptur der Cham-Plastik zeigt reich geschmückte Musiker und Tänzerinnen in dynamischen, fast expressiven Posen (Bild S. 136).

Dvarapala-Büste 8: Thap-Mam-Stil (12. Jh.); bemerkenswert an dieser monumentalen Wächterskulptur sind die heroische Haltung und die stilisierten Details wie Augenbrauen und Bart.

Garuda 9: Thap-Mam-Stil (12. Jh.); mehr noch als die meisten anderen Beispiele dieses Stils ist das Reittier des Gottes Vishnus überreich mit Ornamenten dekoriert.

Gajasimha 10: Thap-Mam-Stil (12. Jh.); „Löwenelefanten" zählen – im Gegensatz zu den übrigen südostasiatischen Kulturen – zu den bevorzugten Sujets der Cham-Bildhauer.

Rechts: Flötenspieler vom Linga-Altar im My Son E1-Stil (2. Hälfte 7. Jh.) im Cham-Museum in Da Nang.

Weitere Sehenswürdigkeiten

Der **Han-Markt** (Cho Han) am Han-Fluss bietet fangfrische Meeresfrüchte.

Etwas über 1 km weiter landeinwärts liegt der **Con-Markt** (Cho Con), auf dem

 » Plan S. 166, Info S. 199-203

Foto: Josef Beck

handwerkliche Erzeugnisse und Textilien angeboten werden.

Tuong- und **Cai Luong-Theater** haben in Da Nang und den umliegenden Dörfern eine lange Tradition, die im letzten Jahrzehnt aktiviert wurde. Auch Lieder, die beim Kartenspiel gesungen werden (*bai choi*), wurden gesammelt und werden ab und zu vorgetragen.

Die 1932 gegründete **Pho Da-Pagode** (Chua Tam Bao) in der Phan Chau Trinh-Straße ist der größte Sakralbau der Stadt.

Die 1930 erbaute **Phap Lam- Pagode** in der Ong Ich Khiem-Straße hingegen ist Sitz der Buddhisten-Vereinigung Da Nangs.

★China Beach

Vietnams berühmtester Strand

Unmittelbar östlich der Marmorberge (s. u.) erstreckt sich der knapp 30 km lange ★**China Beach** ㉘ (Bac My An), der wohl bekannteste Sandstrand Vietnams zwischen Da Nang im Norden (im dortigen Abschnitt **My Khe Beach** genannt) und Hoi An im Süden. Er war ein beliebter Erholungsort für Russen bzw. im Vietnamkrieg *rest and recreation* für die amerikanischen GIs. Die Wassertemperaturen sind konstant, so dass ganzjährig Bademöglichkeit besteht (an manchen Stellen gefährliche Unterwasserströmungen!). Aufgrund starker Winde von September bis Dezember ist der China Beach auch ein **Surferparadies**.

★Marmorberge

Legendenumwobene Kalksteinfelsen

Die **Berge der Fünf Elemente** (Nui Ngu Hanh Son), aufgrund des Materials meist ★**Marmorberge** ㉙ (Marble Mountains) genannt, liegen 8 km südlich von Da Nang. Die fünf, von Legenden umwobenen Kalksteinfelsen, sollen Inseln im Meer gewesen sein. Sie werden auch als Eier einer Drachenmutter bezeichnet. Im Abendlicht sehen sie aus wie Elefanten, die zum nahen Meer streben. Unter den fünf Elementen verstehen die Vietnamesen *thuy* (Wasser), *kim* (Metall, Gold), *tho* (Erde), *hoa* (Feuer) und *moc* (Holz).

Die Cham haben Reliefs in den Höhlen des **Tho-Berges** hinterlassen; auch in allen anderen Bergstöcken gibt es **Höhlen**. König Le Thanh Tong soll 1471 nach der Zerstörung der Cham-Hauptstadt Vijaya die Tam Thai-Pagode gegründet haben. 1825 kam der Nguyen-König Minh Mang in die Berge, ließ Wege anlegen, baute die **Tam Thai-** und die **Linh Ung-Pagode** aus und stellte sie unter seinen Schutz.

Der **Thuy-Berg** hat die meisten Pagoden und kann bestiegen werden. Von Süden führen 156 Stufen zur ★**Huyen Khong-Höhle**, die früher goldene Buddha-Statuen besaß. Von Osten erreichen 108 Stufen den **Chua Linh Ung**. Zwischen beiden gibt es schmale Verbindungspfade, die auch zu den Grotten **Tang Chan**, **Van Thong**, **Van Nguyen** und zu Terrassen führen, von denen man eine spektakuläre ★**Aussicht** auf den China Beach genießt.

» Karte S. 165, Info S. 199-203

Foto: Hansjörg Keller

Am Fuß der Berge liegt das Dorf **Non Nuoc**, in dem Marmor-Bildhauer und Silberschmiede ihrer Arbeit nachgehen.

Ba Na
Sommerfrische der Franzosen

Ba Na ㉚, knapp 50 km westlich von Da Nang, liegt auf über 1400 m Höhe mit einem sehr angenehmen Klima, dessen Temperaturen – abhängig von der Jahreszeit – bis zu 15 °C unter denen der Küste liegen. Der Bergort mit fantastischer ★**Fernsicht** wurde ab 1919 von den Franzosen zu einer Sommerfrische ausgebaut, von der noch einige verfallene Villen zeugen. Im Krieg arg zerstört, entsteht er nun neu als Touristenort mit Resorts und mehreren **Wanderwegen** in den Bergwäldern. Schon von weitem sieht man die 1999 vollendete **Linh Ung-Pagode** mit einer 24 m hohen sitzenden **Buddha-Statue** – ein ruhiger, friedvoller Ort.

Oben: Die stimmungsvolle Huyen Khong-Höhle in den Marmorbergen.

★★Hoi An
Die malerischste Stadt Vietnams

★★**Hoi An ㉛** (UNESCO-Welterbe), mit der pittoresken verkehrsberuhigten Altstadt am Ufer des Thu Bon-Flusses, war früher einmal der wichtigste Hafen des Landes und auch als *Hai Pho* oder *Faifo* bekannt. Die Stadt liegt 22 km südlich der Marmorberge (30 km von Da Nang) und ist heute eines der meistbesuchten Touristenziele in Südostasien.

Geschichte von Hoi An

Im 5.-6. Jh. hatten die Cham ihren Hafen an der Mündung des Thu Bon-Flusses; Reste davon wurden 3 km landeinwärts am Truong Phuong-See gefunden. Am 200 km langen Thu Bon lagen auch ihre Hauptstadt Simhapura und My Son. Bei günstigem Wasserstand kann man mit dem Boot flussaufwärts bis an die Stromschnellen kurz vor der Tempelstadt fahren.

Seit dem 15./16. Jh. war Hoi An (*Hai*

» Karte S. 165, Info S. 199-203

Pho; „Geschäfte am Meer") als Hafen- und Handelsstadt bei den Seefahrern Asiens bekannt. Im 17. Jh. kamen europäische Missionare und Händler, nachdem Chinesen und Japaner schon früher in eigenen Stadtteilen Handelsplätze eingerichtet hatten. Im 18. Jh. zerstörten die Tay Son die Ansiedlungen der fremden Händler. Während die Chinesen ihren Stadtteil neben den Trümmern wieder aufbauten, zogen sich die Japaner zurück.

In der Kolonialzeit begannen die Franzosen mit dem Aufbau einer Textilindustrie. Doch der Thu Bon-Fluss versandete langsam, 1930 wurde die Eisenbahnstrecke über Da Nang umgeleitet, der China-Handel florierte nicht mehr, und so verlor die Hafenstadt zunehmend an Bedeutung. Hafen und Industrie musste Hoi An in der Folgezeit an Da Nang abgeben.

In der nun abgelegenen Stadt sammelte sich nach dem 2. Weltkrieg der Widerstand gegen die Kolonialmacht. Die USA wollten ihn gar nicht erst aufkommen lassen und legten 1965 eine Dienststelle des CIA und die koreanische Division „Grüner Drachen" nach Hoi An. Auch das Zentralgefängnis der Provinz, in dem bis zu 4000 politische Häftlinge einsaßen, befand sich dort. Der Widerstand verschanzte sich nun in dem Küstendorf Qam Than. Weil amerikanische Panzer hier im Dünensand stecken blieben, belegte die US-Luftwaffe 7 km Küste und Kokospalmen-Pflanzungen mit Napalmbomben und chemischen Kampfstoffen. 1975 war Hoi An eine tote Stadt. Nur langsam kehrten die Flüchtlinge zurück, und die ersten Webstühle begannen wieder zu klappern.

Heute ist Hoi An mit 80 000 Einwohnern ein bedeutendes Zentrum der Weberei und der Textilmode: In ungezählten Schneidereien kann man sich sehr preiswert nach Katalogvorlagen Anzüge und Kleider innerhalb von 24 Stunden nähen lassen.

In den letzten Jahren förderten ausländische, vor allem japanische Investoren die reizvolle Stadt mit ihren Straßenzügen aus dem 19. Jh. Insgesamt 844 Bauwerke gelten als historisch wertvoll und geben ein ansprechendes architektonisches Ensemble ab. Die Stadt, die die UNESCO deshalb zum Welterbe erklärte, investierte viele Millionen US-$, um die einmaligen durch eine Überschwemmung 1999 beschädigten alten Häuser und Sakralbauten zu sanieren.

Die Architektur von Hoi An

Die Chinesen (etwa ein Drittel der Bewohner von Hoi An) waren Fischer und Kaufleute. Sie kamen aus verschiedenen Provinzen Süd-Chinas und errichteten stattliche Versammlungshallen bzw. Gemeindehäuser mit Tempeln (*hoi quan*) für ihre Ahnen und daoistischen Götter, seltener für buddhistische Statuen. Die **Hoi Quan**, von denen fast alle in der Tran Phu-Straße liegen, sind Treffpunkte der Landsmannschaften. Ihr Grundriss entspricht der Anlage eines chinesischen Hauses.

Zu den architektonischen Besonderheiten von Hoi An zählen auch die sog. **Augen** (*mat cua*), etwa 20 cm dicke, nagelähnliche hölzerne Stifte, die paarweise im Türsturz zahlreicher Gebäude stecken. Sie sollen die Bewohner vor dunklen bösen Mächten schützen und oft verschieden ausgeführt, z. B. als Blumen (Haus der Tan Ky) oder als Yin-Yang-Symbol (Versammlungshalle der Chinesen aus Fujian).

Ein weiteres, häufig auf Wetterfahnen und Balken anzutreffendes Symbol ist der **Karpfen** (*ca chep*), der sich in einen Drachen verwandelt und Reichtum und Erfolg versinnbildlicht.

Die Besichtigung der historischen Stätten ist mit einem **Sammelticket** möglich, das wahlweise den Eintritt in ein traditionelles Haus, ein Museum, eine Versammlungshalle, die Japanische Brücke sowie den Besuch des traditionellen Theaters oder eines Kunsthandwerk-Workshop ermöglicht.

» Stadtplan S. 172-173, Info S. 199-203

Foto: Hansjörg Keller

Rundgang durch Hoi An

Guter Ausgangspunkt für einen Spaziergang durch Hoi An ist die pittoreske überdachte ★**Japanische Brücke** (1) (Cau Nhat Ban), die einst den chinesischen mit dem japanischen Stadtteil verband. Von der japanischen Stadt westlich der Brücke blieb jedoch wenig erhalten. Die 18 m lange Holzkonstruktion wird auf der chinesischen Seite von zwei steinernen Hunden und auf der japanischen von zwei steinernen Affen bewacht, da die Japaner den Brückenbau im Jahr des Affen (1593) begannen und zwei Jahre später, im Jahr des Hundes (1595), beendeten. **Chua Cau**, die Pagode an der Nordseite der Brücke, stammt aus dem Jahr 1793.

Interessant ist das zweistöckige **Phung Hung-Haus** (2) aus dem 19. Jh. in der Nguyen Thi Minh Khai 4, das verschiedene Einflüsse der Architektur in sich vereinigt: japanische Dachkonstruktion, chinesische Innenterrasse und 80 vietnamesische Eisenholzsäulen, gedrechselte Wandpfeiler sowie Hausgott- und Ahnenaltar.

An Archäologie Interessierten sei das **Museum der Sa Huynh-Kultur** (3) (149 Tran Phu) empfohlen. Hier werden u. a. Schmuck, Keramiken und Steinwerkzeuge aus der Umgebung von Hoi An gezeigt. Sie datieren in die Bronzezeit (2. Hälfte des 1. Jt. v. Chr.) und sind etwa zeitgleich mit der bekannteren Dong Son-Kultur im Norden Vietnams.

Schräg gegenüber liegt die 1885 erbaute ★**Versammlungshalle der Chinesen aus Kanton** (4) (Hoi Quan Guang Dong), die dem Quan Cong, einem General der Drei Reiche (3. Jh.), gewidmet ist. Besonders stimmungsvoll ist ein Besuch am 16. Tag des 1. Mondmonats, wenn alle Kantonesen zur Ahnenverehrung zusammen kommen.

Neben chinesischen Versammlungshallen sind auch einige Häuser reicher Kaufleute aus dem 19. Jh. zu besichti-

Oben: Das Haus der chinesischen Kaufmannsfamilie Tan Ky in Hoi An. Rechts: Die prächtige Versammlungshalle der Chinesen aus Fujian (Hoi Quan Phuc Kien).

» Stadtplan S. 172-173, Info S. 199-203

Foto: Jürgen Reichmann

gen. Das ★★**Haus der Tan Ky** (5) (101 Nguyen Thai Hoc) wurde 1840 erbaut und ist in der sechsten Generation in Familienbesitz. Es zeigt die Wohnkultur des 19. Jh. und den Grundriss eines chinesischen Hauses mit dem Wechsel von Haus-Hof-Haus usw., so dass es durch einen Häuserblock vom Hoi An-Fluss zur Nguyen Thai Hoc-Straße reicht. Im ersten Haus über dem Eingang befindet sich – wie in allen chinesischen Häusern – der **Ahnenaltar**. Der schöne **Steinfußboden**, schwere, dunkle, geschnitzte **Säulen** und die ★**Holzdecke**, die das Dach verkleidet, vermitteln den Eindruck von Gediegenheit und Reichtum.

Ebenfalls von einem chinesischen Kaufmann wurde das **Haus der Diep Dong Nguyen** (6) am Ende des 19. Jh. in Auftrag gegeben. Er betrieb eine **Apotheke**, von der noch Einrichtungsstücke vorhanden sind. In einer Nebengasse der Phan Chu Trinh-Straße liegt die **Kapelle der Truong-Familie** (7) (Nha Tho Toc Truong), deren Mitglieder einflussreiche Beamte in Hoi An und sogar Mandarine am königlichen Hof waren.

Ähnlich ist die ★**Kapelle der Tran-Familie** (8) (Nha Tho Toc Tran; 21 Le Loi) in einem Garten, die 1802 ein Mandarin und Kaufmann errichten ließ. Bei dem schönen Gebäude, das sich in einen **Altarraum** zur Ahnenverehrung und einen **Familien- und Gästetrakt** gliedert, verschmelzen japanische und chinesische Architekturelemente.

Zu den ältesten Privathäusern in Hoi An zählt das ★**Quang Thang-Haus** (9) (77 Tran Phu) vom Ende des 17. Jh. Typisch für viele chinesische Wohngebäude der Stadt ist die Abfolge eines reich dekorierten **Vorder- oder Ladenhauses**, eines **Innenhofes** und der eigenlichen **Wohnräume** mit Bad und Küche im hinteren teil.

Die einstige Bedeutung von Hoi An als einem der wichtigsten Handelshäfen Südostasiens veranschaulicht auf das beste das ★**Keramik-Museum** (10) (80 Tran Phu). Zu sehen sind mehr als 400 Objekte vom 8.-18. Jh. aus China, Japan, Indien, Thailand, Indonesien und Arabien. Die 1773 errichtete **Versammlungshalle für 5 chinesische Gemeinden** (11)

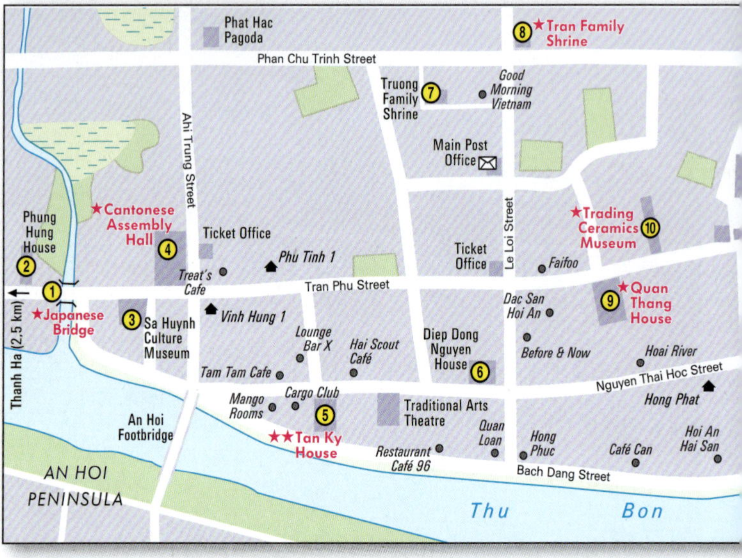

(Lop Hoa Van Le Nghia bzw. Chua Ba) dient heute z. T. als Sprachschule. Auf dem Altar erkennt man die Statue der Thien Hau, der Himmelskönigin und Schutzgöttin der Fischer und Seefahrer, die bei den über das offene Meer hin Handel treibenden Chinesen höchstes Ansehen genoss.

Der prächtigste und größte Hoi Quan ist die 1792 gestiftete ★★**Versammlungshalle der Chinesen aus Fujian** (12) (Hoi Quan Phuc Kien). Ein **Tor** führt in den **1. Hof** mit **Garten**, ein zweites in den **Versammlungsraum** mit einem mächtigen Ratstisch. Wandbilder zeigen die Meeresgöttin und die sechs Mandarine aus Fujian, die sich in *Hai Pho* niederließen. Es gibt Aufenthalts- und Speiseräume, Gästezimmer und Küche. Hinter dem **2. Hof** liegt der **Tempel für die Meeresgöttin** und ihre beiden Begleiter „Alles Sehen" und „Alles Hören", die ihr berichten, wenn Fischer und Kaufleute in Seenot geraten. Hinter einem weiteren Hof liegt der **Ahnentempel** mit den Statuen der 6 Dorfgründer und ihren Nachfolgern. Am Ende des Komplexes findet sich der **3. Hof** mit mehreren, in chinesischen Kaiser- und Privatgärten beliebten bizarren **Miniaturfelsen**.

Abwechslung von den zahlreichen Kunstschätzen verspricht der große ★**Markt** (13), auf dem besonders am Morgen Rohrzucker, Reis, Kräuter, Obst, Gemüse, Korbwaren, Fleisch u. v. m. angeboten werden.

Im 1653 geweihten **Quan Cong-Tempel** (14) (Mieu Quan Cong; 24 Tran Phu) wird der chinesische General Quan Cong verehrt, der zum Gott erklärt wurde und als Symbol von Gerechtigkeit, Treue, Aufrichtigkeit und Offenheit gilt.

Neben alten Landkarten, prähistorischen und Cham-Objekten und Keramiken lohnt das **Museum für Geschichte und Kultur** (15) (7 Nguyen Hue) wegen seines schönen **Innenhofs** einen Besuch. Beachtenswert sind zudem reich geschnitzte Türen mit den Darstellungen der vier heiligen Tiere: Drache, Kranich, Schildkröte und das mythische Kylin.

Gegenüber dem weitläufigen **Kleidermarkt** (16) mit vielen Schneidern liegt

» Stadtplan S. 172-173, Info S. 199-203

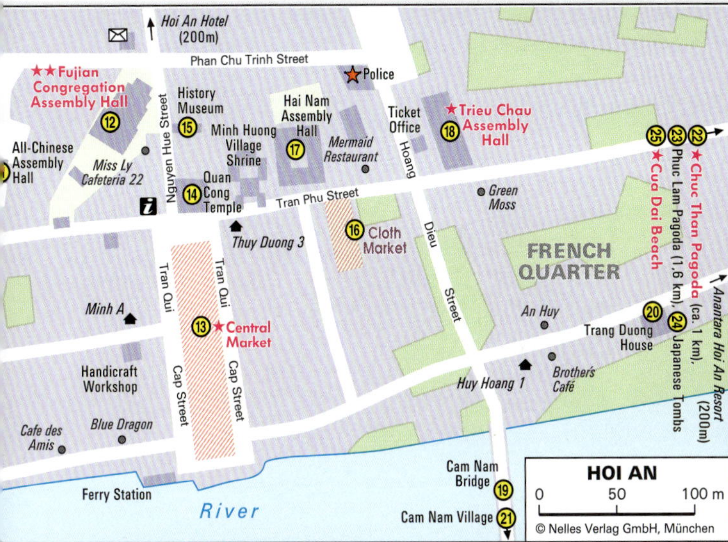

die **Versammlungshalle der Chinesen aus Hainan** (17) (Hoi Quan Hai Nam). Der Komplex beherbergt eine Gedenkstätte für 108 Mitglieder der Gemeinde, die unter dem falschen Verdacht der Piraterie hingerichtet wurden.

Die ★**Versammlungshalle der Chinesen aus Trieu Chau** (18) (Hoi Quan Trieu Chau; 92 Nguyen Duy Hieu) von 1776 beeindruckt durch schöne **Holzschnitzereien** an Wänden, Säulen und Altären, auf denen u. a. Ong Bon, der Gott des Reichtums, verehrt wird.

Die Verlängerung der ufernahen Bach Dang-Straße bildet – jenseits der **Cam Nam-Brücke** (19) – die Duong Phan Boi Chau mit dem ab Ende des 19. Jh. entstandenen **Französischen Viertel**. Stuckdekor, Schmiedeeisen, Balkone, Fensterläden und Kolonnaden prägen die Gebäude, von denen das **Trang Duong-Haus** (20) (25 Phan Boi Chau) öffentlich zugänglich ist.

Auf einer Insel im Thu Bon liegt das Holzschnitzerdorf **Cam Nam** (21), dessen Arbeiten man in den zahllosen Läden von Hoi An kaufen kann. Neben einigen Restaurants am Fluss lockt insbesondere die **Aussicht** auf die Uferpromenade der Altstadt.

Pagoden nördlich des Zentrums

Es gibt zwei buddhistische Pagoden außerhalb der Stadt in der Nguyen Truong-Straße (Verlängerung der Le Loi-Straße), die – abseits des Massentourismus in der Altstadt – Ruhe inmitten von Blumen, Gedenksteinen und Stupas versprechen. Die Mitte des 15. Jh. von einem chinesischen Mönch gegründete ★**Chuc Than-Pagode** (22) (etwa 1 km) besitzt Glocken und karpfenförmige Gongs aus der Gründungszeit. Etwa 600 m weiter gelangt man zur **Phuc Lam-Pagode** (23) aus der Mitte des 17. Jh. Noch weiter stadtauswärts liegen die **Gräber japanischer Kaufleute** (24) (Ma Nhat) aus dem 17. Jh.

★Cua Dai-Strand

Knapp 5 km östlich der Altstadt von Hoi An, leicht mit dem Fahrrad (bewach-

Foto: Jürgen Bergmann

ter Parkplatz) oder einem Mopedtaxi (*honda om*) erreichbar, liegt der sehr schöne feinsandige ★**Cua Dai-Strand** ㉕, an dem Liegestühle gemietet werden können. Palmen bieten Schatten, Restaurants gutes Seafood. Faszinierend ist der Blick auf die Cham-Inseln bei Sonnenuntergang – ideal nach einem möglichen *„templed-out-syndrom"* in Hoi An.

Bang An

Der einzige achteckige Bau der Cham ist das Ein-Turm-Heiligtum (*kalan*) von **Bang An** ㉜ (bei **Dien Ban** rund 10 km westlich von Hoi An) aus dem 9.-11. Jh. Die interessante Dachzone ist stark beschädigt, der Innenraum ist mit Ausnahme eines **Lingams** leer.Vor dem Turm befinden sich noch einige **Elefantenskulpturen**. Die ersetzten Mauerteile stammen von der französischen Restaurierung.

Oben: Relaxen am sauberen Cua Dai-Strand bei Hoi An. Rechts: Der zerstörte Haupttempel B mit dem 1985 gefundenen Lingam in My Son.

★★My Son Und Tra Kieu
Tempelstädte der Cham

Auf dem Weg nach My Son passiert man **Tra Kieu** ㉝ (9 km von Hoi An) mit den Resten der **Wallanlage** der ersten Cham-Hauptstadt *Simhapura* (4.-8. Jh.), die von einer hochgelegenen christlichen **Kirche** in Reisfeldern zu erkennen sind. Ausgrabungen brachten einige der schönsten Cham-Plastiken zutage, die im Museum in Da Nang zu bewundern sind (s. S. 165). ★★**My Son** ㉞ (UNESCO-Welterbe), die weitläufige Tempelstadt der Cham, liegt ca. 70 km südlich von Da Nang und etwa 40 km südwestlich von Hoi An. Halbtages- und Tagestouren werden – häufig zusammen mit den Marmorbergen (s. S. 167) – von Hotels und Agenturen angeboten; noch einfacher ist die Fahrt mit einem Taxi oder Motorradtaxi (*xe om*).

Geschichte von My Son

In einem hügeligen Tal, unterhalb des Berges **My Son** („Schöner Berg"),

» Karte S. 165, Info S. 199-203

Foto: Erix2005 (Dreamstime.com)

der wegen seines überhängenden Gipfels auch *Hon Quap* („Katzenzahn") genannt wird, lagen über 70 Sakralbauten der Cham vom 7.-13. Jh. Die Kult- und Tempelstadt war die größte und bedeutendste des indisierten Königreichs, dessen Blüte in das 10. Jh. (u. a. mit den Baugruppen A und B) fiel. In der Zeit des – durch die Kämpfe mit Khmer und Vietnamesen bedingten – Niedergangs im 12./13. Jh. wurden die letzten Baugruppen G und H errichtet, ehe die Cham My Son im 14. Jh. vollständig verließen.

Die archäologische Erforschung begann 1901, als der französische Architekt Henri Parmentier – Gründer der *École française d'Extrême-Orient* (EFEO), die auch die Khmer-Tempel von Angkor (Kambodscha) erforschte – die Tempelstadt beschrieb und restaurierte. Er bezeichnete die Tempelgruppen mit Buchstaben von A bis N und die Gebäude der einzelnen Ensembles zusätzlich mit Zahlen – eine Einteilung, die die Vietnamesen beibehielten.

Die Katastrophe für My Son kam 1968/1969: Nach schweren Bombardements der US-Luftwaffe – My Son lag innerhalb der *Feuer-frei-Zone* – blieben nur noch 20 Ruinen, von denen 15 seit 1981 von vietnamesischen und polnischen Denkmalschützern – mittlerweile auch mit Hilfe der UNESCO – vor dem völligen Verfall gerettet werden. Das Gebiet musste zunächst von Minen und Blindgängern gesäubert werden (Besucherwege nicht verlassen!). Erst danach konnten die Ruinen vom Dschungel befreit, vermessen, abgesichert und teilweise restauriert werden. Pflanzenbewuchs, Flechten- und Pilzbefall müssen nach jeder Regenzeit erneut beseitigt werden.

Trotz der weitgehenden Zerstörung des Zeremonialzentrums vermittelt My Son einen sehr guten Eindruck von der großen Kunst der Cham – und lohnt auch wegen der herrlichen Landschaft einen Besuch.

Rundgang durch My Son

My Son breitet sich in einer weiten Talsenke aus. Vom Parkplatz an der Brü-

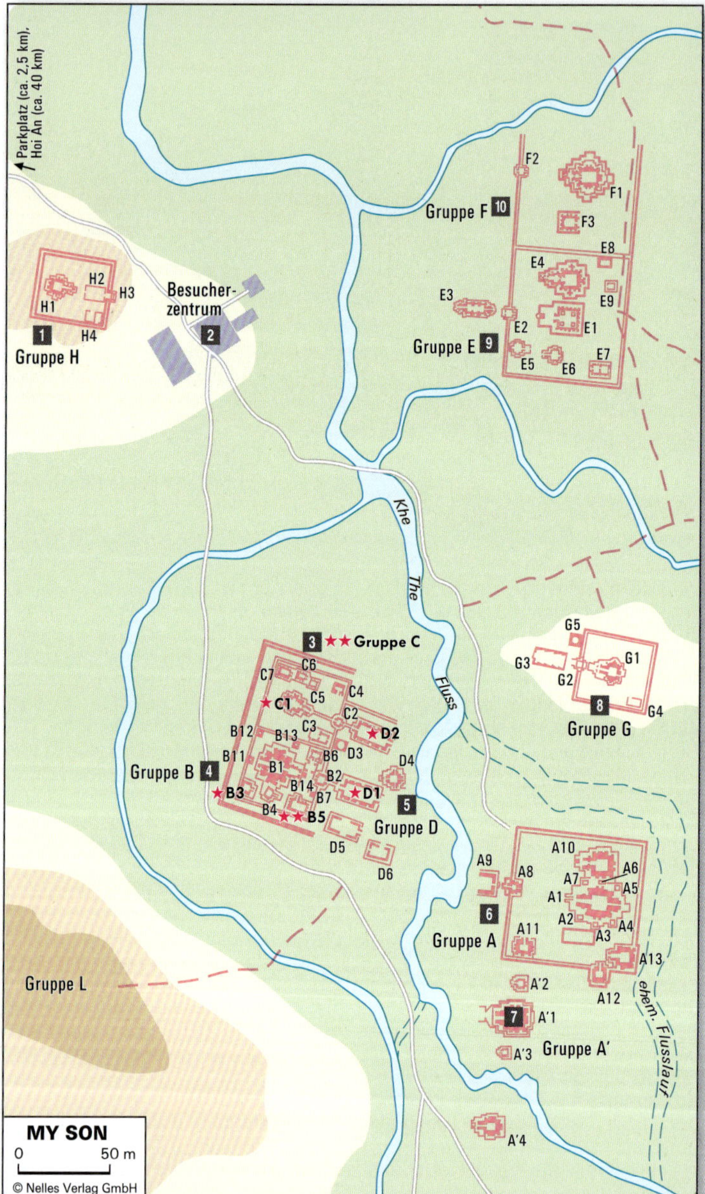

Parkplatz (ca. 2,5 km), Hoi An (ca. 40 km)
1 Gruppe H
H1
H2
H3
H4
Besucher-zentrum
2
Gruppe F 10
F1
F2
F3
Gruppe E 9
E1
E2
E3
E4
E5
E6
E7
E8
E9
Khe The Fluss
3 ★★ Gruppe C
C1
C2
C3
C4
C5
C6
C7
Gruppe B 4
B1
B2
B3
B4
B5
B6
B7
B11
B12
B13
B14
5 Gruppe D
D1
D2
D3
D4
D5
D6
G1
G2
G3
G4
G5
8 Gruppe G
6 Gruppe A
A1
A2
A3
A4
A5
A6
A7
A8
A9
A10
A11
A12
A13
7 Gruppe A'
A'1
A'2
A'3
A'4
ehem. Flusslauf
Gruppe L
MY SON
0 50 m
© Nelles Verlag GmbH

cke bis zum Ruinengelände führt ein ca. 2,5 km langer Weg, der auch mit einem Shuttle zurückgelegt werden kann. Auf einem Hügel erhebt sich **Gruppe H** 1 aus dem 12. Jh., die 1969 fast vollständig zerstört wurde und kaum einen Besuch lohnt.

Vorbei am **Besucherzentrum** 2 (mit Souvenirladen), bei dem auch Führer gemietet werden können, gelangt man zu den zusammengehörenden Gruppen B, C und D. Die meisten Gebäude der ★★**Gruppe C** 3 werden – aufgrund mancher Gemeinsamkeiten im Baudekor und der architektonischen Ausführung – kunstgeschichtlich dem My Son A1-Stil zugeordnet, der in das Ende des 10. Jh. datiert. Über den **Eingangspavillon C2** (*gopura*) erreicht man den etwas unübersichtlich wirkenden heiligen Bezirk (*temenos*). Im Zentrum steht der ★**Haupttturm C1** (*kalan*), der großenteils mit Bauteilen (Spolien) eines älteren abgetragenen Gebäudes aus dem 8. oder 9. Jh. errichtet wurde. Die Cham verehrten in diesem Tempel Shiva bzw. Bhadreshvara („Verheißungsvoller Herr") in Gestalt einer Statue als Asket (heute im Cham-Museum in Da Nang) statt – wie meist üblich – als Lingam. An den Außenwänden erkennt man zwischen Pilastern **Wächterfiguren** (*dvarapalas*), die auf Elefanten oder auf Lotosblüten stehen. Ein Beispiel für den Hoa Lai-Stil der 1. Hälfte des 9. Jh. ist **Kalan C7** in der Nordecke.

Leider völlig zerstört ist der **Hauptturm B1** der südlich anschließenden und durch eine Mauer getrennte **Gruppe B** 4. Schönster Bau dieses Gebäudeensembles ist die ★★**Bibliothek B5**, in der wohl das Kultgerät verwahrt wurde. Besonders qualitätvoll ist hier der reliefartig ausgeführte Rankendekor und ein **Elefantenrelief** an der Westseite. Im zerstörten **Kalan B4** verehrte man den

Foto: Peter Rex

Rechts: Angehöriger der – heute überwiegend muslimischen – Minderheit der Cham, die vom 7.-13. Jh. My Son als gewaltiges hinduistisches Kultzentrum ausbauten.

Kriegsgott Skanda, aufgrund der zahlreichen Kriege gegen Khmer und Kinh (Vietnamesen) eine der wichtigsten Persönlichkeiten im Cham-Pantheon. Dem elefantenköpfigen Ganesha, dem Gott der Weisheit, war ★**Kalan B3** mit Dvarapala-Figuren geweiht, ein weiteres und besonders schönes Beispiel für den My Son A1-Stil. Die Dachform imitiert hier den mythischen Berg Meru mit dem Göttersitz (*svarloka*).

Die französischen Forscher sahen die beiden östlich der Umfassungsmauer vorgelagerten ★**Mandapas D1 und D2** als eigene **Gruppe D** 5, an. Tatsächlich sind jedoch beide Hallen zur Vorbereitung von Zeremonien und möglicher Prozessionen – eindeutig auf die Haupttempel B1 und C1 bezogen. Die länglichen Bauten dienen heute als kleine **Museen** mit jüngst gefundenen Reliefs und Skulpturen.

Weiter östlich, jenseits des Khe The-Flusses, stößt man auf die früher stattlichen **Gruppen A** 6 und **A'** 7 – beide leider fast komplett durch die US-Bombardements zerstört. Der einst 24 m

» Plan S. 176, Info S. 199-203

hohe **Hauptturm A1** wurde von Henri Parmentier als der schönste Ziegelbau Asiens geschildert; erhalten sind nur noch einige schöne und qualitätvolle **Reliefs** des Baudekors und ein **Lingam** von Kalan A1'.

Alle Bauwerke sind Ziegelbauten, nur die abseitsgelegene **Gruppe G** 8 ist teilweise aus Laterit gebaut, einem Material, das reichlich vorhanden war, von den Cham aber kaum benutzt wurde. Sehenswert ist der ★**Fries mit Kala-Köpfen** (löwenartiger Dämon, der auch *kirttimukha* – „Antlitz der Glorie" – genannt wird) und apotropäische (übelabwehrende) Funktion hatte.

Die **Gruppe E** 9 wurde vermessen, **Gruppe F** 10 ist noch nicht freigelegt. Die Tempel sind leer, alle im Gelände gefundenen Plastiken wurden in den oben erwähnten Museen D1 und D2 oder im Cham-Museum in Da Nang aufgestellt, so der Türsturz mit dem Abbild des liegenden Vishnu und der Altar von **Kalan E1**.

Cham-Inseln

Schwalbennester für Gourmets

Die **Cham-Inseln** ㉟ (Cu Lao Cham) sind mit 20 km so weit von der Küste entfernt, dass die Seeschwalben ihr Nistmaterial nicht vom Festland holen können. Die napfförmigen Nester entstehen aus ihrem erhärteten Speichel. In fünf Höhlen werden Schwalbennester (*yen sao*) gesammelt, die von chinesischen Feinschmeckern gekauft werden. Früher vergaben die Nguyen die Konzessionen, heute betreibt der Staat das Geschäft. Für die Sammler ist es eine mühsame, gefährliche Arbeit. Die Nester werden dreimal im Jahr, nachdem die Jungen flügge sind, mit Hilfe von Bambusgerüsten oben von den Innenwänden der Höhlen abgelöst, gewaschen und nach Größe geordnet.

Reiseagenturen in Hoi An bieten **Bootstouren** (ca. 2 Stunden Fahrzeit) zu den Cham-Inseln, bei zweitägiger Dauer mit Zeltübernachtung.

Chien Dan

Exzellente Cham-Skulpturen

Das Drei-Turm-Heiligtum der Cham **Chien Dan** ㊱ („Baumaloe"; ca. 40 km südlich von Hoi An) liegt nur 100 m von der Straße 1A entfernt bei dem Dorf **Tam An**. Bei Restaurierungsarbeiten 1989/1990 konnten nahezu 200 ★**Reliefs und Skulpturen** sichergestellt werden, die an den Sockelzonen der Türme (*kalane*) und im kleinen **Museum** daneben zu besichtigen sind: Besonders reizvoll sind die Darstellungen von Lotos pflückenden Elefanten, Tänzern und Musikern. Stilistische Unterschiede legen eine Datierung in das 11. und 12. Jh. nahe.

Khuong My

Khuong My ㊲ (10 km südlich von Chien Dan) liegt am Ortsausgang von **Tam Ky** (60 000 Einwohner).

Vor einer Brücke zweigt eine Straße rechts ab und erreicht nach 1 km ein **Drei-Turm-Heiligtum** der Cham. Das Bauwerk aus dem 10. Jh. zeigt Khmer-Einflüsse. Es besitzt **Kalane** unterschiedlicher Höhe; nur der mittlere und der südliche Turm haben Vestibüle. Die Türme sind stark beschädigt, von der Ummauerung und den Nebengebäuden blieb nichts erhalten. Hinter den Türmen liegt ein kleiner **Tempel** für eine lokale Gottheit.

My Lai (Son My)

Der Ort des Massakers

2 km nördlich der Provinzhauptstadt **Quang Ngai** ㊳, bei der Brücke über den Tra Khuc-Fluss, weist ein Wegweiser zu der 12 km entfernten Gedenkstätte **My Lai** ㊴ im Distrikt **Son My**. Am 16. März 1968 wurden in diesem Dorf 504 Menschen, meist Frauen und Kinder, bei einer „Strafexpedition" (*search & destroy*) von US-amerikanischen Soldaten getötet. Erst 1969 wurde das Massaker in der Öffentlichkeit bekannt.

» Plan S. 176, Karte S. 144, Info S. 199-203

5 Trung Bo – Zentral-Vietnam

Thoc Loc (Vang Thap)

Thoc Loc ⓴ („Turm der Khmer"), auch **Vang Thap** („Goldturm") genannt, liegt ca. 30 km nördlich von **Quy Nhon** auf einem Hügel in Sichtweite der Straße 1A. Der **Kalan** stammt vom Ende der Vijaya-Epoche (13. Jh.).

Canh Tien

Ebenfalls auf einem Hügel erhebt sich **Canh Tien** ㊶ („Kupferturm") aus dem 11.-12. Jh., etwa 1 km westlich der Straße 1A. Der **Turm**, einst Teil der Cham-Hauptstadt Vijaya, besitzt vorspringende Simse und auf den Ecken **Miniatur-Kalane**.

Banh It

Von der Tempelgruppe **Banh It** ㊷ („Reiskuchenturm"), auch **The Bac** („Silberturm") genannt, blieben vier Gebäude erhalten (18 km nördlich von Quy Nhon). Oben am Hang steht ein Tor der Umfassungsmauer axial vor dem **Hauptturm**, der ein großes Vestibül besitzt. An seiner Südseite steht die mit Pilastern gegliederte sog. **Bibliothek** mit einem Tonnendach. Sehr wahrscheinlich bereits im 11. Jh. errichtet, ist Banh It das wohl früheste auf einem Hügel errichtete Cham-Heiligtum in der Provinz.

Tay Son

Ursprung des Tay Son-Aufstandes

In **Tay Son** ㊸ an der Straße 19, Geburtsort der durch den Aufstand 1771-1801 bekannt gewordenen Tay Son-Brüder, steht eine Gedenkstätte mit **Tempel** und **Museum**. Zur Erinnerung an die Kampftechnik des jüngsten der Brüder, Nguyen Hue, des späteren Königs Quang Trung, wurde der **Hahnenkampf** (*Tay Son Vo Si*) als Sportart entwickelt, die es körperlich kleinen Männern gestattet, größere Gegner zu bezwingen. Vorführungen können im Museum bestellt werden. Bei dem Fest am 5. Tag des 1. Mondmonats werden sie von jungen Leuten gezeigt.

Duong Long

Duong Long ㊹, ein **Drei-Turm-Heiligtum** der Cham aus dem 12. Jh., liegt 10 km von der Gedenkstätte entfernt im Dorf **Trung Dinh**. An dem monumentalen Ensemble inmitten von Reisfeldern macht sich der Khmer-Einfluss, auch durch die häufige Verwendung von Sandsteindekor, bemerkbar. Trotz der erkennbaren Vereinfachung der Formen war der damalige allmähliche Niedergang der Cham-Kunst hier noch nicht besonders gravierend.

Quy Nhon

Zu Gast im Truong-Theater

Quy Nhon ㊺, Hauptstadt der Provinz Binh Dinh, liegt an einer Trichtermündung des Song Cai. Es besitzt einen Hafen für seegängige Schiffe und einen langen **Strand** unter Palmen.

Der große **Lon-Markt** (Cho Lon) mit seinem Angebot an Obst und Gemüse bildet das Stadtzentrum.

Highlight der in den 1970er Jahren restaurierten **Long Khanh-Pagode** (Chua Long Khanh) aus dem 17. Jh. ist eine 18 m hohe **Buddha-Statue**.

Das **Truong-Theater** hat die konkurrenzlos beste Truppe Vietnams, auch der Kampfsport mit Hähnen (*Tay Son Vo Si*) wird hier gezeigt.

In dieser Region um Quy Nhon lag vom 11.-15. Jh. das Nordreich Vijaya der Cham. Aus dieser Epoche blieben zahlreiche, großenteils auf Hügeln errichtete ★**Cham-Heiligtümer** im weiteren Umkreis der heutigen Provinzhauptstadt erhalten.

5 km von der Stadtmitte, von Häusern bedrängt, liegt das **Drei-Turm-Heiligtum** von **Thap Doi**. Von dem Cham-Bau, das auf einer Lagune zwischen Meer und Bergen stand, blieben

Rechts: Fischereihafen am Cai-Fluss in Nha Trang.

 » Karte S. 144, Info S. 199-203

Foto: Valery Shanin (Fotolia)

zwei Türme erhalten. Die kunstvollen Dachaufbauten sind restauriert.

Im gebirgigen Westen der Provinz leben ethnische Minderheiten der **Rade** und **Sarang**.

Cu Mong-Pass

Nach 40 km von Quy Nhon – eine landschaftlich besonders schöner Fahrt durch Reisfelder und Alleen von Eukalyptusbäumen – führt der 6 km lange **Cu Mong-Pass** ㊻ (Deo Cu Mong) durch lichte Bambuswälder. Der Pass steigt auf 245 m Höhe mit Blick über das Meer.

Tuy Hoa

Tuy Hoa ㊼ (160 000 Einwohner), die Hauptstadt der Provinz Phu Yen, ist Sitz der Zuckerindustrie. Einen Stopp lohnt der mit Palmen und Pinien bestandene **Strand** mit grobkörnigem, goldgelbem Sand.

Bei der Stadt liegt auf einem Hügel **Bao Thap**, ein Cham-Turm, und am Fuß des Hügels die **Ba Sat-Pagode**.

Ca-Pass und Dai Lanh-Pass

Ein weiterer Pass, der 12 km lange **Deo Ca** ㊽, windet sich am Berghang empor und gibt schöne Aussichten in die Täler frei. Am Fuß des dritten Passes, **Deo Dai Lanh** ㊾, liegen ein malerisches Fischerdorf und der schöne **Dai Lanh-Strand** in einer Bucht.

Ba Ho-Wasserfälle

Fast 30 km nördlich von Nha Trang, 5 km abseits der Straße 1A, liegen die drei kleinen **Ba Ho-Wasserfälle** ㊿. Natürliche Becken und Seen versprechen Badespaß, das **Thermalwasser** Linderung von rheumatischen Beschwerden. Ba Ho lädt auch zu Picknick und kurzen **Wanderungen** in der gebirgigen Landschaft ein.

★Nha Trang
Spaß am Strand

Der Touristenort ★**Nha Trang** ⑤① („Schilffluss") mit 340 000 Einwoh-

★North Tower
Northwest Tower
Museum
Meditation Hall
West Tower
Central Tower
Gift Shop
Entrance
P
PO NAGAR
0 50 m
© Nelles Verlag GmbH
Cai River
City Centre
Ha Ra Bridge
★★ Po Nagar (ca. 1,2 km), Hon Chong Promotory, Qui Nhon, Da Nang
Cai River
Tran Phu Bridge
2 Thang 4
Short-Haul Bus Station
Dam Market
N. Cong Tru
Nguyen Binh Khiem
Ngo Quyen
Quang Trung
Sinh Trung
Nguyen Thai Hoc
Van Hoa
Phan Boi Chau
Main Post Office
Le Loi
Post Hotel
Dinh Phung
Tran Qui Cap
Phan Chu Trinh
Alexandre Yersin Museum
SOUTH
★Giant Seated Buddha
Phuong Sai
Long Thanh Gallery
Tong Nhat
Hoang Van Thu
Vietcombank
Trang Nu Vuong
Pasteur
Long Son Pagoda
Stadium
Sunrise Nha Trang
Nha Trang Beach
23 Thang 10
Bien Vien Thinh
Yersin
Le Thanh Phuong
Nha Trang Train Station
Hospital
Tran Phu
Ly Thanh Ton
Police Station
Hoang Hoa Tham
Tran Hung Dao
Lien Tinh Bus Station, Phan Rang, Ho Chi Minh City
Thai Nguyen
Ly Tu Trong
To Hien Thanh
Sheraton Nha Trang
Cathedral
Le Thanh Ton
Quang Trung
Nguyen Chanh
Le Hong Phong
Lac Long Quan
Nguyen Trai
Hoa Lu
Le Qui Don
Intercontinental Nha Trang
Vo Tru
Bach Bang
Tran Binh Trong
Nguyen Trung Truc
Hoang Ha
CHINA
Chi Lang
The Costa
Best Western Havana Nha Trang
H. Thuc Khang
Hien Thanh
Kanh Hoa Tourism
© Nelles Verlag GmbH
Mama Linh's Boat Tours
Nha Trang Lodge
RUA ISLAND
0 2,5 km
Ngo Duc Ke
1C
SOUTH
Hung Vuong
Cultural Centre
War Memorial Obelisk
Nguyen Thien Thuat
NHA TRANG
CHINA
Ngo Thoi Nhiem
Nha Trang Seafood
SEA
Nha Trang Beach
Novotel
Bai Tru Beach
Nguyen Thi Minh Khai
Kim Tuoc-Canary
SEA
Amusement Park
Bao Dai's Villas
Vinpearl Resort
Rainbow Divers
52 Tran Phu
Cau Da Habour
Cable Car
TRE ISLAND
Biet Thu
Asia Paradise
Vietnam Airlines
Hung Vuong
Tran Phu
Nha Trang Sailing Club
MIEU ISLAND
La Bella Napoli
TAM ISLAND
MOT ISLAND
MUN ISLAND
Pho Huong Bac
Trang Quang Khai
1 Truc Linh 2
2 Crazy Kim Bar
3 Mughal House
4 Oh! Sushi Bar
Police
Louisiana Café
Phu Quy 2
Tue Tinh
NHA TRANG
0 200 400 m
© Nelles Verlag GmbH, München
Old Nha Trang Airport
Evason Ana Mandara Resort (600m)
Oceanographic Institute (ca. 3 km),
Bao Dai's Villas (ca. 3 km),
Cau Da Village, Cau Da Dock

nern beeindruckt Besucher mit seiner ★**Strandpromenade** entlang der Tran Phu. Der schöne gelbe **Sandstrand** mit Palmen und Kasuarinen ist nicht sehr breit, aber 5 km lang und gut gepflegt. Es gibt Liegestühle und einen umfassenden Strandservice – von Restaurants und Cafés bis zur Massage. Paradiesische Ruhe ist allerdings nicht geboten und auf seine Brieftasche sollte man gut aufpassen. Wer hierher kommt, will Spaß haben. Nha Trang gilt als „Partyort" – und eine besondere Spezialität sind feuchtfröhliche **Bootsausflüge** zu den Inseln in der Bucht (s. u.).

Sehenswürdigkeiten im Zentrum

Knapp 1 km westlich der **Strandpromenade** vollendeten die Franzosen 1933 die **Kathedrale** ① im neugotischen Stil. Der mit zahlreichen Gedenktafeln bestückte Innenraum ist schlicht gehalten.

Vorbei am **Bahnhof** ② gelangt man nach etwa 1 km zur **Pagode des Drachenberges** ③ (Chua Long Son), die 1886 zusammen mit einer Mönchsschule gegründet und zuletzt 1975 umgebaut wurde. Bemerkenswert ist die **Haupthalle** mit einem Bronze-Buddha und Jataka-Szenen (Geburtsgeschichten) an den Wänden. Hauptattraktion ist jedoch die weiß gekalkte, 15 m hohe ★**Buddha-Statue** auf dem Trai-Thuy-Hügel, den man über einer langen Treppe von der Pagode erreicht. Am Sockel des 1963 errichteten Monuments, von dem man eine gute **Aussicht** über Nha Trang hat, erkennt man von Flammen gerahmte Porträts: sie gedenken der Mönche und Nonnen, die sich aus Protest gegen die Buddhisten-Verfolgung unter Diem selbst verbrannten.

Im Norden der Strandpromenade Tran Phu wird in dem interessanten **Alexandre Yersin-Museum** ④, dem Museum des **Pasteur-Instituts**, das Wirken des schweizerisch-französischen Arztes und Naturforschers Alexandre Yersin (1863-1943) vorgestellt, der die einheimische Flora und Fauna beschrieb, die Plantagenwirtschaft entwickelte und das Gesundheitssystem verbesserte.

Mitten im Geschäftsviertel erhebt sich die kreisrunde Halle des **Dam-Marktes** ⑤ (Cho Dam), auf dem Lebensmittel und Haushaltswaren angeboten werden.

★★Cham-Heiligtum Po Nagar

Am Nordufer der Mündung des Cai-Flusses ins Meer erhebt sich auf einem kleinen Hügel das ★★**Cham-Heiligtum Po Nagar** ⑥. Hier soll schon im 2. Jh. ein Holztempel für die Urmutter der Cham, Po Nagar, gestanden haben, der nach seiner Zerstörung im 8. Jh. durch einen Ziegelturm ersetzt und später erweitert wurde. Hauptheiligtum ist der heutige ★**Nordturm**, mit 22,8 m einer der höchsten Cham-Türme überhaupt. Am Fuß des Hügels lag seine rekonstruierte großzügige Säulenhalle (*mandapa*), in der sich die Priester auf die Zeremonien vorbereiteten. Dann stiegen sie die äußerst steile **Ziegeltreppe** hinauf und blickten auf das dreistöckige Dach des Turms, dessen Ecken mit Tänzerinnen (*apsaras*) aus Sandstein geschmückt sind. Auf einem ★**Relief** über dem Vestibül erkannten sie den von Musikanten umgebenen vierarmigen Shiva tanzend auf dem Rücken seines Reittiers, des Stiers Nandi. Zwei Türen aus Eisenholz sind erhalten sowie zahlreiche andere Dekorationen. Eine mit zahlreichen Gewändern beschenkte Figur der Po Nagar befindet sich im Inneren und wird noch heute verehrt.

Sehenswürdigkeiten im Süden

Am südlichen Ende der Tran Phu, 3 km vom Zentrum am **Hafen Cau Da**, widmet man sich im **Ozeanografischen Institut** ⑦ der Natur: In Becken und Aquarien tummeln sich hier Fische, Muscheln, Korallen, Seepferdchen und andere Meeresbewohner, von denen Hunderte auch in Gläsern konserviert

» Stadtplan S. 182, Info S. 199-203

oder getrocknet ausgestellt werden.

In der Nähe hatte sich der letzte Nguyen-König Bao Dai (1926-1945) Villen in Hanglage mit Meerblick errichten lassen – **Bao Dai's Villas** (8), die heute Hotels sind, mit eigenem **Strand**. Für Kurzbesucher sind die Kolonialbauten etwas abgelegen, aber zumindest kann man einen Tee auf der Terrasse genießen. Von hier sind auch Ausflüge zu den Inseln möglich.

★Bootsausflüge zu den Inseln

Das Meerwasser ist türkisblau und klar. **Tauchschulen** in Nha Trang bieten Kurse oder ★**Bootsausflüge** zu den Inseln an, zu Korallen und bunten Riff-Fischen. Besonders beliebt sind die Tauchgründe um **Hon Tre** (9) („Bambusinsel") mit dem **Bai Tru-Strand**, wo man auch gut schnorcheln kann.Auch eine 3,3 km lange **Seilbahn** führt, 60 m über dem Meer, zur Hon-Tre-Insel, auf der ein Resort, ein Vergnügungspark und ein **Spaßbad** locken.

Südlich von Hon Tre liegen **Hon Mun** (10) („Schwarze Insel") und **Hon Mot** (11) („Eine Insel"), die beide nicht mit Stränden, jedoch mit der größten Artenvielfalt an Meerestieren und den besten ★**Tauchgründen** des Archipels glänzen. An den steilen Felswänden beider Inseln nisten Seeschwalben (Salangane), deren Nester (*yen sao*), die vor allem aus Speichel bestehen, nach der Brut „geerntet" werden, da sie vor allem in China und Taiwan als Delikatesse gelten; zudem wird ihnen eine medizinische Wirkung nachgesagt.

Touristisch ausgebaut ist die **Hon Mieu** (**Tri Nguyen**) (12), die einige **Kiesstrände** aufweist (Fähren ab dem Hafen Cau Da in Nha Trang). Die Bewohner züchten Fische und Krustentiere in einem großen **Aquarium**.

Rechts: Die Cham-Tempel von Po Klong Garai – eines der bedeutendsten Zeugnisse des Champa-Reichs.

Cam Ranh-Bucht

Bester Naturhafen Vietnams

Auf der Straße 1A südlich von Nha Trang beginnen Mangogärten, Kokospalmen- und Tabakplantagen. In der **Cam Ranh-Bucht** (52) (Cam Ranh Bay) liegt der beste Naturhafen Vietnams, der 22 km lang und 4 km breit ist. 1964-1975 war er an die USA verpachtet, die hier ihre größte Marinebasis im Vietnamkrieg unterhielten. Bis 1990 war er der wichtigste russische Marine-Stützpunkt außerhalb der Sowjetunion.

Im Hinterland leben **Darley**, eine ethnische Minderheit kleiner dunkelhäutiger Sammler, die ihre Körbe auf dem Rücken tragen. Entenschwärme tummeln sich auf Teichen und Bewässerungskanälen, und Reiher begleiten die Wasserbüffel auf den Feldern.

Entlang der Küste wird auf ungefähr 300 ha Salz aus Meerwasser gewonnen.

Hoa Lai

Hoa Lai (53) war ein Drei-Turm-Heiligtum der Cham des 8.-9. Jh. Der **Hauptturm** wurde im 1. Indochinakrieg zerstört. Der kleinere **Südturm** ist schöner im Baudekor und der Gliederung der Außenwände. Beide Türme sind restauriert.

Phan Rang (Thap Cham)

Am Ninh Chu-Strand

In **Phan Rang** (**Thap Cham**) (54), mit 140 000 Einwohnern Hauptstadt der Provinz Ninh Thuan, lag das letzte Reich Champa. An der Straße trifft man Angehörige der – einst hinduistischen – Cham-Minderheit; manche Männer tragen noch Röcke, Turbane und Schulterkörbe.

Den heute muslimischen Cham gehören vier **Moscheen** in Phan Rang.

Ninh Chu, ein schöner, von Palmen gesäumter **Sandstrand**, liegt 5 km südlich der Stadt.

Eine 108 km lange Passstraße führt hinauf nach **Da Lat**, dem seit der Kolo-

 » Stadtplan S. 182, Karte S. 179, Info S. 199-203

Foto: Simone Van Den Berg (Dreamstime)

nialzeit beliebten Erholungsort im Südlichen Hochland (s. S. 193).

★★Po Klong Garai
Meisterhafte Cham-Architektur

Von dem sehr gut erhaltenen Cham-Heiligtum ★★**Po Klong Garai** ⑮ (Po Klaung Garai; 8 km westlich von Phan Rang in Richtung Da Lat) aus dem 13. Jh. sind vier Bauwerke sehenswert. Gut befestigte Stufen führen auf den Hügel. Der Tempel wird von den Cham *Chok Hala* genannt und an hohen Festen besucht, bei denen sie den Berghang besteigen und das **Tor** durchschreiten, das axial vor dem ★★**Haupttempel** steht. Dieser besitzt ein großes Vestibül mit einer Skulptur des tanzenden Shiva und des Stieres Nandi. Im Inneren ist der König (Po) Klong Garai, dessen historische Identität unsicher ist, in Gestalt eines **Mukhalingams** dargestellt. Diese aus Indien stammende Form des Phallus mit dem Gesicht Shivas stellt bei den Cham oft das Gesicht des vergöttlichten Königs dar. Der Tempel zeigt in der Dachzone die Vereinfachung und Verarmung später Cham-Bauten.

Im ★**Nebentempel**, von den Cham „Feuertempel" genannt, werden bei den Festen Räucherstäbchen entzündet und zur Verehrung des Königs in den Haupttempel getragen. Zu diesen Festen, die in die Zeit von Aussaat und Ernte fallen, führen die Cham traditionelle Lieder und rituelle Tänze auf.

Zu den harmonischsten Cham-Bauten zählt auch die ★★**Bibliothek** mit einem geschwungenen schiffförmigen Dach und zwei Kammern im Inneren.

In der weiteren Umgebung von Po Klong Garai liegen Dörfer der Cham-Minderheit. Nur wenige Gehöfte sind noch dem Matriarchat folgend angelegt, mit dem Haus der Mutter der Großfamilie in der Mitte.

Po Rome
Der letzte Cham-Tempel

Po Rome ⑯, von den Cham *Da Lai Thuom* genannt, ist der letzte von den Cham erbaute Tempel aus dem 16. oder

Foto: Jürgen Bergmann

17. Jh. Er liegt 15 km südlich von Phan Rang bei dem Dorf **Huu Phuoc**, 5 km rechts der Straße, auf einem der beiden dicht nebeneinanderliegenden, 50 m hohen Hügel. Das Dekor seines **Daches** ist soweit vereinfacht, dass es scharfkantig wirkt. Der Bau muss in großer Eile errichtet worden sein, da die Ziegelsetzung die gewohnte Akkuratesse vermissen lässt.

★Ca Na und Vinh Hao

Nahe dem herrlichen weißen ★**Sandstrand** von **Ca Na** (57) (32 km südlich von Phan Rang und 115 km nördlich von Phan Thiet) mit einigen Restaurants türmen sich auf 1 km Länge riesige **Granitfelsen** aufeinander.

Im türkisblauen Meer liegen ein **Korallenriff** und die **Cau-Insel** (Lao Cau), zu denen Hotels und Agenturen am Ca Na-Strand und im südlich gelegenen **Vinh Hao** (58) – bekannt durch sein Mineralwasser – **Bootsfahrten mit Tauchgängen** anbieten.

Oben: Die runden Korbboote der Fischer prägen den langen Strand von Mui Ne. Rechts: Herumtollen auf den Roten Sanddünen von Mui Ne macht hungrig.

Phan Thiet und Pho Hai
Der südlichste Cham-Tempel

Phan Thiet (59) (170 000 Einwohner), ein kleines, selbst nicht besonders attraktives Fischerstädtchen am **Cai-Fluss**, mausert sich wegen des nahen Sandstrands von Mui Ne allmählich zum Ferienort mit komfortablen Beach Resorts, großenteils unter ausländischer Leitung. Die Fischsoße (*nuoc mam*) aus Phan Thiet soll – neben derjenigen von der Insel Phu Quoc – die beste des ganzen Landes sein. Sehenswert sind der **Markt** und der **Fischerhafen**; die Fischerboote liegen in der Flussmündung im Norden der Stadt.

Pho Hai (Thap Poshaknu) (60), ein restauriertes Drei-Turm-Heiligtum aus dem 8. Jh. und südlichster Cham-Tempel, liegt 7 km von Phan Thiet unweit des Südchinesischen Meeres auf dem Weg nach Mui Ne.

» Karte S. 179, Info S. 199-203

Foto: Jürgen Bergmann

★★Mui Ne
Baden und Dünenwanderungen

Mehr als die Cham-Türme interessieren Besucher an diesem Küstenabschnitt der feinkörnige, fast 9 km lange ★**Sandstrand** und die **Fischrestaurants** zwischen **Phan Thiet** und dem 9 km östlich gelegenen ★★**Mui Ne** ⓺①. Entlang der Straße reihen sich Restaurants, Hotels und Bungalow-Resorts mit einem umfassenden Freizeitangebot – Mui Ne entwickelte sich seit Ende der 1990er Jahre zu einem der wichtigsten Touristenmagneten Vietnams, ohne dabei seine entspannte Atmosphäre verloren zu haben. Zwar steht der Wassersport im Vordergrund, doch direkt hinter der Küste gibt es auch einen schön angelegten **Golfplatz**.

Der Ort **Mui Ne** selbst (21 km östlich von Phan Thiet) liegt auf einer Halbinsel und bietet keine Sehenswürdigkeiten, malerisch sind jedoch die bunten **Fischerboote** am Hafen. Am Strand finden sich noch in größerer Zahl die für die vietnamesische Südküste typischen runden ★★**Korbboote** (*thung chai*). Diese bis zu 2 m großen „Körbe" (*thung*) sind aus Bambus geflochten und mit Harz (*chai*) beschichtet. In Häfen dienen sie meist als Zubringer zu Schiffen, an den Stränden zum Fischfang. Trotz ihres runden Bodens liegen sie erstaunlich stabil im Wasser.

Neben dem Sandstrand ist Mui Ne v. a. durch seine schönen, roten (4 km) und weißen (25 km) ★★**Sanddünen** in der Umgebung bekannt, v. a. am **Herrensee** (Bau Ong) und **Damensee** (Bau Ba), zusammen kurz **Weißer See** (Bau Tranh) genannt. Die Formationen, die ein wenig an die Sahara erinnern, sind bis zu 50 m hoch und besonders frühmorgens oder am späten Nachmittag ein faszinierendes Farbenspiel. **Sandsurfing** verspricht Spaß für Jung und Alt, ebenso eine **Wanderung** entlang des **Suoi Tien-Canyons** (von der Hauptstraße nordwärts) mit interessanten Fels- und Sandformationen.

Weiter in Richtung Saigon (187 km) führt die Nationalstraße 1A an **Kautschukplantagen** vorbei.

» Karte S. 179, Info S. 199-203

Foto: Hansjörg Keller

SÜDLICHES HOCHLAND

Der südliche **Truong Son** wird als **Südliches oder Westliches Hochland**, (Tay Nguyen) bezeichnet. Seine drei Bergstöcke verlaufen in Nord-Südrichtung und fallen nach Osten zur Küstenebene steil ab. Im Süden senkt sich das Bergland in der **Provinz Binh Phuoc** zum Hügelland am Nordrand des Mekong-Deltas. Das Gebirge, dessen Hauptkamm die Grenze zu den Nachbarstaaten bildet, gehört zum Indochina-Massiv wie die Berge im südlichen Laos, Nordost-Kambodscha und Thailand. Das Kalkgestein wird von Schiefer sowie Einschüssen von Granit und Basalt überlagert. Etwa 65 % des Truong Son sind bewaldet, es gibt viele erloschene Vulkane und Vulkanseen.

Für die Landwirtschaft eignen sich mehr als 70 % der Rotlehmböden; besonders zum Anbau von Gummibäumen, Kaffee und Tee. Seit den 1990er Jahren ist Vietnam nach Brasilien der weltweit zweitgrößte Exporteur von **Kaffee**, wobei mit rund 90 % Robusta und nur 10 % Arabica die Quantität die Qualität bei weitem übertrifft. Kaffee, der v. a. in der weiteren Umgebung der Provinzhauptstadt Buon Ma Thuot angebaut wird, ist mit einem Umsatz von 750 Mio. US-$ nach Reis heute das wichtigste Agrarprodukt des Landes. Reis wächst in bewässerten Flusstälern oder als Trockenreis in den Bergen.

Das Bergland ist sehr dünn besiedelt; so leben beispielsweise in der Provinz Kon Tum auf 9615 km² nur 330 000 Menschen. Neben Vietnamesen wohnen 32 der 54 **Ethnischen Minderheiten** (franz. *montagnards*; engl. *hilltribes*) des Landes im Südlichen Hochland, viele davon grenzüberschreitend auch in den Nachbarstaaten. Franzosen und Amerikaner haben in den beiden Indochinakriegen die vorhandenen Konflikte ausgenutzt und die Bergvölker für den Grenzkrieg und zum Kampf gegen Vietnam ausgebildet. Ende der 1980er Jahre führte die Ansiedlung von Vietnamesen in den nach 1975 geschaffenen Neuen Ökonomischen Zonen zu Spannungen.

Zivilisation und Lebensstandard der ethnischen Minderheiten weisen starke Unterschiede auf. Die Armut vieler kinderreicher Dörfer, deren Bewohner sich als Sammler und durch Brandrodungsbau ernähren, ist groß. Andere betreiben Land- und Forstwirtschaft sowie Viehzucht. Fischfang an Seen und Flüssen sowie Handwerksarbeiten sind lohnende Nebenverdienste. Zunehmende Bedeutung gewinnt der Tourismus, v. in der Umgebung von Da Lat.

Zum Reichtum der Berge gehörten neben Nutz- und Edelholz, Heilkräutern und Gewürzen der Bestand an wilden Elefanten, die gefangen, gezähmt und zu Arbeitselefanten ausgebildet wurden. Sie besorgten den Abtransport der Baumstämme aus dem Gebirge.

Im Hochland entspringen zahlreiche Flüsse, die im Südchinesischen Meer münden. Sie könnten zur Bewässerung und Gewinnung von Elektrizität genutzt werden.

Aus der Küstenebene führen mehrere Straßen in das Hochland. Jedes Plateau hat einen eigenen Flughafen. Untereinander sind die Provinzen durch die Straße 14 verbunden, die im Norden in Da Nang und im Süden, bei Saigon, auf die Straße 13 trifft.

PROVINZ KON TUM

Das Hochplateau von Kon Tum ist von Bergen umgeben, von denen der **A Thuat** (2500 m), der **Mang** (1700 m) und der **Ba Da** (1467 m) die höchsten Gipfel bilden.

Eine Besonderheit der beiden Provinzen Kon Tum und Gia Lai sind die imposanten ★★**Rong-Häuser**, die v. a. in den Dörfern der Bahnar (Ba Na), einer ca. 180 000 Mitglieder zählenden ethni-

Links: Im Südlichen Hochland leben 32 der 54 Minderheiten Vietnams.

» Karte S. 179, Info S. 199-203

schen Minderheit, zu bewundern sind. Hierbei handelt es sich um ungefähr 15-20 m hohe und 150 m² große Gemeinschaftshäuser ohne Nägel auf Pfählen für Versammlungen, Hochzeiten und Zeremonien – je größer und höher das Schilfdach, desto wohlhabender die Gemeinde. Als Stützen dienen meist acht große Baumstämme, die Dachsparren sind häufig mit religiösen Motiven, legendären Helden, stilisierten Tieren und Familienszenen dekoriert. Ein originalgetreues Rong-Haus kann man auch im Museum der Völkerkunde Vietnams in Hanoi (s. S. 83) kennen lernen.

Kon Tum
Stadt der Kirchen

Die Provinzhauptstadt **Kon Tum** ㉒ (275 km von Da Nang) mit 100 000 Einwohnern liegt 536 m hoch im **Kaffeeanbaugebiet** (v.a. Robusta). Der Ort am Dakbla-Fluss wurde um 1860 von Franzosen gegründet und im Vietnamkrieg großenteils zerstört. Sehenswert in der Nguyen Hue-Straße sind die katholische ★**Holzkirche** von 1913 (mit Café) und die **Tan Hong-Kirche** mit einem Relief des hl. Georg als Drachentöter.

In der Tran Hung Dao-Straße lohnt ein Besuch des Anfang des 20. Jh. erbauten früheren **Bischofspalastes** mit einem **Priesterseminar**. Im 1. Stock zeigt ein kleines, aber informatives **Museum der ethnischen Minderheiten** Objekte wie Trachten und Holzschnitzarbeiten der umliegenden Bergvölker, v. a. der **Bahnar** (Ba Na).

Umgebung von Kon Tum

5-10 km von Kon Tun lassen sich **Dörfer von Bergvölkern** erkunden, am besten mit Xe Om und Führer; z. T. kann man dort auch übernachten. Besuchenswert sind z. B. westlich der Stadt **Plei Ton Ghia** und **Kon Hon To**, in denen Rongao leben. Die für ihre imposanten **Rong-Häuser** bekannten Bahnar siedeln u. a. in **Kon Ko Tu** und **Kon D're** östlich von Kon Tun. 22 km südwestlich von Kon Tun liegt der **Yaly-Wasserfall** ㉓, dessen Zufluss heute ein Kraftwerk speist, weshalb kaum noch Wasser für die Fälle übrig bleibt.

PROVINZ GIA LAI

In der 15 500 km² großen **Provinz Gia Lai** leben 27 verschiedene Minderheitenvölker. Die Umgebung der Provinzhauptstadt Pleiku wird hauptsächlich von den Jarai bevölkert. Dieses Volk feiert viele traditionelle Feste mit Büffelopfern, die zu besonderen Gelegenheiten dargebracht werden. Sie bereiten dabei ein Festessen, das nach der Ernte in jedem Haus aus neuem Reis gekocht wird. Das größte Fest (*pothi*) ist ein Totenfest, bei dem die Friedhöfe besucht werden, und die Lebenden ihrer Ahnen gedenken.

Oben: Die Tan Huong-Kirche in Kon Tum. Rechts: Im Südlichen Hochland gedeiht neben Kaffee auch Tee, den zu pflücken Fleiß und Ausdauer erfordert.

» Karte S. 179, Info S. 199-203

Foto: Nina Hilitukha (Dreamstime.com)

Pleiku
Ausflug zum Bien Ho-Vulkansee

Pleiku 64, mit 140 000 Einwohnern die Hauptstadt der Provinz Gia Lai und ein wichtiger **Markt** für das Hochland, liegt 46 km von Kon Tum in 780 m Höhe. Von Quy Nhon (s. S. 180) ist es auf der gut ausgebauten Straße 19 über den Ngoc An- und Mang Giang-Pass zu erreichen (ca. 165 km).

Außer einem **Ho Chi Minh-Museum** mit Dokumenten des Staatsgründers gibt es das **Gia Lai-Museum**, das mit Fotos die Rolle der Provinz im Vietnamkrieg und mit Artefakten die Lebensweise der Bergvölker darstellt.

Umgebung von Pleiku

Abwechslungsreich sind interessante, jedoch teure **Ausflüge** von Pleiku, die Agenturen anbieten; alternativ kann man die Region sehr gut mit einem Leihrad erkunden. Landschaftlich reizvoll ist der fischreiche **Vulkansee Bien Ho** („Meersee"), 7 km nördlich der Stadt. Auf den Rotlehmböden der Umgebung werden Kaffee und Tee angebaut. Die von Bergen umgebene Hochebene liegt 700 bis 800 m hoch.

PROVINZ DAC LAC

Das **Dac Lac-Hochplateau** in der rund 13 000 km^2 großen **Provinz Dac Lac** liegt ungefähr 500 m ü. M., um gute 200 m tiefer als Pleiku. Die Temperaturen sind daher wärmer. Das Hochland ist mit lichten Wäldern und Gräsern bewachsen. Auf Basaltböden, die sich auch für die Viehzucht eignen, ist der Anbau von Gummibäumen, Kaffee und Tee möglich. Die Hochebene ist von Bergen umgeben, von denen der der **Chu Yang Sinh** mit 2442 m der höchste ist.

Neben Vietnamesen dominiert die ethnische Minderheit der **Ede** (**Rahde**), die in bewässerten Flusstälern Reis und Mais anbaut. Bekannt sind die Ede auch als Züchter von Elefanten; in ihren Dörfern besitzen noch viele Familien dieses Arbeitstier. *Dac Lac* stammt aus der Sprache der Ede und bedeutet „Savan-

Foto: Peter Rex

ne". In manchen Dörfern zeigen die Ede Tänze, singen Lieder und bieten selbstgebrauten Reiswein an.

Buon Ma Thuot
Traditionelle Langhäuser der Ede

Von Pleiku ist die Provinzhauptstadt **Buon Ma Thuot** ⑥⑤ auf der Straße 14 zu erreichen (197 km). Von Nha Trang führt die Straße 26 über den **Phönix-Pass** (Deo Phuong Hoang) in die **Elefanten-Berge** (Nui Voi; 190 km).

Die rund 200 000 Einwohner zählende Stadt besitzt ein kleines, aber sehenswertes **Museum der ethnischen Minderheiten**. Ausgestellt sind Kunstgegenstände, Trachten und Arbeitsgeräte der Mnong und Ede.

Empfehlenswert ist ein Spaziergang 2 km nördlich des Zentrums in das Weberdorf ★**Ako Dhong**, in dem man die traditionellen **Langhäuser** der Ede inmitten schöner Gärten sehen kann.

Oben: Haus der Ede-Minderheit in der Provinz Dac Lac. Rechts: Grab der Ede in der Provinz Dac Lac.

★Yok Don-Nationalpark
Größter Nationalpark Vietnams

Ungefähr 55 km nordwestlich von Buon Ma Thuot liegt der ★**Yok Don-Nationalpark** ⑥⑥, durch den der **Srepok** fließt. Mit fast 1200 km^2 ist er das größte Naturschutzgebiet Vietnams, der von zwei kleineren Gebirgszügen (Yok Don und Yok Da) begrenzt wird. Es beheimatet ca. 60 Säugetier-, 140 Vogel-, über 12 Amphibien- und 35 Reptilienarten. Im Regenwald leben u. a. Elefanten, Muntjaks, Tiger und Bären. Das Elefantenreiten im Park ist verboten.

Siebzehn ethnische Minderheiten leben in dieser Gegend. Die größte Volksgruppe bilden die **Mnong**, die früher mit gezähmten Elefanten auf die Jagd gingen.

Buon Don (Ban Don)
Das Elefantendorf

In **Buon Don (Ban Don)** ⑥⑦, dem „**Elefantendorf**" der Mnong, haben früher manche Elefantenjäger im Lauf von

» Karte S. 179, Info S. 199-203

Jahrzehnten Hunderte Tiere gefangen. Zwei bis drei Jahre dauert es, sie für die Arbeit in den Bergwäldern abzurichten. Tierschützer üben zunehmend Kritik daran. Auf das Töten von Elefanten zur Elfenbeingewinnung stehen hohe Strafen. Im Frühjahr, bei den alljährlichen traditionellen ★**Elefantenrennen**, zeigen Treiber und Tiere ihre Dressurkünste. An dem Wettbewerben über 500 m nehmen bis zu 30 Elefanten teil. Dann kommen Besucher von nah und fern, und Unterkünfte und müssen rechtzeitig reserviert werden.

★Dray Sap-Wasserfall

Über **Buon Tua**, ein Dorf der Ede mit Pfahlbauten, führt der Weg zum ★**Dray Sap-Wasserfall** 68 (knapp 30 km von Buon Ma Thuot) mitten im tropischen Regenwald. Das Naturschauspiel wird von den Ede „Nebliger Wasserfall" (*dray sap*) genannt und ist über 150 m breit und etwa 14 m hoch.

★Lac-See

Auf 400 m Höhe liegt der rund 500 ha große fischreiche ★**Lac-See** 69 (Ho Lac; ca. 50 km von Buon Ma Thuot; etwa 150 km von Da Lat), einer der größten Seen Vietnams. Von hohen Bergen umgeben, ist er ein Paradies für Störche und Kraniche und wird „Fischtopf des Hochlandes" genannt. Die hier lebenden Mnong bieten neben Übernachtungen in traditionellen Langhäusern ★**Bootsfahrten** und ★**Elefantenritte** an, in Ufernähe z. T. im Wasser.

Über dem See ließ sich der letzte Nguyen-König Bao Dai eine **Villa** mit schöner **Aussicht** errichten, die zu einem *guesthouse* umgewandelt wurde.

PROVINZ LAM DONG

Die 9800 km^2 große **Provinz Lam Dong** ist durch drei größere Plateaus charakterisiert: Lam Vien mit der Hauptstadt Da Lat liegt fast 1500 m, Don

Foto: Wolfgang Kaehler

Duong-Lien Khuong 1000 m und Bao Loc-Di Linh 800 m hoch. Die Strecke auf der Straße 27 zwischen Buon Ma Thuot und Da Lat ist ca. 200 km lang. Von Saigon führt die Straße 20 nach Da Lat (etwa 300 km). Von Phan Rang sind es zwar nur 108 km, aber die schlechte Straße windet sich in steilen Kurven am Berghang empor und über den 20 km langen, 1000 m hohen **Song Pha-Pass**. Nach einem zweiten, über 1500 hohen Pass erreicht man Da Lat.

★★Da Lat

Flitterwochen in „Klein-Paris"

★★**Da Lat** 70 (190 000 Einwohner) – zwar in den inneren Tropen, aber in 1475 m Höhe gelegen – wird wegen seines milden Klimas die Stadt des ewigen Frühlings genannt. 1897 entdeckte der schweizerische-französische Arzt und Forscher Alexandre Yersin nach langer Suche die Gegend als Erholungs- und Heilort, in den seine Landsleute vor der heißen Trockenzeit des Tieflands fliehen konnten. Das Klima empfinden

» Karte S. 179, Info S. 199-203

Foto: Wolfgang Kaehler

Europäer als sehr angenehm, und so errichteten die Kolonialisten hier eine französisch geprägte Stadt samt nachgebautem Eiffelturm, die sie gerne als *Le Petit Paris* bezeichneten. Die Vietnamesen lieben Ausflüge in diese – für sie exotische – Gegend, v. a. in den Flitterwochen.

In der Sprache der Bergvölker – Kho, Lat, Chit, Kahor, Sre, Baja, Nop, Maug, Chill, Ma und Chum – bedeutet *da* „Fluss"; Da Lat liegt also am „Fluss der Lat". Der Name der **Nang Biang-Hochebene** erinnert an den Knaben Nang und das Mädchen Biang, die nicht heiraten konnten, weil sie aus verschiedenen Bergvölkern kamen. Sie gingen gemeinsam in den Tod. Zu dem Begräbnis kamen alle Tiere und weinten so sehr, dass der **Da Nhim-Fluss** („Wasser der Augen") entstand. Nur ein Löwe kam zu spät; er steht – versteinert – an der Straße nach Saigon.

Oben: Bäuerin im Hochland bei Da Lat. Rechts: Da Lat am Xuan-Huong-See ist ein bevorzugtes Ziel von vietnamesischen Honeymoonern.

Da Lat besitzt eine exzellente touristische Infrastruktur, gute Restaurants und Gästehäuser und luxuriöse Hotels in restaurierten französischen Villen. Die Stadt ist bei Blumenfreunden und Orchideenliebhabern beliebt: Es gibt wilde Orchideen und unzählige Züchtungen in Gärtnereien und dem Blumengarten. Mit Pferdewagen kann man sich zum **Golfplatz** und den schönsten Plätzen der Stadt fahren lassen.

Rundgang durch Da Lat

Zentrum der Stadt ist der nach einer Dichterin des 19. Jh. benannten ★**Xuan Huong-See** (1), an dessen Promenade Gartenrestaurants und Cafés liegen.

Das Zentrum der Stadt beherrscht die große moderne **Markthalle** (2) (Cho Da Lat). Hier ist alles zu haben, was auf der Hochebene angebaut wird: Kaffee, Tee, Früchte – besonders Ananas und Erdbeeren – dazu Pflanzen und Blumen und zunehmend Gemüse, das auf der Hochebene unter großen Plastikplanen gezüchtet wird.

Eine reizvolle ★**Aussicht** über die Stadt bietet die 1938 gegründete ★**Linh Son-Pagode** (3) (Chua Linh Son; 120 Nguyen Van Troi). Highlight des Klosters ist neben einer imposanten **Glocke**, der Wunderkräfte nachgesagt werden, eine 1250 kg schwere und 1952 gegossene ★**Bronzestatue** des Buddha Shakyamuni.

Balsam für die Seele ist ein Spaziergang im gepflegten ★**Blumengarten** (4) (Vuon Hoa Da Lat; Flower Gardens) nördlich des Xuan Huong-Sees, in dem Orchideen und Rosen zu sehen sind.

Zu den bedeutendsten Hochschulen Vietnams zählt die **Universität** (5) von Da Lat, die einst mit sowjetischer Hilfe eingerichtet wurde und v. a. wegen ihrer Fakultät für Kernphysik renommiert ist.

Da Lat besitzt eine dem hl. Nikolaus geweihte katholische ★**Kathedrale** (6) im neoromanischen Stil aus den 1930er Jahren. Besonders stimmungsvoll ist der Innenraum, der durch 70 bunte

» Stadtplan S. 196-197, Info S. 199-203

Foto: Withgod (Dreamstime.com)

Glasfenster aus Grenoble erhellt wird.

Zu den beliebtesten Fotomotiven in Da Lat zählt die ★**Hang Nga-Villa** (7) – (3 Huynh Thuc Khang) architektonisch wohl das ungewöhnlichste Gebäude in ganz Vietnam und daher auch **Crazy House** genannt. Die Künstlerin Hang Nga, Tochter des früheren Präsidenten Truong Chinh, schuf hier ein skurriles, heute als **Guesthouse** genutztes Gebäude mit Felsen, Baumstämmen, Spinnweben u. a., zum Teil an die Modernisme-Architektur des Katalanen Antoni Gaudí erinnernden Elementen (kleine Besichtigungsgebühr).

Im ★**Bao Dai-Palast** (8) („**Dinh 3**"; 1 Trieu Viet Vuong) verbrachte der Nguyen-König seine letzten Jahre in Vietnam, bevor er 1955 ins französische Exil ging und dort 1997 starb. In der im Art-déco-Stil erbauten Villa aus den 1930er Jahren machen Möbel und sonstige Einrichtungsgegenstände aus königlichem Besitz einen Besuch interessant.

Da Lat und Umgebung können sich vieler Wasserfälle rühmen, die aber nur in und kurz nach der Regenzeit eindrucksvoll sind. Der **Cam Ly-Fall** (9) (2 km westlich des Stadtzentrums) wird von vietnamesischen Touristen gern besucht.

Ab 1933 erholten sich die obersten Verwalter der *Union Indochinoise* (Französisch-Indochina) in der ehemaligen **Residenz des Generalgouverneurs** (10) (12 Tran Hung Dao) von den Amtsgeschäften. Die auch „**Dinh 2**" genannte Villa war zu jener Zeit eine der schicksten im Land.

Als Schule und **Kulturzentrum** (11) Da Lats dient das frühere **Grand Lycée Yersin** (1 Hoang Van Thu), bis zum Verlust der Kolonie die Eliteschmiede der Franzosen.

Im ★**Bahnhof** (12) (Ga Da Lat) – eines der schönsten Kolonialgebäude der Stadt – kann man eine alte **Zahnradbahn** sehen, die 1933-1964 Da Lat mit Phan Rang und der Küste verband. Mehrmals täglich fährt der **Touristenzug** *Crémaillère* durch reizvolle Landschaft zum 7 km entfernten Dorf **Trai Mat** (s. S. 197).

In einer Villa der königlichen Nguyen-Familie ist das ★**Lam Dong-Museum** (13) (4 Hung Vuong) untergebracht. Die sehenswerte Kollektion umfasst Artefakte der Funan-Kultur (darunter ein Steinxylophon und Keramiken), Schmuck, Musikinstrumente und Trachten der Kohor- und Ma-Minderheit sowie Fotos und Dokumente zu den beiden Indochinakriegen.

Umgebung von Da Lat

Zu den beliebtesten Ausflugszielen für Vietnamesen zählt das **Tal der Liebe** (14) (Thung Lung Tinh Yieu; 5 km nördlich von Da Lat) – für europäische Besucher eine eher kitschig anmutende Ansammlung von Ständen und Freizeiteinrichtungen, zu denen auch Ponyreiten und Bootsfahrten auf dem **Da Thien-Stausee** gehören, dessen Wasserstand in der Trockenzeit jedoch stark absinkt.

Auf dem Plateau und in den Bergen leben 20 ethnische **Minderheitenvölker** (Bergvölker; französ.: *montagnards;* engl.: *hilltribes*), meist in Pfahlbauten. Sie sind Anhänger der Naturreligionen und seit Mitte des 20. Jh. großenteils auch Katholiken oder Protestanten. Einige Dörfer, z. B. das **Lat-Dorf** (15) (Lat Village; etwa 11 km von Da Lat) mit einer **Holzkirche**, sind vom Zentrum aus gut zu erreichen.

Ebenfalls im Norden der Stadt liegt der 2167 m hohe ★**Lang Bian-Berg**

 » Stadtplan S. 196-197, Info S. 199-203

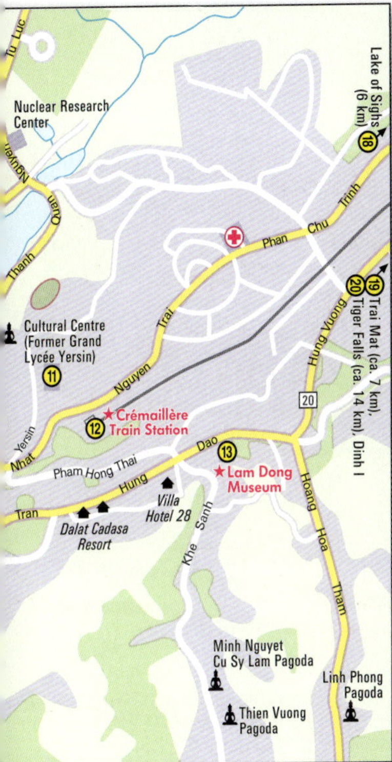

(16) (auch **Lam Vien-Berg**; ca. 9 km vom Zentrum). Mehrere Agenturen bieten Outdoor-Spaß wie Paragliding, Mountainbiking und Bergtouren (ca. 4 Stunden) an. Vom Gipfel, den man auch über eine Asphaltstraße erreichen kann, genießt man eine wunderbare ★**Aussicht** auf die Nang Biang-Hochebene

Der ungefähr 15 m hohe, künstliche **Ankroet-Fall** (17) (11 km von Da Lat) wird auch „Goldener Strom" genannt. In der Nähe, bei mehreren Dörfern der Bergvölker, liegen die **Anakroet-Seen**.

Vietnamesische Flitterwöchler zieht es zum **Seufzersee** (18) (Ho Than Tho; 6 km östlich des Zentrums). Die umgebenden Pinienwälder waren einst ein Jagdrevier von König Bao Dai.

7 km von Da Lat liegt **Trai Mat** (19) inmitten von Gärten und einer reizvollen Landschaft. Touristenziel ist die aufwändig verzierte, 1952 vollendete **Linh Phuoc-Pagode**, die im Dekor und Technik – Drachen aus Glasmosaik – deutlich chinesischen Einfluss zeigt. Das Dorf ist über eine Straße und dem **Touristenzug** *Crémaillère* vom Bahnhof (s. S. 195) erreichbar.

Vor allem bei vietnamesischen Ausflüglern sind die wenig spektakulären **Tiger-Wasserfälle** (20) mit einigen Restaurants populär (ungefähr 14 km von Da Lat über eine Serpentinenstraße).

Interessanter für westliche Besucher ist das 5 km südlich von Da Lat auf dem **Robin Hill** liegende **Zen-Meditationszentrum** (21) (Thien Vien Truc Lam) beim **Tuyen Lam-See**. Die über 150 Mönche und Nonnen sind Mitglieder des aus China stammenden Zen-Buddhismus (chines. *chan*), der um 520 von Bodhidharma (Damo) entwickelt wurde. Das Kloster mit der **Truc Lam-Pagode** ist über eine Straße oder mit einer **Seilbahn** (Cap Treo) erreichbar.

6 km südlich der Stadt fällt der **Datanla-Wasserfall** (22) in zwei Stufen herab. Schöner als die Kaskaden selbst ist der Spaziergang dorthin.

Prenn- und ★Lien Khuong-Wasserfall

Auf der Straße 20 legt man die etwa 300 km von Da Lat nach Saigon in 6 Stunden zurück. Einige schöne Wasserfälle lohnen Stopps und Abstecher.

Inmitten üppiger Vegetation liegt der **Prenn-Wasserfall** (71) (Thien Sa; 13 km von Da Lat). Wer ihn besuchen will, muss Eintritt zahlen und sich geschäftstüchtigen Budenbesitzern und dem Kitsch der gestalteten Landschaft aussetzen.

Eines der schönsten Naturschauspiele des Südlichen Hochlands ist der ★**Lien Khuong-Wasserfall** (72) (etwa 30 km von Da Lat). Während oder kurz nach der Regenzeit – im späten Herbst – bildet der Da Nhim-Fluss (Song Da Nhim)

Foto: Volkmar E. Janicke

eine 20 m hohe und über 100 m breite Kaskade, zu der man über eine Treppe auch hinabsteigen kann.

Gougah- und ★Pongour-Wasserfall

Der **Gougah-Wasserfall** ⓻⓷, auch **O Ga-Wasserfall** genannt (etwa 40 km von Da Lat und 500 m von der Hauptstraße), stürzt über 20 m herab.

Weitere 15 km, ungefähr 7 km von der Straße 20 (Abzweigung bei Duc Trong) im dichten Regenwald versteckt, liegt der durchschnittlich 80 m hohe ★**Pongour-Wasserfall** ⓻⓸. Die malerischen Kaskaden zählen zu den schönsten des Landes.

Bao Loc und ★Dambri-Wasserfall

In der Umgebung von **Bao Loc** ⓻⓹ sieht man häufig Angehörige der Ma-Minderheit, die Sammlerkörbe an einem Stirnband tragen. Sie sind auch Fischer, Jäger und Plantagenarbeiter; die Frauen stellen Webwaren her.

Um Bac Loc gibt es große **Teeplantagen**, und über 10 000 ha sind für die größte **Seidenraupenzucht** Vietnams mit Maulbeerbäumen bepflanzt.

Der fast 100 m hohe ★**Dambri-Wasserfall** ⓻⓺, etwa 20 km nördlich, gehört zu den eindrucksvollsten Indochinas.

★Cat Tien-Nationalpark
Refugium des Java-Nashorns

Wo die Provinzen Binh Phuoc, Lam Dong und Dong Nai zusammentreffen, liegt der 74 000 ha große ★**Cat Tien-Nationalpark** ⓻⓻ (ca. 175 km von Da Lat und 125 km von Saigon), der über den Ort **Tan Phu** (Ma Da Gui; 23 km) zugänglich ist. Da die Infrastruktur im Reservat bislang noch unterentwickelt ist (einfache Unterkunftsmöglichkeiten beim **Visitor Centre**), besucht man es am besten mit einer Agentur von Da Lat oder Saigon aus. 50 % des Nationalparks sind von tropischem Regenwald – eines der größten zusammenhängen-

Oben: Die Schwimmenden Häuser der Fischer am La Nga-See.

» Karte S. 179, Info S. 199-203

den Gebiete in Vietnam – bedeckt, in dem man Anfang der 1990er Jahre eine spektakuläre Entdeckung machte: das bis zu 2 t schwere **Java-Nashorn**, mit nur noch etwa 65 Exemplaren eines der seltensten Großsäuger der Welt (größte Population auf West-Java). Im Reservat mit schönen **Wasserfällen** gibt es auch Wildrinder (Gaur), Silberlangure, Asiatische Elefanten, Leoparden, Affen, Malaienbären und Wasserbüffel, zudem ungefähr 350 Vogelarten und über 170 medizinisch nutzbare Pflanzen.

Innerhalb der Parkgrenzen leben etwa 10 000 Menschen, die außer den Kinh überwiegend den ethnischen Minderheiten der Thai, Ma and Stieng angehören.

La Nga-See

Fischer auf Schwimmenden Häusern

Auf dem **La Nga-See** ⑱ haben sich vor zwei Jahrzehnten Fischer angesiedelt – in ★**Schwimmenden Häusern** mit darunter gelegenen Fischzuchtbecken, die ein pittoreskes Fotomotiv darstellen.

Bei **Dinh Quan** (**Duc Trong**) ⑲, wenige Kilometer östlich des La Nga-Sees, ragen bizarre Felsen auf, in der Nähe befinden sich drei **Vulkankrater**.

Bien Hoa und Tri An-Wasserfall

36 km nordöstlich des Industriezentrums **Bien Hoa** ⑳, zugleich die Hauptstadt der Provinz Dong Nai, bildet der Be-Fluss (Song Be) ein beeindruckendes Naturschauspiel: der 8 m hohe und rund 30 m breite **Tri An-Wasserfall** ㉑, der im November besonders stimmungsvoll ist.

In der Umgebung von Bien Hoa breiten sich ausgedehnte **Kautschukplantagen** aus, deren Pflanzung auf die französische Herrschaft zurückgeht.

Weiter flussabwärts bildet der Be-Fluss den **Tri An-Stausee** ㉒ (Ho Tri An), der seit den 1980er Jahren die Metropole Saigon mit Strom versorgt.

Thanh Hoa (☎ 037)

Thanh Hoa Tourist, 85 Le Hoan, Tel. 385 1826, www.thanhhoatourism.gov. vn

Vinh / Cua Lo (☎ 038)

Nghe An Tourist, 74 Nguyen Thi Minh Khai, Tel. 384 4511, http://ngheantourism.gov.vn

BUSBAHNHOF: Le Loi. ***BAHNHOF:*** Le Ninh, für den „Wiedervereinigungszug" ist eine Reservierung erforderlich.

Dong Hoi (☎ 052)

Fischereihafen, am Nhat Le-Fluss. Im Norden und Süden **Strände** und Sanddünen.

Dong Ha (☎ 053)

Sepon Tour, 189 Le Duan, Tel. 385 52 89, http://sepontour.com.

Quang Tri (☎ 053)

Zitadelle des Ming Mang, tägl. 7-17 Uhr.

Hue (☎ 054)

Thua Thien Hue Tourism, 30 Le Loi, Tel. 382 23 69. **Hue City Tourism**, 16 Ly Thuong Kiet, Tel. 382 35 77. **Hue Tourist Office**, 15 Le Loi, Tel. 382 23 69.

FLUGHAFEN PHU BAI: 15 km südlich. **Vietnam Airlines**, 23 Nguyen Van Cu, Tel. 382 47 09.

BUSBAHNHOF: Busse nach Norden am Ben Xe Phia Bac 4 km nordwestl. des Zentrums, nach Süden am Ben Xe Phia Nam 1 km südöstl. an der Hung Vuong.

BAHNHOF: Le Loi.

Hue zeichnet sich in Vietnam durch zwei **kulinarische Spezialitäten** aus: Sehr beliebt ist eine Reisnudelsuppe, die zusammen mit verschiedenen Fleischsorten (Rind: *bun bo*; Rind und Schwein: *bun bo gio heo*; Huhn: *bun ga*) und Schrimps, Zitronengras und Basilikum gegessen wird. Unbedingt sollte man *banh khoai* probieren, kleine Pfannkuchen mit Bohnensprossen, Schweinefleisch und Schrimps, die man in eine Erdnuss-Sesam-Soße tunkt.

» Karte S. 179, Info S. 199-203

Café On Thu Wheels, legendäres Travellercafé, in dem es abends laut und voll wird. Die namensgebende Wirtin organisiert Moped-Touren in die Umgebung, 10/2 Nguyen Tri Phuong, Tel. 382 22 41.
Song Huong Floating Restaurant, stimmungsvolle Atmosphäre zu typischen Hue-Gerichten, täglich 8-21 Uhr, am Parfümfluss nördlich der Trang Tien-Brücke.
Tinh Gia Vien, schmackhafte Gerichte nach traditioneller Hue-Art, die besonders kunstvoll serviert werden, schöne Sitzplätze im Garten, beliebt bei Reisegruppen, 20/3 Le Thanh Ton, Tel. 352 22 43.
La Carambole, europäische, vor allem italienische und vietnamesische Gerichte, zeitgenössische Bilder aus Keramik und moderne Musik, Zeitschriften, 19 Pham Ngu Lao.
Tropical Garden Restaurant, bei Reisegruppen sehr populäres Restaurant, da von 19-21 Uhr traditionelle vietnamesische Musik live gespielt wird, vorzügliche Küche mit Hue-Spezialitäten, z. B. Teigtasche mit Gemüse (*banh khoai*; als Vorspeise), Mini-Fondue mit dünn geschnittenem Rindfleisch (*bo nhung dam*), flambierte Bananen (*chuoi dot*), Reservierung empfehlenswert, 27 Chu Van An, Tel. 384 71 43.
DMZ-Bar, beliebte Bar an einer belebten Ecke, bis nach Mitternacht geöffnet, 44 Le Loi.

Königsstadt mit Purpurner Verbotener Stadt, 7-17 Uhr, Haupteingang Mittagstor (Südtor) am Flussufer. **Theater**, traditionelle Tanzvorstellungen um 9, 10, 14.30 und 15.30 Uhr (ca. 30 Minuten).
Hue-Museum der Königlichen Schönen Künste (Vien Bao Tang Hue), Porzellan, Kleider, Intarsienarbeiten, Schmuck, Wandschirme etc. aus der königlichen Nguyen-Familie, tägl. 7-19 Uhr, im 1845 errichteten Long An-Palast außerhalb der Zitadelle gegenüber dem Ausstellungspavillon, Zugang auch durch das Osttor (Hien Nhon), 3 Le Truc.
Ho Chi Minh-Museum, 7.30-10.30, 13.30-16.30 Uhr, 7 Le Loi.
Königsgräber am Nord- und Südufer des Flusses, geöffnet von Sonnenauf- bis Sonnenuntergang, 7-14 km von der Stadt entfernt.
In der Le Loi am südlichen Flussufer: **kolonialzeitliche Gebäude**. **Quoc Hoc**, die berühmte Oberschule für Knaben und daneben die Hai Ba Trung-Schule für Mädchen.
Am Südufer des Flusses liegen alle großen Pagoden (außer Chua Tang Quang).
Kathedrale, Messen um 5 und 17 Uhr, 5 Nguyen Hue. **Kulturhaus**, sporadisch Theater, 43 Hung Vuong.

Studenten der Musikakademie bieten in den großen Hotels am Fluss traditionelle **Musikvorführungen** an.

Hue Central Hospital (Benh Vien Trung Uong Hue), 16 Le Loi, Tel. 382 23 25.

Im Zentrum der Südstadt an der Trang Tien-Brücke: **Hauptpost**, täglich 6.30-21 Uhr (Auslandservice), in der Hoang Hoa Tham; **Bank**, 7.30-11.30 Uhr und 13.30-16.30 Uhr außer So, 2 Le Quy Don.

Chinesen-Viertel, am Nordufer mit Dong Da-Markt, Gemeindehäuser (*hoi quan*) in der Chi Lang-Straße.
Lokalbusse, an der Straße 1.
Bahnhof (Lokalzüge), 2 km entfernt.

AUSFLÜGE: Hotels und Reiseagenturen bieten Tagesausflüge in die **Demilitarisierte Zone** (**DMZ**). Hierbei werden gewöhnlich der Ben Hai-Fluss, der Vinh Moc-Tunnel, der Cua Tung-Strand, die Doc Mieu-Basis, die Dakrong- und und Hien Luong-Brücke und der Ho Chi Minh-Pfad besucht.
Äußerst beliebt sind ganztägige **Bootsfahrten auf dem Fluss der Wohlgerüche** (inklusive Lunch). Hierbei besichtigt man die Thien Mu-Pagode, den Hon Chen-Tempel und die Königsgräber von Tu Duc, Khai Dinh und Minh Mang. **Königsgräber**, tägl. im Winter 7-17 Uhr, im Sommer 6.30-17.30 Uhr.

My An-Mineralquellen, die Bäder mit 52 °C heißem Quellwasser befinden sich ca. 7 km außerhalb von Hue.

Thuan An (☎ 054)

Der **Strand**, 12 km nordöstlich von Hue, ist per Boot auf dem Parfümfluss oder per Bus zu erreichen.

Bach Ma-Nationalpark (☎ 054)

Visitor Centre, hier erhält man auch eine gute Wanderkarte und auf Wunsch auch englischsprachige Guides, Tel. 387 13 30.

Lang Co (☎ 054)

Das Dorf und der **Strand** an der Lagune liegen 60 km südlich von Hue.

Da Nang (☎ 0236)

Danang Visitor Center, 32A Phan Dinh Phung, Tel. 353 01 11.

FLUGHAFEN: 7 km vom Zentrum.
Vietnam Airlines, Mo-Sa 7-11 und 13.30-16.30 Uhr, 35 Tran Phu, Tel. 382 11 30.
BAHNHOF: 1 km außerhalb, unbedingt reservieren!
BUSBAHNHOF: 3 km vom Zentrum in der Dien Bien Phu, tägl. 13-17 Uhr; für Fernziele.
Lokalbusse vom Busbahnhof in der Hung Vuong.

Kim Do, mit Gartenterrasse, ausgezeichnete Küche, 176 Tran Phu, Tel. 382 18 46.
Apsara, großes, schickes Restaurant nahe des Cham-Museums mit hervorragenden Seafood-Gerichten und abendlichen Tanzvorführungen, 222 Tran Phu, Tel. 356 14 09.
Mi Quang, typische vietnamesische Gerichte wie z. B. Suppe mit gelben Nudeln und Salat (*mi quang*), 1A Hai Phong, in der Nähe de Cao Dai-Tempels.
Com Chay Chua Tinh Hoi, nach Einschätzung der Einheimischen das beste vegetarische Restaurant der Stadt, tgl. 6-22 Uhr, 500 Ong Ich Khiem, bei der Phap Lam-Pagode.
Bamboo 2 Bar, rustikal eingerichtetes Lokal am Fluss mit reizvoller Terrasse, 230 Bach Dang, Tel. 383 71 75.

Museum der Cham-Plastik (Bao Tang Cham), die weltweit bedeutendste Sammlung mit Meisterwerken der Cham-Bildhauerei, täglich 7-17 Uhr, Trung Nu Vuong & Bach Dang.

Marmorberge (Marble Mountains)

Die Marmorberge liegen zwischen Da Nang und Hoi An. Ein Besuch empfiehlt sich vor allem mittags, wenn die Sonnenstrahlen senkrecht durch die natürlichen Einbrüche an der Decke der Huyen Khong-Höhle fallen.

Hoi An (☎ 0510)

Tourist Office, 12 Phan Chu Trinh, Tel. 386 12 76.

LOKALBUSSE: Verkehren regelmäßig zwischen Da Nang und Hoi An. Schnellstes und einfachstes Verkehrsmittel ist ein **Motorradtaxi**.
Minibusse nach Hue und Nha Trang können in allen Hotels und Guest Houses gebucht werden.

Die Küche Hoi Ans zeichnet sich durch zwei **Spezialitäten** aus: *Cao Lau* ist ein schmackhaftes Nudelgericht, das mit Schweinefleisch, Reismehlkräckern, Sojabohnensprossen, kleinen Salatblättern und Röstzwiebeln mit einer Fischsoße serviert wird. *White rose* bzw. *banh bao* oder *banh vac* heißt ein Gericht aus dünnem Teig (*rice paper*) mit feingeschnittenen Schrimps und Röstzwiebeln.
Wan Lu, schön mit traditionellen chinesischen Landschaftmalereien und vergoldeten Schriftzeichen geschmücktes Restaurant, auch zahlreiche vegetarische Gerichte, 27 Tran Phu.
Trung Bac, in einem alten chinesischen Stadthaus eingerichtetes Lokal mit Holzsäulen und Schnitzereien, empfehlenswert ist ein Menü mit einer Auswahl von 4 aus 6 bzw. 5 aus 7 verschiedenen Spezialitäten, u. a. auch *cao lau* und *white rose*, 87 Tran Phu.
Café des Amis, legendärstes Restaurant der Stadt, exzellenter Fisch und Meeresfrüchte, 52 Bach Dang.
The Cargo Club Restaurant, hervorragende Küche in gehobenem Ambiente; große Weinkarte und Blick auf den Fluss vom Balkon, 107 Nguyen Thai Hoc, Tel. 391 12 27.
Ngoc Tuyet, Hoi An-Spezialitäten, asiatische und europäische Küche, 43 Tran Hung Dao, Tel. 386 16 73.

Thang Loi, Seidenweber- und Holzarbeiten, 92 Phan Chu Trinh.

BADEN: Der exzellente, von Palmen gesäumte breite **Sandstrand** von **Cua Dai** liegt 5 km östlich des Stadtzentrums. Mopeds und Räder kann man beaufsichtigt abstellen. Mehrere gute Restaurants liegen am Weg vom Parkplatz zum Strand.

My Son

Nach My So (etwa 40 km von Hoi An) fahren keine **öffentlichen Verkehrsmittel**. Anfahrt mit Taxi, Moped (*xe om*) oder mittels einer organisierten Tour von Hoi An aus. Vom Eingang fährt ein im Eintrittspreis enthaltener Shuttle-Bus zu den ca. 2,5 km entfernten Cham-Gebäuden.

Mehrere einfache **Restaurants** entlang der Straße kurz vor dem Eingang, wo man auch ein Moped beaufsichtigt abstellen und sich nach der Besichtigung der Ruinen stärken kann.

Musik- und Tanzvorstellung, Di-So 9.30 u. 10.30 Uhr (im Ticket enthalten).

Quy Nhon (☎ 056)

Binh Dinh Tourism, 10 Nguyen Hue, Tel. 382 25 24.

FLUGHAFEN: Phu Cat (35 km).
HAUPTBAHNHOF: In Dieu Tri, 10 km außerhalb, Zubringer-Bahnhof in der Hoang Hoa Tham.
BUSBAHNHOF: In der Tran Hung Dao.

Que Huong 1, bei Einheimischen sehr beliebtes Restaurant, gute Meeresfrüchte und lokale Spezialitäten, 125 Tang Bat Ho.

Nha Trang (☎ 058)

Khanh Hoa Tourist, 1 Ngo Quyen, Tel. 382 22 29. **Mama Linh**, 144 Hung Vuong, Tel. 352 284.

Täglich gibt es **Flüge** von Saigon und Hanoi. **Minibusse** verkehren von und nach Saigon, Hue, Da Lat, Hoi An.
Mehrmals täglich fahren **Züge** bzw. **Expressbusse** Richtung Norden und Süden.
Flughafen: Cam Ranh (35 km südl.).
Bahnhof: In der Thai Nguyen.
Expressbusbahnhof: 46 Le Thanh Ton.

Sailing Club, gehobenes Niveau, westliche Küche, am Strand, 74 Tran Phu.
Truc Linh Restaurant, Seafood-Spezialist mit vier Ablegern in der Stadt – beliebt ist das Truc Linh 2 in der 21 Biet Thu. Das Angebot des Tages ist jeweils in der Auslage zu sehen.
Nha Trang Seafood, gute vietnamesische Gerichte, 46 Nguyen Thi Minh Khai.
La bella Napoli, typisch italienische Küche, 6 Hung Vuong.
Louisiana Café, international, modern, Brunch, mit Pool, Tran Phu Beach.
Pho Huong Bac, das vietnamesische Nationalgericht *pho* ist hier authentisch und preiswert, 109 Nguyen Thien Thuat.
Crazy Kim Bar, besonders abends ein beliebter Treffpunkt mit guten Sacks (Burger, Nachos) und Cocktails, 19 Biet Thu.
Oh! Sushi Bar, die leckeren Fischhäppchen kann man sich auch ins Hotel liefern lassen, 17C Hung Vuong, Tel. 352 57 29.
Mughal House, gute indische Gerichte , auch Vegetarier werden hier fündig, an belebter Kreuzung, 89B Nguyen Thien Thuat.

Ozeanografisches Institut, interessante Sammlung lokaler Meeresflora und -fauna, tägl. 7.30-12 und 13-16.30 Uhr, beim Hafen des Can Da-Dorfes.
Pasteur-Institut, mit kleinem Museum, tägl. außer So 7.30-11 Uhr, 8-10 Tran Phu.

TAUCHEN: Rainbow Divers, Tel. 352 43 51, www.divevietnam.com, auch über die Rainbow Bar in der 90A Hung Vuong.

Phan Thiet / Mui Ne (☎ 062)

Binh Thuan Tourist, 82 Trung Trac, Tel. 382 24 94. www.muinebeach.net

RAlle großen Strandresorts haben ein Seafood-Lokal.
Rung Forest Restaurant, geschmackvoll mit Elementen des Cham-Stils dekoriertes Lokal mit guter vietnamesischer Küche, abends folkloristische Vorführungen, 65B Nguyen Dinh Chieu.
Dung Su, sehr beliebt bei den Vietnamesen wegen des guten Fischs, der hier nach Gewicht berechnet wird und in eigenen Becken im Restaurant gehalten wird, Km 10, am westlichen Ende des Strands.

BUSBAHNHOF: An der Flussbrücke.
BAHNHOF *(Muong Man):* 12 km westlich; Zubringerzüge.

AUSFLÜGE: Etliche Hotels und Guesthouses vermieten Mopeds für Ausflüge, etwa zu den Sanddünen, zum Cham-Heiligtum Pho Hai oder zum Weißen See.

SÜDLICHES HOCHLAND

Kon Tum (☎ 060)

Museum der ethnischen Minderheiten, Mo-Fr 8-11 und 14-16 Uhr, 56 Tran Hung Dao.

Yok Don-Nationalpark / Buon Don (Ban Don; ☎ 0500)

Zum **Nationalpark** fahren keine öffentliche Verkehrsmittel, so dass man am besten mit einem Taxi oder mittels einer Agentur in **Buon Don** (**Ban Don**) anreist.

Buon Ma Thuot (☎ 0500)

Dac Lac Tourist, 3 Phan Chu Trinh, Tel. 385 21 08.

Da Lat (☎ 063)

Dalat Tourist, Nr. 7 in der Straße „3 Thang 2", Tel. 382 24 79, www.dalattourist.com.vn.

FLUGHAFEN: 30 km südlich des Zentrums; Flüge mehrmals wöchentlich nach Saigon, Hue und Hanoi.
Vietnam Airlines: 2 Ho Tung Mau, Tel. 383 34 99.
BUSBAHNHOF: ca. 1 km südl. des Xan Huong-Sees, Ticketverkauf: 4.30-17.30 Uhr; Minibusse von / nach Saigon und Nha Trang.

V Café, internationale Küche, abends Livemusik, 1 Duong Bui Thi Xuan.
Thien Nga, Maulbeerwein, neben Markthalle, 6 Nguyen Thi Minh Khai.
Trong Dong, vietnamesische Gerichte wie z. B. gegrillte Schrimpspastete auf Zuckerrohr, Fisch im Tontopf oder in Blättern gegartes Rindfleisch, 220 Phan Dinh Phung, etwas außerhalb des Zentrums.
Quan Diem Tam, langjähriges chinesisches Restaurant, dessen Spezialität Gelbe Nudel-Suppe (*won ton* bzw. *mi hoanh thanh*) ist, 217 Phan Dinh Phung. **Thuy Ta**, auf Stelzen gebautes Restaurant am Xuan Huong-See mit vorzüglicher Aussicht, 1 Yersin.

Villa Bao Dai, 7-11, 13.30-16 Uhr, 2, Le Hong Phong. **Blumengarten** (Vuon Hoa Da Lat), tägl. 7.30-16.30 Uhr, 2 Phu Dong Thien Vuong.
Kathedrale, Messen 5.30 und 17.15, So 5.30, 7, 16 Uhr, Tran Phu.
Kulturzentrum, im ehemaligen Grand Lycée Yersin, 1 Hong Van Tu, Tel. 382 55 11. **Bao Dai-Sommerpalast** („**Dinh 3**"), 7-11 und 13.30-16 Uhr. **Residenz des Generalgouverneurs**, 7-11, 13.30-16 Uhr, mit Hotel, Tran Hung Dao. **Lam Dong-Museum**, Di-Sa 7.30-11.30 und 13.30-16.30 Uhr, 4 Hung Vuong.
Seilbahn (Cap Treo) zum **Robin Hill** und **Zen-Meditationszentrum** (Thien Vien Truc Lam), tägl. 7.30-11.30 u. 13.30-17 Uhr.

Le Ky, 249 Phan Dinh Phung, Kaffeegeschäft mit sehr guter Auswahl an verschiedenen gerösteten Hochlandkaffee.

Cat Tien-Nationalpark (☎ 061)

Von **Tan Phu** (Ma Da Gui; ca. 175 km südlich von Da Lat und 125 km nördlich von Saigon an der Straße 20) führt eine 23 km lange Asphaltstraße zum **Visitor Centre** unweit des Nai-Flusses (Dong Nai). Organisierte Fahrten bieten Agenturen in Saigon und Da Lat an. Preiswerte, einfache **Unterkunftsmöglichkeiten** in Bungalows und Zimmern. www.namcattien.org

Foto: Ladislav Janicek

SAIGON (HO CHI MINH-STADT)

DONG KHOI-VIERTEL
KRIEGSRESTE-MUSEUM
MUSEUM DER VIETNAMESISCHEN GESCHICHTE
TEMPEL DES JADEKAISERS
GIAC LAM-PAGODE
CHINESEN-VIERTEL CHOLON

★★SAIGON (HO CHI MINH- STADT)

Das „Paris des Ostens“

★★**Saigon (Ho Chi Minh-Stadt)**, die pulsierende südvietnamesische Metropole mit 9 Mio. Einwohnern und fast ebenso vielen Mopeds, liegt am Ufer des Saigon-Flusses, im Norden des fruchtbaren Mekong-Deltas, rund 50 km vom Südchinesischen Meer. Der offizielle Name der Stadt ist zwar seit 1975 *Ho Chi Minh-Stadt* (HCMS), doch die kürzere, alte Bezeichnung *Saigon* ist noch immer geläufiger.

Mit ihren Bars, Gourmetlokalen, Luxushotels, schicken Boutiquen, Mega-Malls und großzügigen Boulevards zählt die aufstrebende Stadt zu den touristischen Highlights des Landes. Zum unverwechselbaren Flair von Saigon, dem einstigen „Paris des Ostens“, gehört die Mischung alter Tempel und Pagoden, französischer Kolonialbauten und moderner Architektur auf engstem Raum. Zudem lässt das Nachtleben mit all seinen Facetten kaum Wünsche offen. Allerdings sind auch die sozialen Gegensätze groß.

Links: Hinter dem Hôtel de Ville, dem ehemaligen Rathaus im französischen Kolonialstil von 1908, wächst das boomende moderne Saigon in die Höhe.

Der meiste Regen fällt hier, im feuchtheißen Tropenklima, von Mai bis Oktober. Vom vietnamesischen Namen des tropischen Kapokbaums (Wollbaum) ist *Sai Gon* abgeleitet.

1865-1883 wuchs die Bevölkerung in Saigon und Cholon auf 100 000 an. Die Franzosen drangen 1859 über den Saigon-Fluss vor, eroberten und zerstörten die Zitadelle. 1862 wurde Saigon Hauptstadt der Kolonie Cochinchina und war bis 1888 Regierungssitz der *Union Indochinoise* (Französisch-Indochina). Unter der französischen Kolonialverwaltung erfuhren Stadt und Kolonie wirtschaftlich mehr Förderung als die Protektorate Annam und Tongking: Schiffswerft, Hafen, Straßen und Eisenbahn wurden ausgebaut. Bis 1954 blieb Saigon unter französischer Herrschaft und wurde nach dem Genfer Abkommen (1954) zur provisorischen Hauptstadt Süd-Vietnams. Der letzte vietnamesische König, Bao Dai, der 1945 abgesetzt worden war, regierte Süd-Vietnam 1948-1965 in Saigon, bis er von dem Katholiken Diem gestürzt wurde. 1962 nahmen die Amerikaner den Platz der Franzosen ein.

Am 30. April 1975 zog die Nordvietnamesische Befreiungsarmee in Saigon ein – das Ende des Vietnamkriegs. Seit der Wiedervereinigung 1976 ist Hanoi Hauptstadt, Saigon aber mit 9 Mio. Einwohnern (im Großraum fast 21 Mio.) die größte Stadt Vietnams.

» Karte S. 224-225, Stadtplan S. 212-213, Info S. 217-219

Foto: Hansjörg Keller

Die moderne Stadt

Erst im 19. Jh. wuchsen Dörfer und Marktplätze zu einer Stadt zusammen, die um 1900 durch die großzügige französische Planung ein europäisches Gesicht erhielt. Sie ist in Stadtbezirke (*quan*) eingeteilt. **Q1** ist die **Innenstadt** Saigons mit dem Le Loi-Boulevard. Eine historische Altstadt wie in Hanoi fehlt. Einen ganz anderen Charakter hat das benachbarte, ältere **Cholon**, die mit **Q5** und **Q6** bezeichnete Chinesenstadt: In einem Gewirr von Gassen haben sich Handwerksbetriebe und Händler angesiedelt. Heute hat Saigon den größten Überseehafen und den wichtigsten Flughafen des Landes und ist die ökonomisch wichtigste, dynamischste Stadt Vietnams. Über die Eisenbahn und die Straße 1A ist der „Puls Vietnams" mit den anderen Landesteilen verbunden, auch das Straßennetz im Mekong-Delta ist gut ausgebaut. Nirgendwo sonst spiegelt sich das enorme Wirtschaftswachstum der letzten Jahre so sichtbar in Neubauten wider wie in Saigon. Seit dem Jahr 2018 überragt der Skyscraper **Landmark 81** (461 m) die Stadt, mit der Aussichtsetage **Skyview** in 382 m Höhe. Am östlichen Saigon-Ufer wird das Viertel **Thu Thiem** auf 7 km² Fläche als künftiges neues Zentrum mit Wolkenkratzern, Kulturzentren, Parks, Seen, breiten Boulevards und Wohnblocks aus dem Boden gestampft.

Oben: Mopeds – allgegenwärtig in Saigon. Rechts: Das schöne Gebäude des Stadttheaters (früher Oper) wird für Veranstaltungen unterschiedlichster Art genutzt.

★★Dong Khoi-Viertel

★Duong Dong Khoi und Hotel Majestic

Die ★**Duong Dong Khoi** (1) („Straße des Aufstands"), die frühere *Rue Catinat* der Franzosen, führt von der Mitte der Uferpromenade in das ★★**Dong Khoi-Viertel**, den pulsierenden Geschäftsbezirk zwischen Duong Ham Nghi, Ben Thanh-Markt, Duong Le Duan und Duong Hai Ba Trung. Es ist das Viertel der Hotels, Läden, Kunstgalerien, Handwerksbetriebe und guter Restaurants.

Am Beginn der Straße liegt das nostalgische, in den 1920er Jahren errichtete **Hotel Majestic** (2). Im Restaurant mit angeschlossener Bar auf der **Dachterrasse**, von der man eine exzellente ★**Aussicht** auf den Saigon-Fluss genießt, waren Graham Greene und unzählige Schriftsteller, Kriegsberichterstatter und Politiker der letzten Jahrzehnte Stammgast. Ein Sundowner hier gehört für viele Touristen zum „Saigon-Pflichtprogramm".

Ho Chi Minh-Museum

Ein kurzer Abstecher über den Ben Nghe-Kanal führt zum **Ho Chi Minh-Museum** (3), wegen eines Drachens auf dem Dachfirst auch „Drachenhaus" (Nha Rong) genannt. Das 1863 als Sitz der Schifffahrtsgesellschaft und Zollhaus

» Stadtplan S. 208-209, Info S. 217-219

Foto: Jürgen Reichmann

der Franzosen vollendete Gebäude dokumentiert mit Fotos, Dokumenten und persönlichen Gegenständen das bewegte Leben des Revolutionsführers.

★Ton Duc Thang-Uferpromenade und ★Bitexco Financial Tower

Die ★**Duong Ton Duc Thang** ④ ist die **Uferpromenade** am **Saigon-Fluss**, in dem seegängige Schiffe ankern.

Nahe dem Südende ragt der ★**Bitexco Financial Tower** ⑤ auf (262 m), ein cooles Hochhaus mit Helipad und **Skydeck** im 49. Stock; toll ist auch die Aussicht von der **Eon 51 Heli Bar**.

In der Mitte der Uferpromenade steht das **Statue des Generals Tran Hung Dao** ⑥, der die zahlenmäßig weit überlegenen Mongolen in der Schlacht am Bach Dang-Fluss 1288 bezwang.

Hauptmoschee

Die **Hauptmoschee** ⑦ Saigons liegt in der Nähe der Dong Khoi- in der Dong Du-Straße. 1935 von einem reichen Moslem erbaut, wird sie heute von Indern, Cham, Vietnamesen und durchreisenden Geschäftsleuten moslemischen Glaubens besucht (Schuhe vor dem Betreten ausziehen).

★Stadttheater (Oper)

Am **Lam Son-Platz** liegt die 1900 im französischen Kolonialstil fertiggestellte ★**Oper** ⑧. Während der amerikanischen Besatzung diente sie als Sitzungssaal des Scheinparlaments der Saigoner Regierung. Seit 1975 ist es wieder **Stadttheater** und bietet ein reiches Programm vom klassischen vietnamesischen Schauspiel bis zu Pop- und Rockkonzerten. Auf dem begrünten Platz davor trifft sich die Jugend allabendlich zum Motorradkorso.

Hotel Caravelle und Hotel Continental

Wenige Schritte vom Stadttheater steht das luxuriöse **Hotel Caravelle** ⑨, von dessen **Saigon Saigon Bar** im obersten Stockwerk man eine exzellente ★**Aussicht** auf die Stadt genießt.

Legendär ist das in den 1880er Jahren vollendete **Hotel Continental** (10), das eine wichtige Rolle in mehreren Vietnam-Romanen (u. a. *Der stille Amerikaner* von Graham Greene) spielt. Die aus der Literatur bekannte Terrasse existiert heute nicht mehr, doch lohnt eine Pause in dem mit Frangipani-Bäumen begrünten **Innenhof**.

★Kathedrale Notre Dame und ★Hauptpostamt

Ein paar Häuserblocks weiter endet die Dong Khoi am **Platz der Pariser Kommune**. Dieser wird von der 1877-1883 fertiggestellten neoromanischen ★**Kathedrale Notre Dame** (11) mit ihren beiden 40 m hohen Türmen beherrscht. Vor Weihnachten findet um das Gotteshaus ein Weihnachtsbasar statt.

Neben der Kathedrale erkennt man das sehenswerte ★**Hauptpostamt** (12) aus den Jahren 1886-1891. Im Inneren beeindrucken die **Gusseisenkonstruktion** mit einem gewaltigen Tonnengewölbe sowie zwei monumentale historische **Landkarten**.

Ho Chi Minh-Stadtmuseum

Neben der Stadtgeschichte Saigons widmet sich das **Ho Chi Minh-Stadtmuseum** (13) (Bao Tang Thanh Pho Ho Chi Minh) dem jahrzehntelangen Unabhängigkeitskampf der Vietnamesen gegen Franzosen und US-Amerikaner. Gezeigt werden in den großen Sälen sowie im Innenhof überwiegend Dokumente, Fotos und Kriegsgerät. Interessanter als die Ausstellung dürfte für viele Besucher das Gebäude selbst sein: Es ist der ehemalige, 1886 vollendete neo-klassizistische **Gia Long-Palast** für den Gouverneur von Cochinchina. Der Prunkbau diente Präsident Diem vorübergehend als Amtssitz, nachdem sein eigener Palast bei einen Bombenattentat aus der Luft zerstört wurde.

 » Stadtplan S. 208-209, Info S. 217-219

Vietnam Water World (ca. 25 km), Bien Hoa (ca. 35 km), Vung Tau (ca. 85 km)
Trang Hung Dao Temple
Ben Thanh
Medical Conservation Service
Hoa Lu Stadium
L'Etoile
Tib
Hoa Vien
★★Museum of Vietnamese History
Military Museum
Tho Hung Vuong Temple
Zoo / Botanical Gardens
Traffic Circle
Consulat Gen. de France
US Consulate
Great Britain Consulate
Sofitel Saigon Plaza
Saigon Tower
Saigon Trade Centre
Deutsches Haus (Cons. of Germany)
mPlaza
InterContinental Saigon
DEsignED Cafe
Victory
★Notre Dame Cathedral
★Main Post Office
★★DONG KHOI QUARTER
Sushi Bar
Hoi An
Mandarin
Ashoka
Le Meridien Saigon
★Reunification Palace
Van Hoa Park
Nguyen Du Brauhof
★Hôtel de Ville (City Hall)
Museum of Ho Chi Minh City
Park Hyatt Saigon (Opera)
Metro Line 1
Lotte Hotel Saigon
Continental
★Municipal Theatre (Opera)
★H. Rex
Caravelle
Central Saigon Mosque
Opera (u.c.)
Sheraton Saigon (Level 23 Bar)
★Sri Mariamman Temple
Kem Bach Dang
★Ben Thanh Market
Café Terrasse
Sri Thendayyut-thapani Temple
Palace
Gartenstadt
Tran Hung Dao Monument
Café Vuon Kieng
Floating Restaurants
Ben Thanh Stn. (u.c.)
Ba Son Stn. (u.c.)
Vincom Landmark 81 Tower (3 km)
Vinpearl Landmark 81
1 Vietnam House
2 Ciao Café
3 Augustine
Saigon Prince
Santa Lucia
Amigo
Maxims
Seoul House
Majestic
Renaissance Riverside
★Bitexco Financial Tower
Fine Arts Museum
Saigon River
QUẬN 2 THU THIEM
THU THIEM New Urban Area Project
Ferries to Mekong Delta
Thu Thiem Tunnel
Danh Sinh Market
Phung Son Tu Pagode
Cau Mong (Rainbow Bridge)
Ho Chi Minh-Museum
QUẬN 4
Ben Nghe Channel
Thi Nghe Cannel
Duong Dien Bien Phu
Duong Hai Ba Trung
Duong Dinh Tien Hoang
Doung Nguyen Binh Khiem
Duong Ton Duc Thang
D. Le Duan
Duong Le Duan
Duong Nguyen Du
D. Chu Manh Trinh
Duong Le Thanh Ton
Duong Le Loi
Duong Dong Khoi
Duong Nguyen Hue
Duong Ham Nghi
Duong Ton Duc Thang
Duong Nguyen Tat Thanh
Duong Nguyen Thai Binh
Duong Nguyen Cong Tru
Duong Nam Ky Khoi Nghia
Duong Pasteur
Duong Nguyen Thi Minh Khai
Ly Tu Trong
Ngo Van Nam
Ton That Thiep
Ho Tung Mau
Van Don
Chuong Duong
Doan Nhu Hai
SAIGON (ZENTRUM)
Nummern: 1 - 25
0 250 500 m
© Nelles Verlag GmbH, München

Foto: Hien Phung (stock.adobe.com)

★Hôtel de Ville und ★Hotel Rex

Am nördlichen Ende des **Nguyen Hue-Boulevards** liegt das 1908 im französischen Kolonialstil fertiggestellte ★**Hôtel de Ville** (14), das ehemalige **Rathaus**. Heute ist es Sitz des Stadtkomitees und abends schön illuminiert. Die auf dem Vorplatz aufgestellte **Statue von Ho Chi Minh** – „Onkel Ho" mit einem Kind auf dem Schoß – ist ein beliebtes Fotomotiv.

An der zentralen Kreuzung mit dem **Le Loi-Boulevard** steht das berühmte ★**Hotel Rex** (15) mit stilvoller Lobby und noblem Speisesalon; sein Saal diente im Vietnamkrieg für Pressekonferenzen. Der hübsche ★**Dachgarten** ist ideal für Dinner oder Sundowner.

Sri Thendayyutthapani-Tempel

Hinduistisch zeigt sich der **Sri Thendayyutthapani-Tempel** (16) in der Nähe des Hotels Rex. Sein Inneres zieren **Fliesen** und **Gemälde** mit Darstellungen von Mahatma Ghandi, Nehru und Göttern des Hindu-Pantheons. Reizvoll ist die Aussicht von der **Dachterrasse**.

Highlights im Zentrum

Ben Thanh-Markt

Der größte Markt Saigons für Lebensmittel und Gebrauchsgegenstände aller Art, der ★**Ben Thanh-Markt** (17) (Cho Ben Thanh) wurde 1919 erbaut. Seine Hallen werden von einer großen Kuppel überwölbt; sein **Uhrturm** ist das Wahrzeichen der Stadt.

★Sri Mariamman-Tempel

Ein weiterer Hindu-Tempel Saigons, wenige Schritte vom Ben Thanh-Markt in der 45 Truong Dinh-Straße, ist der ★**Sri Mariamman-Tempel** (18) (Chua Ba Mariamman) mit seinem sehr reich mit Hindufiguren dekorierten **Torturm** (*gopuram*). Das der indischen Göttin der

Oben: Im Bitexco Financial Tower bieten Skydeck und Heli Bar einen tollen Saigon-Fluss-Blick.

» Stadtplan S. 208-209, Info S. 217-219

Pocken mit wundertätigen Kräften gewidmete Heiligtum wird außer von den aus Südindien stammenden Tamilen auch von Vietnamesen und Chinesen besucht.

Duong Pham Ngu Lao und Thai Binh-Markt

Das Backpacker-Zentrum von Saigon – vergleichbar mit der Khao San Road in Bangkok – ist die **Duong Pham Ngu Lao** (19) und ihre Nebenstraßen. Hier konzentrieren sich die meisten Reiseagenturen, Bars, Internetcafés, Budget-Hotels und -Restaurants.

Am westlichen Ende der Hauptstraße liegt der **Thai Binh-Markt** (20) (Cho Thai Binh) mit gemischtem Warenangebot.

★Palast der Wiedervereinigung

Der einstige Regierungspalast, heute **★Palast der Wiedervereinigung** (21) (Dinh Thong Nhat) genannt, liegt am Ende der Duong Le Duan. An dieser Stelle befand sich der 1869 erbaute Norodom-Palast, der Sitz der französischen Gouverneure. Während der Diem-Regierung wurde er 1962 von einem rebellierenden südvietnamesischen Fliegeroffizier bombardiert. Der Präsident entkam dem Attentat und ließ in den Folgejahren einen neuen Palast im Stil der 1960er Jahre errichten. Auf 2000 m^2 entstanden 100 Räume auf 6 Etagen, davon zwei unterirdische. Am 30. April 1975 zog die Nordvietnamesische Befreiungsarmee in den Palast ein und übernahm die Stadt von General Minh, dem letzten Präsidenten Südvietnams. 1975 beschloss die Nationale Konsultativkonferenz in diesem Gebäude die Wiedervereinigung Vietnams. Die repräsentativen Räume, darunter ein **★Ball- und ein Audienzsaal**, werden heute für Kongresse und Staatsakte genutzt und können mit Führer besichtigt werden.

★★Kriegsreste-Museum (War Remnants Museum)

Ungefähr 300 m vom Palast der Einheit liegt in der 28 Vo Van Tan das **★★Kriegsreste-Museum (War Remnants Museum)** (22). Das meistbesuchte Museum Saigons dokumentiert die Kriegsgräuel der US-amerikanischen Soldaten während des Vietnamkriegs anhand hunderter **Fotos**, so z. B. das Massaker von My Lai und die Auswirkungen (vor allem Missbildungen bei Neugeborenen und Hautkrankheiten) des Entlaubungsmittels *Agent Orange* auf die Zivilbevölkerung. Zur Ausstellung gehören auch **Handfeuerwaffen**, **Mörser**, **Panzer**, **Hubschrauber** etc. sowie eine von den Franzosen im 19. Jh. eingeführte und bis 1960 benutzte **Guillotine**. Eine Nachbildung der berüchtigten „**Tigerkäfige**" (Tiger Cages) lässt die menschenverachtenden Haftbedingungen unter der südvietnamesischen Regierung auf der Gefängnisinsel Con Dao erahnen.

★Xa Loi-Pagode

Zum Symbol des buddhistischen Widerstandes gegen das diktatorische Regime des katholischen Präsidenten Ngo Dinh Diem (1955-1963) wurde die **★Xa Loi-Pagode** (23) (Chua Xa Loi): Im August 1963 stürmten Soldaten das Heiligtum und verhafteten rund 400 Mönche und Nonnen, die hier Schutz vor Verfolgungen und Hinrichtungen suchten. Spektakulärer Höhepunkt des Protestes gegen die Repressalien war die Selbstverbrennung des Mönches Thich Quang Duc am 11. Juni 1963 – Fotos, die um die Welt gingen und letztlich zum Sturz Präsident Diems durch die USA beitrugen.

Highlight der 1956-1958 errichteten Pagode ist eine ca. 6 m hohe vergoldete **★Buddha-Statue** auf einer Lotosblüte in der Haupthalle, die 14 **Wandbilder** des historischen Buddha (Shakyamuni) schmücken.

» Stadtplan S. 208-209, Info S. 217-219

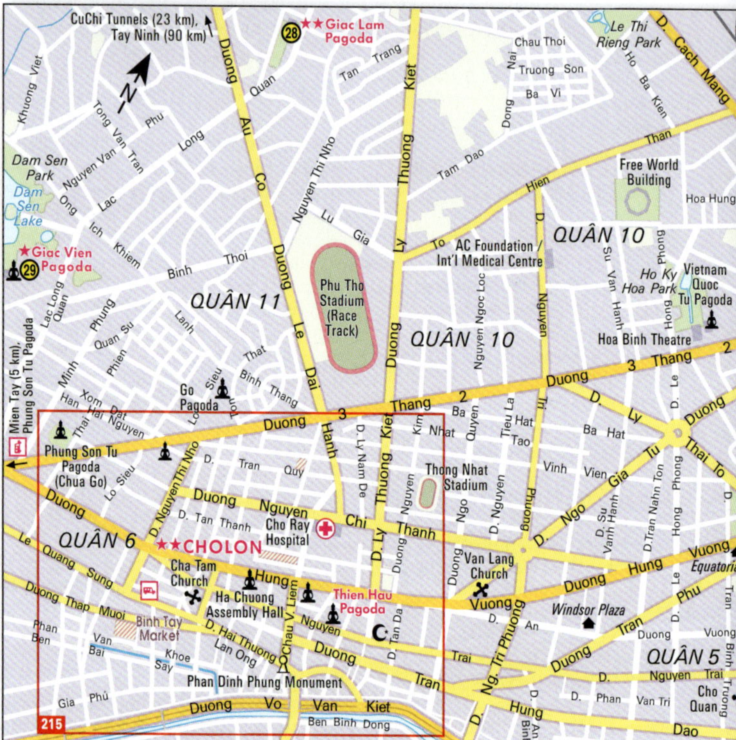

Zoo und Botanischer Garten

Am nördlichen Ende der Duong Le Duan liegen der **Zoo** und der **Botanische Garten** (24) in einem nicht besonders anregenden Erholungspark. Rechts hinter hinter Eingang steht die **Gedenkstätte** (Den Tho Hung Vuong) für die legendären **Hung-Könige**.

★★Museum der Vietnamesischen Geschichte

Das ★★**Museum der Vietnamesischen Geschichte** (25) (Museum of Vietnamese History) 1929 erbaut, ist das wichtigste Kunstmuseum Saigons. In 14 Sälen gibt es einen vollständigen Überblick über die Kulturentwicklung des Landes von der Prähistorie bis in das 20. Jh. Bemerkenswert sind die berühmten ★**Bronzetrommeln der Dong Son-Kultur**, die **Funde aus Oc Eo** (Funan), polychrome chinesische und vietnamesische **Keramiken**, ★**Skulpturen der Cham** sowie ★**Gerätschaften und Trachten der Bergvölker** (*hilltribes*) des Südlichen Hochlands. Ebenso kann man mehrere ★**Plastiken des Khmer-Reichs** (Kambodscha) studieren.

★★Pagode des Jadekaisers (Chua Ngoc Hoang)

Der schönste daoistische Tempel von Saigon ist die ★★**Pagode des Jadekai-**

» Stadtplan S. 208-209, Info S. 217-219

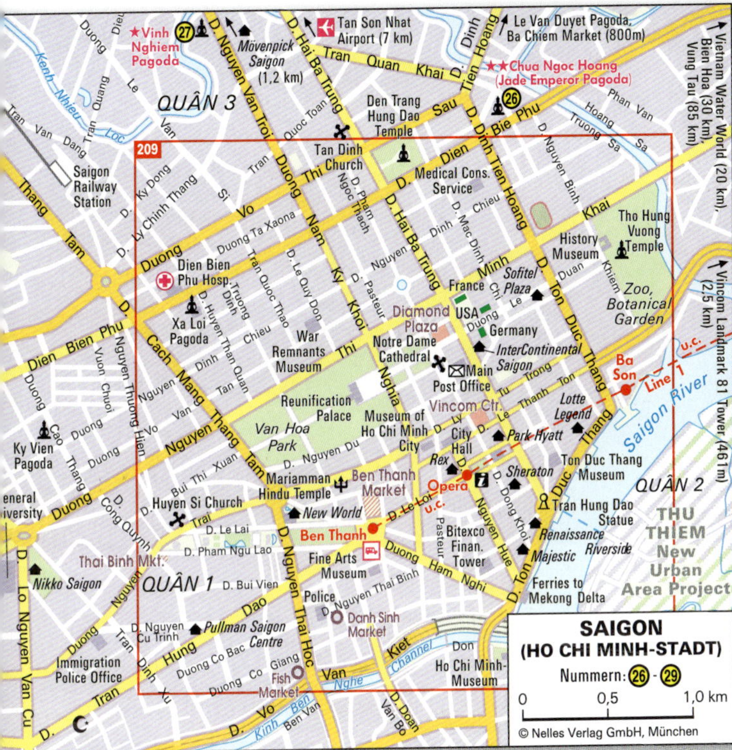

sers (26) (Chua Ngoc Hoang) in der 73 Mai Thi Luu. Dieses Meisterwerk der Architektur wurde 1906 von chinesischen Immigranten (*hoa*) aus der Provinz Guangdong (Kanton) erbaut. Das Gebäude ist bis unters Dach mit Figuren aus dem daoistischen Pantheon bestückt, gekrönt vom obersten Gott, dem **Jadekaiser**, der von vier Wächtern umgeben ist, die wegen ihrer Härte „die vier Diamanten" genannt werden. Über den hinteren Raum im linken Gebäudeteil wacht der **Höllenkönig** mit seinem roten Pferd. Die Qualen der daoistischen Hölle werden auf großen, kunstvollen ★★**Holzreliefs** dargestellt. Zwei weitere Holztafeln zeigen den Höllenkönig und **Quan Am Thi Kinh**, die Göttin des Mitleids, die mit einem Kind auf dem Arm dargestellt wird. Auf der linken Seite ist vorne noch ein kleiner Raum weiblichen Göttinnen gewidmet. Die zwölf Frauengestalten stehen für je ein Jahr des chinesischen Kalenderzyklus, überwacht von **Kim Hoa Thanh Mau**, der Herrscherin über die Frauen. Wie intensiv diese Figuren verehrt werden, zeigen die vielen Seidenumhänge, mit denen sie bedacht wurden.

Highlights außerhalb des Zentrums

★Pagode der Heiligen Ewigkeit (Chua Vinh Nghiem)

An der Straße zum **Tan Son Nhat Airport** (399 Duong Nguyen Van Troi;

» Stadtplan S. 212-213, Info S. 217-219

Foto: Oscar Espinosa Villegas (Dreamstime.com)

Q3) liegt die 1964-1971 mit japanischer Hilfe errichtete ★**Pagode der Heiligen Ewigkeit** ㉗ (Chua Vinh Nghiem). Mittelpunkt des nach nordvietnamesischen Vorbildern konzipierten Komplexes ist die **Haupthalle** mit der monumentalen ★**Statue des Buddha Shakyamuni**, des historischen Buddhas, die von Samantabhadra (Pho Hien) und Manjushri (Van Thu), den beiden Bodhisattvas der Meditation und der Weisheit begleitet wird.

Der nur an hohen buddhistischen Festtagen zugängliche, fast 40 m hohe ★**Pagodenturm** ist der Quan Am, der Göttin der Barmherzigkeit, gewidmet, die in jedem der 7 Stockwerke mit einer Skulptur präsent ist.

★★Pagode des Waldes der Erleuchtung (Chua Giac Lam)

Die 1744 gegründete ★★**Pagode des Waldes der Erleuchtung** ㉘ (Chua Giac Lam) im nordwestlichen Stadtteil **Q11** (118 Duong Lac Long Quan) zählt zu den schönsten und ältesten Sakralbauten in Saigon. Da im sumpfigen Gelände viel Erde dafür aufgeschüttet werden musste, wird das Gebäude auch *Pagode der Erdgrube* (Chua Ho Dat) genannt.

Die flache **Holzkonstruktion** ist ungewöhnlich. Sie besteht aus drei Teilen, dem **Haupttempel**, der **Stätte für Urnen und Ahnenaltäre** und dem **Versammlungsraum**. Auf dem **Hauptaltar**, umgeben von einem geschnitzten vergoldeten Rahmen, steht eine **Buddha Sakyamuni-Bronze**, wohl die älteste Buddha-Statue des Mekong-Deltas. Das Buddha-Kind aus schwarzem Messing, umgeben von neun Drachen, ist im südlichen Delta sonst nicht anzutreffen. Der *chua* besitzt 153 holzgeschnitzte ★**Statuen**, davon über 60 Buddhas. An den Seiten finden sich **Höllenkönige** und zwei Gruppen der **18 La Han**. Eine schöne Schnitzarbeit ist der ★**Buddha Maitreya** (Di Lac) im Versammlungsraum.

Oben: Chua Ngoc Hoang (Pagode des Jadekaisers) ist der schönste daoistische Tempel von Saigon.

» Stadtplan S. 212-213, Info S. 217-219

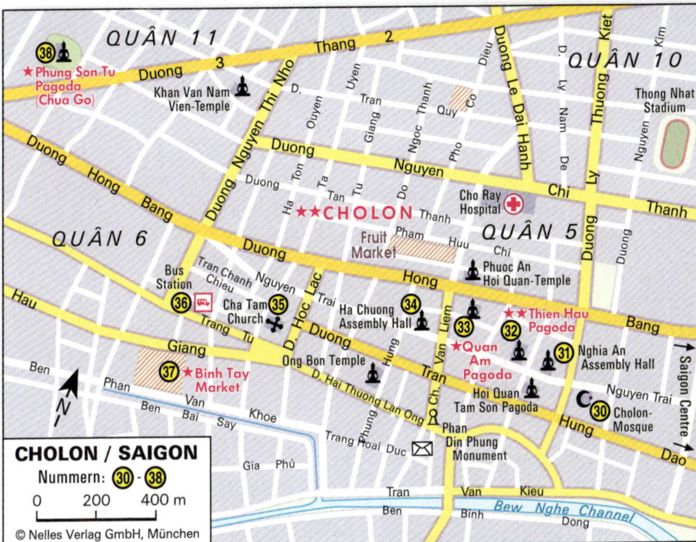

Das **Hauptfest** wird an dem 15. Tag des 4. Mondmonats gefeiert, kleinere Feste am 8. Tag des 4. Mondmonats sowie am 15. Tag des 1., 7. und 10. Mondmonats.

★Giac Vien-Pagode

Die ★**Giac Vien-Pagode** (29) (Chua Ho Dat) liegt in der Nähe eines Parks mit Lotossee (Dam Sen) unweit der Binh Thoi- in die Lac Long Quan-Straße. Sie wurde im 18. Jh. gegründet und ähnelt in der Konstruktion der Giac Lam-Pagode. Neben der Wächterfigur steht ein geschnitzter **Wunschbaum** mit 49 kleinen Buddha-Figuren und 49 Öllämpchen. Angehörige von Kranken hängen Wunschzettel mit der Bitte um Genesung an den Baum und opfern Öl für die Lämpchen.

Bemerkenswert sind auch die **Holzschnitzereien** aus Teakholz und ein großes, mit Drachen verziertes **Weihrauchbecken**.

★★Cholon – das Chinesen-Viertel

Die westliche Fortsetzung des Le Loi-Boulevards (s. S. 210) ist der **Tran Hung Dao-Boulevard**, der in das Zentrum des weitläufigen **Chinesen-Viertels** nach ★★**Cholon** („Großer Markt") führt – ein sehr passender Name für diesen quirligen Stadtteil nördlich des Ben Nghe-Kanals. Die ersten Chinesen (Hoa), überwiegend aus den Südprovinzen Fujian und Guangzhou (Kanton), siedelten sich hier im 17. Jahrhundert an. Auf einem Stadtplan aus dem Jahr 1815 gibt es bereits eine Straße namens *sai gon* und einen „Großen Markt" (*cho lon*). Um 1900 war Cholon ein verruchtes Vergnügungsviertel – mit Opiumhöhlen, Spelunken und Bordellen. Auf das 19. Jahrhundert gehen auch die meisten der Tempel (*den* bzw. *chua*) und Versammlungshallen (*hoi quan*) zurück, die – wie in Hoi An – typisch für chinesische Ansiedlungen sind und hier überwiegend entlang der Nguyen Trai-Straße liegen. Heute leben in Cholon etwa 500 000 Chinesen.

» Stadtplan S. 212-213 u. S. 215, Info S. 217-219

Foto: Jürgen Bergmann

Moschee und Nghia An-Versammlungshalle

Vom Zentrum Saigons kommend, stößt man zuerst auf eine schlichte **Moschee** (30), die 1932 Tamilen aus Süd-Indien erbauten.

Knapp 200 m weiter liegt die **Nghia An-Versammlungshalle** (31) (Hoi Quan Nguyen An), auch als **Quan Cong-Tempel** bezeichnet. Gewidmet ist das Gebäude dem chinesischen General Quan Cong aus der Zeit der Drei Reiche (220-265), der zum Gott erklärt wurde. Er ist flankiert von einem Zivil- und einem Militärmandarin. Ong Bon, der Geist des Glücks, trägt als Wächter des Tempels einen Stock in der Hand.

★★Pagode der Himmlischen Frau (Chua Thien Hau)

Der attraktivste Sakralbau in Cholon ist die ★★**Pagode der Himmlischen Frau** (32) (Chua Thien Hau), der auch **Tempel der Großmutter** (Chua Ba) genannt wird. Das 1760 von Chinesen aus Kanton errichtete Gebäude ist der Thien Hau (chines. Tianhou oder Mazu), der Göttin der Seefahrer und Fischer geweiht, die in Fujian geboren sein soll. Die größten **Feste** feiert man zur Zeit des Frühlings- und Herbstvollmondes. Aber auch an anderen Tagen werden riesige **Räucherspiralen** entzündet, die die Wünsche des Spenders zu den Göttern tragen sollen. Sie schreiben ihre Wünsche auf rote Zettel, die in den Spiralen hängen oder verbrannt werden. Die **Bronzeglocke** und das **Räuchergefäß** stammen von 1830. Die Glocke erklingt, sobald eine Spende dargebracht wird. Drei vergoldete **Thien Hau-Statuen** zieren die Haupthalle, in der auch die Fruchtbarkeitsgöttin Kim Hue (linker Schrein) verehrt wird. Beachtenswert sind insbesondere auch die glasierten ★★**Keramikfiguren** über dem Eingang und an den Firsten der verschiedenen ★**Hallen**, die Legenden und Geschichten aus dem alten China, überwiegend vom Kaiserhof, darstellen.

Oben: In der chinesischen Pagode der Himmlischen Frau in Cholon.

» Stadtplan S. 215, Info S. 217-219

★Quan Am-Pagode und Ha Chuong-Versammlungshalle

Die ★**Quan Am-Pagode** (33) (Chua Quan Am) errichteten 1816 Immigranten aus Fujian. Sie ist Quan Am, der Göttin der Barmherzigkeit, gewidmet, doch wird auf dem **Hauptaltar** ein Bildnis der A Pho, der Himmelskönigin, verehrt. Bemerkenswert sind die kunstvoll mit bemalten und glasierten ★**Keramikfiguren** dekorierten Dächer.

Die **Ha Chuong-Versammlungshalle** (34) (Hoi Quan Ha Chuong) wurde ebenfalls von Fukinesen ausgeführt und der Thien Hau geweiht. Ihr zu Ehren wurden von dort vier schwere, mit Drachen bemalte **Säulen** für den Bau herbeigeschafft.

Cha Tam-Kirche und ★Binh Tay-Markt

In der Hoc Lac-Straße liegt die neugotische **Cha Tam-Kirche** (35), in die sich Präsident Diem und sein Bruder Dinh Nhu 1963 nach dem Militärputsch gegen sie flüchteten. Die Armee fand sie jedoch und ermordete sie.

Gegenüber vom **Busbahnhof** (36) trifft man auf den ★**Cho Binh Tay** (37), die größte, von vielen Ständen umgebene Markthalle. In den Abendstunden bieten hier **Restaurants** chinesische Spezialitäten an.

★Phung Son Tu-Pagode

Die 1820 erbaute ★**Phung Son Tu-Pagode** (38) (Chua Go) in der 3 Thang 2-Straße unweit des Hung Vuong-Boulevards liegt auf einem kleinen Hügel. 1988 konnten russische Archäologen nachweisen, dass er auf einem Heiligtum der Funan errichtet wurde. Er besitzt **Statuen** aus Bronze, Holz und Keramik und ein großes Pantheon, darunter Quan Am, die Göttin der Gerechtigkeit, und Trung Ac, der Richter über Verbrecher. Im Hof steht auf einem Altar ein **Bronze-Buddha**.

Saigon (☎ 08) (Ho Chi Minh-Stadt)

Tourist Information Centre, bietet Stadtpläne und Broschüren, in der Ankunftshalle des Tan Son Nhat Airports.
Saigon Tourist, offizielles staatliches Reisebüro, das auch gut für Infos ist, 8-11.30 und 13-17.30 Uhr, 23 Le Loi, District 1, Tel. 38 29 22 91, Fax 38 24 32 39, www.saigon-tourist.com.
Vietnam Tourism, 18 Nam Quoc Cang, Pham Ngu Lao District, Tel. 39 25 73 72, Fax 39 25 73 77, cndlvn-hanoi@hcm.fpt.vn, www.vn-tourism.com.

FLUG:
Tan Son Nhat Airport, 7 km nordwestlich des Stadtzentrums. Taxis, Moped-Taxis und Bus 152 (alle 15 Minuten) über Ben-Thanh-Markt zum Backpacker-Viertel im Umkreis der Pham Ngu Lao.

BAHN:
Bahnhof, Zugang durch die Nguyen Thong, Fahrkarten tägl. 7-11 und 13-15 Uhr. Ticketverkauf und Reservierungen auch in der 136 Ham Nghi.

BUS:
Busbahnhöfe, *Ben Xe Mien Dong* in der Xo Viet Nghe Tinh (Richtung Norden); *Ben Xe Tay Ninh*, Le Dai Hanh (Richtung Westen, Nordwesten); *Ben Xe Van Thanh*, Dien Bien Phu (Richtung Norden, Osten); *Ben Xe Cho Lon* von der Busstation in Cholon (Richtung Süden). Abfahrt der **Minibusse** in das Mekong-Delta von der Dien Bien Phu.
Stadtbusse halten am großen Platz vor dem Ben Thanh- Markt am Ende der Le Loi.

OPEN BUS TICKET:
Fast alle Reiseagenturen in der **Duong Pham Ngu Lao** und ihren Nebenstraßen bieten für Individualreisende *Open Bus Tickets*. Hierbei bestätigt man einen Tag vorher bei den verschiedenen Büros die Fahrt für die folgenden Streckenabschnitte: Saigon – Da Lat (fakultativ) – Mui Ne – Nha Trang – Hoi An – Hue – Hanoi. Vorteilhaft ist die individuelle Aufenthaltsdauer in den touristisch bedeutsamen Orten. Im Preis ist meist auch ein (nicht immer zuverlässiger!) Pick-up vom Hotel enthalten.

RESTAURANTS:
Saigon ist – ähnlich wie Singapur und Bangkok – ein Zentrum für internationale Haute Cuisine. Vor allem entlang der schicken Boulevards Nguyen Hue und Dong Khoi sowie ihren Nebenstraßen lässt sich in zahllosen Restaurants der verschiedensten Preisklassen vorzüglich speisen.

VIETNAMESISCH:
Nha Hang Ngon, seit Jahren sehr beliebtes vietnamesisches Lokal mit authentischer leckerer Küche, 160 Pasteur.
Vietnam House, hervorragende Küche, 93 Dong Khoi.
Hoi An, vietnamesische Spezialitäten in einem geschmackvoll gestalteten Haus, gehobene Preisklasse, 11 Le Thanh Ton, Tel. 38 23 76 94.
Kinh Bac, sehr gutes Lokal mit gehobener vietnamesischer Küche, angenehme ruhige Atmosphäre im mit Schnitzereien verzierten Speisesaal im 2. Stock, 30 Dong Khoi, Tel. 38 29 13 64.
Luong Son (Bo Tung Xeo), gute und preisgünstige Gerichte, sehr beliebt bei den Vietnamesen, die Spezialität des Hauses ist ein Mini-Barbecue mit zarten marinierten Fleischstücken auf einem kleinen Tischgrill, 31 Ly Tu Trong, Tel. 38 25 13 30.

CHINESISCH: **Mandarin**, schönes Lokal, sehr gute Küche, 11A Ngo Van Nam (Q1).
Foodstreet, verschiedenste Speisen, sehr hygienisch, ca. 1000 Sitzplätze, geöffnet 6-24 Uhr, in Cholon, Ecke Tan Da / Nguyen Trai, Q5.

INDISCH: **Mumtaz Indian**, gute indische Küche, die kochenden Chefs sind aus Nord- und Südindien, 226 Bui Vien.
Ashoka, 17A Le Thanh Ton.

FRANZÖSISCH: **Augustine**, sehr populär, stilecht französisch, gute Entenbrust in Orangensauce, 10 Nguyen Thiep.
Brodard Cafe, 131 Dong Khoi.

ITALIENISCH:
Santa Lucia, hervorragendes italienisches Essen, 14 Nguyen Hue.
Opera, feines italienisches Lokal mit Antipasti-Lunch-Büffet und Blick auf das Treiben rund um den Lam Son Square (im Park Hyatt Saigon).
Amigo Grill Restaurant, nicht nur BBQ, auch Pizza und Pasta, 55 Nguyen Hue.

DEUTSCH:
Gartenstadt, sehr gutes deutsches Essen und Bier, 34 Dong Khoi.

KOREANISCH / JAPANISCH:
Seoul House, ältestes koreanisches Restaurant (eröffnet 1991) mit authentischer Landesküche bei schlichter Innenausstattung, 4 Nguyen Hue.
The Sushi Bar, die täglich frisch gelieferten Zutaten machen das Lokal bei japanischen Besuchern sehr beliebt, 2 Le Thanh Ton.

FLOATING RESTAURANTS:
Schwimmende Restaurants fahren über den Saigon-Fluss während des Abendessens (Sa / So auch mittags). Die Boote legen zwischen 19 und 20 Uhr unweit des *Hotel Majestic* ab und fahren in ungefähr 2 Stunden zur Thanh Da-Insel und zurück.

CAFÉS: **Idecaf**, französisch, 31 Thai Van Lung, Tel. 38 25 84 65.
Ciao Café, italienisch, Pasta, Eis, Kaffee, 74 Nguyen Hue.
Café Terrasse, modernes Café mit kleinen Snacks, Saigon Center, Le Loi.
Café Vuon Kieng, großes Café am Saigon-Fluss, 10B Ton Duc Thang.
Kem Bach Dang, für viele das beste Eis der Stadt, Le Loi, Ecke Pasteur.

DISCOS / CLUBS:
Sax'n'Art, Jazzkneipe eines Saigoner Saxophonisten, Live-Musik, 28 Le Loi.
Lush, Club-Disco, am vollsten am Wochenende ab 23 Uhr bei Hip Hop und House, 2 Ly Tu Trong.
Apocalyse Now, traditionsreiche Disco mit zwei Tanzflächen, nur was für Freunde lauter Techno-Musik, 2C Thi Sach.

BARS: **Level 23**, toller Blick auf die Stadt aus dem 23. Stock des Sheraton-Hotels, 88 Dong Khoi.
Hotel Majestic, sehr stimmungsvolle Dachterrasse des traditionellen Nobelhotels, von der man das An- und Ablegen der Fähren am Saigon River beobachten kann, ideal für einen Cocktail zum

Sonnenuntergang, 1 Dong Khoi, Tel. 38 29 55 14.
Rooftop Garden im **Hotel Rex**, großartige Aussicht auf das Treiben des Boulevards von der gepflegten Dachterrasse des im Vietnamkrieg durch durstige Korrespondenten und Gis bekannt gewordenen Hotels aus den 1930ern, mit Tee, Kaffee oder Longdrink sitzt man hier zwischen Bonsaibäumen und zwitschernden Vögeln, 141 Nguyen Hue, Tel. 38 29 60 43.

MUSEEN:
Historisches Museum (Bao Tang Lich Su), 8-11.30 und 13.30-16.30 Uhr, So 8.30-16.30 Uhr, Mo geschl., im Zoologischen Garten, 2 Nguyen Binh Khiem.
Ho Chi Minh-Museum (Khu Luu Niem Bac Ho), Di-So 7.30-11.30 und 13.30-17 Uhr, im Drachenhaus (Nha Rong) am Ben Nghe-Kanal, 1 Nguyen Tat Thanh.
Ho Chi Minh-Stadtmuseum (Bao Tang Thanh Pho Ho Chi Minh), tägl. 8-16 Uhr, 65 Ly Tu Trong.
Kriegsreste-Museum (War Remnants Museum), täglich 7.30-11.45 Uhr und 13.30-17.15 Uhr, 28 Vo Van Tan.
Museum der Schönen Künste, Malerei, Kunst der Funan, Cham etc., 7.30-16.30 Uhr außer Mo, 97 Duc Chinh.
Palast der Wiedervereinigung (Dinh Doc Lap), tgl. 7-11, 13-16 Uhr, 135 Nam Ky Khoi Nghia.

SAKRALBAUTEN:
Giac Vien-Tempel (Chua Giac Vien), tägl. 7-19 Uhr, Duong Lac Long Quan.
Kathedrale Notre-Dame, tägl. 8-10.30 und 15-16 Uhr, Dong Khoi.
Phung Son Tu-Pagode (Chua Go), tägl. 7-19 Uhr, Duong 3 Thang 2.
Pagode der Himmlischen Frau (Chua Tien Hau; Hoi Quan Thien Hau), 6-17.30 Uhr, 710 Duong Nguyen Trai.
Sri Mariamman-Tempel (Chua Ba Mariamman), tägl. 7-17 Uhr, 45 Duong Truong Dinh.
Sri Thendayyutthapani-Tempel, tägl. 7-17 Uhr, 66 Ton That Thiep.
Tempel des Jadekaisers (Chua Ngoc Hoang), tägl. 7-19 Uhr, 73 Mai Thi Luu.
Tempel des Waldes der Erleuchtung (Chua Giac Lam), tägl. 6-21 Uhr, 118 Duong Lac Long Quan, Q11.
Vinh Nghiem-Pagode (Chua Vinh Nghiem), tägl. 7.30-11.30 und 14-18 Uhr, Pagodenturm nur an buddhistischen Feiertagen zugänglich, 399 Duong Nguyen Van Troi (Q3).
Xa Loi-Pagode (Chua Xa Loi), tägl. 7-11 und 14-17 Uhr, 89 Ba Huyen Thanh Quan (Q3).

BANKEN:
Vietcombank, 29 Chuong Duong. **ANZ Bank**, 11 Me Linh Square. **Credit Lyonnais**, 4. Stock im Han Nam Building, 65 Nguyen Du.

MÄRKTE:
Fischmarkt, an der Ong Lanh- Brücke am Ende der Duong Nguyen Thai Hoc in Cholon.
Vogelmarkt, Thu An Kieu in Cholon.

KRANKENHÄUSER:
International SOS Assistance, zuverlässiger Service bei medizinischen Notfällen und Evakuierungen, Tel. 38 29 84 24.
Cho Ray-Krankenhaus, spezielle Ausländerabteilung, 201 Nguyen Chi Thanh, Tel. 38 55 41 37.
Institut du Cœur, Dr. Christophe Rigal, 520 Nguyen Phuong, Tel. 38 65 15 86.

POST:
Hauptpost am Platz der Pariser Kommune (2 Cong Xa Paris), neben Notre Dame.

Golden Dragon Waterpuppet Theatre (Mua Roi Nuoc), tgl. 2 Shows 17 und 18.30 Uhr, 55B Nguyen Thi Minh, 1. Bezirk, Tel. 39 30 21 96, www.goldendragonwaterpuppet.com.

Tu Do Gallery, kaum ein wichtiger vietnamesischer Künstler, der hier nicht schon ausgestellt hat, 53 Ho Tung Mau.

Martin H. Petrich

Palmen säumen die schönen
Sandstrände von Phu Quoc

Foto: Martin H. Petrich

NAM BO (COCHINCHINA) – SÜD-VIETNAM

MEKONG-DELTA
CU CHI-TUNNEL
CAO DAI-TEMPEL
SCHWIMMENDE MÄRKTE
MANGROVENRESERVATE
PHU QUOC

★★MEKONG-DELTA

Der rund 4500 km lange **Mekong**, drittlängster Strom Asiens, entspringt in Tibet. Er bricht durch das Gebirge von Yunnan in Südchina, bildet die Grenze von Myanmar (Birma) und Thailand gegen Laos, durchfließt Kambodscha und mündet schließlich in Vietnam mit neun Mündungsarmen – hier als „Neunköpfiger Drache" (Cuu Long) bezeichnet – in das Südchinesische Meer. Ab Kratie, nördlich der kambodschanischen Hauptstadt Phnom Penh, wird er durchgängig schiffbar. 222 km fließt er durch Vietnam. Meeresströmungen drängen einen Teil der fruchtbaren Schlammmassen, die er mit sich führt, ab. Das gab dem **Mekong-Delta**, das an manchen Stellen bis zu 20 cm täglich ins Meer wächst, seine eigenartige vogelkopfähnliche Form.

Die Wasser des Mekong steigen in der Regenzeit, aber der Fluss braucht keine Deiche. Zwischen September und Oktober erreicht er seinen höchsten Stand, von März bis April den tiefsten; Katastrophen sind eher selten. Auf dauerüberschwemmtem Land werden Reissorten gezüchtet, die bis zu 5 m lange Halme haben und als „Schwimmender Reis" bezeichnet werden. Das 1,5-2,5 m ü. M. gelegene Mekong-Delta ist mit 36 000 km^2 Reisland mehr als doppelt so groß wie das Delta des Roten Flusses im Norden. Hinzu kommen noch 4000 km^2 Schwemmland kleinerer Nebenflüsse, wo auch die Metropole Saigon liegt. Der Süden besitzt damit 40 000 km^2 landwirtschaftlich nutzbare Fläche. Bei künstlicher Bewässerung können 2-3 Reisernten eingebracht werden. Eine unbeschränkte Nutzung des Mekong-Wassers würde allerdings dazu führen, dass Meereswasser in die Flussarme eindringt, das Land überflutet und versalzt. Im Delta gedeiht außer Reis auch Gemüse, Zuckerrohr, Erdnüsse, Sojabohnen, Bananen, Orangen, Ananas und Durian-Früchte.

Nur kleine Wasserarme und Kanäle sind überbrückt, oft nur mit einem Baumstamm oder Bambusstangen, den sog. **Affenbrücken**. Autofähren übernehmen teilweise den Verkehr über die breiten Mekong-Arme. 2000 wurde die erste große Brücke über den Tien Giang, die **My Thuan-Brücke**, eingeweiht. Dörfer, Städte und Märkte liegen meist an den Schnittpunkten der Wasserstraßen.

Die Nationalstraße 1A, die „Reisstraße", durchquert das gesamte Delta und führt von Saigon bis Nam Can, der südlichsten Stadt Vietnams.

Links: Auf dem Schwimmenden Markt von Cai Rang.

» Karte S. 224-225, Info S. 237-239

CAMBODIA
VIETNAM
GULF OF THAILAND
KOH KONG
KAMPOT
TAKEO
KANDAL
AN GIANG
KIẾN GIANG
CÀ MAU
Kirirom Nat. Park
Kirirom
Hill Station
Sre Khlong
Treng Tratchung
Tonle Bati
Takhmau Zoo
Khum Srang
Lake Cheung Loung
Phnom Chissor Temple
Peam Ro
Khsach Sa
Neak Luong
Antoat
Cham Srei
Sre Ambel
Chamkar Luang
Chrouy Svay
Kompong Som Bay
Stung Hav
Sihanoukville
SIHANOUK-VILLE
Ream
Veal Rean
Bokor National Park
Popok Vil Falls
Phnom Popok 1079
Bokor Hill Station
Preah Sihanouk Ream Nat. Park
Ream Naval Base
KOH THMEI
KOH SEH
Ta Saom
Takeo
Chhuk Sar
Prey Lovea
Angkor Borei
Phnom Da
Kaoh Sla
Chhuk
Don Tuot
Tani
Chakrei Ting
Tuk Meas
Kampot
Kep
Sunset View
Kompong Trach
Dun Loap
Phnom Den
Kompong Chrey
Kaom Som Nor
Preah Sdach
Vinh Xuong
Hồng Ngự
An Phú
Tân Châu
Chợ Vàm
Hoa Hao Temple
Chợ Mới
Nui Sam
Châu Đốc
Chi Lăng
An Châu
Tri Tôn
Tô Bình
LONG XUYÊN
Núi Sập
Vĩnh Thạnh
Oc Eo
Hòn Đất
Tân Hiệp
Cờ Đỏ
Hà Tiên
Kiên Lương
Thuận Tiến
Ba Hon
Hòn Chông
Ba Trại
Hon Phu Tu Beach
Cây Dương Bay
Duong Beach
Sóc Sơn
Rạch Giá Bay
RẠCH GIÁ
Giồng Riềng
Minh Lương (Châu Thành)
Ferry
Vị Thanh
Thú Ba
Đông Thái
An Hòa
Cái Lớn
Gò Quao
Thạnh Xuân
Thứ Mười Một (An Minh)
Hồng Dân
Vĩnh Thuận
U Minh
Thới Bình
BAC
U-Minh Forest Reserve
Hộ Phòng
Cà Mau (Quang Long)
Nhà Máy
Trần Văn Thời
Sông Đốc
Hong My
Gành Hào (Đông Hải)
Đầm Dơi
Bird Sanctuary
Cái Nước
Chà La
Tan Khanh
Cái Đôi Vàm (Phú Tân)
Gò Công
Năm Căn
Song-bay-hap Bay
Cửa Lớn
Đình Cũ
Cape Ca Mau
Ca Mau Nature Reserve (Ngoc Hien Bird Sanctuary)
Xóm Mũi
Rạch Tàu
Chúa 603
Bai Thom Beach
PHÚ QUỐC ISLAND
Ganh Dau
Bai Dai Beach
Cua Can
Cua Can Beach
Dương Đông
Hàm Ninh
Long Beach
Bai Vong Beach
Bai Sao Beach
An Thới
HẢI TẶC ISLANDS
Rạch Giá - Phú Quốc I.
NGHE ISLAND
TRE I.
RÁI ISLAND
MEKONG-DELTA
Nummern: 1 - 32
0 25 50 km
© Nelles Verlag GmbH, München

7 Nam Bo – Süd-Vietnam

Thu Dau Mot
Die Keramikstadt

In der Stadt **Thu Dau Mot** ❶ (nördlich von Saigon an der Straße 13) werden **Keramiken** – vom Aschenbecher bis zu den großen Wasserkrügen und Bottichen für die Fischsoße – von Hand geformt und in **Brennöfen** gebrannt. Fahrräder, Ochsenkarren, Lastwagen und Kähne bringen sie in alle Winkel des Mekong-Deltas.

★★Cu Chi-Tunnel
Geniales Verteidigungssystem

Rund 45 km nordwestlich von Saigon, in ★★**Cu Chi** ❷ zwischen dem Saigon- und dem Van-Fluss, entstand im 1. Indochinakrieg ein 48 m langer unterirdischer Tunnel, von dem aus die Guerillakämpfer gegen die französischen Truppen operierten. Im Vietnamkrieg wurde er mit einfachsten Werkzeugen zu einem 200 km langen ★★**Tunnelsystem** ausgebaut, das bis zu 10 m tief unter der Erde lag. 80-120 cm hohe und 60 cm breite Gänge waren in einem komplizierten System von bis zu 4 Stockwerken unter der Erde miteinander verbunden. Es gab Waffenlager, Ambulanzen, Arbeits- und Aufenthaltsräume, Küchen sowie Brunnen für Trinkwasser unter der Erde.

An der Oberfläche war das Gelände begrünt und mit Bambusspitzen gesichert. 1966 entdeckten die Amerikaner die Widerstandsbasis und belegten sie mit Bombenteppichen. Flugzeuge streuten Samen eines schnellwachsenden Grases aus, das dann entzündet wurde. Es wurden Napalmbomben und chemische Kampfstoffe eingesetzt. Die engen Röhren waren nur den zierlichen Vietnamesen zugänglich, daher schickten die Amerikaner philippinische Soldaten und später auch Deutsche Schäferhunde in die Tunnel. Die rettende Idee kam von einem vietnamesischen Bauern: Legt Kleidungsstücke von den Amerikanern in die Eingänge – die Hunde wurden so irritiert. Die Verluste, auch unter der Zivilbevölkerung in den umliegenden Dörfern, waren hoch.

Heute kann man durch eigens für Touristen verbreiterte Tunnel von bis zu 130 m Länge kriechen. Anhand eines **Videofilms** wird die Geschichte und Funktionsweise dokumentiert. Vor allem Asiaten und US-Amerikaner versuchen sich an einem **Schießstand** – eine makabre, aber devisenträchtige Touristenattraktion. In der Nähe erinnert seit 1995 die **Ben Duoc-Pagode** an mehr als 50 000 während des Vietnamkriegs in dieser Region Verstorbene.

★★Cao Dai-Tempel
Zentrum synkretistischer Religion

Auf der Straße 22 gelangt man nach **Go Dau** ❸, wo es eine Abzweigung nach Kambodscha gibt (Saigon – Phnom Penh ungefähr 300 km; Grenze ge-

Oben: Eingang in das Tunnelsystem von Cu Chi. Rechts: Gottesdienst der Caodaisten im Großen Tempel von Tay Ninh.

 » Karte S. 224-225, Info S. 237-239

Foto: Hans Kemp

öffnet). Sie führt weiter nach **Tay Ninh**, 96 km nordwestlich von Saigon.

3 km außerhalb von Tay Ninh liegt der ★★**Große Tempel der Cao Dai** ❹ (Than That), nahe an einem See und umgeben von Parkplätzen, Unterkünften und Raststätten für die Wallfahrer. Der hohe, östliche und westliche Architekturelemente vereinende Kirchenbau ist überaus farbig und pompös und ein vielbesuchtes Touristenausflugsziel von Saigon. Im – nach mitteleuropäischem Geschmack – sehr kitschig eingerichteten Inneren erkennt man unter der Weltkugel mit dem göttlichen Auge auf dem Hauptaltar Statuen u. a. von Buddha Sakyamuni, Laotse, Konfuzius, Jesus Christus und der Guan Yin, der Göttin der Barmherzigkeit. **Andachten** finden täglich um 6, 12, 18 und 24 Uhr statt; zum Kult des Caodaismus s. S. 52.

Reizvoll ist zudem der Besuch des 986 m hohen ★**Berges der Schwarzen Dame** (Nui Ba Den), einem erloschenen Vulkankegel, der vom etwa 15 km entfernten Tay Ninh aus zu sehen ist. Er ist auch unter dem Namen *Van Son* oder *Nui Mot* („Einzelner Berg") bekannt. Die Legende berichtet von einem schönen Mädchen, das den Sohn eines Mandarins heiraten sollte. Weil es aber einen Soldaten liebte, der im Krieg war, floh es auf den Berg und starb dort. Es wird verehrt als „Schwarze Dame" (Ba Den). Der **Haupttempel** liegt ungefähr 300 m hoch am Berghang, das Tempelfest wird zur Tet-Zeit prächtig gefeiert. Von der **Mieu Son Than-Pagode** auf dem Gipfel genießt man bei gutem Wetter eine fantastische ★**Aussicht** auf den Dau-Tieng-See und den Vam Co Dong-Fluss. Zu den Tempeln führt neben einer Treppe auch eine **Seilbahn**.

Vung Tau
Ölhafen und Amüsierstadt

Die Halbinsel **Vung Tau** mit einem der größten Seehäfen Vietnams und die 180 km südlich im Meer liegenden 14 Inseln des Con Dao-Archipels (s. S. 228) haben sich zusammengeschlossen, weil seit 1984 die Ölvorkommen vor der Küste gefördert werden.

Vung Tau ❺ („Bucht der Schiffe"), 125 km von Saigon über die moderne Industriestadt **Bien Hoa** zu erreichen, wurde ab 1870 von den Franzosen zu einem Seebad ausgebaut. Es war einst Vietnams schönster und elegantester Badeort, ist heute aber weit hinter Mui Ne oder den China Beach bei Da Nang zurückgefallen. An seiner 15 km langen Küste mit Felsen, die steil zum Meer abfallen, liegen sieben **Badestrände**.

Am kommerzialisiertesten ist der Abschnitt **Thuy Van / Bai Sau** (Back Beach). Am ehemaligen „Paradies-Strand" werden Aktivitäten wie Surfen oder Kanufahrten angeboten. Ein großer Golfplatz sowie zahlreiche Karaoke- und Massagesalons locken auch viele Vietnamesen am Wochenende nach Vung Tau.

Felsig, aber dafür auch etwas ruhiger ist **Bai Dau** (Mulberry Beach). Direkt vor dem Stadtzentrum liegt der von Bäumen gesäumte **Bai Truoc** (Front Beach). Konstante Temperaturen um 28 °C und Wassertemperaturen um 25 °C ermöglichen ganzjähriges Badevergnügen.

★**Bach Dinh** („Weißes Haus") war ein Sommersitz des französischen Generalgouverneurs. 1909/1910 wurde König Thanh Thai in diesem Gebäude festgehalten und von dort auf die Insel Réunion deportiert. Im Vietnamkrieg wuchs die Zahl der Unterkünfte auf 70, hinzu kommen immer mehr moderne Hotels.

In der zweiten Hälfte des 20. Jh. gründeten buddhistische Sekten mehrere Tempel. Auf dem **Großen Berg** (Nui Lon) entstand 1963 die ★**Thich Ca Phat Dai-Pagode** mit einer über 6 m hohen **Buddha-Statue** auf einem 4 m hohen Sockel.

Am Hang des **Kleinen Berges** (Nui Nho) steht die ★**Niet Ban Tinh Xa-Pagode** mit einem 21 m hohen Fahnenturm in Form einer Lotosblüte und einem 12 m langen, liegenden **Buddha**.

Am südlichen Ende des Nui Nho erhebt sich die 1971 von den US-Amerikanern errichtete 33 m hohe ★**Jesus-Statue**, die wie ihr Vorbild in Rio de Janeiro die Arme ausbreitet. Über rund 140 Stufen kann man das Innere des auch **Catholic Buddha** genannten Monuments erklimmen, von dem man eine fantastische ★**Aussicht** genießt.

Long Hai

Relaxen und Badespaß

Long Hai ❻, etwa 30 km nordöstlich von Vung Tau, besitzt einen palmengesäumten weißen ★**Sandstrand**, der überwiegend von Vietnamesen besucht wird. Als Unterkünfte stehen mehrere Hotels der unteren und mittleren Preisklassen zur Wahl.

Am Hügel Minh Dam liegen einige Tempel, darunter der **Dinh Co** für ein mutiges Mädchen, das im Meer umkam, als es auf einem kleinen Boot einen Brief an den König Quang Trung überbringen wollte.

Insel Con Son

Hauptinsel des Dao-Archipels

Die Insel **Con Son** ❼ gehört zum insgesamt 72 km² großen **Dao-Archipel** mit 14 großen und kleinen Inseln, 180 km von Vung Tau entfernt und von dort mit der Fähre oder von Saigon mit dem Flugzeug zu erreichen.

Auf den Inseln herrscht ein angenehmes Seeklima mit Durchschnittstemperaturen von 20 °C. Con Son ist ein Ferienparadies ohne Pauschaltourismus; es gibt ein Resort mit 5 Villen und einige kleine Hotels. Die Inseln bestehen zu 80 % aus Hügeln und Wäldern, umgeben von Stränden und Felspartien. 1984 entstand ein **Con Dao-Nationalpark** mit 285 Baumarten und Heilkräutern sowie 62 Vogelgattungen.

Auf Con Son, die 113 Jahre im Besitz der Franzosen bzw. der US-Amerikaner war, erinnern Gefängnisse – die sog. **Tigerkäfige** (Tiger Cages; s. S. 211) – an die 12 000 Vietnamesen, die hier interniert und gefoltert wurden.

Rechts: Reisernte im Mekong-Delta.

Foto: Hansjörg Keller

Tan An
Tempel der Cao Dai

In **Tan An** ❽, der Hauptstadt der Provinz Long An, liegt an der rechten Straßenseite ein **Tempel der Cao Dai**, auf der linken Seite das **Provinzmuseum** mit Objekten der Oc Eo-Kultur.

My Tho
Ältester Tempel im Mekong-Delta

My Tho ❾, mit über 170 000 Einwohnern die Hauptstadt der Provinz Tien Giang am gleichnamigen Mekong-Arm (80 km von Saigon), wurde 1697 von Hoa besiedelt. Die Chinesen-Stadt liegt hinter der **Thu Khoa Huan-Brücke** und besitzt mehrere **Gemeindehäuser** (Hoi Quan) mit Tempel. Während des Tay Son-Aufstandes und im Vietnamkrieg war die Stadt umkämpft, die Zitadelle wurde zerstört. Das Leben wird vom Fluss bestimmt, der ★**Markt** an der Trung Trac-Straße nimmt ein ganzes Stadtviertel ein.

Die 1849 erbaute ★**Vinh Trang-Pagode** ist der älteste Tempel im Delta und liegt 1 km außerhalb des Zentrums in der Nguyen Trung-Straße. Rechts vom **Innenhof** mit einem Miniaturberg liegen der **Schlaf- und Speisesaal** der Mönche, dahinter der eigentliche Tempel mit zahlreichen **Statuen**, darunter 16 buddhistische Heilige (*arhats*). Zum Tempel gehört auch ein Waisenhaus.

Eine Fahrt zwischen den Inseln des Mekong-Arms **Tien Giang** verrät nichts von dessen tatsächlicher Breite. Auf der **Phönix-Insel** (Con Phung) siedeln die letzten Anhänger der **Dao Dua-Sekte**, die früher nur von Kokosnüssen lebten und deren Tempel etwas kitschig die Synthese verschiedener Religionen darstellt. Es gibt außerdem eine **Dracheninsel** (Con Tan Long) mit Restaurant, eine **Schildkröteninsel** (Con Qui), eine **Einhorninsel** (Thoi Son) und eine **Löweninsel** (Thoi Son). Letztere ist 9 km lang und 1 km breit, zu den fünf Weilern führen „Affenbrücken". Sie gehören zu einem Dorf mit ungefähr 5 000 Einwohnern, die Gemüse und vielerlei Tropenfrüchte anbauen sowie Schweine und Rinder züchten. Zudem finden sich eine

» Karte S. 224-225, Info S. 237-239

Foto: Volkmar E. Janicke

Pagode, zwei Schulen und ein kleines Hospital auf der Insel.

Vinh Long

Beim Konfuzius-Tempel

Die Stadt **Vinh Long** ❿ ist von Saigon mit dem Bus in 3 Stunden zu erreichen. Außerhalb des Zentrums steht der 1866 vollendete ★**Konfuzius-Tempel** (Van Than Mieu), der dem großen chinesischen Philosophen geweiht ist – ungewöhnlich, da Konfuzius-Tempel ansonsten vor allem in Nord- und Zentral-Vietnam verbreitet sind. Von Vinh Long aus lässt sich das fotogene Treiben auf dem Mekong beobachten: Ausflugsboote fahren über den Tien Giang in die Kanäle und zu den **Inseln**, u. a. nach **An Binh** und **Binh Hoa Phuoc**, auf denen reiche Obstgärten liegen. Hunderte von Sampans bringen die Erzeugnisse in die Hauptstadt und zum nahen ★**Schwimmenden Markt** von **Cai Be**.

Oben: Der Fluss Tien Giang, ein Mekong-Arm, bestimmt das Leben in My Tho.

Tra Vinh

In der Stadt **Tra Vinh** ⓫ leben Khmer, die ihre Traditionen bewahrt haben. Ihre Pagoden gehören zum Theravada-Buddhismus. Im kleinen **Khmer-Museum** der Stadt bekommt man einen Einblick in die Kultur und Kunst dieses Volkes. Sehenswert sind auch – 4 km südwestlich von Tra Vinh – die Pagode **Chua An** und der **Den Ho**, der Ho Chi Minh zum Gedenken 1970 errichtet wurde.

Ba Dong

Der ruhige Sandstrand

Dem Strandort **Ba Dong** ⓬, etwa 60 km südöstlich an der Mündung des Hau Giang, fehlt – abgesehen vom *Ba Dong Beach Resort* – noch eine Infrastruktur für ausländische Touristen. Der feine gelbsandige **Strand** zählt zu den schönsten im Mekong-Delta.

Ende Oktober bis Anfang November wetteifern hier die Khmer beim ★**Oc Om Boc-Bootsrennen** – ein sehenswertes Spektakel.

» Karte S. 224-225, Info S. 237-239

Can Tho
Wirtschaftszentrum des Deltas

Can Tho ⓭ ist mit über 500 000 Einwohnern die bedeutendste Stadt im südöstlichen Delta mit gut ausgebautem Flusshafen, Werft, diversen Industriebetrieben, Kraftwerk und einer Universität. 2500 Khmer leben an der Duong Hoa Binh, der Hauptstraße von Can Tho. Sie sind Theravada-Buddhisten und besitzen hier traditionelle Pagoden wie die 1946 eingeweihte ★**Munirangsyaram-Pagode** mit einer Statue Buddhas unter dem heiligen Boddhi-Baum im oberen Stockwerk.

6 km nordöstlich, an der Straße nach Long Xuyen, liegt der 1852 erbaute **Dinh Long Tuyen** (Dinh Tan). Als Schutzgeist wird ein Mandarin der Nguyen-Dynastie verehrt, außerdem der Reisgott und der Berggeist Son Quan. Die *dinh*-Feste hier finden alljährlich vom 12.-14. Tag des 4. Mondmonats und am 14. Tag des 12. Mondmonats statt, zu Beginn und Ende der Reisernte.

★★Schwimmende Märkte
Highlights des Mekong-Deltas

Can Tho als Verkehrsknotenpunkt im Wasserstraßennetz ist der ideale Ausgangspunkt für Ausflüge zu den ★★**Schwimmenden Märkten** (*floating markets*), dem Höhepunkt einer Tour durch das Mekong-Delta. Im Unterschied zu Thailand (z. B. Damnoen Saduak), wo sich die Boote in schmalen Kanälen zusammendrängen, finden hier die Märkte in weiten Flussarmen statt. So kann man selbst vom Boot aus unmittelbarer am Marktgeschehen teilnehmen und das rege Treiben der zahlreichen Händler beobachten – ein unvergessliches Erlebnis.

Der von Touristen am häufigsten besuchte Markt ist ★★**Cai Rang** ⓮, einer der größten des Deltas und nur 6 km von Can Tho entfernt.

Weit weniger Besucher finden sich 11 km weiter in ★★**Phong Dien** ⓯. Wie alle Schwimmenden Märkten ist auch dieser frühmorgens – bei noch angenehmen Temperaturen – am interessantesten, ehe sich die Händler gegen 10 Uhr wieder zerstreuen.

35 km südlich von Can Tho liegt ★**Phung Hiep** ⓰, wo nach Sonnenaufgang hunderte von Marktbooten zu einem *floating market* zusammenkommen. Auf dem **Schlangenmarkt** auf dem Festland werden traditionelle Heilmittel wie Schlangenlikör oder Vipernsalbe angeboten.

Lohnend ist zudem ein Besuch von ★**Tra On** ⓱ (etwa 20 km südöstlich von Can Tho), dessen Markt am Hau Giang, einem Hauptarm des Mekong, abgehalten wird.

Soc Trang
Traditionelle Bootsrennen

Die Khmer von **Soc Trang** ⓲ (65 km südöstlich von Can Tho) feiern ihr **Pagodenfest** Mitte Dezember (14./15. Tag des 10. Mondmonats) mit dem ★**Oc Om Boc-Bootsrennen**, an dem zahlreiche geschnitzte, bis zu 20 m lange Ruderboote (*ngo*) teilnehmen.

4 km westlich dient die **Bat-Pagode** (Chua Doi) etwa 20 Mönchen und unzähligen Flughunden als Quartier.

Eindrucksvoll ist auch die Khmer-Pagode **Xa Lon** (12 km südwestlich).

Bac Lieu
Silberreiher im Vogelschutzgebiet

Bei **Bac Lieu** ⓳, der 117 km südlich von Can Tho gelegenen Hauptstadt der gleichnamigen Provinz mit ca. 130 000 Einwohnern, breiten sich an der nahen Meeresküste 3 km breite **Mangrovenwälder** aus. Diese bilden das **Bac Lieu-Vogelschutzgebiet** (Vuon Chim Bac Lieu), in dem neben Silberreihern über 40 weitere Vogelarten nisten. Die ganze Halbinsel bis zum Südkap ist ein Vogelparadies mit ihren endlosen Mangrovenwäldern.

Foto: Jürgen Reichmann

Ca Mau

Ausflüge in Mangrovenreservate

Die Hauptstadt der gleichnamigen Provinz **Ca Mau** ⓴ (170 000 Einwohner; 180 km von Can Tho) zieht Touristen vor allem wegen des ★**Marktes** an, auf dem Fische, Schildkröten und lebendige Schlangen angeboten werden.

Ca Mau ist zudem Ausgangspunkt für mehrere Naturschutzgebiete in der Umgebung wie das 130 ha große ★**Tan Khanh-Reservat** ㉑ (Vuon Chim Tan Khanh) mit Affen, Schlangen und zahlreichen Vogelarten.

An der äußersten Südspitze des Mekong-Deltas bei dem kleinen Ort **Nam Can** ㉒ liegt das **Ca Mau Nature Reserve** ㉓, aufgrund des großen Vogelreichtums häufig auch **Ngoc Hien Bird Sanctuary** genannt. Das Naturschutzgebiet ist bislang nur mit dem Boot zugänglich.

Nordwestlich von Ca Mau breitet sich das 1000 km^2 große Naturschutzgebiet von ★**U Minh** ㉔ aus, das größte **Mangrovenreservat** der Welt außerhalb Amazoniens. Die undurchdringliche Vegetation – Lebensraum für viele Reptilien- und Vogelarten – diente im Vietnamkrieg dem Vietcong als Operationsbasis. Nach massiven – mittlerweile großenteils überwundenen – Schäden durch weitflächiges Versprühen von *Agent Orange* durch die US-Armee ist das einzigartige Habitat durch Abholzung und Schrimpszucht erneut ernsthaft bedroht.

Oben: Bootsausflug im Mekong-Delta.

Rach Gia und Oc Eo

Einstiges Zentrum Funans

Das Zentrum von **Rach Gia** ㉕ liegt auf einer Insel zwischen zwei Armen des Cai Lon-Kanals; im Hafen ankert die Hochseeflotte, zudem verkehrt eine **Fähre** zur Insel Phu Quoc (s. S. 234). Der **Vinh Tanh Van-Markt** ist groß und bunt.

In der Stadt gibt es Tempel verschiedener Religionen. Die ★**Phat Long-Pagode** in der Quang Trung-Straße ist

» Karte S. 224-225, Info S. 237-239

eine Khmer-Bau der Theravada-Buddhisten aus dem 18. Jh. Sehenswert sind die kunstvoll gestalteten **Dächer** und **Wandbilder** mit Szenen aus dem Leben Buddhas.

Vom Beginn der chinesischen Besiedlung datiert das **Ong Bac De-Gemeinschaftshaus** im Zentrum.

Außerdem gibt es einen **Cao Dai-Tempel**, eine katholische und eine protestantische **Kirche**.

Zu den Ausgrabungen von Oc Eo gibt es in Rach Gia ein kleines, vor wenigen Jahren renoviertes **Museum** in der Nguyen Van Troi-Straße 27.

Oc Eo ㉖ selbst, die einst bedeutendste Hafenstadt des Reichs Funan (s. S. 29), liegt nordöstlich von Rach Gia am Fuß des 215 m hohen **Ba The-Berges** und heute 15 km vom Meer entfernt. Die spärlichen **Ruinen** lohnen nur für eingefleischte Archäologen einen Besuch.

Long Xuyen
Auf den Spuren der Oc-Eo-Kultur

Artefakte der Oc-Eo-Kultur kann man ebenfalls im kleinen **An Giang Museum** von **Long Xuyen** ㉗ (240 000 Einwohner) studieren. Die Stadt war Mitte des 20. Jh. eine Hochburg der auch militärisch aktiven Hoa Hao-Sekte (s. S. 53). Am Schnittpunkt der Nguyen Hue- mit der Tran Hung Dao-Straße steht die im Vietnamkrieg errichtete **Katholische Kirche**, eine der größten des Mekong-Deltas.

Die umgebende Provinz An Giang grenzt an Kambodscha und ist ein bedeutender Krustentierexporteur.

★Chau Doc
Bootstrip zu Floating Houses

Der geschäftige multiethnische Marktort ★**Chau Doc** ㉘ liegt 62 km nördlich von Long Xuyen nahe der Grenze zu Kambodscha (Expressboote nach Phnom Penh über den Grenzort Vinh Xuog). Der stimmungsvolle ★**Markt** erstreckt sich entlang des Mekong-Arms Hau Giang.

Die Stadt besitzt einige schöne Tempel. Der unweit des Marktes gelegene ★**Dinh Chau Phu** hat als Schutzgeist einen Verwandten des Dichters und Strategen Nguyen Trai des 15. Jh.

Sehr interessant sind **Bootsfahrten** zu den nahegelegenen ★**Schwimmenden Häusern** (*floating houses*), die auf leeren Metalltonnen errichtet sind und unter denen Fische gezüchtet werden.

Von Chau Doc setzen Fähren über den Hau Giang zu den Cham-Gemeinden in **Chau Giang**. Sie leben von Weberei und haben ihre Sprache und Kultur bewahrt. Wie alle Cham heute sind sie Muslime und beten in einer modernen Moschee.

★Nui Sam
Tempel am „Berg der Königskrabbe"

6 km südwestlich von Chau Doc ragt der 260 m hohe ★**Nui Sam** ㉙ („Berg der Königskrabbe") aus der Ebene auf; von seiner Spitze sieht man weit nach Kambodscha hinein. Im Wallfahrtszentrum an seinem Fuß haben verschiedene religiöse Gruppen Sakralbauten errichtet. Chinesische Pilger sind besonders häufig anzutreffen, so in der 1958 erneuerten **Tay An-Pagode** in einer bunten Stilmischung mit üppigem Figurenschmuck. Der älteste ist der **Ba Chua Xu-Gedenktempel** von 1821, seit 1973 eine Pilgerstätte. Schon sehr lange wird ein Stein verehrt, der – bemalt und mit kostbaren Gewändern umkleidet – einer Frauengestalt ähnelt. Die Gläubigen kommen von weit her und bringen als Opfer kostbare Gewänder mit, die in den Seitenräumen des Tempels gestapelt werden.

Auf der anderen Straßenseite steht der **Thoai Ngoc Hau-Tempel** für einen 1829 verstorbenen Mandarin, der unter dem Nguyen-König Minh Mang diese Gegend verwaltet hat. Im Garten liegen die Gräber des Beamten und seiner beiden Frauen.

» Karte S. 224-225, Info S. 237-239

Die **Phuc Dien Tu-Pagode** (Chua Hang) hinter dem Berg ist ein Höhlentempel auf mehreren Ebenen. Die Legende erzählt, dass der Stifterin der Pagode in der oberen Höhle um 1940 zwei Schlangen begegneten, eine weiße und eine grüne. Durch Meditation soll sie die gefährlichen Tiere dazu gebracht haben, den Menschen nichts zu tun.

Hon Chong
Am Duong-Strand

An den Stränden des westlichen Mekong-Deltas legen Wasserschildkröten ihre Eier ab. Die **Dong Ho-Meeresbucht** liegt malerisch wie ein See zwischen den Bergzügen Ngo Ho und To Cau. Dieser Küstenabschnitt ist einer der schönsten im Süden, besiedelt von Vietnamesen und Chinesen. Strandtourismus mit einfachen Hotels gibt es bei **Hon Chong** ㉚ am über 3 km langen **Duong-Strand** (Bai Duong), der meist ruhig ist, aber großenteils trübes Wasser hat. Dort kann man auch den **Chua Hang-Höhlentempel** besichtigen.

Ha Tien
Mausoleen der Mac-Fürsten

Ha Tien ㉛ (ca. 80 000 Einwohner) liegt 6 km von der kambodschanischen Grenze (kein Übergang für Ausländer) auf einer Halbinsel; vor der Küste ragen Felsen und Inseln auf.

In der **Trach Dong-Höhle**, 3 km in Richtung Grenze, befindet sich eine **Pagode**; vor dieser fanden 130 Vietnamesen durch die Soldaten Pol Pots den Tod. Von 1975-1978 ermordeten sie zahllose Einwohner, um ihrer Forderung, das Delta gehöre Kambodscha, Nachdruck zu verleihen. Ha Tien war danach eine nahezu ausgestorbene Stadt. Sehenswert ist heute der große **Markt** am Fluss.

Am Stadtrand, auf dem **Hügel der Gräber** (Nui Lang) liegen die hufeisenförmig angelegten ★**Mausoleen der Mac-Fürsten** (Lang Mac Cuu). Sie waren chinesische Siedler, die sich hier im 18. Jh. ein autonomes Gebiet schufen und Gia Long, dem ersten Kaiser der Nguyen-Dynastie, Zuflucht während des Tay Son-Aufstandes (1771-1801) gewährten. Unter den figürlichen Darstellungen erkennt man Phönixe, Löwen, Drachen und Tiger.

★★Phu Quoc
Trauminsel im Süden

Zu einem der Topziele des Südostasien-Tourismus entwickelt sich derzeit ★★**Phu Quoc** ㉜, die Hauptinsel eines 14 Eilande zählenden Archipels, der eigentlich nicht mehr zum Mekong-Delta gehört. Ausschlaggebend für den rasanten Aufstieg sind die exzellenten ★**Tauchgründe** und ★★**Sandstrände** (*bai*), die zu den schönsten im Golf von Thailand zählen. Die mit 586 km^2 größte Insel Vietnams ist 49 km lang, bis zu 27 km breit und weithin mit tropischem **Regenwald** bedeckt.

Noch vor wenigen Jahren fast ausschließlich ein abgelegenes Traumziel für Backpacker nahe der kambodschanischen Grenze, wurde Phu Quoc mit heute über 90 000 Einwohnern Anfang des 21. Jh. vom internationalen Tourismus entdeckt. Insbesondere am Bai Truong an der Westküste entstehen laufend neue Resorts, Restaurants und Guesthouses; ein Casino, ein großer Hafen für Kreuzfahrtschiffe, vier Golfplätze und eine Pferderennbahn sind geplant. Der neue, 2012 eröffnete Flughafen **Phu Quoc International Airport** soll nochmals erweitert werden, um letztendlich 7 Mio. Passagiere pro Jahr zu bewältigen.

Haupteinnahmequelle der Bewohner ist neben dem Tourismus und dem Pfefferanbau die im ganzen Land geschätzte **Fischsoße** *nuoc mam* („Wasser vom salzigen Fisch"), mit einer Jahresproduktion von über 10 Mio. Liter. Für dieses unverzichtbare Element der vietnamesischen Küche werden Sardinen (*ca com*) bis zu 12 Monate in Salzfässern gelagert und fermentiert.

 » Karte S. 224-225, Plan S. 235, Info S. 237-239

CAMBODIA
KAÓH SÈS (HON BAN)
VIETNAM
GULF OF THAILAND
PHÚ QUỐC
Cape Qua La
Mt. Chào 382
Bãi Thom
7
Thom Beach
Rach Trám
Mt. Hàm Rông 368
328
603
Mt. Chúa
★Phu Quoc National Park
18
Hà Tiên (Car Ferry)
Cape Đa Chóng
Mt. Võ Quáp 478
Cape Ganh Dau
Ganh Dau
62
Mt. Bãi Dai 224
Rach Vem
Cape Gang Da Trai
5
★Dai Beach
Vinpearl Phu Quoc
6
HON DÓI MÓI (Turtle Island)
85
122
115
Cua Can
259
Bãi Bón (Bai Bung)
Cape Mong Tay
Vung Bao Beach
Mt. Chóp Chài 333
283
Cùa Can
★Cua Can Beach 3
★Óng Lang Beach 4
245
15
Khu Tu'o'ng
Óng Lang
Óng Thây
Hà Tiên (Speedboat)
Du'o'ng Dông
Mt. Đá Bac 448
Cùa Duong
Cang Hang Khong Airport (Old Airport)
Truóng Âm
Bân Trâm
Du'o'ng Dông
1
162
385
16 Suoi Da Ban
199
376
Bar Cave
17 Snoi Tranh
Hám Ninh
Cai Lop
Du'o'ng Tó
Phu Quoc Intl. Airport
★★Bai Truong
2
197
168
8 Vòng Beach
★★Bai Truong (Long Beach)
242
Pearl Farm
Suôi Lan
Cape Đam Phach
Rach Giá (Speedboat)
Duong Co
Cape Ông Thuong
201
9 Dam Beach
Đuóng Đám
Cape Chùa
Chùa Fishing Village
163
Cape Bãi Sao
Klón Vân
151
10 ★Sao Beach
Cape Đât Đó
14
Prison (Nha Lao Cay Dua)
Đât Đó
War Memorial
11 Khem Beach
Cây Dua
13 An Thời
King's Well
Cape Hanh
Cape Ông Đói
DUA
★AN THOI ISLANDS 12
ROI
0 250 m
© Nelles Verlag GmbH
Bach Dang
Du'o'ng Dông
Vo Thi Sau
Duong Dong River
Tran Hung Dao
Hám Ninh (13 km)
Saigon Phu Quoc Resort
Long Beach (Bai Truong)
Kim Hoa Resort
N
Tropicana Resort
Cassia & Thanh Kieu
Mai House
La Veranda Resort
Kim Linh
(5 km)
An Thời (20 km)
PHU QUOC
0 4 8 km
© Nelles Verlag GmbH

Foto: Martin H. Petrich

Eine Besonderheit der hiesigen Fauna ist der **Thai Ridgeback**, der schon vor Jahrhunderten in Ost-Thailand gezüchtet wurde; bei dem früher *Phu Quoc-Hund* bezeichneten Tier wachsen die Haare entgegengesetzt der normalen Haarwuchsrichtung.

Die Regenzeit auf Phu Quoc ist von Mitte Mai bis Ende Oktober. Beste **Reisezeit** für Phu Quoc sind Dezember bis Mai; in der Hochsaison Dezember und Januar ist eine Hotelreservierung zu empfehlen.

Duong Dong und Westküste

Der Hauptort Phu Quocs ist **Duong Dong** (1) (etwa 25 000 Einwohner) mit Markt, Krankenhaus, Banken, Apotheke, Polizei- und Poststation, einigen kleinen Tempeln und dem Flughafen.

Hauptattraktion des Urlaubsparadieses ist der ★★**Truong-Strand** (2) (Long Beach) an der Westküste, der mit 18 km seinem Namen voll gerecht wird – ein Bilderbuchstrand mit kristallklarem Wasser und Kokospalmen. Zahlreiche Resorts haben hier einen eigenen Strandabschnitt.

Oben: Ein Resort am Long Beach, im Westen von Phu Quoc.

Nördlich von Duong Dong, beim Fischerhafen **Cua Can**, liegen der gleichfalls reizvolle ★**Ong Lang-Strand** (3) und der ★**Cua Can-Strand** (4), deren Hinterland hügelig und bewaldet ist.

Ein **Resort** mit Vergnügungspark, Golfplatz und **Safaripark** liegt am ★**Dai-Strand** (5) im Nordwesten, dem die Schildkröteninsel **Hon Doi Moi** (6) vorgelagert ist, ein guter **Tauchgrund**.

Nordküste

Zunehmend erschlossen wird der **Thom-Strand** (7), vom dem man Kambodscha sieht. Da Phu Quoc näher am kambodschanischen als am vietnamesischen Festland liegt, wird die Insel, in Khmer *Kho Tral* genannt, von der Regierung in Phnom Penh beansprucht; mehrere Gebiete an der Nordküste sind daher militärisches Sperrgebiet.

» Plan S. 235, Info S. 237-239

Ostküste und ★An Thoi-Inseln

Noch weitgehend unerschlossen sind die Strände an der Ostküste Phu Quocs, darunter der zum Schwimmen zu seichte **Vong-Strand** ⑧.

Weiter südlich liegt der bislang noch schwer zugängliche **Dam-Strand** ⑨.

Fast an der Inselspitze lockt der schöne, vor allem am Wochenende von Vietnamesen besuchte ★**Sao-Strand** ⑩ (Star Beach) mit einigen Restaurants.

Der gleichfalls angenehme Sandstrand von **Khem** ⑪ (Ice Cream Beach) ist militärisches Sperrgebiet.

Unter Tauchern rangieren die fantastischen ★★**Korallenriffe** der ★**An Thoi-Inseln** ⑫ im äußersten Süden des Archipels als der beste *Diving Spot* Vietnams. Agenturen und Resorts bieten ★**Bootsfahrten** zum Tauchen bzw. Schnorcheln einschließlich Lunch an.

Entdeckungen im Inselinneren

Etwa 4 km nördlich des Hafenorts **An Thoi** ⑬, unweit des **Kriegsdenkmals** neben der Straße, kann man ein **Gefängnis** ⑭ (Nha Lao Cay Dua) aus der Kolonialzeit besichtigen: Die Franzosen errichteten nach der Eingliederung Phu Quocs in die *Union Indochinoise* (Französisch-Indochina) ab 1869 ein Sträflingslager. Die Unglücklichen mussten damals die ausgedehnten, neu angelegten **Pfefferplantagen** bewirtschaften, von denen **Khu Tuong** ⑮ im Zentrum der Insel heute öffentlich zugänglich ist.

Erholung versprechen neben den Badestränden auch zwei ★**Quellen** (*suoi*) mit natürlichen Becken und kleinen Kaskaden: **Suoi Da Ban** ⑯ und **Suoi Tranh** ⑰. Doch lohnt der Besuch nicht in der Regenzeit von Januar bis Mai.

Reizvoll sind ★**Wanderungen** im tropischen Regenwald des 2001 eingerichteten, 31 400 ha großen ★**Phu Quoc-Nationalparks** ⑱, der ungefähr 70 % der Inselfläche einnimmt. Hier liegt mit 603 m auch der höchste Berg, der **Chua**.

Cu Chi-Tunnel / Cao Dai-Tempel

Nahezu jede Travel-Agentur in Saigon bietet für wenige US-$ Halbtagesausflüge (ca. 8.30-14.30 Uhr) zu den Tunneln. Der Preis schließt einen englischsprachigen Guide ein, nicht jedoch ein fakultatives Mittagessen bei der Rückfahrt. Man kann zudem eine Tour einschließlich des Cao Dai-Tempels buchen (Rückkehr gegen 18.30).

Cao Dai-Tempel, Gottesdienste um 6, 12, 18 und 24 Uhr, Hauptmessen jeden Monat am 14. und am 30. Tag, zudem am 15. Januar, 15. Juli und 15. Oktober.

Vung Tau (☎ 064)

Vietnam Airlines, 21 Tran Hung Dao, Tel. 38 45 60 99.

Vung Tau Intourco, 40/5 Thu Khoa Huan, Tel. 38 45 56 95.

Ba Ria-Vung Tau Tourism, 18 Thuy Van, Tel. 38 45 21 38.

Minibusse, Saigon – Vung Tau am Van Thanh-Busbahnhof.

Reguläre Busse, Mien Dong-Busbahnhof.

Vung Tau-Anreise: etwa 10 mal täglich verkehren Tragflächen-Boote ab Saigon (Bach Dang-Pier) nach Vung Tau.

Good Morning Vietnam, gute italienische Küche und eine Auswahl importierter Weine, 6 Hoang Hoa Tham, Tel. 385 69 59.

Jesus-Statue (**Catholic Buddha**), tägl. 7.30-11.30 und 13.30-17 Uhr, am südlichen Ende des Nui Nho.

Tay Ninh (☎ 066)

Tay Ninh Tourist, 1 A 30 Thang 4, Tel. 382 23 76, tanitour@hcm.vnn.vn.

Thanh Thuy, eines der besten Hotelrestaurants im Ort, 30 Thang 40.

My Tho (☎ 073)

Tien Giang Tourist, Nr. 8 in der 30 Thang 4, Tel. 387 31 84, www.tiengiangtourist.com

Chi Thanh, sauberes Restaurant mit guter preisgünstiger vietnamesischer Küche, 279 Tet Mau Than.
Cuu Long, schöne Aussicht auf den Mekong, 7-21 Uhr, 30 Thang 4.

Vinh Long (☎ 074)

Cuu Long Tourist, 11 Thang 5, Tel. 382 36 16.

Busbahnhof, 3 km westlich vom Stadtzentrum. **Lokalbusse**, an der Post.
FÄHRE: Über den Tien Giang zum südlichen Ufer; hier starten Bootsfahrten zur Insel An Binh.

Tong Dai, gutes Frühstück, 16 1 Thang 5.
Lan Que, freundlicher Service, gute Küche, 2 2 Thang 9.

Museum, im ehemaligen französischen Rathaus.

Can Tho (☎ 0710)

Can Tho-Tourist, 20 Hai Ba Trung St., Tel. 382 18 53. **Hau Giang-Tourist**, 34 Nam Ky Khoi Nghia, Tel. 382 18 06.

Busbahnhof, 2 km außerhalb des Zentrums in der Nguyen Trai.

Nam Bo, eines bei Touristen und Einheimischen populärsten Restaurants der Stadt mit vietnamesischer und europäischer Küche, schöner Blick vom Obergeschoss der ehemaligen französischen Villa auf das Markttreiben am Flussufer, 50 Hai Ba Trung, Tel. 382 39 08.
Phuong Nam, 48 Hai Ba Trung, und **Mekong**, 38 Hai Ba Trung; beide an der „Touristenmeile" unweit des Marktes gelegene und häufig volle Restaurants servieren sehr gute vietnamesische Gerichte.
In der **Hot Pot Alley** (Hem 1 Ly Tu Trong), im Xuan-Khanh-Viertel, abseits des Rummels, offerieren Lokale typische Tontopf-Gerichte des Mekong-Deltas wie *Lau Chua* (Fisch süß-sauer) oder *Vit Nau Chao* (Ente).

Ho Chi Minh-Museum, das einzige Museum im Mekong-Delta, die sich Onkel Ho widmet; mit einer kleinen Waffensammlung, Di-Sa 8-11 und 14-16.30 Uhr, 6 Hoa Binh, in der Nähe des Hauptpostamts.

AUSFLÜGE: Im Hafen von Can Tho werden für wenige US-$ pro Stunde interessante Bootsfahrten zu den **Schwimmenden Häusern** (*floating houses*) angeboten. Hierbei lernt man diese auch in Kambodscha verbreitete Lebensweise mit den dazugehörigen Fischzuchtbecken unterhalb der Wohnräume kennen.

Rach Gia (☎ 077)

Kien Giang Tourism, 11 Ly Lu Trong, Tel. 386 21 03.

BUSBAHNHOF: 7 km südlich der Stadt.
SCHIFFE: Im Süden der Bach Dang nach Long Xuyen, Ha Tien (12 Std.) und Chau Doc (12 Std). **Superdong Fast Ferry**, So 14 Tu Do, Tel. 387 77 42 / 387 84 75, bietet täglich um 8 Uhr Speedboat-Fahrten nach Phu Quoc, Dauer knapp 3 Stunden.

Hoa Bien, am Ende der Nguyen Hung Son, am Meer.

Rach Gia Museum, grundlegend renoviertes Museum mit schönen Artefakten (v. a. Keramiken) der **Ausgrabungen von Oc Eo** (Funan), Mo-Fr 7-11 Uhr oder nach Vereinbarung, 27 Nguyen Van Troi, Tel. 386 37 27.

Ha Tien (☎ 077)

Kien Giang-Tourist, 11 Ly Tu Trong, Tel. 386 21 03.

Die **Grenze** zu Kambodscha ist 6 km entfernt, das Kambodscha-Visum gibt es an der Grenze.
BUSBAHNHOF: Am Fluss.
FÄHREN: Gegenüber vom *Hotel To Chau*, nach Rach Gia (18 Stunden) und Chau Doc, sowie vom Anleger gegenüber der Markthallen nach Phu Quoc. Nicht zu empfehlen sind die kleinen Fähren ab Ba Hon, diese operieren teils illegal, ohne Lizenz, und sind vor allem in der Regenzeit gefährlich.

Khai Hoan, gute vietnamesische Küche, 588 Ben Tan Hau.

Großer **Markt** entlang dem To Chau-Fluss, teils geschmuggelte preisgünstige Ware aus Thailand und Kambodscha.

Ca Mau (☎ 0780)

Die südlichste Provinz Vietnams mit der Halbinsel Ca Mau besteht aus Schwemmland mit Flussläufen und Kanälen. Dichte Mangrovenwälder bedecken die versalzten Böden.
Von **Ca Mau** und dem südlich gelegenen **Nam Can** sind die Naturschutzgebiete **Tan Khanh**, **Camau Nature Reserve** (Ngoc Hien Bird Sanctury) und **U Minh** mit örtlichen Agenturen zu erreichen.

Long Xuyen (☎ 076)

An Giang Tourist, 17 Nguyen Van Cung, tägl. 7-11 und 13-17 Uhr.

BUSBAHNHOF: 1,5 km südl., Tran Hung Dao.
SCHIFFSVERKEHR: Anlegestellen am Long Xuyen-Kanal. **Fährboote** nach Can Tho, Chau Doc und Rach Gia.

Trung Nguyen, guter Kaffee, Pham Thang Long. **Hai Thue**, exzellente vietnamesische Küche, z. B. gedünsteter karamellisierter Fisch im Tontopf (*ca kho to*), 328/4 Hung Vuong.

An Giang Museum, tägl. 7-11 und 13.30-17 Uhr, 77 Thoai Ngoc Hau.

Chau Doc (☎ 076)

BUSBAHNHOF: 2 km südl. am Flussufer. ***FÄHREN*** zur Cham-Siedlung mit großer Moschee, auf der anderen Flussseite.

Bassac, fein speisen auf der Hotelterrasse des Victoria, erstklassige Desserts, 32 Le Loi.
Bay Bong, eines der besten Lokale der Stadt mit exzellenten Fischgerichten wie gedünsteter karamellisierter Fisch im Tontopf (*ca kho to*) und Süß-Saure-Suppe (*canh chua*), beliebt bei Reisegruppen, 22 Thuong Dang Le.
Hong Phat: 79 Chi Lang, und **Lam Hung Ky**, 71 Chi Lang, sehr gute und preiswerte chinesische und vietnamesische Gerichte.

Der stimmungsvolle **Markt** (überwiegend Lebensmittel) liegt am Fluss Hau Giang (Bassac).

Nui Sam

Wallfahrtsort am „Berg der Königskrabbe", 5 km entfernt an der Grenze zu Kambodscha, mit mehreren, überwiegend chinesischen Pagoden.

Insel Con Dao (☎ 064)

FÄHRE: Von Vung Tau (12 Std.); mehrmals wöchentlich. ***FLÜGE***: Von Saigon, samstags von Vung Tau.

Insel Phu Quoc (☎ 077)

FLUG: Etwa 9 x tägl. von Saigon nach Duong Dong (ca. 1 Std.); Weiterfahrt vom Flughafen zu den Resorts am Bai Truong und Bai Ong Lang mit Xe Om oder Taxi. **Vietnam Airlines**: Airport, Tel. 384 60 86.
BOOT: **Speedboats** fahren mehrmals täglich (2,5 Std.) von Ha Tien und Rach Gia nach Bai Vong und Ham Ninh; Weiterfahrt nach Duong Dong mit Shuttle, zu den Resorts mit Xe Om oder Taxi. Die langsamere **Autofähre** verkehrt zwischen Ha Tien und Da Chong an der Ostküste (ca. 4 Std.).

Die meisten Resorts entlang der Strände verfügen über **Fischrestaurants**, z. B. Kim Hoa Resort und La Veranda am Long Beach.
Gop Gio, nahe d. Landungssteg, gute preisgünstige Fischgerichte, 78 Tran Hung Dao.
My Lanh und **Ai Xiem**: zwei rustikale Open-air-Lokale direkt am wunderschönen Sao Beach, gute Meeresfrüchte und Fisch.
Le Giang und **Tuoi Tham**, gutes Seafood auf dem Weg von Duong Dong zum Long Beach, Tran Hung Dao.

Gefängnis (Nha Lao Cay Dua), Di-So 7.30-11 und 13.30-17 Uhr.

Post, mit Internet, 30 Thang 4.
Vietcombank, unweit der Post.

REISEVORBEREITUNGEN

Information

Infos erteilen die Botschaften Vietnams (s. S. 251), teils auch Reiseveranstalter wie z. B. *ICS*, Steinerstrasse 15, 81369 München, Tel. 089-219 09 86-60, Fax 219 09 86-80, www.indochina-services.com/vietnam/general.html

Internetadressen zur Vorbereitung:
www.vietnamonline.net
www.vietnamadventures.com
www.vietnam-dvg.de (Deutsch-Vietnamesische Gesellschaft)
www.budgetasiatravel.com/vietnam
www.vietnamtourism.com (Vietnam Administration of Tourism)
www.vietnam-guide.de
www.goethe.de/hanoi (Goethe Institut Hanoi)
www.giz.de/de/weltweit/357.html (Gesellschaft f. internat. Zusammenarbeit)
www.daadvn.org (Deutscher Akademischer Austauschdienst)

Klima und Reisezeit

Vietnam ist durch ein sehr unterschiedliches Klima charakterisiert, das von den Monsunwinden, der Längenausdehnung von ungefähr 1600 km (14 Breitengrade) und den beträchtlichen Höhendifferenzen (Meereshöhe bis zu 3143 m am Fan Si Pan bei Sa Pa) bestimmt wird. Das Land lässt sich grob in drei Klimazonen einteilen: Norden, Mitte und Süden (siehe unten).

Es gibt keine bestimmte **Reisezeit**, die sich für *ganz* Vietnam gleichermaßen gut eignet. Empfehlenswerte Monate für einen Besuch aller Landesteile sind dennoch März / April und September bis Dezember.

Nord-Vietnam: Im subtropischen Norden fallen die Hauptniederschläge zwischen Mai und August. Die Monate Oktober bis Dezember sind überwiegend sonnig und warm mit Temperaturen von durchschnittlich 25 °C, ehe ab Januar kaltes Winterwetter mit Nebel bzw. Nieselregen (in Vietnam „Staubregen" genannt) einsetzt. Wesentlich kühler, z. T. mit Frösten und Schneefall im Januar und Februar, ist es in den Bergen im Nordwesten (z. B. Sa Pa).

Mittel-Vietnam: Der 496 m hohe Wolkenpass zwischen Da Nang und Hue ist die Klimascheide zwischen Nord- und Süd-Vietnam. Die meisten Niederschläge in diesem, von beiden Monsunen stark beeinflussten Übergangsklima mit sehr ausgeprägten regionalen Unterschieden fallen etwa im September bis Januar, die heißesten Monate mit Temperaturen von weit über 30 °C sind Mai bis August. Die Küste Zentral-Vietnams ist am stärkten von Taifunen betroffen, die meist zwischen August und November auftreten.

Süd-Vietnam: Der tropische Süden mit Saigon und dem Mekong-Delta ist heiß und schwül mit geringen jahreszeitlichen Schwankungen. Zwischen Januar und April steigen die Temperaturen über 30 °C, bei rund 80 % Luftfeuchtigkeit. Der Hauptniederschläge fallen zwischen Mai und Oktober, während von November bis April Trockenzeit herrscht. Angenehm frühlingshaft ist das Klima im Hochland von Da Lat (rund 1500 m), bei dem die Temperaturen bis zu 10°C unter denen von Saigon liegen, mit den trockensten Monaten zwischen Dezember und März.

Sommer-Monsun: Dieser heiße, feuchte Wind kommt aus Südwest. Er erreicht das Mekong-Delta im April / Mai und ist nach und nach in Saigon, der südlichen Zentralküste, am Wolkenpass und – abgeschwächt – im Oktober / November im Delta des Roten Flusses wirksam. **Überschwemmungen** kommen von Juni bis Oktober vor.

Winter-Monsun: Dieser kalte und trockene Wind bläst vom chinesischen Festland. Er erreicht Hanoi und das Delta des Roten Flusses im Oktober / November und beeinflusst anschließend die nördliche Zentral-Küste, ehe er am Wolkenpass (Deo Hai Van) im März / April seine Kraft verliert.

Visum

Deutsche Staatsangehörige sowie für Bürger von Frankreich, Italien, Spanien und Großbritannien ist die Einreise für einen Aufenthalt bis zu **15 Tagen visumfrei** möglich. Hierfür muss der **Reisepass** mindestens noch sechs Monate gültig sein. Kinder brauchen einen eigenen Reisepass. Für die visafreie Einreise sollte ein Ausdruck des Rückflugtickets mitgeführt werden. Zu beachten ist, dass eine erneute visumfreie Einreise erst wieder möglich ist, wenn seit der letzten Ausreise aus Vietnam 30 Tage vergangen sind. Nach Ablauf des visumfreien Aufenthalts von 15 Tagen ist eine einmalige **Verlängerung** für weitere 15 Tage möglich, wenn eine Pauschalreise bei einem vietnamesischen Reisebüro gebucht wird. Das Reisebüro kümmert sich dann um die Verlängerung; die Gebühren betragen 10 US-Dollar.

Für andere Nationalitäten und **längere Aufenthalte** gilt:

Ein **Touristenvisum** ist bei der jeweiligen vietnamesischen Botschaft zu beantragen. Informationen für Deutsche: http://**www.vietnambotschaft.org**/konsularische-informationen/einreise-in-vietnam/ (Botschaftsadressen: siehe S. 251). Mit einer Bearbeitungszeit von 7-14 Arbeitstagen ist zu rechnen (vor dem Tet-Fest kann es auch länger dauern). Gegen Expressgebühr ist beschleunigte Visumausstellung möglich.

E-Visum: Der Online-Antrag ist auf der Website der Botschaft abrufbar (https://**evisa.xuatnhapcanh.gov.vn**). Das Verfahren gilt für 40 Staaten, u.a. für deutsche Staatsangehörige. Das e-Visum ist für max. 30 Tage und für eine einmalige Einreise gültig. Die Bearbeitungsdauer beträgt lediglich drei Tage.

Visumverlängerung: In Vietnam kann man das Touristenvisum über zahlreiche Reiseagenturen und bei folgenden Adressen verlängern lassen:

- Hanoi: 79-89 Tran Hung Dao, Tel. (04) 38 25 30 76;
- Da Nang: 1 Nguyen Thi Minh Khai, Tel. (0511) 386 02 38, 386 02 47;
- Saigon (HCMC): 161 Ngyuen Du, Distrikt 1.

Ist man bereits in einem **Nachbarland Vietnams**, kann dort das Visum wesentlich schneller und bequemer über ein örtliches Reisebüro als über die offiziellen Stellen beantragt werden.

In Kambodscha: z. B. *Capitol Guesthouse - Tour Office*, No. 14 Road 182, Sangkat Beng Prolitt, Khann 7, Phnom Penh, Tel. (0855/23) 21 76 27 / 72 41 04, Fax (0855/23) 21 41 04 , capitol@online.com.kh.

In Thailand: Zahlreiche Agenturen in Bangkoks Backpacker-Zentrum Khao San Road bieten einen Visaservice innerhalb von 1-2 Tagen, z. B. *Vista Travel*, 24/4 Khao San, Banglumpoo, Bangkok 10200, Tel. (0066/02) 280 03 48 / 281 07 86, Fax 280 03 48.

Zoll

Bei der Einreise müssen zwei Zollerklärungen ausgefüllt werden. Ein Exemplar bleibt beim Zoll, das andere muss der Reisende mit sich führen und bei der Ausreise wieder abgeben.

Fremdwährung und Gegenstände aus Edelmetall dürfen ohne Zollerklarung nicht in beliebiger Höhe eingeführt werden: Bargeld über 5000 US-$ muss deklariert werden, ebenso Goldschmuck über 300 Gramm.

Zollfrei dürfen eingeführt werden: Alle Gegenstände des persönlichen Gebrauchs, Geschenke in angemessener Menge, 400 Zigaretten, 1,5 Liter Alkohol und eine angemessene Menge Parfüm. Verboten ist die Einfuhr von Waffen, leicht brennbaren Artikeln, Pornografie und Drogen. Zwar ist die Einfuhr einer **Drohne** erlaubt, aber deren Inbetriebnahme verboten!

Ausgeführt werden dürfen Souvenirs, deren Einkaufsquittungen aufbewahrt werden sollten, da sie eventuell bei der Ausreise vorgelegt werden müssen. Freimengen bei Wiedereinreise in die EU (bzw. Schweiz), pro Person über

17 Jahre: 200 Zigaretten oder 50 Zigarren oder 250 g Tabak, 1 l Alkohol über 22 % oder 2 l bis 22 % (Schweiz: 15 %), andere Waren wie Kaffee, Tee, Parfüm sowie Geschenkartikel bis 430 € Warenwert (unter 15 Jahren bis insgesamt 175 Euro). Info: www.zoll.de.

Verboten ist die Ausfuhr von Antiquitäten und antiquarischen Büchern (siehe Einkaufen). Die Landeswährung Dong darf nicht ausgeführt werden.

Gesundheitsvorsorge

Erwogen werden sollten **Impfungen** gegen Hepatitis, Typhus, Diphtherie, Polio und Wundstarrkrampf (Tetanus). Eine Gelbfieberimpfung wird nur verlangt, wenn man aus Ländern einreist, in denen Gelbfieber auftritt. Lassen Sie sich vor ihrer Reise von einem Tropenmediziner beraten, vor allem auch hinsichtlich einer **Malaria-Prophylaxe**. Besondere Vorsicht ist für Kinder und Schwangere geboten.

Der wirksamste Schutz vor Krankheiten, die in Vietnam von Moskitos übertragen werden – **Malaria** (selbst in Hochlandgebieten bis 1500 m Höhe ü. M.!), das immer häufiger auftretende **Denguefieber** und **Japanische Enzephalitis** – ist die Vermeidung von Moskitostichen, auch tagsüber. Jährlich werden Tausende Fälle von **Hämorrhagischem Dengue-Fieber**, der schweren Form des Dengue-Fiebers, mit Schwerpunkt im Süden des Landes gemeldet, v.a. um Saigon und im Mekongdelta, aber auch in anderen Landesteilen. Dengue wird von der tagaktiven Tigermücke Stegomyia (Aedes) aegypti übertragen. In Einzelfällen können ernsthafte Gesundheitsschäden mit Todesfolge auftreten. In den Hotels sind häufig Moskitonetze vorhanden. Ansonsten helfen körperbedeckende Kleidung (möglichst helle Farben; Socken nicht vergessen) und Mückenschutzmittel an den unbedeckten Körperstellen und/oder auf der Kleidung – wichtig v.a. in der Abenddämmerung.

Wegen der zeitweise auftretenden **Vogelgrippe** sollte man keine Geflügelmärkte besuchen. Da es in Vietnam **Tollwut** gibt, sollte man auch den Kontakt mit streunenden Hunden, Katzen oder Affen meiden. Das Baden in Binnengewässern, speziell im Mekong-Delta, sollte man vermeiden wegen der Gefahr der Erkrankung an **Bilharziose**, dem Befall durch kleine, im Wasser lebende, von Schnecken als Zwischenwirt verbreitete Saugwurmlarven.

Zur Verhütung von Magen- und Darmerkrankungen gilt vor allem: **Kein Leitungswasser trinken!** Mineralwasser in Flaschen kaufen. Vorsicht ist geboten bei Eiswürfeln, Fruchtsäften (können mit Wasser vermischt sein), Rohmilch, Speiseeis und ungeschältem Obst bzw. Gemüse. Bei **Durchfall** kann eine Diät aus Reis und Tee helfen, besonders wichtig ist erhöhte Flüssigkeitszufuhr: viel Wasser mit Elektrolytpulver. Bei schweren Durchfällen per Stuhlprobe die Ursache ermitteln!

Es werden immer mehr AIDS-Fälle verzeichnet, v. a. im Rotlichtmillieu.

Eine **Auslandskrankenversicherung** mit Rettungsflug- und Rücktransportversicherung ist sehr zu empfehlen.

Persönliche Beratung via Internet, Post und Telefon bietet die **Tropen- und Reisemedizinische Beratung**: Häge 20, 79111 Freiburg, Tel. (0761) 341 00, Fax 339 16, www.tropenmedizin.de. Weitere Informationen im Internet bieten die **Deutsche Gesellschaft für Tropenmedizin und Internationale Gesundheit** (www.dtg.org) und das **Auswärtige Amt** (www.auswaertiges-amt.de; auch allgemeine Reiseinformationen, Sicherheitshinweise u. v. m.).

Geld

Landeswährung ist der **Vietnamesische Dong** (VND). Es gibt Banknoten aus Polymer im Wert von 10 000 bis 500 000 Dong; die älteren Baumwoll-Scheine sind nicht mehr gültig. Münzen (200 bis 5000 Dong) sind kaum in

Umlauf. 1 US-$ ≈ 23000 Dong; 1 € ≈ 25000 Dong (aktueller Kurs: siehe www.oanda.com). Der US-Dollar wird zwar in Touristenzentren wie eine „Zweitwährung" akzeptiert, im untouristischen Hinterland sind jedoch Dong nötig. Es empfiehlt sich, auch Dollars in kleineren Scheinen mitzunehmen; beim Geldwechsel bekommt man jedoch für 50er- und 100er-Noten einen besseren Kurs.

Der **Euro** und sonstige gängige Währungen können an Hotelrezeptionen, bei Banken und offiziellen Wechselstuben in Dong umgetauscht werden. Der Kurs auf dem Schwarzmarkt (z. B. in Goldläden) ist kaum besser und das Risiko groß, dass man beim Schwarzwechseln betrogen wird.

Bargeldauszahlung auf **Kreditkarte** ist bei der *Vietcombank* möglich, aber langwierig; die Kommission beträgt ca. 4 %; Kreditkarten (v. a. Visa und Mastercard, nicht Diners) werden in gehobenen Hotels und Restaurants und von **Geldautomaten** (in allen größeren Städten vorhanden) akzeptiert. Mit **EC-Karte** (**Maestro**, nicht mit VPay!) kann man an Geldautomaten (ATM) mit Cirrus/Maestro-Symbol Geld abheben, aber ansonsten nicht direkt bezahlen.

Kleidung

Kleidung sollte luftdurchlässig, aus Baumwolle und leicht waschbar sein. Hotels bietet 24-Stunden-Wäscheservice an. Im Norden und im Gebirge ist von Oktober bis Februar wärmere Kleidung erforderlich. Regenschutz ist das ganze Jahr über nützlich, Sonnenschutz (Kopfbedeckung, Sonnenbrille) unerlässlich. Als Schuhwerk sind „Trekking-Sandalen" zu empfehlen.

Hotelräume und Flugzeuge sind häufig durch Klimaanlagen stark unterkühlt. Jacken und Pullover schützen vor Erkältungen. In den Hotels und auf den Straßen ist Strandkleidung nicht erwünscht. Vietnamesen legen großen Wert auf ordentliche Kleidung und eine gepflegte äußere Erscheinung.

ANREISE UND GRENZÜBERGÄNGE

Mit dem Flugzeug

Neben *Vietnam Airlines* fliegen zahlreiche weitere internationale Fluggesellschaften die Flughäfen in **Hanoi**, **Saigon** und seltener **Da Nang** an.

Hanoi: Der Flughafen **Noi Bai** liegt ca. 30 km vom Stadtzentrum entfernt; Transport in die Stadt per Bus (ca. 4 US-$) oder per Taxi (15 US-$).

Saigon: Der Flughafen **Than Son Nhat** ist 7 km vom Stadtzentrum entfernt. Per Bus oder Taxi kann man für ungefähr 6-8 US-$ in die Stadt gelangen.

Da Nang: Der Flughafen liegt knapp 5 km vom Stadtzentrum entfernt; Taxi ins Zentrum ca. 2 US-$, nach Hoi An ca. 10 US-$.

Webseiten der wichtigsten Fluglinien:
Air France: www.airfrance.com.
KLM: www.klm.com.
Lufthansa: www.lufthansa.de.
Thai Airways: www.thaiair.com.
Vietnam Airlines: www.vietnamairlines.com.

Auf dem Landweg

Kambodscha: Die Einreise von Vietnam nach Kambodscha und umgekehrt ist am einfachsten über die Nationalstraße Ho Saigon – Phnom Penh am Übergang **Moc Bai**.

Vom Übergang **Chau Doc** hingegen geht es per Expressboot auf dem Mekong nach Phnom Penh (Kambodscha) über den Grenzübergang **Vinh Xuog** weiter; Dauer ca. 5-6 Stunden.

Laos: Es gibt drei Grenzübergänge nach Laos: über die Straße 9, 80 km südwestlich der Stadt Dong Ha durch das Cam To-Tal zur Grenzstadt **Lao Bao**; über die Straße 8, 80 km südwestlich der Stadt Vinh, zur Grenzstadt **Cau Treo**; über die Straße 7, 250 km nordwestlich von Vinh, zum Grenzort **Muong Xen**.

China: Die Grenze Vietnam – China ist an folgenden Übergängen geöffnet:

Hai Ninh (Mong Cai) im Nordosten an der Straße 18 (Straßenübergang), ca. 200 km nordöstlich von Hanoi am Südchinesischen Meer.

Lang Son, Straße und Eisenbahnlinie Saigon – Hanoi – Lang Son – Peking; der Grenzübergang, 20 km nordöstlich von Lang Son, heißt **Dong-Dang**

Im Nordwesten Eisenbahnlinie von Hanoi durch das Tal des Roten Flusses nach Kun Ming in Yunnan (China), Grenzübergang **Lao Cai** (Waren- und Personenverkehr)

REISEN IN VIETNAM

Mit dem Flugzeug

Frühzeitig buchen: Etwa zehn Tage vor und zehn Tage nach dem Tet-Fest sind alle Flüge (international und national) lange im voraus ausgebucht.

Auf Inlandsflügen darf man 20 kg Freigepäck mitnehmen.

Zur Zeit werden folgende Inland-Strecken regelmäßig geflogen:

Von Hanoi (**HAN**): Saigon (SGN); Buon Ma Thuot (BMV); Da Nang (DAD); Hue (HUI); Nha Trang (NHA); Pleiku (PXU); Dien Bien Phu.

Von Saigon (**SGN**): Hanoi (HAN); Buon Ma Thuot (BMV); Can Tho (VCA); Da Lat (DLI); Da Nang (DAD); Hai Phong (HPH); Hue (HUI); Nha Trang (NHA); Pleiku (PXU); Quy Nhon (UIH), Duong Dong / Phu Quoc.

Von Da Nang (**DAD**): Saigon (SGN); Hanoi (HAN); Buon Ma Thuot (BMV); Nha Trang (NHA); Pleiku (PXU); Quy Nhon (UIH).

Von Hue (**HUI**): Saigon (SGN); Hanoi (HAN); Da Lat (DLI).

Die Strecken Hanoi – Da Nang – Saigon werden täglich bedient, alle anderen Strecken meist zwei- bis fünfmal wöchentlich.

Mit der Eisenbahn

Das rund 2600 km lange Eisenbahnnetz verbindet **Hanoi** mit **Saigon** im Süden sowie **Hai Phong**, **Lang Son** und **Lao Cai** im Norden. Das Reisen per Zug ist angenehm – wenn man in der ersten Kategorie (*soft seat*) reist; die zweite Klasse (*hard seat*) ist für kurze Strecken noch akzeptabel. Zwischen Hanoi und Saigon verkehren mehrmals täglich voll- oder teilklimatisierte Expresszüge (SE und TN), die die 1726 km lange Strecke in 30-35 Stunden zurücklegen.

Bei Touristen besonders beliebt ist – auf den Gleisen der **North–South Railway** – der im Jahr 1936 als *Transindochinois* eingeweihte **„Wiedervereinigungsexpress"** (seit 1976 inoffizielle Bezeichnung), ein „Schnellzug" zwischen Hanoi und Saigon, der nur an den wichtigsten Stationen hält. Preise und Abfahrtszeiten ändern sich häufig; aktuelle Infos erhält man außer den jeweiligen Bahnhöfen (s. Infoboxen) bei *Vietnam Railways* (Duong Sat Viet Nam; www.vr.com.vn).

Es gibt vier **Wagenklassen**: *Soft Sleeper* (klimatisierte Vier-Bett-Abteile); „Hard Sleeper" (Sechs-Bett-Abteile); „Soft Seat" (gepolsterte Sitze im klimatisierten Großraum);„Hard Seat" (Sitzbänke im Großraum, ohne Klimaanlage).

Zudem gibt es für Touristen spezielle Angebote, die auf der Kategorie „Soft Sleeper" basieren, jedoch mit größerem Komfort und höheren Preisen.

Mit dem Bus

Bus (*xe do*): Durch das ganze Land fahren preiswerte Busse. Man sitzt oft so eingeklemmt, dass man keinen Ausblick hat. Die meisten Busse haben niedrige Sitze, die so eng stehen, dass man die Beine nicht ausstrecken kann. Stopps werden nur an Garküchen an der Straße eingelegt.

Lokalbusse (*xe buyt*): Diese Busse bedienen von großen Städten aus Orte im Radius von 100 km und dienen vor allem dem Berufsverkehr.

Überlandbusse (*xe do*) fahren durch das ganze Land und sind sehr billig. Sie halten in allen kleinen Orten.

Expressbusse (*xe do toc hanh*) fahren von den großen Städten in den frühen Morgenstunden ab und halten nur in großen Städten. Eine Platzreservierung muss am Tag vorher erfolgen.

Open Tour-Busse: Viele Agenturen (z. B. *Sinh*, *Kim* und *Hanh*) in Hanoi, Saigon, Da Nang, Hue und anderen Großstädten bieten sog. *Open Tours* an, die sich als praktisches Transportmittel für Backpacker etabliert haben. Plätze können über fast jedes Guest House, Hotel oder Reisebüro einen Tag vor Fahrtantritt reserviert werden. **Vorteile**: Die Gäste werden meist an ihrer Unterkunft abgeholt; man kann an den wichtigsten touristischen Zentren (Hoi An, Da Lat, Mui Ne, Hue etc.) für beliebig viele Tage unterbrechen; das Personal spricht häufig Englisch; die Fahrten sind sehr preiswert (so kostet die über 1700 km lange Gesamtstrecke Hanoi – Saigon etwa 50 US-$); günstige Abfahrtszeiten. **Nachteile**: Der Service lässt oft zu Wünschen übrig; so werden Versprechen (Frühstück inklusive, gute, komfortable Busse, Lunchpausen etc.) oft nicht eingehalten, oder die Abholung von der Unterkunft ist unzuverlässig.

Viele Busgesellschaften bieten in ihren **Schlafbussen** gratis **WLAN** (u. a. Busse von Futa, Phuong Nam, Viet Nhat, Tam Hanh und Hanh Café.

Busbahnhöfe (*ben xe*) für Expressbusse (*ben xe toc hanh*) gibt es in großen Städten oft mehrere, für Lokal- und Überlandbusse. Fahrkarten (*ve xe*) kann man auf dem Busbahnhof oder an bestimmten Verkaufsstellen reservieren.

Sonstige Verkehrsmittel

Fahrradrikschas (*xich lo*, französisch *cyclo*) sind Verkehrsmittel für Personen und Lasten. Für westliche Ausländer sind sie preiswert – eine Stadtfahrt kostet etwa 30 000 Dong, auch für zwei Personen mit Gepäck. Natürlich hofft der Fahrer, von einem Ausländer mehr kassieren zu können – das soll ihm gegönnt sein. Nur ist es gut, das Fahrziel zu nennen oder auf einem Stadtplan zu zeigen und den Preis vorher auszuhandeln, damit es mit den oft sprachunkundigen Fahrern keine Unstimmigkeiten gibt.

Fahrräder (*xe dap*): Viele Vietnamesen müssen mit dem Fahrrad zu ihren Arbeitsstellen fahren und auch Waren und Lasten damit befördern.

Fahrräder kann man in vielen Städten für 1-2 US-$ / Tag, je nach Modell, mieten. An den meisten Fahrrädern gibt es weder Beleuchtung noch Klingel, auch die Bremsen funktionieren nicht immer. Eine am Rand des Bürgersteiges aufgestellte Luftpumpe ist ein Hinweis auf einen Reparaturservice. Fahrräder dürfen nur auf bewachten Parkplätzen gegen ein Entgelt abgestellt werden.

Motorräder (*xe dap Honda*): Ein Motorrad (110 ccm) zu mieten ist in Städten möglich; man benötigt aber strenggenommen einen **Internationalen Motorradführerschein**; mit dem deutschen Autoführerschein (Klasse B) darf man nur Mopeds bis 50 ccm fahren. **Motorradunfälle** kommen häufig vor; einen Unfall zu verursachen ohne entsprechenden Führerschein kann Gefängnis bedeuten!

Taxi: In größeren Städten kann man für Stadt- und Überlandfahrten ein Taxi mieten, entweder gegen Kilometergeld oder Tagespauschale. Nur in Hanoi und HCMS gibt es Taxistände. Am besten lässt man ein Taxi vom Hotel oder von einem Reisebüro rufen, das ist sicherer, da es zu vielen **Betrügereien** kommt. Taxis wegen der Verkehrsstaus zwischen 16 und 19.30 Uhr meiden.

Mietwagen: Der **Internationale Führerschein** wird anerkannt. Es ist jedoch wegen des äußerst unfallträchtigen Verkehrs sehr zu empfehlen, einen **einheimischen Fahrer** zu engagieren. Ausländer müssen bei einem Unfall, ob schuld oder nicht, mit hohen Bußgeldern, Haftstrafen und langen Verfahren rechnen. Autos für (risikofreudige) **Selbstfahrer** vermietet u.a. www.vietnamtrustcarrental.com.

Die **Promillegrenze** liegt bei Null.

Es herrscht offiziell **Rechtsverkehr**; oft wird jedoch gefahren, wo Platz ist. Im chaotischen Stadtverkehr kommt man nur sehr zäh voran.

Inklusive Benzin und Fahrer kostet ein Mietwagen 0,50-1 US-$ / km bzw. ca. 80 US-$ / Tag (für 100 km), je nach Modell, Ausstattung etc. (in der Regel mit Klimaanlage). Ein Begleiter, *guide*, wird auf Wunsch von den Reiseagenturen gestellt und kostet ab 30 US-$ pro Tag inklusive Übernachtung und Verpflegung, je nach Fremdsprachenkenntnissen (unabhängig von der Zahl der Mitreisenden). Für Gruppen bis ca. zehn Personen können Minibusse gemietet werden. Die Leerfahrt zurück wird mit 50 % des Streckenpreises berechnet.

Stadtbusse (*xe buyt*): Die Straßenbahn in Hanoi aus der Kolonialzeit soll demnächst wieder eingesetzt werden. Von Saigon nach Cholon und dem übrigen Stadtgebiet fahren Busse.

PRAKTISCHE TIPPS

Einkaufen

Lackarbeiten, Malereien auf Seide, Postkarten, Wandbilder, Schals und Stickereien werden in großer Auswahl angeboten.

Aus Rohseide kann man sich innerhalb von 1-2 Tagen Kleidungsstücke schneidern lassen oder fertige Sachen kaufen, besonders in Hanoi, Hue und Saigon. Keramiken und Gegenstände aus Rattan und Bambus sind typische Erzeugnisse. Einen Reisstrohhut (*non la*) kauft man am besten in Hue.

Antiquitäten und antiquarische Bücher dürfen nicht ausgeführt werden. Es gibt Ausnahmen, für die eine Ausfuhrbescheinigung erteilt werden muss (Anfragen bei den Reisebüros.)

Wenn Sie aus einem Nachbarland Antiquitäten oder wertvolle Souvenirs nach Vietnam einführen, lassen Sie sich diese bei der Einreise auf Ihrer Zollerklärung bestätigen, damit Sie bei der Ausreise keine Schwierigkeiten bekommen.

Elektrizität

Die Netzspannung beträgt 220 V, Schwankungen können auftreten. Die häufigen Stromausfälle werden in großen Hotels durch Generatoren ausgeglichen. Zweipolige **Eurostecker** passen normalerweise in vietnamesische Hotelsteckdosen.

Feiertage

Gesetzliche Feiertage nach dem Gregorianischen Kalender:
1. Januar: Neujahr
3. Februar: Gründung der Kommunistischen Partei
30. April (1975): Tag der Befreiung Saigons
1. Mai: Tag der Arbeit
19. Mai: Geburtstag von Ho Chi Minh
2. September: Nationalfeiertag, 1945 Ausrufung der Republik.

Ahnen- und Tempelfeste

Alle Feste werden nach dem Mondkalender (siehe Kasten) begangen. Das vietnamesische Jahr beginnt mit dem Tet-Fest, das zwischen Mitte Januar und Mitte Februar liegt. Ein **Mondmonat** im vietnamesischen Kalender entspricht deshalb nicht unseren Monaten.

1.-7. Tag / 1. Mondmonat: **Tet-Fest** (Neujahr). Am 1.-3. Tag des Tet-Festes finden Besuche bei Verwandten, Lehrern und an Tempeln statt, am 7. Tag, zum Ende des Tet-Festes, werden Opfer dargebracht.

4.-6. Tag / 1. Mondmonat: **Ringer-Wettbewerb** in Mai Dong, einem Dorf im Süden von Hanoi, zum Gedenken an die Nationalheldin Le Chan, Generälin der Trung-Schwestern (39-43).

5.-7. Tag / 1. Mondmonat: Bezirk Dong, Da/Hanoi, zum **Gedenken an die Befreiung Hanois** durch Nguyen Hue 1789.

6. Tag / 1. Mondmonat: Fest in Co Loa zum **Gedenken an König An Duong**, den Gründer des Reiches Au Lac 258-

Mondkalender – Gregorianischer Kalender

Der Mondkalender wurde 2637 v. Chr. in China erstellt. Das Mondjahr besteht aus 12 Monaten, der Monat aus 29 oder 30 Tagen und der Tag aus 2 x 12 Stunden. Das Mondjahr ist 10 Tage und 21 Stunden kürzer als das Sonnenjahr, deshalb gibt es alle 3 Jahre (*) einen zusätzlichen Schaltmonat. Das **Neujahrsfest Tet** fällt auf den Neumond zwischen dem 21. Januar und dem 21. Februar: 22.1.2023, 10.2.2024, 29.1.2025. Der Mondkalender wird in zehn *can*, Elemente (Stämme), und 12 *chi*, Tiere des Tierkreises (Zweige), eingeteilt. Astrologen bestimmen daraus glückliche und unglückliche Tage.

Jahr Tierkreis	**2023*** Hase	**2024** Drache	**2025*** Schlange
1. Tag 1. Monat	22. Jan. 2023	10. Feb. 2024	29. Jan. 2025
1. Tag 2. Monat	20. Feb. 2023	10. März 2024	28. Feb. 2025
1. Tag 3. Monat	20. April 2023	9. April 2024	29. März 2025
1. Tag 4. Monat	19. Mai 2023	8. Mai 2024	28. April 2025
1. Tag 5. Monat	18. Juni 2023	6. Jun 2024	27. Mai 2025
1. Tag 6. Monat	18. Juli 2023	6. Juli 2024	25. Juni 2025
1. Tag 7. Monat	16. Aug. 2023	4. Aug. 2024	23. Aug. 2025
1. Tag 8. Monat	15. Sept. 2023	3. Sept. 2024	22. Sept. 2025
1. Tag 9. Monat	15. Okt. 2023	3. Okt. 2024	21. Okt. 2025
1. Tag 10. Monat	13. Nov. 2023	1. Nov. 2024	20. Nov. 2025
1. Tag 11. Monat	13. Dez. 2023	1. Dez. 2024	20. Dez. 2025
1. Tag 12. Monat	11. Jan. 2024	31. Dez. 2024	19. Jan. 2026

208 v. Chr.

6.-8. Tag / 1. Mondmonat: **Dong-Fest am Berg Soc Son** für den 1. Nationalhelden Thanh Giong aus dem Dorf Phu Dong, der von dem Berg aus auf seinem eisernen Pferd zum Himmel zurückkehrte; er gilt als Erd- und Berggeist.

6.-12. Tag / 1. Mondmonat: **Sängerwettbewerb** in den Dinh der Dörfer.

10.-12. Tag / 1. Mondmonat: **Dinh-Fest im Dorf Tan Trieu** (Trieu Khue), Kreis Thanh Tri/Hanoi, für den Schutzgeist Phung Hung aus dem 8. Jh. Festzug durch das Dorf, Ringen und Schaukeln an großen Bambusstangen. **12. Tag / 1. Mondmonat**: Dorf Nhoi, Kreis Dong Anh/Hanoi, **Gedenken an den König An Duong**. Festzug: Der König wird in einer Sänfte vom Dorf zum Tempel getragen.

13. Tag / 1. Mondmonat: Hien Quang, Provinz Vinh Phuc, prächtiges Fest zum **Gedenken an die Nationalheldin Thieu Hoa**, eine weitere Generalin der Trung-Schwestern (39-43), mit Ballspielen.

3.-5. Tag / 2. Mondmonat: **Fest der Trung-Schwestern**, der ersten Nationalheldinnen (39-43). Am 2. Tag Öffnen der Altartüren, 5. Tag Waschen der Statuen, Tänze mit Laternen und Cheo-Gesang. An allen Tempeln für die Trung-Schwestern im ganzen Land.

9.-12. Tag / 2. Mondmonat: **Ba-Lang-Feste** (Feste der drei Dörfer, Kreis Gia Lam/Hanoi), Dorf Cau: Einfangen der Schweine und Schlachtfest. Dorf Cu: Keo-Co-Wettkampf (Tauziehen). Dorf Ngo: Wettläufe.

9.-10. Tag / 2. Mondmonat: Dorf Ve, Gemeinde Dong Ngac/Hanoi: Fest für Thien Than (**Himmelsgott**), Tho Than (**Erdgeist**) und Nhan Than (**Nationalheld**).

3. Tag / 3. Mondmonat: **Fest der Kalten Speisen**. Das Fest geht zurück auf eine chinesische Tradition, und wurde

1010 von der Ly-Dynastie in Vietnam eingeführt. Alljährlich werden am Tag zuvor Kugeln aus Klebreis mit Zucker in der Mitte zubereitet und statt warmer Nahrung gegessen.

23. Tag / 3. Mondmonat: **Dorf Le Mat, Kreis Gia Lam / Hanoi**. Geht zurück auf eine Legende: Eine Prinzessin der Ly-Dynastie ertrank. Ihre Leiche wurde von einem Wasserungeheuer festgehalten. Ein Sohn der Hoang-Familie konnte den Körper befreien, der König schenkte ihm zum Dank 13 Dörfer am Rand seiner Stadt. Sie sind heute im Dorf Le Mat vereinigt. Es wird der Kampf mit dem Ungeheuer dargestellt.

8. Tag / 4. Mondmonat: **Buddhas Geburtstag** wird in allen Pagoden des Landes festlich begangen.

6.-13. Tag / 4. Mondmonat: Dorf Phu Dong: Fest zum **Gedenken an den Nationalhelden Thanh Giong**, Hauptfesttag am 9. Tag, Opfer für den Helden, Darstellung der Schlacht, die er führte. Wasserpuppenspiele, Cheo-Gesang.

5. Tag / 5. Mondmonat: **Fest zur Bekämpfung der Insekten**. In diesen Tagen endet die feuchte Jahreszeit. Man isst viel Obst – die Nahrungsquelle der Insekten.

7. Tag / 7. Mondmonat: In den Dörfern am Fluss wird der **Tochter des Jadekaisers, Chue Nu**, gedacht. Weil sie bei einem Fest eine wertvolle Tasse des Vaters zerschlug, wurde sie von ihrem Mann Ngu Lang getrennt und hinter die Milchstraße verbannt. Die Vietnamesen sehen in der Milchstraße einen breiten Fluss am Himmel. Das Paar darf nur einmal im Jahr zu den Ufern beiderseits des Flusses kommen, um sich von weitem zu sehen. Beide weinen sieben Tage lang. Um diese Zeit regnet es in Vietnam sehr stark.

15. Tag / 7. Mondmonat: **Fest zum Gedenken der Ahnen und der herumirrenden** Geister. In an Flüssen liegenden Orten Abschied vom Wassergeist, der auf das Meer hinausgeht; die Gefahr der Überschwemmungen ist um diese Zeit zu Ende.

15. Tag / 8. Mondmonat: **Mondfest** zum Herbstvollmond. An den Altären des Tempels wird Obst geopfert, dazu quadratische und runde Mondkuchen. Abends Umzüge der Kinder mit Laternen, Trommeln und Pauken, Liedern und Drachentänzen, bis der Mond halbhoch am Himmel steht. Besonders ein Fest für die Kinder, die zum Mondfest Geschenke erhalten.

10. Tag / 10. Mondmonat: **Fest des Neuen Reises**. Am Beginn der Reisernte begangen. Das noch junge, grüne Korn wird in Lotosblätter verpackt oder mit Bohnenfüllung gebacken.

24.-30. Tag / 12. Mondmonat: **Blumenmärkte**. Traditionell in Hanoi in der Hang Luoc und in Saigon in der Nguyen Hue, heute im ganzen Land zum Einkaufen des Blumenschmucks für das Tet-Fest.

Weitere Feste sind im Reiseteil vermerkt. Über die genauen Termine informieren die Touristenbüros vor Ort.

Fotografieren

Das Fotografieren aus dem Flugzeug und Aufnahmen von Militär- und Grenzanlagen sind nicht gestattet. *Cam Chup Hinh Va Quay Video* bedeutet „Fotografieren und Filmen verboten“. Menschen sollten nicht ohne ihre Zustimmung fotografiert werden. Das Leben spielt sich in Vietnam auch vor den Häusern ab, dies gehört aber zur Privatsphäre. In abgetragener Arbeitskleidung lässt sich niemand gern fotografieren. In allen Touristenzentren kann man schnell und preiswert CD-Sicherungskopien von Speicherkarten machen lassen.

Geschäftszeiten

Die meisten **Geschäfte** sind von 8 Uhr bis etwa 19 Uhr geöffnet. Um 21 Uhr ist es still auf den Straßen.

Behörden, **Banken** und **Dienststellen** sind von 8-11 Uhr, manche auch noch von 14-16 Uhr geöffnet.

Maße und Gewichte

In Vietnam gilt seit der französischen Kolonialzeit das metrische System.

Medien

Internationale Zeitungen gibt es in allen großen Hotels. Empfehlenswert ist die englische Tageszeitung *Viet Nam News*.

In den Hotelzimmern befinden sich häufig Fernsehgeräte, die auch Videos übertragen. BBC und CNN können über Satellit empfangen werden.

Medizinische Versorgung

Medikamente, die Sie regelmäßig benötigen, müssen unbedingt in ausreichenden Mengen mitgebracht werden. In größeren Städten gibt es Apotheken, die auch westliche Medizin verkaufen.

Sollten Sie einen Arzt benötigen, wenden Sie sich am besten an die Hotelrezeption. Bei ernsthaften Erkrankungen sollte man nach Hause oder nach Bangkok oder Singapur fliegen.

Alle ärztlichen Leistungen sind sofort in US-$ zu bezahlen. Lassen Sie sich eine Quittung zur späteren Vorlage bei Ihrer Reisekrankenversicherung ausstellen.

Nachtleben

Neben Hotelbars gibt es viele Discos und Tanzveranstaltungen. Gelegentlich werden traditionelle oder moderne Musik und Theaterstücke angeboten. In Kinos laufen häufig ausländische Filme (asiatische oder europäische).

Massagesalons und **Karaokebars** bieten neben Massage und Singen auch andere Dienste an: Amtliche Zahlen sprechen von 30 000 Prostituierten im Land. In größeren Städten schließen viele Discos und Cafés gegen 23 Uhr. In der Provinz kommt das Nachtleben schon um 22 Uhr zum Erliegen.

Prostitution ist verboten. Freiern drohen Geldbußen bis zu 400 Euro.

Notrufe

Ausländerpolizei (**Immigration Office**): 79-89 Tran Hung Dao, Tel. (04) 38 25 30 76.
Polizei: 113.
Feuerwehr:114.
Krankenwagen: 115.

Bei medizinischen Notfällen, Evakuierungen oder Überführungen in Krankenhäuser nach Bangkok oder Singapur sind folgende Rettungsorganisationen zu empfehlen:

International SOS Assistance: Saigon, Tel. (08) 38 29 84 24; Hanoi, 1 Dang Thai Mai, Tay Ho, Tel. (04) 39 34 06 66.

Post und Telekommunikation

Auslandspost kann nur bei Postämtern (*Buu Dien*) und an Hotelrezeptionen abgegeben werden. Am schnellsten geht sie ab Saigon oder Hanoi. Nicht in Straßen-Briefkästen einwerfen!

Telefon: Von fast allen Großstädten gehen Telefongespräche, Telexe und Telefaxe im Selbstwähldienst über Satelliten problemlos und schnell, sind aber in der Regel recht teuer. Auf Postämtern kostet die erste Minute in westeuropäische Länder ca. 3,50 US-$, jede weitere Minute wird mit 2,60 US-$ berechnet. Auch Telefonkarten sind erhältlich.

Handy: GSM Standard 900.

Fax: Vom Postamt aus sehr teuer.

Hotels verlangen für diese Leistungen unterschiedliche Gebühren. Telefonieren vom Hotel aus ist – wie überall – teurer als von der Telefonzelle.

Vorwahlen: nach Vietnam 0084, aus Vietnam nach Deutschland 0049, nach Österreich 0043, in die Schweiz 0041.

Internet-Cafés gibt es in allen touristischen Städten.

Preisniveau

Vietnam zählt zu den preisgünstigsten Reiseländern. Selbst in Touristenzentren zahlt man für einfache, aber saubere Unterkünfte und Speisen oft nur ein paar Dollar. Auch (Moped-)Taxis sowie Zug- und Flugtickets sind aufgrund des niedrigen Durchschnittseinkommens eines Vietnamesen (150 US-$ im Monat) sehr preiswert.

Aber Vorsicht bei Taxis, Hotels und Restaurants: Zuweilen wird versucht, stark überhöhte **„Touristenpreise"** zu verlangen.

Restaurants

In Großstädten wie Hanoi und Saigon gibt es eine beachtliche Auswahl an gehobenen Restaurants, die gute westliche und ostasiatische Küche (Steaks, Pizza, Pasta, Sushi etc.) anbieten.

In kleinen Restaurants und Garküchen wird vietnamesische Hausmannskost frisch zubereitet – exotisch, delikat und billig. Ein „Café" kann auch ein Restaurant oder eine Bar sein. Zur Vietnamesischen Küche: siehe S. 16.

Sicherheit

Eigentumsdelikte haben stark zugenommen. Man sollte im Gedränge von Altstadtgassen, Einkaufsstraßen, bei Festen, auf Bahnhöfen, d. h. in allen Situationen, die von Taschendieben gerne ausgenutzt werden, besonders vorsichtig sein, vor allem in Saigon, Hanoi und Nha Trang.

Es gibt Kinderbanden und Mopedfahrer, die beim Taschendiebstahl bzw. Überfällen oder Wegreißen von Taschen und Handys besonders gewieft sind, z.B. im Backpacker-Viertel Pham Ngu Lao in Saigon. Den Tagesrucksack besonders auch am Strand nie aus den Augen lassen! Nachts keine Fahrten mit Cyclos (Fahrradtaxis) unternehmen. Dokumente, Geld und Wertsachen im Safe des Hotels verwahren, Gepäck bei Verlassen des Zimmers verschließen. Wertvollen Schmuck zu Hause lassen.

Pass- und Ticketkopien im Gepäck deponieren – das beschleunigt eine Neuausstellung bei Verlust sehr.

Was den **Straßenverkehr** anbelangt, gehört Vietnam zu den gefährlichsten Urlaubsländern der Welt – mit jährlich über 11 000 Verkehrstoten (davon 85 % Mopedfahrer)! Deshalb ist vom **Selbstfahren** – egal ob mit Motorrad oder PKW – dringend **abzuraten**. Tagsüber sind in den Städten die langsameren (und gemütlicheren!) Cyclos den Mopedtaxis vorzuziehen.

Prostitution ist verboten. Freiern drohen Geld- und – falls Minderjährige betroffen sind – hohe Haftstrafen.

Tempel und Gedenkstätten

In buddhistischen Tempeln bzw. Pagoden (*chua*) müssen nur vor dem Heiligtum die Schuhe ausgezogen werden. Befinden sich innerhalb einer Tempelanlage auch nichtbuddhistische Tempel, muss zuerst Buddha die Ehre erwiesen werden.

Die Tempel werden allein von den Gläubigen finanziert, Spenden sind deshalb willkommen und werden auch von Touristen erwartet.

Trinkgelder

Trinkgelder von 10-15 % sind in gehobenen Restaurants häufig bereits im Endbetrag Ihrer Rechnung enthalten. In einfachen Restaurants oder Garküchen wird kein Trinkgeld erwartet. Wenn Sie aber für einen aufmerksamen Service ein Trinkgeld geben, ist dies natürlich immer hochwillkommen.

Verhaltenstipps

Die Vietnamesen sind sehr gastfreundlich und besonders abseits der Touristenzentren aufgeschlossen gegenüber Fremden.

In Großstädten und Touristenzentren gibt es zunehmend Tendenzen, Touristen zu übervorteilen und ihnen für Übernachtung, Transport u. ä. ein Vielfaches des eigentlichen Preises zu berechnen. Hier sollten Sie feilschen und den Preis immer im voraus vereinbaren.

Auch wenn Sie sich über schlechten Service, zu hohe Preise oder Verspätungen ärgern, wahren Sie Ihr Gesicht! Wutausbrüche und lautstarke Beschwerden sind für die Vietnamesen – Ausnahmen bestätigen auch hier die Regel – völlig unverständlich und gelten als extrem unhöflich. Mit einem Lächeln und freundlichem Verhalten erreicht man in jedem Fall mehr.

Ein Vietnamese verliert sein Gesicht, wenn er eine Frage verneinen oder zugeben muss, dass er etwas nicht weiß; dies kann die Glaubwürdigkeit von Auskünften beeinträchtigen.

Achten Sie darauf, dass Ihre Fußsohlen nicht auf andere Menschen zeigen. Der Kopf eines Menschen gilt als spirituelles Zentrum des Körpers und darf nicht berührt werden.

Essen ist heilig – man sollte nicht mit den Essstäbchen herumzuspielen oder sie gar senkrecht in den Reis stecken.

Unverheiratete werden häufig bedauert oder mit Verwunderung betrachtet. Erzählen Sie besser nicht, dass Sie ein Leben ohne Familie genießen oder geschieden sind – das würde auf Unverständnis stoßen.

Die Vietnamesen legen Wert auf saubere, gepflegte Kleidung. Touristen, die in schmutzigen Shorts und alten T-Shirts Pagoden und Tempel besuchen wollen, stoßen auf wenig Gegenliebe.

Etwa 15 % der Bevölkerung leben noch in Armut. Prinzipiell gilt, dass man vor allem bettelnden Kindern kein Geld, sondern besser etwas zu essen schenken sollte.

Zeitunterschied

Vietnam ist der mitteleuropäischen Zeit um 6 Stunden voraus, während der Sommerzeit um 5 Stunden.

ADRESSEN / BOTSCHAFTEN

Botschaften und Konsulate der Sozialistischen Republik Vietnam

Deutschland: Elsenstr. 3, 12435 Berlin, Tel. (030) 53 63 01 08, Fax 53 63 02 00, www.vietnambotschaft.org.

Österreich: Felix-Mottl-Straße 20, 1190 Wien, Tel. (01) 368 07 55/10, Fax (01) 368 07 54, www.vietnamembassy-austria.org.

Schweiz: Schlösslistraße 26, 3008 Bern, Tel. (031) 388 78 78, Fax (031) 388 78 79, www.vietnam-embassy.ch.

Botschaften und Konsulate in Vietnam

Deutschland: Hanoi, 29 Tran Phu, Tel. (04) 38 45 38 36/7, Fax 38 45 38 38, www.hanoi.diplo.de. Generalkonsulat: Saigon (HCMC), 126 Nguyen Dinh Chieu, Q 3, Tel. (08) 38 29 19 67, Fax 38 23 19 19.

Österreich: Hanoi, Prime Center, 53 Quang Trung, 8th Floor, Hai Ba Trung District, Tel. (04) 39 43 30 50- 54, Fax (04) 39 43 30 55, www.bmaa.gv.at.

Schweiz: Hanoi, Hanoi Central Building Office, 44B Ly Thuong Kiet, 15th Floor, Tel. (04) 39 34 65 89, Fax 39 34 65 91, vertretung@han.rep.admin.ch.

Kambodscha: Hanoi, 71 Tran Hung Dao, Tel. (04) 39 42 47 88.

Laos: Hanoi, 22 Tran Binh Trong, Tel. (04) 39 42 45 76.

Touristeninformation in Vietnam

Vietnam Tourism: www.vn-tourism.com;

in **Hanoi**: 30A Ly Thuong Kiet, Tel. (04) 38 25 99 42, Fax 38 25 75 83, sales2@vn-tourism.com;

in **Saigon**: 225 Ben Chuong Duong, Co Giang Ward, Tel. (8) 38 37 07 88/89, Fax (08) 38 37 07 85, Email: info@vntourism.vn.

SPEISEKARTENFÜHRER

Speisekarte (thuc don)

Gekochter Reis .... *com*
Gebratener Reis (Norden) .... *com rang*
Gebratener Reis (Süden)..... *com chien*
Nudeln .... *mi*
Nudeln (aus Reismehl) .... *bun*
Glasnudeln .... *mien*
Fleisch........................... *thit*
Rindfleisch...................... *thit bo*
Schweinefleisch............... *thit heo*
Ziege .... *de*
Kalb .... *be*
Innereien .... *tim*
Huhn .... *ga*
Ente .... *vit*
Fisch............................. *ca*
Tintenfisch...................... *muc*
Muscheln .... *so*
Schlange .... *ran*
Schrimps .... *tom*
Aal .... *luon*
Suppe .... *pho*
Rindersuppe.................. *pho bo*
Hühnersuppe.................. *pho ga*
gekocht .... *nau*
gegrillt .... *nuong*
süßsauer.................. *chua ngot*
gedämpft......................... *hap*
vom Rost .... *vy*
Ananas .... *dua* oder *thom*
Banane .... *chuoi*
Kokosnuss .... *dua*
Mango .... *xoai*
Bier............................. *bia*
Grüner Tee... *che* (Norden), *tra* (Süden)
Eis .... *da*
Mineralwasser .... *nuoc suoi*
Zitronensaft .... *nuoc chanh*
Orangensaft .... *nuoc cam*
Kokosnussmilch.............. *nuoc dua*
Kaffee .... *ca phe*
Kaffee schwarz............. *ca phe den*
Kaffee mit Milch .... *ca phe sua*
Zucker......................... *duong*
ohne Eis .... *khong co da*
Glas .... *mot ly*
Flasche .... *mot chai*
Alkohol .... *ruou*

GLOSSAR

A Di Da: Vietnamesische Bezeichnung für Amitabha.
Amitabha: Buddha des unermesslichen Glanzes und der Vergangenheit.
Annam: chinesische Bezeichnung für „Befriedeter Süden"; von den Franzosen für Zentral-Vietnam verwendet.
ao dai: traditionelle Kleidung der vietnamesischen Frauen mit langer weiter Hose und seitlich offener Tunika.
Arhat (vietnames. La Han): ursprünglich Mönch oder andere Person, die die Buddhaschaft erlangt hat; später Lehrer des Buddhismus; in Vietnam meist als Gruppe von 18 Statuen dargestellt.
Au Co: Mythologische Urmutter der Vietnamesen.
Bac Bo: vietnamesische Bezeichnung für Nord-Vietnam; franz. Tonking.
Bac Dau: Gott des langen Lebens und des Nördlichen Polarsterns.
bai: Strand.
boat people: Flüchtlinge, die nach Kriegsende 1975 aus Süd-Vietnam über das Meer flohen, um der Verfolgung durch die Kommunisten zu entgehen.
bonze: buddhistischer Mönch.
cau: Brücke.
Cham: ethnische Minderheit im südlichen Zentral-Vietnam; einst Hindus, heute Muslime.
Champa: hinduistisches Königreich, das als Gegenspieler der Khmer bzw. Angkors und später der Kinh (Vietnamesen) bis ins 17. Jh. über weite Teile Zentral- und Süd-Vietnams herrschte.
cho: Markt.
chua: buddhistischer Tempel (Pagode) oder Kloster.
chu nom: die klassische, vom Chinesischen abgeleitete vietnamesische Schrift.
Cochinchina: französische Bezeichnung für Süd-Vietnam und das Mekong-Delta.
colon: französischer Kolonist.
con: Insel.
cyclo: Fahrradrikscha (vom französ. *cyclo pousse*); vietnamesisch *xich lo*.

den: nicht-buddhistischer, häufig daoistischer Tempel, in dem vergöttlichte mythische Helden, Ahnen und historische Persönlichkeiten verehrt werden.
deo: Pass, z. B. *Deo Hai Van* („Wolkenpass").
dinh: Versammlungshalle im Dorf.
doi moi: „Erneuerung" bzw. „Neues Denken": ab 1986 eingeführte marktorientierte Wirtschaftreformen, u. a. Privatisierung von Staatsbetrieben und Dezentralisierung der Industrie.
duong: Boulevard oder breite Straße.
hang: Höhle, Grotte.
hat cheo: Volkstheater im Norden Vietnams.
ho: See.
hoi quan: chinesische Gemeinschaftshäuser mit Versammlungshallen und Tempel (z. B. in Hoi An und Cholon / Saigon).
Hoa: in Vietnam lebende ethnische Chinesen.
hon dao: Insel.
Indochina (**Französisch-Indochina**): die 1887 von Frankreich eingeführte und 1949 aufgelöste Union zwischen Annam, Cochinchina, Tonking und Kambodscha (ab 1893 mit Laos).
kalan: Cham-Heiligtum mit Götterbild oder Linga(m).
Khmer: Staatsvolk Kambodschas, das als Minderheit auch in Vietnam lebt.
kich noi: 1923 in Vietnam entstandenes Sprechtheater.
Kim Dong: Goldknabe, der häufig zusammen mit Ngoc Nu als Begleiter von Avalokiteshvara dargestellt ist.
Kinh: ethnische, „eigentliche" Vietnamesen.
La Han: s. Arhat.
linga(m): Symbol Shivas in Gestalt eines Phallus bei Cham-Tempeln.
mandapa: zur Meditation benützte Vorhalle beim Cham-Tempel.
Mau: Himmlische Mutter.
mieu: konfuzianischer Tempel;auch Gedenktempel für Clangründer.
Montagnards: französische Bezeichnung für in den Bergen lebenden ethnischen Minderheiten („Bergvölker"); im Englischen *hilltribes*.
mua roi nuoc: für Hanoi und das Delta des Roten Flusses typisches Wasserpuppentheater.
mui: Kap.
mukha linga(m): Linga(m) mit Gesicht einer Gottheit.
Nam Bo: vietnamesische Bezeichnung für Süd-Vietnam; französisch Cochinchina.
nghe: Tempel für Schutzgeister.
Ngoc Hoang: Jadekaiser; der höchste Gott des daoistischen Pantheons.
Ngoc Nu: Jademädchen; s. Kim Dong.
non la: aus regenbeständigen Palmwedeln hergestellter kegelförmiger Hut.
nui: Berg.
nuoc mam: Fischsoße.
quan: Gebiet, Bezirk.
Quan Am: Göttin der Barmherzigkeit; weibliche Form des Avalokiteshvara.
sampan: kleines Holzboot.
song: Fluss.
son mai: Lackwaren.
suoi: Quelle.
Tet: vietnamesisches Neujahrsfest, das sich nach dem Mondkalender richtet und daher variabel ist.
thap: Pagodenturm, der häufig Reliquien enthält.
Thich, **Thich nu**: Mönch; Nonne.
Tonking (Tonkin): französische Bezeichnung für Nord-Vietnam.
Trung Bo: vietnamesische Bezeichnung für Zentral-Vietnam; chinesisch und französisch Annam.
xe om: wörtl. „Fahrzeug umarmen"; Mopedtaxi.

AUTOREN

Annaliese Wulf hat auf vielen Studienreiseleitungen in Vietnam ihre exzellenten Landeskenntnisse erworben.

Jürgen Bergmann ist Archäologe, Autor und Redakteur sowie Reiseleiter für Asien und Lateinamerika.

A

B

C

D

E

F

G

H

I

K

L

M

N

O

P